대한민국
정치에서
이기는법

대한민국
정치에서
이기는법

펴 낸 날   2024년 11월 25일

지 은 이   변억환
펴 낸 이   이기성
기획편집   이지희, 윤가영, 서해주
표지디자인   이지희
책임마케팅   강보현, 김성욱
펴 낸 곳   도서출판 생각나눔
출판등록   제 2018-000288호
주   소   경기 고양시 덕양구 청초로 66, 덕은리버워크 B동 1708호, 1709호
전   화   02-325-5100
팩   스   02-325-5101
홈페이지   www.생각나눔.kr
이 메 일   bookmain@think-book.com

• 책값은 표지 뒷면에 표기되어 있습니다.
  ISBN 979-11-7048-781-4(03340)

이기적인 자들이 점령한 대한민국 정치판, 그 냉소적 진실

대한민국 정치에서 이기는법

변억환 지음

생각의뜰

시작하는 글

정의가 승리하는 게 아니라 승리하는 게 정의다. 많은 나라의 역사는 이를 증명한다. 역사를 기록하는 것이 승자들이니, 역사는 그렇게 기록될 수밖에 없다. 승리한 자가 정의가 되고, 정의가 승리한 것처럼 기록된다. 그러나 승리의 과정에는 정의롭지 못한 행동들이, 비겁한 전략들이 포함돼 있다.

최근 대한민국의 정치판을 보면 그렇다. 정의가 승리하는 것이 아님을 분명하게, 매우 명백하게 보여주고 있다. 승리하기 위해서는 무슨 짓도 해야 한다는 것을, 정의와 도덕을 외쳤다가는 패배의 순간과 마주할 수 있음을 보여주고 있다. 마치 아무런 규칙 없이 죽고 죽이는 정글 같다.

대한민국 정치판을 보면서 국민들은 절망한다. 그리고 자책한다. 정치 수준이 낮은 이유가 자신들 책임이라고 가슴을 친다. 정치인의 수준은 국민의 수준을 대변하는 것이라고 스스로를 책망한다.

정치 수준이 그 나라 국민 수준을 대변한다는 말은 어느 정도 맞는 말이다. 국민의 수준이 그 나라 정치 수준을 결정한다는 것도 일부분 맞는 견해다. 그러나 정치 수준이 낮은 대부분의 원인은 정치인 자신들에게 있다. 정치인 자신들이 저질이기 때문에 정치가 저질인 것이다. 국민의 수준이 저질이어서 정치가 저질인 것은 아니다. 국민들은 자책할 필요가 없다.

세렝게티 초원으로 눈을 돌려보자. 초원을 달리는 치타는 가젤을 잡기 위해서 달린다. 가젤은 치타에게 잡히지 않으려고 또 달린다. 가젤은 치타에게 잡히지 않으려고 점점 더 빨리 달리는 쪽으로 진화했다. 덩달아서 치타는 빨리 달리는 가젤을 잡으려고 점점 더 빨리 달리도록 진화했다. 치타와 가젤이 빨리 달리는 쪽으로 공진화한 것이다.

이런 상황을 보면 가젤이 빨리 달리도록 진화한 이유가 전적으로 치타 때문인 것으로 해석할 수 있다. 치타가 빨리 달리도록 진화한 것 역시 가젤 때문인 것으로 해석할 수 있다. 물론 아주 일부는 그렇다. 치타와 가젤은 서로를 빨리 달리도록 진화하는 데 자극을 주었다. 그러나 가젤과 치타가 빨리 달릴 수 있게 진화하도록, 자극을 준 것의 가장 큰 부분을 차지하는 것은 서로가 아니다.

가젤의 입장에서 생각해 보자. 가젤은 치타보다 빨리 달리면 좋다. 그러면 치타에게 잡힐 위험이 매우 적다. 하지만 무조건 빨리 달리는 것은 효율적이지 않다. 빨리 달리려면 더 많은 에너지를 소모해야 하고, 달리는 데 사용할 근육을 만들기 위해 더 많은 영양을 지불해야 한다. 그렇기에 치타에 잡히지 않는 범위 내에서 가젤은 가장 천천히 달리는 것이 유리하다. 가장 적은 비용으로 원하는 결과를 얻는 것이다.

가젤은 치타의 달리기 속도와 상관없이 옆에서 달리는 동료 가젤보다 빨리 달리면 된다. 옆에 가젤의 속도가 자신보다 느리면 그 가젤이 치타에게 잡히기 때문에 자신은 살 수 있다. 그 이상 빨리 달릴 필요가 없다. 치타에게 잡힐 염려가 없는데 더 빨리 달리는 것은 에너지 낭비다. 과소비다.

치타의 입장도 마찬가지다. 치타는 무조건 가젤보다 빨리 달릴 필요가 없다. 빨리 달리는 것은 치타에게도 부담스러운 일이다. 에너지를 소비해야 한다. 달리는 근육을 발달시키는 데 필요한 영양도 공급해야 한다. 그러니 치타는 가젤을 잡아먹을 수 있을 정도로만 빨리 달리면 된다. 그리고 그 과정에서 가장 중요한 것은 경쟁하는 치타보다 빨리 달리는 것이다.

경쟁하는 치타가 자신보다 빨리 달리면 나는 굶어야 한다. 그러나 경쟁하는 치타의 달리기 속도가 느리면 죽을힘을 다해 달릴 필요가 없다. 경쟁하는 치타보다 빠르기만 하면 된다.

정치판이 그렇다. 대한민국은 사실상 양당제다. 2024년 현재 국민의힘과 민주당이 대한민국 정치권력을 양분하고 있다. 국회 의석의 90% 이상을 두 정당이 차지하고 있다. 번갈아 가면서 여당이 되고 야당이 된다.

이 두 정당은 국민의 시선은 크게 의식하지 않는다. 어차피 국민은 둘 중의 하나를 골라야 한다는 것을 이들은 안다. 여당은 야당보다만 잘하면 된다. 그 이상 잘하는 것은 에너지 낭비라고 생각하는 듯하다. 야당은 여당보다 잘하기만 하면 된다. 야당 역시 그 이상 잘하는 것은 사치라고 판단하고 있는 듯하다. 이렇게 설명하는 것도 가능하다. 여당은 야당보다 못하지만 않으면 된다. 야당은 여당보다 못하지만 않으면 된다. 그러니 국민의 눈높이와 정치의 수준이 맞지 않는다. 정치인들은 국민의 눈높이에 맞출 생각을 하지 않는다. 경쟁자보다 한 뼘만 더 높은 수준의 정치를 하면 된다고 판단한다. 경쟁자가 한 뼘 더 낮아지면 가만히 있어도 승자가 된다.

정치는 이기적인 자들의 것이다. 정치판은 이기적인 자들의 놀이터다. 타인의 지갑에 있는 돈을 자기 것처럼 쓸 수 있는 자가 정치를 할 수 있다. 타인이 모아놓은 재물을 나누어 갖자고 태연하게 주장할 수 있는 자가 정치에서 유리하다.

거짓, 위선, 기만, 불법, 반칙, 배반, 아부. 이런 어휘와 친한가? 그렇다면 정치를 할 충분한 자격을 갖춘 것이다. 반대로 이런 어휘에 거부감이 느껴진다면, 그 사람은 정치에 적합한 유전자를 보유하지 못한 것이다. 정치판을 기웃거려 봐야 성공할 가능성이 매우 낮다.

배려, 양보, 합리, 도덕, 신의, 성실, 정직. 이런 어휘들을 좋아하나? 그렇다면 정치를 할 생각을 해서는 안 된다. 대한민국 정치에서 승자가 되기 어렵다. 그렇지 않고 배려, 양보, 합리, 도덕, 신의, 성실, 정직 이런 어휘들이 실제로 존재하지 않는다고 생각하는 사람은 한국 정치에 필요한 충분한 자질을 갖춘 사람이다. 나이에 상관없이, 성별과 출신 지역, 최종 학력 등과 관계없이 정치적으로 성공할 수 있는 거의 완벽한 자질을 갖춘 것이다.

권력을 놓고 싸우는 대한민국 정치판에는 도덕도, 염치도, 양심도, 아량도, 배려도, 관용도, 신의도 없다. 그저 상대를 무너뜨리고 승리를 쟁취하기 위한 술수, 위선, 반칙, 기만, 배반이 있을 뿐이다.

이 책은 그것을 소개한다. 대한민국 정치판에서 승리하기 위해 어떻게 행동해야 하는지를. 이기는 자들은 어떻게 행동했는지를.

차 례

7. 사자(死者)를 이용하라.
상대편의 사자는 악마화하라   188

1.

공동의 증오를
만들어라

공동의 증오는 사람들을 하나로 단결시킨다. 서로 다른 사상을 가진 사람일지라도, 종교가 다르고 취미가 다른 사람들이라도 공동의 증오를 품게 되면 하나가 된다. 공동의 기쁨, 공동의 행복으로 사람들을 하나로 단결시키는 것보다 공동의 증오로 단결시키는 것이 더 강한 단결력을 유지한다. 그리고 그 단결력을 더 효율적으로 활용할 수 있다. 그래서 선거전에는 국민을 행복하게 하는 정책을 내놓는 것보다, 상대 후보의 비열한 행위, 부도덕한 과거를 공개해서 대중에게 증오를 품게 하는 전술이 더 많이 활용된다. 그것이 더 효과적이기 때문이다.

2012년 대통령 선거에서 50대를 투표장으로 몰고 간 것은 이정희의 "박근혜를 떨어뜨리기 위해서 나왔다"는 TV 토론에서의 발언이었다. 이정희의 이 발언은 대한민국 선거 수준을 추락시켰다는 점에서, 합리적 절차를 거쳐서 선출된 대통령 후보를 모욕했다는 점에서 많은 대한민국 국민의 분노를 불렀다. 그리고 당시 기준으로 보수적인 50대에게 공동의 증오를 품게 했고, 그 공동의 증오가 50대를 하나로 묶어 투표장으로 몰고 갔다. 그해 대통령 선거에서 50대의 투표율이 90%가 넘었다.

2014년도 6.4 지방선거에서 야당이 승리할 수 있었던 배경에는 세월호 참사가 있다. 꽃다운 수백 명의 학생을 숨지도록 방치한 사회에 대해 대중은 가슴속에 분노를 품었고, 그 분노는 정부 여당에 대한 증오가 됐다. 이 과정에 정부 여당에 대한 증오를 키우려는 일부 세력의 의도적인 선동이 더해져 대중의 증오가 더 커지고 견고해졌다. 그 증오는 당시 여당에게 참패를 안겼다. 반대로 그 증오를 잘 활용한 야당에게는 큰 승리를 선물했다.

증오는 사람들을 흥분시킨다. 증오의 대상을 공격하는 것에서 사람들은 전율을 느낀다. 환희를 맛본다. 그렇기에 공동의 증오는 함께 증오를 느끼는 사람들을 단결시킨다. 사회심리학자 에릭 호퍼는 자신의 책 『맹신자들』에서 이렇게 강조했다.

> 증오는 모든 단결의 동인 가운데 가장 흔하고 포괄적인 요소다. 증오는 우리를 휘어잡아 자신의 본모습을 잃고 행복과 미래를 잊게 만들며, 자아를 추구하는 의지와 질투심으로 우리를 해방시킨다. 우리는 자기와 비슷한 사람들과 결합하여 하나의 불길로 끓어오르려는 갈망에 전율하는 익명의 분자가 된다.

영화가 성공하려면 악당이 연기를 잘해야 한다. 강한 악당, 죽여버리고 싶은 악당을 물리치는 장면에서 관객들은 환호하고 감동받고 박수를 보낸다. 최근 한국에서 가장 인기 있는 영화는 「범죄 도시」다. 제목부터가 악당을 앞세웠다. 악당을 물리치는 형사가 주인공이지만 제목이 '형사의 도시'가 아니라 '범죄의 도시'다. 이 영화에서 주인공 형사역을 맡은 마동석은 불법과 합법의 경계를 넘나들면서 악당을 처벌한다. 그런 그에게 관객들이 환호를 보내는 이유는 강한 악당을 처벌하기 때문이다. 강한 악당을 처벌하는 데 약간의 반칙은 허용해줄 수 있다는 것이 관객들의 판단이다. 「범죄 도시」의 감독은 대중들의 마음을 잘 헤아렸다. 공동의 증오인 악당을 창조해서 대중들의 분노를 일으키고, 공동의 증오를 처벌함으로써 대중의 분노를 가라앉히고 통쾌함을 선물한다.

정치적으로 성공한 독재자들 가운데 대중의 증오를 잘 활용한 사람들이 있다. 대표적인 인물이 히틀러다. 히틀러는 유대인이라는 공동의 증오를 창조해서 독일인들을 단결시켰고, 자신의 정치적인 이익을 달성했다.

히틀러는 유대인을 악마로 묘사하는가 하면 벌레, 쥐 같은 인간들이 싫어하는 동물로 표현했다. 공동의 증오에 대한 사람들의 증오심을 더 강화하려면 증오의 대상이 강해야 한다. 히틀러는 그 점도 잘 활용했다. 히틀러는 유대인이 매우 강한 존재라는 것을 강조함으로써 독일인들이 유대인에 대항해 힘을 합쳐야 한다는 식으로 선동했다. 그렇게 히틀러는 유대인을 독일인들의 '공동의 증오'로 만들었다. 그리고 그 증오를 자신의 권력을 다지는 데 활용했다.

조지오웰의 소설 『동물농장』에서 독재자 돼지 나폴레옹은 인간 '존스'라는 동물들의 공동의 증오를 활용해서 다른 동물들을 통솔했다.

대한민국 정치판에서도 공동의 증오를 만들어내는 전술이 활용된다. 정치 세력뿐 아니라, 정치적인 이익을 꾀하려는 시민사회 세력들도 공동의 증오를 만드는 일에, 그것을 활용하는 전술에 참여한다.

미선이 효순이

2002년 6월 13일. 2002 월드컵에 국민들이 환호하던 시절이었다. 퇴근 후 직장인들은 식당에서 맥줏집에서 모여 앉아 대형 화면으로 월드컵 축구 경기를 시청했다. 그날, 경기도 양주군(현 양주시) 광적면 효촌리 56번 지방도 갓길을 따라서 당시 조양중학교 2학년이었던 신효순, 심미선 양(1988년생, 당시 14세)이 걸어가고 있었다. 도로를 따라 언덕을 넘어 덕도리 쪽으로 300m만 가면 있는 효순 양과 미선 양의 친구가 살던 초가집이라는 이름의 식당이 있다. 두 소녀는 이곳에 모여 초등학교 졸업 동창생들과 의정부로 놀러 가기로 했다. 이들은 졸업생이 10명에 불과한 효촌초등학교를 나온 동창이다. 10명 중에 여학생이 6명이다. 다음 날은 효순이의 생일이다. 생일도 기념할 겸 여학생 다섯 명이 이날 모이기로 약속했다.

오전 10시 30분, 두 여학생은 마을을 나와 친구 집으로 길을 따라 올라가고 있었다. 그 뒤에서는 주한미군 미 보병 2사단 44공병대대 소속 부교 운반용 장갑차가 법원리 쪽에서 내려와 약간 왼쪽으로 틀어 막 언덕으로 올라오고 있었다. 차량 행렬은 선두 안내 차량 1대, 병력 수송 장갑차, 그 뒤로 사고 차량, 일반 공병 궤도 차량 3대, 후미 안내 차량 1대였고, 맞은편에서 M2·M3 브래들리 기갑 전투 차량 5대가 덕도리에서 무건리 훈련장으로 오고 있었다. 사고가 난 도로의 폭은 3.3m 정도인 데 반해 사고 차량의 폭은 3.65m였다. 여학생들이 도로를 벗어나지 않는다면 사고 차량이 갓길을 걷고 있던 학생들과 부딪칠 수밖에 없는 도로폭이었다. 두 여학생은 주한 미 육군 제2

보병사단의 장갑차에 깔려 현장에서 숨졌다.

이 사고의 피해자 이름을 대한민국 국민 대부분이 안다. 미선이와 효순이다.

대한민국에서 사고로 사망하는 사람은 많다. 장갑차 사고가 발생했던 2000년도 초반에는 교통사고로 사망하는 사람이 1년에 5천 명이 넘었다. 다른 사고로 사망하는 사람의 수는 포함하지 않은 수치다. 물론 미군 장갑차에 사망하는 사고는 매우 드문 사고다. 그렇다고 해도 온 국민이 그 사고의 사망자 이름을 기억하는 것은 일반적이지 않다.

두 중학생의 이름을 대한민국 국민이 기억하게 된 것은 좌파 진영이 두 여학생의 죽음을 이용해 대대적으로 반미 운동을 전개했기 때문이다.

사고 직후에는 이 사고가 국민의 관심을 크게 받지 못했다. 월드컵 열기가 뜨거웠고, 좌파 단체들도 뚜렷한 움직임을 보이지 않았기 때문이다. 하지만 6월 말이 되면서 상황이 달라졌다. 의정부 등에서 이 사고를 알리는 사진이 공공장소에 붙기 시작했다. 하지만 그럼에도 의도적인 살인이 아니라 사고였기에 국민의 큰 관심을 받지 못했다. 이 사고가 사건으로 변질되고 대대적인 반미 운동으로 전환된 것은 그해 말이다. 내 생각에는 대선에 영향을 주려는 전략에 따라서 두 중학생의 죽음이 이용됐다.

그해 11월 말경 두 여학생을 숨지게 한 장갑차 운전병에게 무죄가 선고되자 이를 계기로 본격적인 반미 운동이 전개됐다. 촛불시위도 시작됐다. 반미 운동이 강렬하게 전개되자 미국은 두 여학생의 죽음에 유감의 뜻을 전했다. 주한미국 대사가 부시 미국 대통령의 사과를 간접적으로 대한민국에 전했다. 그래도 반미 운동의 불길이 가라앉지 않자, 그해 12월에는 부시가 직접 김대중 대통령에게 전화로 유감을 표명했다.

미군 장갑차 사고는 6월에 발생했다. 그런데 이 사건을 빌미로 반미 운동이 격렬하게 전개된 것은 그해 늦가을이다. 겨울에 들어서자 정점을 찍었다. 그런데 그해 겨울에 대통령 선거가 실시됐다. 12월 19일이다.

대한민국에서 우파 진영은 미국에 우호적이다. 좌파 진영은 미국에 적대적이다. 대한민국뿐 아니라 지구상의 대부분의 나라에서 좌파는 미국에 적대적이다. 2002년 대한민국의 좌파 진영은 미군 장갑차 사고로 인해 사망한 미선이와 효순이를 이용해 정권 재창출에 성공했다. 반미 운동을 적절하게 활용한 덕이다. 우파 진영의 이회창과 좌파 진영의 노무현은 매우 근소한 표 차이로 승패가 갈렸다. 선거에서 승리해 대한민국 대통령에 당선된 사람은 좌파 진영 후보 노무현이었다. 대한민국 좌파 진영은 미국이라는 '공동의 증오'를 가지고 있다. '반미'라는 구호 아래 그들은 쉽게 하나가 된다. '공동의 증오'를 물리쳐야 한다는 신념으로 똘똘 뭉쳐서 일을 해낸다. 대한민국의 좌파는 공동의 증오 미국을 활용해 2002년 대선에서 승리했다.

당시 대선에서 노무현은 "반미면 어떠냐?"라면서 노골적으로 반미 정서를 선거에 이용했다. 좌파 세력들은 미군 장갑차 사고를 계기로 반미 운동을 전개하고, 노무현은 반미 정서를 선거에 이용했다. 그렇게 그들은 대선에서 승리했다.

좌파 진영이 의도적으로 미선이와 효순이의 사망을 반미 운동에 활용했다고 의심할 수 있는 정황은 그 후 이어진 북한의 행동에도 드러나 있다.

북한은 신효순, 심미선 양의 유가족들의 의사와는 상관없이 반미

투쟁의 목적으로 사고 1주기인 2003년에 두 여학생을 평양 모란봉 제1중학교의 명예 학생으로 등록시켰다. 2005년에는 졸업장을 수여했다. 2010년에는 여중생사건범국민대책위원회 상임대표인 한상렬 목사가 무단 방북하여 직접 평양 모란봉 제1중학교에 방문해 교실에 놓여있는 효순, 미선의 사진을 보고 크게 울었다. 이 사진이 국내 언론에 보도되기도 했다. 한상렬은 미군 철수와 맥아더 동상 철거를 주장하는 등 반미 운동을 해온 좌파 인물이다.

기억되지 않는 이름들

윤영하, 한상국, 조천형, 황도현, 서후원, 박동혁. 이 사람들을 아는가? 이 책을 읽는 독자들 대부분이 알지 못할 것이다. 나도 이름만 들어서는 누군지 알지 못한다.

윤영하 소령, 한상국 중사, 조천형 중사, 황도현 중사, 서후원 중사, 박동혁 병장. 이름 뒤에 계급을 넣으면 눈치 빠른 독자들은 고개를 끄덕일 것이다. 우리가 기억하지 못하는 이름들. 연평해전에서 전사한 대한민국 군인들이다.

2002년 6월 29일 대한민국 서해 연평도 부근 NLL 북서쪽 방향 일대에서 북한 해군 서해함대 8전대 7편대 소속 경비정이 85mm 전차포를 우리 쪽에 발사했다. 북한의 선제 도발로 제2 연평해전이 발발했다. 그 전쟁에서 6명의 우리 군인이 전사했다. 그런데 대한민국 국민들은 그들을 기억하지 못한다.

같은 해 같은 달 훈련 중이던 미군 장갑차에 치여 사망한 여중생의 이름은 전 국민이 기억한다. 그런데 왜 나라를 지키다 전사한 군인의 이름은 기억하지 못하는 것인가?

북한군이 발포해서 우리나라 군인이 사망했다. 이에 대응해서 우리 군이 발포했고, 정확한 숫자는 알 수 없으나 북한 군인도 사망했다. 이건 전쟁이다. 그런데 그 시간에 대한민국 국군통수권자는 국내에 없었다. 월드컵 축구 경기 결승전을 관람하겠다고 일본을 방문했다. 월드컵을 관람하기 위해 일본을 방문했어도, 국가에 위기가 발생하면 귀국하는 것이 국군통수권자인 대통령의 자세다. 그런데 김대중은 귀국하지 않았다. 연평해전이 발생한 당일 일본에 있었고, 그다음 날에도 일본에 머물면서 월드컵 결승전을 관람했다. 연평해전 다음 날인 2002년 6월 30일에 월드컵 결승전이 열렸다.

당시 김대중 정부 국정홍보처는 '정책브리핑'을 통해 김대중 대통령 부부가 일본에서 결승전을 관람하고 우승팀 시상식에 참석했다는 보도자료를 배포했다.

김대중 대통령과 이희호 여사는 30일 저녁 일본 요코하마 경기장에서 열린 2002년 한·일 월드컵 결승전 브라질-독일 경기를 관전하고 시상식에 참석했다.

이에 앞서 김 대통령은 경기장 귀빈실에서 '아키히토' 일본 천황을 만나 환담을 나누었으며, 월드컵 공동 개최국 국가원수로서 천황과 함께 '요하네스 라우' 독일 대통령, '게르하르트 슈뢰더' 독일 총리, '압둘라 2세' 요르단 국왕 등 결승전 참관을 위해 경기장을 방문한 각국 정상과 내빈들을 영접하고 환담했다.

김 대통령은 경기가 끝난 후 이어진 시상식에서 '아키히토' 천황과 함께 우승을 차지한 브라질 선수단의 인사를 받고, 이들을 격려했다.

브라질 선수단을 격려할 때가 아니다. 서둘러 한국으로 돌아와서 연평해전에서 전사한 군인들을 조문하고, 연평해전 전투에 참여한 군인들을 위로하고 격려하는 것이 우선이었다. 하지만 김대중은 그렇게 하지 않았다. 만약 2024년도 대한민국 대통령인 윤석열이 김대중과 같이 행동했다면 어떻게 됐을까? 우리 군이 북한과 전투를 벌였고, 6명이나 사망했는데 대통령이 일본에서 축구 경기를 관람하고 있었다면 어떻게 됐을까? 아마도 민주당에 의해 국회에서 탄핵당했을 것이다.

대한민국 좌파 진영은 선전·선동에 유능하다. 반대로 우파 진영은 서툴다. 할 줄 모른다. 그렇기에 좌파 진영이 추진하는 반미 운동에 많은 국민이 현혹된다. 좌파 진영은 그렇게 반미 운동으로 국민들을 현혹하고 정치적으로 이익을 챙긴다. 그러는 과정에서 너무나도 큰 부작용이 발생한다. 사고로 사망한 여중생들의 이름은 전 국민이 기억하는데, 나라를 지키다 전사한 군인의 이름은 기억하지 못한다. 같은 해, 같은 달에 발생했는데 그렇다. 여중생의 사망에는 대통령이 나서고 미국 대통령의 사과까지 받아낸다. 그런데 군인의 전사에는 대통령도 무관심하다. 국민은 기억하지 않는다.

광우병 사태

　　미국을 공동의 증오로 만들어서 온 국민에게 반미 정서를 심는 것은 지구상 모든 좌파의 전술이다. 좌파뿐이 아니다. 우파 정책을 펴는 국가들 가운데에도 그런 정치인들이 있는데, 독재 정치인들이 그렇다.

　반미를 교집합으로 민주국가 정치인과 독재국가 정치인들이 손을 잡는 경우도 있다. 대한민국의 좌파 인사들이 쿠바의 독재자 피델 카스트로를 지지하는 발언을 하는 것이 그 사례다.

　한국의 좌파들에게 미국은 증오의 대상일 뿐만 아니라, 미국과 관련된 거의 모든 것은 증오의 대상이다. 그런 좌파들의 증오가 2008년 대한민국에서 광우병 사태를 발생시켰다.

　2008년 광우병 사태를 촉발시킨 근저에는 MBC의 왜곡 보도가 있다. 2008년에도 이 글을 쓰는 2024년에도 MBC는 친좌파 성향, 또는 친민주당 성향을 드러낸다. 2024년 7월 대한민국 정치권이 방송통신위원장을 놓고 벌이는 싸움은 MBC를 지금과 같이 자신의 편으로 묶어놓겠다는 민주당의 의지와 MBC의 편파 보도를 지켜볼 수 없다는 대통령실과 국민의힘의 의지가 격돌한 것이다.

　MBC 『PD 수첩』의 왜곡 보도는 여러 가지다. 다우너 소를 광우병이 걸린 소라고 방송해 마치 실제로 광우병에 걸린 소가 있는 것처럼 보도했다. 방송에서 CJD(크로이츠벨트 야코프병)를 vCJD(변종 크로이츠벨트 야코프병, 인간광우병)으로 임의로 고쳐 표기했다. MBC 『PD 수첩』은 작정하고 왜곡 보도를 했다고 의심받을 만한 내용을 방송했다. 법원 판결은

MBC『PD 수첩』이 왜곡 보도, 허위 보도를 했음을 확인해 준다.

MBC『PD 수첩』의 광우병 관련 보도에 대해, 2011년 9월 2일 대법원(주심 양창수 대법관)은 "대한민국 국민이 광우병에 걸릴 가능성이 더 크다는 보도"는 명백한 허위 보도이며, 이에 정정 보도를 내보내라고 판결하였다.

2011년 9월 5일 MBC는 허위 사실 보도 사과 방송을 하였다. 이에 PD수첩 제작진들이 반발했고 MBC에 소송을 걸었으나 2016년 7월 14일 대법원(주심 박보영 대법관)은 "쟁점 부분이 허위라고 판단한 1, 2심의 판결이 확정된 이상 사과 방송의 중요 부분은 사실과 합치한다"며 MBC 회사 측이 사과에 대한 정정 보도를 할 필요가 없다고 최종적으로 판결하여, 『PD 수첩』의 광우병 관련 보도에 허위성이 있었고, 당시 과장 및 왜곡이 있었음을 분명히 했다.

MBC의 왜곡 보도 이후 대한민국은 광우병 괴담으로 몸살을 앓았다. 영화배우 김규리는 개명 직전 김민선으로 활동했다. 그 당시 인터넷에 "광우병에 감염된 쇠고기를 먹느니 청산가리를 먹는 게 낫겠다."라는 글을 올렸다. (나는 실제 김민선이 그러지 않을 것이라고 생각한다. 아마도 둘 중 하나를 먹어야 한다면 분명 김민선은 미국 소고기를 먹을 것이다.) 김민선만이 아니었다. 대한민국의 많은 연예인이 미국 소고기를 먹으면 광우병에 걸린다는 허위 정보로 국민을 선동했다. 좌파 지식인들도 그 행렬에 참여했고, 좌파 정치인들은 더 말할 나위도 없다. 광화문 시위 현장에 좌파 정치인, 좌파 지식인, 좌파 연예인들이 등장해 대중을 선동했다. 2008년 당시 많은 대한민국 국민이 미국 소고기를 먹으면 광우병에 걸리는 줄 알았다. 광우병 괴담은 거짓말이었다. 이를 선동한 정치인들은 그것이 거짓말이라는 것을 알았다. 지식인들도 마찬가지다. 연예인들은 잘못 알고 있었을 가능성도 있다. 광우병 사태의 뿌연 연기가 사라진 후 사람들은 아무렇지도 않게 미국산 소고기를 먹는다. 매일 대한민국에서는 미국산 소고기가 소비된다. 그러나 미국산 소고기를 먹으면 광우병에 걸린다고 선동했던 그 누구도 사과하지 않는다. 그들은 반미 운동을 목적으로 진행한 거짓 선동으로 정치적인 재미를 보았다. 사과를 한 사람은 광우병 괴담을 유포하고 대중을 선동한 사람이 아니라 광우병 괴담의 피해자 이명박이었다. 2008년 2월 25일 대통령으로 취임한 이명박은 취임 얼마 지나지 않아서 대국민 사과를 하는 불행한 대통령이 됐다. 광우병 사태의 가장 큰 피해자는 이명박이다. 연예인 가운데에도 피해자들이 있다. 개그우먼 정선희는 광우병 사태 시위에 대해 "촛불 시위에 참여하는 것만이 반드시 옳은 것은 아닌 것 같다"는 말을 했다가 악플에 시달렸다. "광우병에 감염된 쇠고기를 먹으니 청산가리를 먹는 게 낫겠다"는 글을 올렸던 김민선은 개념 있는 연예인이 되고, 정선희는 머리가 빈 연예인이 됐다.

　2008년 광우병 사태가 그렇게 크게 전개될 수 있었던 것은 미국을 공동의 증오로 만들려는 전략이 있었기 때문이다. 호주에서도 소고기가 수입되는데, 좌파들은 타깃을 미국 소고기로 정했다. 사람들은 강자를 시기하고, 약자를 동정한다. 그러니 세계 최강국 미국을 공동의 증오로 만들어서 대중을 선동하는 것이 효과적이다. 좌파들은 그런 대중의 마음을 이용했고, 그렇게 그들의 선동은 성공했다.

　이명박은 2007년 12월 대선에서 압도적인 표 차이로 당선됐다. 1등 이명박과 2등 정동영의 표 차이는 530만 표가 넘었다. 그 여세를 몰아서 2008년 4월 국회의원 총선거에서도 압승했다. 그렇게 이명박 정권은 순탄하게 국정을 운영할 것으로 예상됐다. 하지만 좌파들은 광우병 괴담으로 대중을 속이고 선동해서 이명박 정권의 국정 운영에 훼방을 놓았다. 압도적인 당선과 압도적인 국회 의석을 갖고서도 이명박 정권은 국정 운영에서 힘을 쓰지 못했다.

검찰공화국

　　사람들은 약자에는 동정적이고, 강자에는 비판적이다. 그렇기에 약자를 공동의 증오로 만드는 것은 어렵다. 약자에게 동정적인 사람들에게 그것을 증오하라고 선동하는 것은 어려운 일이다. 반대로 강자를 공동의 증오로 만드는 것은 어렵지 않다. 누구나 강자에게 시기와 질투심을 느끼고 있기에 그렇다. 그래서 가장 강력한 권력을 가진 국가나 세력, 가장 돈이 많은 기업이나 사람이 공동의 증오의 대상이 된다. 미국이 좌파들의 독재국가들의 공동의 증오가 되는 이유가 그렇다. 우리나라의 좌파들은 삼성에 대해 공동의 증오심을 갖고 있다. 이들에게 삼성은 무조건 싫은 존재다. 삼성이 싫으니 삼성의 갤럭시폰을 사용하지 않고, 애플폰을 사용하기도 한다.

　내가 아는 지인 가운데 삼성반도체의 협력회사 사장(A)이 있다. A 사장은 주변 사람들과 식사 자리에서 밥값을 잘 내는 것으로도 유명하다. 그런데 어느 날 A 사장이 밥값을 계산하지 않고 식사 자리를 먼저 빠져나온 적이 있다. 식사 자리에서 지역 정치권의 좌파 인사가 삼성을 욕하는 것을 더 이상 듣고 싶지 않아서였다. "삼성이 망해야 한다"는 식으로 그 좌파 인사가 언성을 높여서 말을 했다는 것이다. A 사장은 "삼성이 망하면 우리 회사도 망하는데, 그걸 바라는 사람들에게는 내가 밥을 살 수가 없다." 이렇게 화를 내면서 말하고서 먼저 식사 자리를 박차고 나왔다.

　더불어민주당 정치인들이 윤석열 정권을 검찰공화국이라고 공격한다. 민주당 지지자들에게 윤석열 정권에 대한 증오심을 유발하려고 그렇게 공격하는 것이다. 대한민국 검찰은 권력을 가지고 있다. 권력자들을 수사해서 처벌하는 권력기관이다. 2024년 현재는 검찰의 권력이 예전만 못하다. 예전에는 검찰청 앞에만 가면 사람들이 겁을 먹고 긴장했다. 하지만 지금은 그런 사람들을 찾아보기 어렵다. 정치인들은 오히려 검찰을 무시하기 일쑤다. 그럼에도 여전히 검찰이 가진 권력은 강하다. 기소독점권을 갖고 있어서 그렇다.

검찰이 강하다는 대중들의 인식이 있는 것을 알기에 좌파 정치권은 검사 출신 윤석열 대통령이 이끄는 정권을 검찰공화국으로 규정하고서 악마화하고 있다. 자신들의 지지자들뿐 아니라 대한민국 대중들에게 윤석열 정권을 검찰공화국으로 명명하면서 공동의 증오로 만들고 있다. 그리고 민주당을 중심으로 한 좌파 진영의 이런 전략은 성과를 거두고 있다.

그런데 윤석열 정권을 검찰공화국이라고 비판하려면 문재인 정권도 비판받아야 한다. 검사 윤석열이 성장한 것이 문재인 정권 덕분이기 때문이다. 문재인 정권 때 검사 윤석열은 중앙지검장을 지냈고, 검찰총장으로 임명됐다. 이뿐이 아니다. 대한민국 검찰에서 수사를 가장 잘하는 사람들로 구성됐다는 특수부(현재는 반부패수사부)가 가장 활발히 활동한 것이 문재인 정권이다. 문재인 정권 초기에 이명박·박근혜 대통령을 수사해서 구속할 당시 대한민국 검찰 특수부에 검사가 가장 많았다.

검찰 특수부는 국정농단 특검과 서울중앙지방검찰청 특수부에서 전임 정부의 온갖 비리를 수사하며 이명박, 박근혜, 양승태, 이재용 등을 줄줄이 구속시켰다. 이때가 문재인 정부 초기였고, 이 당시 검찰에서 특수통의 위세는 하늘을 찔렀다. 검찰 내 특수통의 대표로 여겨졌던 윤석열 국정농단 특검 수사팀장은 문재인 정부 집권 후 첫 검찰 인사를 통해 2017년 5월 서울중앙지방검찰청 검사장으로 파격 발탁된 데에 이어 2019년 7월엔 바로 검찰총장으로 직행했다. 윤석열의 승승장구와 함께 그와 가까운 특수통 그룹인 윤석열 사단 검사들도 요직을 독점하였다. 이들은 '적폐 청산 수사'를 통해 힘을 키웠다는 공통점이 있으며, 문재인 정부 초기 검찰 요직을 독점했다. 문재인 정권 초기가 대한민국 검찰의 '화양연화'였다.

그러나 검찰 특수부는 문재인 정권 초기에 화려하던 시절을 끝으로 문패를 바꾼다. 그리고 권한도 약화된다. 검찰이 문재인 정권의 황태자 조국을 수사하면서 그렇게 됐다. 검찰 특수부는 반부패수사부로 이름이 바뀐다. 반부패수사부의 담당 업무는 공무원의 직무 관련 범죄, 중요 기업 범죄, 공무원 직무 관련 범죄와 중요 기업 범죄에 준하는 중요 범죄로 한정된다. 기존 특수부의 업무는 '검사장이 지정하는 사건의 수사'로 규정되어 있어 사실상 정해진 수사 범위가 없었는데, 범위를 좁힌 것이다.

진보지식인 강준만도 『공감의 비극』이라는 책을 통해 문재인 정권의 검찰에 대한 이중적 태도를 비판했다.

문재인 정권이 저지른 '검찰 악마화'를 보라. 문재인 정권이 폭격을 퍼붓다시피 한 검찰 비판은 일견 대부분 옳은 것 같지만, 그건 출세한 한국 정치·행정 엘리트 집단의 공통된 문제였지 검찰만의 문제는 아니었다. 검찰 일부의 문제일 뿐 전부의 문제도 아니었다. 문재인 정권이 검찰을 장악하고 있을 때 그건 검찰의 단점이 아니라 장점이었고, 문재인 정권은 그 장점의 힘으로 적폐 청산과 정치 보복의 경계를 열심히 넘나들면서 자신들의 밥그릇 크기를 늘려 오지 않았던가?

"검사 독재가 있었다면 이재명 대표는 지금 감옥에 있을 것."

2024년 2월 7일 국민의힘 비상대책위원장 한동훈은 관훈클럽 초청 토론회에서 이렇게 말했다. 이재명이 그해 신년 기자회견에서 "청산해야 할 가장 중요한 과제는 검사 독재"라고 밝힌 것에 대해 이같이 반박한 것이다.

한동훈의 말처럼 윤석열 정권이 검찰공화국이고, 검찰 독재를 하는 것이라면 여러 범죄 혐의로 수사를 받고 재판을 받는 이재명은 구속돼서 감옥에 있어야 한다. 매우 유력한 범죄 혐의를 받고 있으면서도 이재명이 구속되지 않은 이유는 그가 거대 정당의 당 대표이기 때문이다.

정치에서 진실은 중요하지 않다. 대중들이, 유권자들이 어떻게 믿느냐가 중요하다. 반복해서 주장하면 사람들은 믿는다. 한 번, 두 번 말했을 때는 믿지 않지만, 수십 번, 수백 번 되풀이하면 그 주장을 믿는다. 민주당 등 야권이 윤석열 정부를 검찰공화국이라고 반복해서 주장하는 이유가 그 때문이다. 반복해서 주장하면 대중들이 믿는다.

윤석열 정부는 검찰공화국이 아니다. 윤석열 정부는 21세기 대한민국 정부 가운데 가장 힘이 약한 정부다. 오히려 문재인 정권이 힘이 셌다. 검찰 권력도 더 강했다. 하지만 사람들은 진실을 찾지 않는다. 사실을 믿지 않는다. 보고 싶은 것을 보고, 듣고 싶은 것을 듣고, 믿고 싶은 것을 믿는다. 검사 출신 윤석열 대통령이 이끄는 정권을 검찰공화국이라고 주장하는 좌파 진영의 선동을 믿는 사람들이 적지 않다. 좌파 진영은 효순이와 미선이로, 그리고 광우병으로 미국을 공동의 증오로 만들어 정치적인 이익을 얻었다. 그리고 윤석열 정권을 검찰공화국이라는 틀에 가두어 공동의 증오로 만드는 데 성공했다. 2024년도 4월의 선거 결과는 그렇다는 것을 보여준다.

반공에서 반미로

"무찌르자 공산당 때려잡자 김일성."

70년대 중후반 내가 초등학교에 다니던 시절 거의 매일 들다시피 했던 구호다. 이 시절에는 반공이라는 구호 아래 온 국민이 하나로 단결했다. 6.25 전쟁을 몸으로 겪은 세대들이 주류였던 시기였기에 반공은 국시가 될 수밖에 없었다. 당시 권력은 이런 국민의 정서를 정치적으로 잘 활용했다. 공산당이라는 공동의 증오를 통해 정치적인 승리를 쟁취할 수 있었다.

대한민국 정치사에서 가장 먼저 등장한, 그리고 가장 성공한 공동의 증오는 공산당이다. 70년대까지 또는 80년대 초반까지 대한민국 국민 대다수의 머릿속에 공산당은 모든 악의 근원이었다. 그렇기에 반공이라는 구호 하나로 국민을 단결시킬 수 있었고, 빨갱이라는 낙인을 찍어서 좌파 정치인들의 행동을 제약할 수 있었다. 대한민국의 주류 세대가 6.25를 몸으로 체험했기에 두 번 다시 이 땅에 전쟁이 일어나는 것은 상상하는 것조차 공포였다. 전쟁 기간에 북한군과 그 추종 세력에 의해 자행된 공포의 순간을 경험했기에 공산당이 얼마나 끔찍한 존재인지 굳이 설명할 필요가 없었다. '무찌르자 공산당'이라는 구호 하나면 대부분의 국민을 단결시킬 수 있었고, 정치적으로 승리할 수도 있었다. 경쟁자를 빨갱이로 몰아붙이면 정치적인 승리를 얻는 것은 어려운 일이 아니었다. 당시 공산당에 대한 증오, 북한에 대한 적개심이 얼마나 강했는지는 당시 유행했던 노래 가사에서도 확인할 수 있다. 이선근이 가사를 쓴 노래다.

무찌르자 오랑캐 몇백만이냐. 대한남아 가는데 초개로구나. 나아가
자 나아가 승리의 길로. 나아가자 나아가 승리의 길로.
쳐부수자 공산군 몇천만이냐. 우리 국군 진격에 섬멸뿐이다. 나아가
자 나아가 승리의 길로. 나아가자 나아가 승리의 길로.

이뿐이 아니다. 매년 6.25 기념일에 불렀던 노래가 있다. 현재 30대
이하의 국민은 이런 노래가 있었는지 모를 것이다. 가사가 매우 과격
하다.

아아 잊으랴. 어찌 우리 이날을 조국을 원수들이 짓밟아 오던 날을.
맨주먹 붉은 피로 원수를 막아내어 발을 굴러 땅을 치며 의분에 떤
날을. 이제야 갚으리 그날의 원수를 쫓기는 적의 무리 쫓고 또 쫓아 원
수의 하나까지 쳐서 무찔러 이제야 빛내리 이 나라 이 겨레.

이 노래는 매년 6.25 기념식장에서 불렸다. 학교에서도 불렀다. 현
재의 기준으로는 상상하기 힘든 노랫말이다. 아마도 지금 이런 노래
를 정부가 공식 기념식 노래로 선정하려 했다가는 여론의 뭇매를 맞
을 것이다. 여론의 뭇매를 맞기 전에 좌파 진영의 반발이 두려워서
공식 노래로 선정할 생각도 하지 않을 것이다. 그러나 그 시절에는 가
능했다. 국민들은 이 노래의 가사에 대해 이상하다고 생각하지 않았
다. 북한을 원수로 생각했기에 공산당을 악의 근원이라고 생각했기
에 초등학생 시절에도, 중학생 시절에도 나 역시 6.25 노래의 가사에
문제가 있다고 생각하지 않았다. 이 노랫말이 문제가 있다고 생각하

게 된 것은 85년도에 대학에 입학하고 나서다. 그러나 그때는 또 다른 노랫말에 문제가 있었다.

1985년 대학에 입학해서 가장 먼저 운동권 선배들에게 배운 데모송 가사는 이렇다. 듣기에 섬뜩할 정도다.

도끼날 갈아 대머리 찍고, 대팻날 갈아 주걱턱 갈자. 가자 가자 이 어둠을 뚫고 우리 것 우리가 찾아서.
양키와 쪽바리 판치는 세상. 매판과 파쇼에 지친 형제들. 가자 가자 이 어둠을 뚫고 우리 것 우리가 찾아서.

이런 노래를 아무런 거부감 없이 불렀다. 선배들이 그렇게 부르니, 후배들도 아무런 거리낌 없이 이런 가사의 노래를 불렀다. 운동권 선배들은 미국은 무조건 나쁜 것, 악의 근원이라고 가르쳤고, 세상 물정 모르는 후배들은 그대로 믿고 따랐다. 미국의 문화도, 상품도 무조건 배척했다. 여름철에도 콜라를 마시지 않았다. 덕분에 대한민국에서 보리 음료가 선풍적인 인기를 끄는 현상이 발생했다.

1970년대 반공이 국시였고, 공산당이 공동의 증오였던 시절에는 '무찌르자 공산당, 때려잡자 김일성'이라는 구호가 당연한 듯이 회자됐다. 6.25 노래의 가사에 대한 거부감이 없었다. 그 시절에는 반공 세력이 쉽게 권력을 잡을 수 있었고, 친공 세력이라는 딱지가 붙으면 그것으로 정치적인 사망선고였다. 공산당은, 북한은 나쁜 것이었고, 공산당을 물리친 미국은 좋은 것이었다.

그러던 것이 1980년대 중반 들어서면서 달라지기 시작했다. 독재 타도를 외치고, 미군 철수를 주장하는 목소리가 물결처럼 번져갔다. 처음에는 조용하게, 화장실 낙서를 통해서 표현되던 독재 타도, 미군 철수 주장이 공공연하게 거리로 퍼져 나갔다. 그렇게 반미의 주장들이 호응을 얻어갔다. 대한민국의 경제를 일으킨 우파 세력은 독재라는 틀 안에 갇혔다. 미국은 독재세력을 옹호한 나쁜 권력일 뿐이었다. 남한의 독재 정권은 북한의 김일성 김정일 정권보다 더 나쁜 세력이었다. 당시 좌파들과 86운동권 세력은 그렇게 대학생들을 선동했고, 국민까지도 세뇌하려 시도했다. 그렇게 선동당한 사람들은 지금도 대한민국의 우파보다 북한의 김정은 정권을 더 지지한다. 세뇌당한 사람들은 윤석열 대통령을 김정은보다 더 나쁜 사람이라고 생각한다. 북한은 동정받을 대상이고, 미국은 증오의 대상이라고 생각한다.

이때부터 전략적으로 미국을 공동의 증오로 만들어간 좌파 진영, 그리고 86세력들의 정치는 성공하기 시작했다. 그 결과물이 21세기 대한민국에서 효과를 발휘하기 시작했다. 미선이 효순이를 이용한 선동이 성공했고, 광우병 괴담도 성공했다. 그런 전략적인 성공으로 2024년 대한민국에는 좌파 진영에 매우 유리한 정치환경이 구축돼 있다.

민주당을 장악한 이재명은?

　　　　　2024년 국회의원 총선거는 이재명을 살렸다. '친명공천 비명횡사'로 진행된 더불어민주당(민주당)의 공천을 통해 이재명은 민주당을 자신의 당으로 만들려는 야심을 노골적으로 드러냈다. 선거 결과는 그래서 중요했다. 민주당이 총선에서 패배할 경우 이재명에 대한 좌파 진영의 비판은 거세질 것이었다. 이재명에게 씌워진 사법 리스크의 굴레는 더욱더 그를 옥죌 것이었다. 그런데 이재명이 승리했다. 2024 총선에서 이재명의 민주당은 161석을 얻었다. 국회 과반을 차지한 거대 정당이 됐다. '친명공천 비명횡사'의 무리한 공천에 대한 비판이 사라졌다. 이재명에 씌워진 사법 리스크의 굴레가 훨씬 헐거워진 것처럼 보인다. 그렇다면 2024 총선이 진짜로 이재명의 승리인가?

　이재명의 민주당이 많은 의석을 차지했기에 결과적으로 이재명이 승리한 것이라 생각할 수 있다. 하지만 속을 자세히 들여다보면 드러난 결과는 실제 내용과 다르다. 이재명의 민주당이 대승을 한 바탕에는 조국혁신당의 선전이 자리 잡고 있다. 그것은 정당 지지율에서 알 수 있다.

　선거 직전까지 한국갤럽이 조사한 정당 지지율에서 민주당은 국민의힘을 앞선 적이 거의 없다. 정당 지지율만 보면 지역구 국회의원선거에서 국민의힘이 민주당을 압도했어야 했다. 하지만 결과는 반대로 나타났다. 지역구 국회의원 선거에서 국민의힘은 72석을 얻었고, 민주당은 147석을 차지했다. 민주당이 국민의힘의 두 배다. 선거 직전에 조사된 갤럽 지지율과는 다른 결과다.

2024년 3월 29일에 발표된 갤럽의 여론조사 결과는 지지하는 정당에서 국민의힘 37%, 더불어민주당 29%로 나타났다. 4.10 총선 직전에 갤럽이 실시한 마지막 조사다.

왜 이런 결과가 나타났을까? 정당 지지율이 국민의힘이 더 높은데, 지역구 국회의원선거에서 민주당이 더 많은 의석을 차지했을까? 그 질문에 대한 해답은 조국혁신당의 지지율에 있다. 같은 날 발표된 조사에서 조국혁신당의 지지율은 12%다. 그러니까 2024년도 총선에서 나타난 지역구 국회의원 선거 결과는 국민의힘 대 민주당+조국혁신당의 대결이었다고 분석할 수 있다. 조국혁신당은 비례대표 후보만 출마시켰다. 조국혁신당 비례대표에게 투표하러 갔던 유권자들이 지역구 후보는 민주당에 투표한 것이라고 분석할 수 있다. 선거 기간 지역구는 민주당 비례는 조국혁신당을 찍으라는 '지민비조'를 호소했던 조국 대표의 전략이 먹힌 것이다.

선거 직후에 실시된 여론조사에서도 민주당의 지지율이 국민의힘을 크게 앞서지 못한 것이 민주당이 총선에서 승리한 것이 자신들의 힘으로 그렇게 된 것이 아님을 보여준다. 4월 19일 발표된 갤럽 조사에서 국민의힘의 지지율은 30%, 민주당의 지지율은 31%였다. 조국혁신당은 14%다. 5월 말에 가면 다시 민주당의 지지율이 국민의힘보다 낮다. 5월 31일 발표된 갤럽조사는 국민의힘 30%, 민주당 29%다. 6월 14일 발표된 조사는 민주당의 지지율이 더 낮아진 것으로 나타났다. 국민의힘 30%, 민주당 27%다.

총선 전후의 갤럽 여론조사는 민주당의 총선 승리가 이재명의 인기나 민주당에 대한 국민적인 지지가 반영된 것이 아님을 분명하게 보여준다. 조국혁신당의 돌풍에 어부지리 승리를 거둔 것이다. 민주

당 소속의 김동연 경기도지사는 2024년 7월『동아일보』인터뷰에서
이렇게 말했다.

 "민주당이 총선 결과를 승리로 오판해서는 안 된다. 총선은 첫째 윤
 정부에 대한 심판이었고, 동시에 민주당에도 분명한 경고 메시지를
 보냈다."

 이 분석이 중요한 이유는 '민주당을 장악하고 있는 이재명에 대한
공동의 증오가 형성될 수 있는가?' 하는 물음과 연관되기 때문이다.
 이재명은 공동의 증오가 되기에 적합한 여러 가지 조건을 갖추고
있다. 첫째는 나쁜 사람 이미지다. 이재명은 형수에게 들을 수 없을
정도로 심한 욕을 했다. 한두 마디 한 것이 아니다. 수십 분 동안 그
의 욕설이 이어진다. 그 욕설이 녹음된 파일이 인터넷에 존재하고 있
다. 그 파일을 들은 사람이라면 누구도 이재명을 욕할 수밖에 없게
된다.
 범법자라는 이미지도 있다. 이재명은 전과 4범의 범법 행위를 한
사람이다. 이전까지 전과 4범의 범죄 전력을 가진 사람이 큰 정치를
하겠다고 나선 적이 없다. 범죄 전과는 정치인에게 치명적인 약점이
다. 민주화운동으로 인한 전과라면 정상참작이 되지만 이재명의 전
과는 그런 내용이 아니다.
 여성과의 불륜 문제도 있다. 영화배우 김부선은 자신이 이재명과
불륜 관계였다고 공개적으로 밝혔다. 지금도 그렇게 주장하고 있다.
그런 김부선의 언행에 대해 이재명은 명예훼손으로 고소하지 않고
있다. 그동안의 이재명은 그런 언행에 대해 고소하는 것이 일상적이
었다. 그런데 유독 김부선의 언행에 대해 고소하지 않고 있어서 불륜

의심을 키운다.

이재명이 공동의 증오가 될 수 있는 가장 강력한 조건은 그가 강자라는 점이다. 이재명은 늘 약자인척 행동해 왔다. 야당 정치인이라고 검찰의 핍박을 받는다고 선전해 왔다. 자신에게 적용된, 매우 구체적인 여러 범죄 혐의에 대해 누명을 쓴 것이라고 주장했다. 이재명이 약자일 때는 그런 주장이, 선전이 받아들여질 수 있다. 인간은 약자에게 동정적이기 때문이다. 하지만 2024년 현재 이재명은 약자가 아니다. 그는 자신의 입맛에 맞는 사람들에게 공천을 주는 막강한 힘을 가지고 있음을 국회의원 선거 공천 과정에서 보여줬다. 그리고 2024 총선을 통해 대한민국 최대 정당의 대표로서의 자리를 확고히 했다. 자신을 변호하는 변호사들에게 국회의원 배지를 선물했다. 국회의원이 된 그 변호사들이 국회에서 이재명을 호위한다. 검찰을 겁박하고, 법원을 은근히 압박한다.

이재명은 21세기에 한국 정치에서 사라진 제왕적인 당 대표가 되려 한다. 아니, 이미 그 자리에 올라가 있다. 21세기에 처음으로 민주당의 연임 당 대표가 됐다. 가히 김대중 반열에 올라선 것이다. 민주당의 최고위원이 이재명을 '민주당의 아버지'라고 칭했다. 이재명을 위해 민주당의 당헌도 바꾼다. 이재명보다 더 강한 권력을 가진 정치인은 2024년 대한민국에 없다.

이재명에게 현실로 다가올 사법 처리도 이재명이 공동의 증오가 되는 데 한 역할을 할 것이다. 이재명은 자신에게 적용된 범죄 혐의 재판을 오랜 기간 끌어오고 있다. 재판을 오래 끌려는 이재명의 전략과 정의를 실현하려는 의지보다는 워라밸을 실천하려는 의지가 더 강해 보이는 판사들의 생각이 더해져 이재명에게 적용된 여러 범죄 혐의 재판이 길게 진행되고 있다. 물론 재판이 길어지는 이유의 대부분은 이재명의 전략에 기인한다.

재판을 길게 진행시켜서 판결을 최대한 늦출 수는 있지만, 영원히 늦출 수는 없다. 다음 대통령 선거 전에 대법원 판결까지 확정판결이 이뤄질 수는 없어도, 최소한 1심 판결은 이뤄질 것이다. 이재명에게 적용된 여러 범죄 혐의의 대부분이 그렇다. 1심 법원에서 유죄라고 판결이 이뤄지면 이재명에 대한 국민의 판단은 또 달라진다. (이재명과 그의 변호인들 역시 이재명이 유죄판결이 날 가능성이 높기 때문에 재판을 질질 끌고 있는 것이라고 의심할 수 있다.)

범죄 혐의로 기소된 이재명은 검찰의 무리한 기소라고 주장할 수 있었다. 야당 정치인이라는 신분을 활용해서 자신이 레지스탕스 지도자인 양 행세할 수 있었다. 하지만 1심에서 유죄 판단이 이루어지는 순간 이재명의 입지는 바뀐다. 레지스탕스 지도자가 아니라 조폭 두목이라고 대중들은 인식할 것이다.

이재명은 공동의 증오가 되기에 충분한 여러 조건을 갖췄다. 그런데 현재만 그런 것이 아니다. 이재명은 이미 공동의 증오가 되어있다. 2022년도 대선에서 그가 패배한 이유는 이재명이 공동의 증오였기 때문이다.

2022년 대선이 전개될 당시 문재인 대통령의 지지율이 40%대를 기록했다. 정권 말 대통령으로서는 높은 지지율이다. 같은 정파의 대통령이 두 번 연속으로 집권했던 관례가 있기에 2022년 대선에서는 민주당이 승리하는 차례였다. 그런 여러 유리한 조건에서도 이재명이 낙선한 것은 그가 우파 진영과 중도 일부 진영의 공동의 증오였기 때문이다. 진중권, 김경율과 같은 진보적 지식인들이 이재명을 지지하지 않고 비난하는 것은 이미 이재명이 공동의 증오라는 것을 증명한다. 그런데 2024년 현재 이재명은 제왕적 당 대표라는 권력도 손에 쥐고 있다. 2022년 대선 당시보다 더 공동의 증오가 되기에 적합한 상황인 것이다.

　다음 대선은 윤석열과 이재명의 대결이 아니다. 검사 출신 윤석열 대통령의 권력은 다음 대선에 이미 끝난 상태나 다름없다. 이재명과 좌파 진영이 만들어낸 검찰공화국이라는 공동의 증오가 사라지는 것이다. 검찰공화국이라는 공동의 증오가 사라진 다음에는 제왕적 야당 대표 이재명이 공동의 증오가 될 수도 있다. 2년 뒤의 대한민국 정치판은 공동의 증오 이재명의 시간이 될 수도 있다.

중국은?

외국에 파견하는 대사의 수준을 보면 해당국에 대한 중시 여부를 알 수 있다. 한국은 주중 대사를 이른바 '4강 대사'로 분류해 대통령 측근이나 장·차관급 인사를 파견해 왔다. 반면 중국은 수교 이후 한동안 부국장급 실무자를 한국에 보냈다. 2010년부터 국장급 인사를 대사로 임명하고 있다. 중국은 미국, 일본은 물론이고 북한에도 차관급 대사를 보낸다. 더구나 주한 대사는 은퇴 직전인 사람을 보내는 경우가 대부분이었다.

이런 주한 중국 대사는 대부분 중국 외교부에서 존재감이 없는 인물들이었다. 싱하이밍은 중국 외교부장이 그의 이름을 제대로 알고 있는지도 의문이다. 이런 중국 대사가 한국에선 부임과 동시에 VIP 대접을 받는다. 주로 기업인들이 중국 사업에서 중국 대사의 도움을 받을 수 있다는 헛된 생각으로 환대했다. 글로벌 대기업 총수들까지 이 하급 관리를 만났다. 국회의장, 여야 대표, 부총리, 장관, 도지사 등 정·관계 고위 인사들까지 수시로 만났다. 작년 6월 싱 대사의 '베팅 발언'도 이재명 민주당 대표를 자신의 관저로 불러 연설하던 도중 나온 것이다. 한국 사회 전체가 중국 외교부 내에서 존재감도 없는 하급 퇴물 외교관을 거물로 만든 것이다.

… 주중 한국 대사는 중국에서 거의 투명 인간 취급을 받는다. 중국 외교부 부부장(**차관급**)도 만나기 힘들다. 한국은 중국과 같은 국가에 이런 대접을 받아야 하는 나라가 아니다.

2024년 7월 5일자 『조선일보』 사설 내용이다. 싱하이밍 중국 대사가 한국을 떠난다는 소식이 전해진 후 실린 사설이다. 싱하이밍이 한국에서 얼마나 기고만장했는지? 이재명을 비롯한 한국의 정치인들은 그를 얼마나 우대했는지 우리는 잘 알고 있다. 대한민국은 현재 이런 나라다. 중국의 하급관리가 대사로 부임해서는 거물 취급을 받는다. 미국의 대사도 거물 대접을 받지만, 싱하이밍 중국 대사처럼 거들먹거리지는 않는다.

중국 대사가 이렇게 거물 취급을 받는 이유는 중국이 강국이기 때문이다. 거대 시장을 갖고 있기 때문이기도 하다. 2024년 현재 중국은 강국이다. 20세기의 힘없던 중국이 아니다. 미국에 이어 세계 최대 경제국이다. 미국과 함께 G2로 불리는 나라다. 강국이 된 중국은 공동의 증오가 될 수 있다. 세계 최강대국 미국이 공동의 증오가 된 것처럼, 최강대국 반열에 올라있는 중국 역시 공동의 증오가 될 가능성이 매우 높다.

이 책에서 여러 번 강조했듯이 인간은 약자에게 우호적이지만, 강자에게는 적대적이다. 미국이 강자라는 이유로 공동의 증오가 됐듯이, 중국도 강자라는 이유로 공동의 증오가 될 수 있다. 더구나 중국의 비민주적 모습, 몰상식적인 모습은 많은 한국인에게 불쾌감을 준다. 그 불쾌감은 공동의 증오가 되는 연료 역할을 하고 있다.

대한민국 젊은이들의 중국에 대한 비호감도는 매우 높다. 여러 조사에서 가장 싫어하는 국가를 중국으로 꼽고 있는 것으로 나타났다.

중국은 미국과 함께 세계 최강국가다. 경제력에서 군사력에서 그렇다. 정치적 영향력도 막강하다. 그런데 중국은 비민주적인 독재국가의 모습을 보이고 있다. 한국에 있는 중국 대사는 한국에 무례한 발언을 서슴지 않는다. 한국의 젊은이들이 가장 싫어하는 나라가 중국이다. 이런 모든 내용을 종합해 보면 중국은 한국인들의 공동의 증오가 될 가능성이 매우 높다. 어쩌면 이미 공동의 증오가 돼있을 수 있다. 우파 정치권이 이를 활용하지 못하고 있을 뿐이다. 선전·선동에 능한 좌파 정치권은 친중국 성향이기에 반중 정서를 정치적으로 이용하지는 않는다. 반중 정서가 확산되는 것을 경계한다. 이들은 중국이 공동의 증오가 되는 것도 원하지 않을 것이다. 그렇기에 반중 정서가 강함에도 한국에서 아직 중국을 공동의 증오로 이용하는 정치가 전개되지 않고 있다. 그러나 중국이 한국 사회에서 공동의 증오가 되는 것은 확실해 보인다. 시간문제일 뿐이다.

사랑보다 강한 증오

사랑의 힘으로 사람들을 단결시킬 수 있다. 하지만 그건 쉬운 일이 아니다. 반대로 증오의 힘으로 사람들을 단결시킬 수 있는데, 그건 쉬운 일이다. 사랑하는 사람을 위해서 어떤 행동을 하자고 할 때 사람들을 모으는 일은 쉽지 않다. 하지만 증오하는 누군가를 응징하기 위해서 어떤 행동을 하고자 할 때는 사람들을 모으기가 쉽다. 누군가를 사랑하려고 단결하기는 어렵지만, 누군가를 증오하려고 사람들을 단결시키기는 쉽다. 감정적 동물인 인간에게는 사랑의 힘보다 증오의 힘이 더 크다. 옛날이야기가 그걸 잘 설명해 준다.

이 책을 읽는 독자들 대부분 알고 있을 러시아의 옛날이야기가 있다. 버전이 여러 가지다. 어느 때는 황금알을 낳는 오리가 나오고, 어느 사람 입에서 전달될 때는 우유를 많이 생산하는 젖소가 등장한다. 어떤 버전이든지 내용은 같다. 증오가 우리의 선택을 결정한다는 것이다. 비이성적인 선택.

이웃집에 젖소 한 마리가 생겼다. 그 젖소는 우유를 많이 생산했다. 가족들이 먹고도 많은 양이 남았다. 이웃은 젖소가 생산한 우유를 팔아서 부자가 됐다.

그런 이웃을 둔 이야기의 주인공에게 램프의 요정이 나타났다. 그리고는 소원을 말하라고 했다. 이웃집 젖소를 부러워하는 것을 알고 있는 요정은 "이웃집 젖소와 같은 젖소를 한 마리 드릴까요?"라고 주인공에게 물었다.

그러자 주인공은 램프의 요정에게 이렇게 소원을 말했다.

"이웃집 젖소를 죽여줘."

인간은 감정적인 동물이다. 투표라는 이성적인 제도를 만들었지만 정작 투표를 하는 행위는 이성적이지 않고 감정적이다. 그렇기 때문에 다수를 행복하게 해줄 수 있는, 다수에게 이로운 정책을 제시하는 정파를 지지하기 위해서가 아니라, 자신에게 증오를 불러일으키는 정파를 반대하기 위해서 투표를 한다. 좋은 정책을 제시하는 후보를 당선시키려 투표하는 것이 아니라, 미운 후보를 낙선시키려 투표에 참여한다. 그러니 선거판에서 긍정적인 정책 대결보다는 상대의 흠을 찾아내는 부정적인 비방전이 더 많이 활용된다.

상대에 대한 증오를 부추긴다. 거짓을 왜곡을 과장을 동원해 공동의 증오를 창조한다. 그렇게 효과적으로 공동의 증오를 창조해낸 쪽이 선거에서 이긴다. 대중을 결집시키려면 선에 대한 신념은 없어도 된다. 그러나 악에 대한 증오 없이는 불가능하다. 증오는 사랑보다 힘이 세다. 누군가를 열렬히 사랑해서 목숨을 끊거나, 대신 죽는 사람은 찾기는 힘들다. 하지만 누군가를 극도로 증오해서 살인을 하는 사건은 매년 발생한다.

공동의 증오를 조작하라. 선거에서 승리하기 위한 필수조건이다.

2.

수사(레토릭)를
화려하게 구사하라

태초의 지구에는 아무 소리가 없었다. 고요, 그 자체였다. 강원도의 한적한 산골을 상상해 보라. 그것도 한겨울 한밤중. 무슨 소리가 들릴까? 하늘에 떠있는 하얀 달은 아무 소리를 내지 않는다. 밤하늘을 수놓은 별들도 침묵 상태로 자리를 지키고 있다. 아무 소리도 들리지 않는, 고요. 바람 소리만이 들리는 적막. 강원도의 겨울밤은 그런 상태다. 태초의 지구가 그랬다. 아니 그보다 더 조용했다. 그 후로 처음 지구에 등장한 소리는 단순했다. 지구의 소리에 대해 아름다운 문체로 써내려 간 데이비드 조지 헤스컬의 책 『야생의 치유하는 소리』는 이렇게 시작된다.

맨 처음 지구에 울려 퍼진 소리는 오직, 돌, 물, 번개, 바람에서 났다. … 바람은 산봉우리에 부딪치며 낮고 긴박한 함성을 지르기도 하고 때로는 채찍 휘두르는 소리와 함께 몸을 비틀어 소용돌이치기도 한다. 사막과 눈밭에서는 공기와 모래와 눈 위에서 쉭 하는 소리를 낸다. 바닷가에서는 파도가 자갈, 모래, 꼿꼿한 절벽을 때리고 그러당긴다. 비는 바위와 흙을 달가닥 달가닥 때리고 물을 참방참방 두드린다. 강은 꾸르륵 꾸르륵 흐른다. 뇌우가 포효하면 지표면이 메아리로 응답한다.

태초의 지구에는 아무런 생명체가 없었다. 식물도 동물도 곤충도. 지구는 그냥 거대한 바위 덩어리였다. 그러니 다른 소리가 발생할 수가 없었다. 오늘날 우리가 강원도 산골에서, 대부분의 동물생명체가 잠든 한겨울 한밤중에 느낄 수 있는 고요보다 더 조용하고 적막한 상태가 초기의 지구였을 것이다.

"귀뚜라미 울음소리가 가슴 깊이 파고드는데…" 가수 백영규는 노랫말이 이렇게 시작되는 「슬픈 계절에 만나요」라는 노래를 1980년도에 발표했다. 이 노래 하나로 그는 스타가 됐고, 그해 남자 신인 가수 상을 받았다.

"귀뚜라미 슬피 울던 밤 겨울바람 멀리 있던 밤" 이렇게 시작하는 김범용의 히트곡 「밤의 플랫트홈」이라는 노래도 있다(플랫트홈. 플랫폼의 영어 발음을 그 당시에 그렇게 적었다).

바람 소리, 바위 구르는 소리, 천둥소리, 이처럼 탁한 소리만 들리던 지구에 최초의 동물 소리가 등장한 것이 바로 귀뚜라미 소리다. 그런 까닭인가? 우리는 지금도 귀뚜라미 소리를 들으면 서정적이 된다. 태곳적 소리를 우리의 유전자가 기억하고 있는 것일까? 그렇게 생각해 보면 대중가요 가사는 단순한 가사가 아니라 과학이다.

구애의 소리, 언어

　　　동물들에게서 소리가 발달한 배경에는 구애의 목적이
있다. 이성을 유혹하기 위해, 이성에게 자신을 더 멋있게 또는 강하게
보이기 위해 동물들은 자신의 몸으로 발성하는 소리를 발달시켰다.

　새들이 노래하는 것도, 한여름에 매미가 귀청이 뚫어지게 우는 것
도 이성에게 자신을 알리기 위한 목적이다. 자신이 더 건강하다는 것
을 자신이 더 매력적이라는 것을 이성에게 호소하는 소리다.

　아름다운 소리로 이성을 유혹하는 대표적인 동물 가운데 혹등고
래가 있다. 동물들은 대개 수컷이 노래하고 암컷이 그 노래에 반응한
다. 2024년 현재 대한민국에서 가장 인기 있는 가수라고 말할 수 있
는 임영웅이 남자인 것은 일반적인 동물의 세계를 보면 일견 당연한
것이다. 그리고 임영웅의 팬이 대부분 여자인 것도 마찬가지다.

　혹등고래 번식지에서는 수십 톤의 몸무게를 자랑하는 거대한 몸
집의 혹등고래들이 한자리에 모여 노래를 부른다. 당연히 이들은 성
인기의 수컷들이다. 이 수컷들은 독특한 멜로디와 강약 조절, 그리고
화려한 기교까지 넣은 복잡하고 아름다운 노래를 부른다. 혹등고래
의 노래는 한 곡당 길이가 20~30분이나 된다. 이런 노래들을 한 곡
만 부르는 것이 아니라 여러 곡을 부른다. 그렇게 공연되는 혹등고래
의 콘서트는 몇 시간 동안 계속된다.

　구애를 위한 혹등고래들의 노래는 암컷들을 유혹한다. 수컷들의
노래를 들은 암컷 고래들이 이들의 콘서트장을 찾는다. 그런데 이동
거리가 어마어마하다. 캐나다의 앞바다에서 도미니카 공화국 앞바다
까지 찾아온다. 수천 km가 되는 거리를 혹등고래 암컷은 수컷들의 합

창을 감상하러 찾아온다. 그리고 그곳에서 고래들의 짝짓기가 성사된다(바버라 내티슨 호로위츠- 『와일드 후드』).

인간도 구애를 목적으로 노래한다. 인간이 처음 노래를 부를 수 있게 됐을 당시, 처음에는 그랬을 것이다. 그러나 지금 인간은 반드시 구애를 위해 노래하지 않는다. 어떤 사람은 자신의 만족을 위해, 프로 가수들은 돈을 벌기 위해 노래를 부른다.

인간은 구강 구조가 가장 발달한 동물이다. 발달한 구강 구조 덕분에 다양한 발음을 할 수 있고, 자신의 의사를 거의 모두 구강을 통한 소리로 표현할 수 있다.

구강 구조가 발달하고 다양한 발음을 할 수 있는 인간이 발달시킨 것이 바로 언어다. 그리고 그 언어가 대한민국과 같은 민주주의 국가에서 정치를 하는 데 가장 큰 무기가 된다. 언어를 잘 다루는 사람이 정치판에서 유리하고, 언어를 잘 활용하는 정치인이 승리할 가능성이 높다. 언어 외에 다른 어떤 것도 유권자를 설득하는데 더 효율적인 것은 없다.

물론, 인간의 언어가 정치 활동에만 효용이 있는 것은 아니다. 인간의 언어는 구애 행위에서도 매우 효력 있는 무기다. 언어를 잘 활용하는 사람이 이성에게 호감을 얻는 데 유리하다. 이성을 유혹하고 이성에게 신뢰를 주는 데 유리하다. 언어를 다루는데 소질이 없는 사람, 언어를 다루는 능력을 발달시키지 않은 사람은 정치에서나 구애 행위에서나 불리하다.

수사의 설득하는 힘

　　　　　월드컵대회에 출전할 축구 국가대표 감독을 선출하는 경우를 예로 들어보자. 김국민 감독과 이민주 감독이 후보로 올랐다. 이 두 감독을 놓고 국민투표를 통해 감독을 선출할 경우 누가 감독이 될 것인가?

　김국민 감독후보는 이렇게 자신의 정견을 발표한다.

　"우리나라 축구팀은 수비가 약합니다. 수비를 강화해야 합니다. 유럽파 가운데 수비가 강한 A 선수를 중앙 수비수로 세울 겁니다. 4명의 수비를 배치해서 수비력을 강화하겠습니다. 공격진에는 손흥민을 원톱으로 세우고…."

　이민주 감독후보는 이렇게 자신의 정견을 발표한다.

　"우리나라 축구팀은 이번 월드컵에서 반드시 좋은 성적을 거둘 것입니다. 선수들은 대한민국을 대표해서 뛴다는 자부심으로 가득합니다. 가슴에는 승리의 열정이 불타오릅니다. 저는 선수들의 뜨거운 가슴에 승리의 불씨를 넣을 것입니다. 가슴이 더 뜨겁게 달궈진 우리 선수들은 그들이 사랑하는 조국에, 그들이 사랑하는 국민 여러분께 반드시 승리의 트로피를 안겨드릴 것입니다…."

　김국민, 이민주 두 후보 가운데 누가 축구 대표 감독으로 선출될까? 축구 전문가들을 상대로 투표를 한다면 당연히 김국민이 감독으로 선출될 것이다. 하지만 일반 국민을 상대로 투표가 진행되면 결과는 정반대가 된다.

　선거는 이성이 지배하는 것이 아니다. 선거는 감성에 지배받는 행위다. 축구 감독이라면 마땅히 어떻게 선수를 구성하고 어떤 전술을 통해서 승리를 거둘 것인지를 밝혀야 한다. 그것을 통해서 축구 감독의 능력을 평가할 수 있다.

하지만 선거를 통해서 감독을 선출할 경우 사정이 달라진다. 유권자의 심금을 울리는 것이 중요하다. 김국민의 정견은 따분하다. 원래 축구 감독들이 하는 일상적인 말과 다르지 않다. 그것은 그냥 축구 감독이 하는 평범한 설명이다. 색다름이 없고 감동도 없다.

이민주의 정견은 다르다. 그의 정견에는 감동이 있다. 인간미가 넘쳐난다. 애국심을 자극한다. 수사란 이런 것이다.

샘 해리스의 책 『레토릭-세상을 움직인 설득의 비밀』은 수사에 대해 잘 설명해 준다.

수사를 안다는 것은 정치의 토대, 문화의 DNA, 생각의 원리와 같은 중요한 핵심을 꿰뚫어 보는 일이다. 우리는 아무 족적 없이 언어를 사용하지 않는다. 어떤 목적이 있기 때문에 설득을 한다. 언어를 통해 곤경에서 벗어날 수 있고, 연인을 침대로 이끌 수도 있다. 이렇듯 유익하거나 즐겁기 때문에 언어를 주고받는다.

인간은 욕망의 기계다. 언어는 인간의 욕망을 잘 드러내 주는 도구다. 누군가를 유혹하기 위해, 감명을 주고 고무시키기 위해, 존경받고 정당화하기 위해 언어를 사용한다. 즉, 인간의 욕망에 가장 가깝게 다가갈 수 있는 수단이 바로 수사라고 할 수 있다.

링컨의 게티스버그 연설

지금으로부터 여든하고도 일곱 해 전에 우리의 선조들은 이 대륙에 자유의 정신으로 잉태되고 만인이 평등하게 창조되었다는 신념을 바쳐 새로운 나라를 세웠습니다.

지금 우리는 바로 그 나라가, 아니 이러한 정신과 신념으로 잉태되고 헌신하는 어느 나라이든지, 과연 오래도록 굳건할 수 있는가 하는 시험대인 거대한 내전에 휩싸여 있습니다. 우리는 바로 그 전쟁의 거대한 싸움터인 이곳에 모여있습니다. 우리가 여기에 온 것은 바로 그 싸움터의 일부를 이곳에서 제 삶을 바쳐 그 나라를 살리고자 한 영령들의 마지막 안식처로 봉헌하기 위함입니다. 우리의 이 헌정은 더없이 마땅하고 옳습니다.

그러나 더 큰 의미에서 보자면 우리는 이 땅을 헌정할 수도, 축성할 수도, 신성화할 수도 없습니다. 여기서 싸웠던 용맹한 전사자와 생존 용사들이 이미 이곳을 신성한 땅으로 축성하였습니다. 보잘것없는 우리의 힘으로는 그 신성함을 더 보태고 뺄 수 없습니다. 세상은 오늘 우리가 여기 모여 하는 말들을 별로 주목하지도, 오래 기억하지도 않을 것이나 그들이 이곳에서 이루어낸 것은 결단코 잊을 수 없을 것입니다.

오히려 이 자리에서 살아있는 자들이 할 일은 따로 있습니다. 여기서 싸웠던 그분들이 그토록 고결하게 이루고자 했으나 아직 이루지 못한 미완의 과업을 수행하는 데 우리 스스로를 봉헌해야 합니다. 이 자리에서 우리는 우리 앞에 놓여있는 그 위대한 사명, 즉 고귀한 순국

선열들이 마지막 신명을 다 바쳐 헌신한 그 대의를 위하여 더욱 크게 헌신하여야 하고, 이분들의 죽음을 무위로 돌리지 않으리라 이 자리에서 굳게 결단하여야 하며, 이 나라가 하나님 아래에서 자유의 새로운 탄생을 누려야 할 뿐 아니라 국민의, 국민에 의한, 국민을 위한 정부가 지상에서 사라지지 않아야 한다는 그 위대한 사명에 우리 스스로를 바쳐야 합니다.

"국민의, 국민에 의한, 국민을 위한 정부" 우리가 수도 없이 들었던 링컨 연설문의 핵심이다. 대부분 링컨의 게티스버그 연설하면 이 부분만 기억한다. 하지만 1863년 케티스버그에서 링컨이 한 연설은 연설문 전체가 명문장이다. 연설을 들은 사람들을 감동시키기에 충분하다. 연설문 전체의 길이가 길지도 않다. 위에 실린 글이 연설문의 전부다. 링컨의 이 연설은 왜 수사가 중요한지, 정치인들의 연설에서 발언에서 수사를 잘 활용하는 것이 중요한지 보여주는 대표적인 사례다.

역사적으로 수사를 잘 활용한 정치인들, 지도자들의 명연설을 셀 수 없이 많다.

인류의 전쟁사에서 이처럼 많은 사람이, 이처럼 많은 빚을, 이처럼 적은 사람에게 진 적이 없습니다.

1940년 2차 세계 대전 당시 처칠의 연설문이다. 처칠은 이 내용을 두 번이나 연설에 사용했다. 브리튼 전투 중에 공군 작전실에서 했고, 며칠 후에는 영국 의회 연설에서 했다. 처칠이 사용한 이 문장은 수사를 잘 활용했을 뿐 아니라, 두운까지 맞추었다. 소리 내서 읽으면 마치 요즘 젊은이들이 부르는 랩의 가사처럼 들린다.

링컨 못지않게 수사를 잘 활용한 미국 대통령은 오바마다. 영국 토니 블레어 전 총리의 수석 연설문 작가였던 필립 콜린스는 그의 책 『블루 스퀘어』에서 오바마를 이렇게 평가했다.

"오바마가 정치에 입문해 성공할 수 있었던 것은 설득력 있는 연설 덕분이었다. 그는 존 F. 케네디보다 훨씬 더 많이 연설 덕을 보았다."

오바마의 연설문을 보면 왜 연설문 작가 필립 콜린스가 그렇게 말했는지 이해가 된다. 2012년 11월 오바마가 시카고 그랜트 파크에서 한 연설의 일부다.

선거운동이 때로는 진부하거나 심지어 한심해 보일 수도 있다는 것을 저도 잘 알고 있습니다. 그래서 많은 사람이 정치가 이기심의 충돌 현장이 되거나 특수한 이해 관계자들의 놀이터가 될 뿐이라고 비아냥대기도 하지요.

그러나 고등학교 체육관에서 로프를 쳐놓고 북적이는 우리의 집회에 한 번만이라도 찾아와서 대화를 나눠본다면 여러분의 선입관과는 다른 면들을 보게 될 겁니다. 또한 집에서 멀리 떨어진 어느 조그만 카운티의 선거사무실에서 밤늦게까지 일하는 사람들을 보게 된다면 무언가 색다른 것을 느낄 수 있을 겁니다. 그곳에는 대학을 다니기 위해 아르바이트를 하면서도 세상의 모든 아이에게 평등한 기회를 주고 싶어 땀 흘리는 젊은 현장 운동가들의 활기차고도 확신에 찬 목소리를 들을 수 있을 겁니다. 또 자기 지역 자동차 공장에 일자리를 하나 더 늘려서 우리의 동생이 취직할 수 있게 되었다며 집집마다 자랑하러 다니는 자원봉사자들의 자부심 어린 목소리도 들을 수 있을 겁니다. … 이 모든 것을 위해 우리는 지금 이곳에 와있는 것입니다. 이것이 바로 정치이기에 선거가 중요합니다.

수사의 달인 문재인

　　　　대한민국 역대 대통령 가운데 수사를 가장 잘 활용한 대통령은 문재인이다. 그가 퇴임 때까지 40%에 가까운 지지율을 유지할 수 있었던 바탕에는 수사가 있다.

"우리는 다시 일본에게 지지 않을 것입니다."

문재인은 2019년 8월 국무회의를 소집해서 이렇게 발언했다. 일본이 우리나라에 꼭 필요한 제품에 대해 수출절차를 간소화하는 절차를 중단하겠다고 밝히자 이런 발언을 한 것이다. 이 발언은 국민의 반일 감정을 자극하는 발언이다. 또한 반일 감정을 갖고 있는 국민을 감동시키는 발언이다. 그날 발언을 조금 더 살펴보자.

　일본의 조치로 인해 우리 경제는 엄중한 상황에서 어려움이 더해졌습니다. 하지만 우리는 다시는 일본에게 지지 않을 것입니다.

　우리는 수많은 역경을 이겨내고 오늘에 이르렀습니다. 적지 않은 어려움이 예상되지만, 우리 기업들과 국민에겐 그 어려움을 극복할 역량이 있습니다. 과거에도 그래 왔듯이 우리는 역경을 오히려 도약하는 기회로 만들어낼 것입니다. …

　힘으로 상대를 제압하던 질서는 과거의 유물일 뿐입니다. 오늘의 대한민국은 과거의 대한민국이 아닙니다. 국민의 민주 역량은 세계 최고 수준이며, 경제도 비할 바 없이 성장하였습니다. 어떠한 어려움도 충분히 극복할 저력을 가지고 있습니다. 당장은 어려움이 있을 것입니다. 그러나 도전에 굴복하면 역사는 또다시 반복됩니다. 지금의 도전을 오히려 기회로 여기고 새로운 경제 도약의 계기로 삼는다면 우리는 충분히 일본을 이겨낼 수 있습니다.

우리 경제가 일본 경제를 뛰어넘을 수 있습니다. 역사에 지름길은 있어도 생략은 없다는 말이 있습니다. 언젠가는 넘어야 할 산입니다. 지금 이 자리에서 멈춰 선다면 영원히 산을 넘을 수 없습니다. 국민의 위대한 힘을 믿고 정부가 앞장서겠습니다. 도전을 이겨낸 승리의 역사를 국민과 함께 또 한 번 만들겠습니다.

우리는 할 수 있습니다.

앞에서 예시를 든 이민주 감독 후보의 발언과 닮았다. 중요한 것은 감동시키는 것이다. 설득하거나 설명하는 것이 아니다. 정치에서는 그것이 중요하다. 유권자들은 감동을 받아야 투표를 하고, 지지자들은 감동적인 말과 행동에 찬사를 보낸다. 무엇이 옳고 그른지, 어떤 것이 국가에 이로운지 설명하고 설득하는 언어에는 감동이 없다. 아니, 대중들은, 유권자들은 감동받지 않는다. 다른 할 일도 많다. 정치인들의 설명에 오랫동안 귀 기울일 수 없고, 장시간 설득하는 말을 들어줄 수도 없다. 감동적인 언어로, 심장을 울리는 어휘들로 대중을, 국민을, 유권자를 감동시켜야 한다. 정치인은 그래야 한다.

"코로나의 긴 터널의 끝이 보이기 시작했다."

문재인은 코로나 19로 국민이 힘들어할 때 여러 차례 이 문장을 사용했다. 담백하게 '코로나가 끝날 것 같다.'라고 말하는 게 아니다. '긴 터널의 끝이 보이기 시작했다.'이다. 감동을 주려면 같은 말도 이처럼 적절하게 수사를 활용해야 한다. 방송을 통해 신문을 통해 문재인의 이 발언이 보도됐다. 하지만 문재인이 대통령 임기를 다 마칠 때까지 코로나 19의 터널은 끝나지 않았다.

국민에게 희망을 주는 것이 나쁜 것은 아니다. 코로나 19로 힘들 때 그것의 끝이 보인다는 희망적인 메시지는 지도자로서 마땅히 해야 한다. 그러나 화려한 수사로 국민을 감동시키고 희망을 주는 것과 함께 정책을 통해 실질적인 일을 하는 것도 중요하다. 하지만 문재인 정부는 코로나 19 백신을 제때 구입하지 못했다. 다른 선진국에 비해 대한민국의 백신 구입이 늦어졌고, 국민에 대한 접종도 늦어졌다.

그러나 사람들은 금방 잊는다. 대한민국 국민은 더 그런 것 같다. 백신을 늦게 구입했는지 어떠했는지는 금방 잊는다. 국민의 기억 속에 오래 남는 것은 수사다. "코로나 19의 긴 터널의 끝이 보이기 시작했다"는 그 문장이다.

"국민 눈높이에 맞지 않는다."

대통령 문재인이 국민연금 개혁안에 대해 거부하면서 한 말이다. 2018년 11월 7일 문재인은 이렇게 말하면서 보건복지부 장관의 국민연금 개혁안을 되돌려 보냈다. 문재인이 국민 눈높이에 맞지 않는다고 한 주요 이유는 국민 부담을 늘리는 부분이라고 당시 청와대는 밝혔다. 그런 문 전 대통령의 의지는 회의 자료에도 나와있다.

문재인은 2018년 8월 13일 청와대 수석보좌관회의에서 "노후소득 보장을 확대해 나가는 것이 우리 정부(문재인 정부) 복지 정책의 중요 목표 가운데 하나인데, 마치 정부가 정반대로 그에 대한 대책 없이 국민의 보험료 부담을 높인다거나 연금 지급 시기를 늦춘다는 등의 방침을 정부 차원에서 논의되고 있는 것처럼 알려진 연유를 이해하기 어렵다"고 말했다.

문재인의 발언을 종합하면 국민의 연금 부담액은 늘리지 않으면서 노후 보장을 확대하겠다는 것이다. 이런 것이 가능한가? 연금 개혁을 하는 이유는 연금이 고갈될 것이기 때문이다. 고갈을 막으려면 연금 부담을 늘리던가? 즉, 보험료를 인상하든가 아니면 받는 액수를 줄여야 한다. 그런데 문재인은 연금 부담도 늘리지 않고 받는 돈은 늘려야 한다고 말했다. 그러면서 국민이 듣기 좋은 말, '국민 눈높이에 맞지 않는다'는 수사를 구사했다. 국민이 듣기에 감동적인 말이지만, 해석하면 국민연금을 개혁하지 않겠다는 말이다. 인기 없는 정책은 하지 않겠다는 것이다. 심하게 비판하자면 달콤한 말로 국민을 기만하는 것이다.

그러나 국민이 기억하는 것은 감동적인 말뿐이다. 국민연금 개혁을 위해 보험료를 올려야 한다는 것을 국민은 안다. 하지만 그 말을 듣고 싶지는 않다. 보험료를 올리지 않고서도 국민연금을 계속 유지할 수 있는 방안이 있기를 희망한다. 같은 보험료를 부담하면서 더 많은 금액을 받을 수 있다면 더 좋다.

그런 국민의 기대에 문재인의 말은 매우 달콤하게 와닿는다. 보험료를 더 내는 것은 '국민 눈높이에 맞지 않는다'. 보험료를 더 내는 것도, 나중에 돈을 덜 받는 것도 문재인의 뜻과 다르다. 그러니 다른 방안을 찾아라. 이건 국민연금을 개혁하지 말라는 지시다. 그렇지만 달콤한 수사 덕분에 문재인은 임기 말까지 높은 지지율을 유지했다.

문재인이 수사를 잘 활용한 정치인이라는 것은 그의 대통령 취임사에 잘 나타나 있다. 문재인은 대통령 취임 때부터 철저하게 수사로 무장했다. 대통령 임기 동안 그의 발언은 철저하게 준비된 수사로 가득한 문장들이었다. 그의 입을 통해 발언된 수사로 잘 직조된 문장들은 문재인의 인기를 유지하는 데 결정적 역할을 했다. 정치인에게서 언어보다 더 강력한 무기는 없다는 진리를 문재인은 분명하게 보여줬다. 문재인의 대통령 취임사 일부다. 가슴을 울리는 수사로 가득하다.

지금 제 가슴은 한 번도 경험하지 못한 나라를 만들겠다는 열정으로 뜨겁습니다. 그리고 지금 제 머리는 통합과 공존의 새로운 세상을 열어갈 청사진으로 가득 차있습니다. …

오늘부터 저는 국민 모두의 대통령이 되겠습니다. 저를 지지하지 않았던 국민 한분 한분도 저의 국민이고, 우리의 국민으로 섬기겠습니다. 저는 감히 약속드립니다. 2017년 5월 10일 이날은 진정한 국민 통합이 시작된 날로 역사에 기록될 것입니다. …

문재인과 더불어민주당 정부에서 기회는 평등할 것입니다. 과정은 공정할 것입니다. 결과는 정의로울 것입니다. …

소통하는 대통령이 되겠습니다. 낮은 사람, 겸손한 권력이 되어 가장 강력한 나라를 만들겠습니다. 군림하고 통치하는 대통령이 아니라 대화하고 소통하는 대통령이 되겠습니다. 광화문 시대 대통령이 되어 국민들과 가까운 곳에 있겠습니다. 따뜻한 대통령, 친구 같은 대통령으로 남겠습니다.

사랑하고 존경하는 국민 여러분.

2017년 5월 10일 오늘, 대한민국이 다시 시작합니다. 나라를 나라답게 만드는 대역사가 시작됩니다. 이 길에 함께해 주십시오. 저의 신명을 바쳐 일하겠습니다.

윤석열의 직설·설득 화법

"저는 사람에게 충성하지 않습니다."

검사 윤석열은 국회에 출석해서 이렇게 말했다. 매우 직설적인 표현이다. 그동안 공무원들의 화법과는 매우 다르다. 이런 직설적인 화법 덕분에 윤석열은 유명해졌고, 최종적으로 대통령 자리에 올랐다. 그의 직설화법은 국회에서 한 번 더 있었다. 법무부 장관 추미애가 당시 검찰총장 윤석열을 억압하던 시절이다.

"검찰 총장은 장관의 부하가 아니다."

짧고 강렬한 인상을 주는 이런 문장은 듣는 사람들의 뇌 속에 콕 박힌다. 정치인이라면 마땅히 이런 발언을 할 수 있어야 한다. 이렇게 강렬하면서도 간략한 문장을 말할 수 있다는 것은 윤석열이 정치인으로서 자질을 갖춘 것이라 평할 수 있다. 하지만 거기까지다.

윤석열이 '을'이었던 시절에는 강하고 간략한 메시지가 그를 키웠다. 하지만 권력자가 된 윤석열에게서는 그런 메시지가 없다. 그의 말은 길어졌고, 상대를 설득하려고 긴 시간 말을 했다. 이것저것 다 설명하려고 하니 듣는 사람이 지루해진다. 주로 사실적인 표현을 사용하기 때문에 감동을 주기도 힘들다.

의대 정원 확대 사안을 놓고 윤석열 정권이 보여준 방식은 대통령 윤석열의 언어 사용 방식이 그대로 녹아있다.

윤석열 정부는 의사 2천 명을 늘리겠다고 직설적으로 발표했다. 물론 과학적인 조사가 있었다고 덧붙여 설명하기는 했다. 의사 정원을 늘려야 하는 전제에는 국민이 대부분 동의한다. 의사 정원 확대에 70%가 넘는 국민이 찬성한다. 하지만 그 과정에는 국민을 감동시키는 설득이 있어야 한다. 과학적인 내용과 조사통계 자료를 동원한 설명도 중요하지만, 그것보다 더 중요한 것이 가슴을 울리는 감동적인 설명이다. 일반 국민은 과학과 통계수치보다 대통령의 진심이 담긴 정책 추진 이유를 듣고 싶은 것이다. 문재인 정권이었다면 대통령이 이렇게 말하도록 하지 않았을 것이다. 국민의 가슴에 감동을 불어넣는 수사를 대거 동원한 문장들로 대통령의 발언을 채웠을 것이다. 수사적인 발언을 하는 것은 대통령이지만 그것을 작문하는 것은 대통령이 아니다. 물론 대통령이 작문할 수 있다. 하지만 그 많은 대통령의 발언을 모두 대통령이 작문할 수는 없다. 대통령은 선택하는 것이다. 대통령의 발언을 준비한 비서진의 글 가운데 대통령이 선택하는 것이다. 문재인은 수사가 가득한, 국민의 가슴을 울리는 수사로 가득한 연설문을 선택한 것이다. 반대로 윤석열은 건조하고 직설적인 표현의 연설문을 선택했을 것이다.

윤석열 대통령의 취임사를 보면 그의 연설과 발언이 왜 국민의 가슴을 울리지 못하는지 알 수 있다. 윤석열의 취임사는 시대적으로 대한민국에 적합한 내용의 취임사이다. 글의 내용 면에서 수준이 높다. 하지만 대통령 취임사는 연구논문이 아니고, 대학생 리포트도 아니다. 유엔이나 국제회의에서 하는 연설도 아니다. 거기에 무슨 구체적인 공약을 넣을 필요도 없다. 내용이 쉬워야 한다. 국민에게 희망을 주고 감동을 주는 내용이면 충분하다. 그런 취임사가 가장 좋은 취임사다. 그런데 윤석열의 취임사는 어렵다.

지금 전 세계는 팬데믹 위기, 교역 질서의 변화와 공급망의 재편, 기후 변화, 식량과 에너지 위기, 분쟁의 평화적 해결의 후퇴 등 어느 한 나라가 독자적으로, 또는 몇몇 나라만 참여해서 해결하기 어려운 난제들에 직면해 있습니다. …

국가 간, 국가 내부의 지나친 집단적 갈등에 의해 진실이 왜곡되고, 각자가 보고 듣고 싶은 사실만을 선택하거나 다수의 힘으로 상대의 의견을 억압하는 반지성주의가 민주주의를 위기에 빠뜨리고 민주주의에 대한 믿음을 해치고 있습니다. 이러한 상황이 우리가 처해있는 문제의 해결을 더 어렵게 만들고 있습니다. …

자유는 보편적 가치입니다. 우리 사회 모든 구성원이 자유 시민이 되어야 하는 것입니다. 어떤 개인의 자유가 침해되는 것이 방치된다면 우리 공동체 구성원 모두의 자유마저 위협받게 됩니다.

자유는 결코 승자 독식이 아닙니다. 자유 시민이 되기 위해서는 일정한 수준의 경제적 기초, 그리고 공정한 교육과 문화의 접근 기회가 보장되어야 합니다. 이런 것 없이 자유 시민이라고 할 수 없습니다. …

지금 우리는 세계 10위권의 경제 대국 그룹에 들어가 있습니다. 그러므로 우리는 자유와 인권의 가치에 기반한 보편적 국제 규범을 적극 지지하고 수호하는데 글로벌 리더 국가로서의 자세를 가져야 합니다. 우리나라뿐 아니라 세계 시민 모두의 자유와 인권을 지키고 확대하는데 더욱 주도적인 역할을 해야 합니다. 국제사회도 대한민국에 더욱 큰 역할을 기대하고 있음이 분명합니다.

저는 자유, 인권, 공정, 연대의 가치를 기반으로 국민이 진정한 주인인 나라, 국제사회에서 책임을 다하고 존경받는 나라를 위대한 국민 여러분과 함께 반드시 만들어 나가겠습니다.

앞의 문재인 대통령 취임사와 윤석열 대통령의 취임사를 비교해보라. 이 책을 읽는 사람들은 윤석열 대통령 취임사가 더 훌륭하다고 평가할 것이다. 이 책을 읽는 사람들은 대부분 지식인이기 때문에 그렇다. 대한민국의 국제적인 위상을 볼 때 윤석열 대통령 취임사가 더 나은 글이다. 윤석열의 취임사에는 분명한 메시지가 있다. 하지만 이 책을 읽는 사람들은 이 나라의 소수라는 점이다. 윤석열 대통령 취임사를 읽고서 고개를 끄덕일 정도로 금방 이해하는 사람들은 대한민국에 많지 않다.

TV 화면을 통해서 들려오는 취임사 내용은 매우 쉬워야 한다. 한 번에 듣고서 그 말이 무슨 뜻인지 이해할 수 있어야 한다. 하지만 윤석열 대통령 취임사를 들으면서 그 내용을 단숨에 이해할 수 있는 사람이 얼마나 될까? 나는 전문적으로 글을 쓰는 사람이다. 당연히 책도 많이 읽는다. 윤석열 대통령 취임식을 인터넷을 통해 생중계로 지켜본 나의 생각은 '연설문이 어렵다'는 것이었다.

앞의 문재인 대통령 취임사는 쉽다. 듣는 즉시 귀를 통해 쏙쏙 들어온다. 서민들의 심금을 울린다. 문장이 짧아서 연설문 중간중간에 박수 치기도 좋다.

하지만 윤석열 대통령 취임사는 어렵다. 내용이 어려우니 잘 들리지 않는다. 어느 순간에 박수를 쳐야 하는지 알 수도 없다.

윤석열이 대통령 임기 내내 낮은 지지율을 기록하는 이유 가운데 하나는 분명하다. 수사를 구사하는 능력이 부족하기 때문이다. 민주주의에서 정치는 언어로 하는 것이다. 언어로 설명하고 언어로 감동을 주고 언어로 지지율을 유지하고 언어로 표를 얻는다.

함께 가면 길이 됩니다

한동훈 전 국민의힘 비상대책위원장은 윤석열과 같은 검사 출신이다. 대학 졸업 후 줄곧 검사로 생활했고, 검사 후에는 법무부 장관이 됐다. 줄곧 법조계에서 활동하던 그가 정치를 처음 시작한 것이 여당의 비상대책위원장이다. 전직 법무부 장관이 여당의 비상대책위원장으로 직행하는 사례가 또 있을까? 아마도 두 번 다시 대한민국에서는 일어나지 않을 전무후무한 사례가 될 것이다. 비상대책위원장은 당 대표나 마찬가지다. 당 대표와 같은 권한을 가지고 있는데, 비상시기에 당권을 쥐고 있기에 경우에 따라서는 더 큰 권한을 행사할 수도 있다. 그런 막중한 자리에 직전 법무부 장관이 임명된 것이다. 대학 졸업 후 공무원 생활만 해온, 정치 경력이 전혀 없는 한동훈이 여당의 비상대책위원장을 맡을 수 있었던 배경에는 언어가 있다. 한동훈의 언어다.

한동훈의 국민의힘 비상대책위원장 수락 연설문은 윤석열 대통령의 연설문과는 결이 다르다. 윤석열 대통령 취임사는 학문적인 해설서 같은 느낌을 준다. 수사가 많지 않고, 문장 자체가 경직된 느낌을 준다. 이와 달리 한동훈의 연설문은 수사를 적절히 구사했다. 경직되지 않고 부드러운 느낌을 준다. 윤석열 취임사가 국민에게 설명하는 글이라면, 한동훈의 연설문은 지지자들에게 감동을 주는 언어다. 한동훈의 수락 연설문 일부다.

어릴 때, 곤란하고 싫었던 게 "나중에 뭐가 되고 싶으냐, 장래희망이 뭐냐?"라는 학기 초마다 반복되던 질문이었습니다. 저는, 정말, 뭐가 되고 싶은 게 없었거든요. 대신, 하고 싶은 게 참 많았습니다. 좋은 나라 만드는 데, 동료 시민들의 삶을 좋게 만드는 데 도움이 되는 삶을 살고 싶었습니다. 지금까지 그 마음으로 살았고, 그리고 지금은 더욱 그 마음입니다. …

'공포는 반응이고, 용기는 결심'입니다. 이대로 가면 지금의 이재명 민주당의 폭주와 전제를 막지 못할 수도 있다는, 상식적인 사람들이 맞이한 어려운 현실은, 우리 모두 공포를 느낄 만합니다. 그러니 우리가 용기 내기로 결심해야 합니다. 저는 용기 내기로 결심했습니다. 그렇게 용기 내기로 결심했다면 헌신해야 합니다. 용기와 헌신, 대한민국의 영웅들이 어려움을 이겨낸 무기였습니다. 우리가 그 무기를 다시 듭시다. …

오늘 국민의힘의 비상대책위원장으로서 정치를 시작하면서, 저부터 '선민후사'를 실천하겠습니다. 어려운 상황에서 미래와 동료 시민에 대한 강한 책임감을 느끼기 때문입니다.

저는, 지역구에 출마하지 않겠습니다. 비례로도 출마하지 않겠습니다. 오직 동료 시민과 이 나라의 미래만 생각하면서 승리를 위해서 용기 있게 헌신하겠습니다. 저는, 승리를 위해 뭐든지 다 할 것이지만, 제가 그 승리의 과실을 가져가지는 않겠습니다. …

국민의힘은, 자유민주주의에 대한 선의만 있다면 다양한 생각을 가진 사람들이 되도록 많이 모일 때,비로소 강해지고 유능해지고, 그래서 국민의 삶이 나아지게 할 수 있는 정당입니다. …

여러분, 동료 시민과 공동체의 미래를 위한 빛나는 승리를 가져다줄 사람과 때를 기다리고 계십니까? 우리 모두가 바로 그 사람들이고, 지금이 바로 그때입니다. 함께 가면 길이 됩니다.

　우리 한번, 같이 가봅시다.

　한동훈의 연설문은 이렇게 말한다. '지금부터 내가 재미있는 이야기를 들려줄 건데 한번 들어봐'.

　한동훈은 강요하지 않는다. 권유한다. 나는 이렇게 하는 것이 옳다고 생각한다. 그래서 이렇게 행동하려 한다. '나와 같이 행동할 생각 없나요?' 그러면서 덧붙여 말한다. '나는 승리하기 위해 최선을 다할 것이지만 그 승리의 열매를 갖지 않겠다. 솔선수범하겠다'.

　한동훈은 나를 따르라고 말하지 않는다. 함께하자고 한다. 내가 주인공이 아니라, 우리가 모두 주인공이라고 강조한다.

　한동훈의 글에는 독서를 많이 한 티가 난다. 연설문에 여러 위대한 인물들의 연설문을 샘플링했고, 서태지의 노랫말도 일부 가져왔다. 어느 문장은 오바마의 연설을 연상시킨다.

　한동훈의 국민의힘 비상대책위원장 수락 연설문을 보면 정치 초년생 한동훈이 어떻게 여당의 비대위원장이 될 수 있었는지를 알 수 있다. 한동훈을 그 자리에까지 끌어올린 것은 전적으로 한동훈의 언어 구사력 덕분이다. 수사를 적절히 구사하는, 적절한 순간에 적절한 표현을 말하는 그의 언어 구사력이 정치 경력 없는 그를 여당 비대위원장의 자리에 오르게 했다.

　"김의겸 의원은 거짓말을 끊는 것이 힘들면 줄이는 것도 한 가지 방법이다."

　청담동 술자리 의혹을 비롯해서 여러 가지 거짓으로 한동훈을 비판하는 김의겸에 대해 한동훈이 김의겸을 비판한 발언이다. 한 문장에 칼날 같은 예리한 비판과 유머가 곁들여져 있다. 보통 사람들은, 아니 대부분의 국민의힘 정치인들은 이렇게 말하지 않는다. 그냥 평범하게 '김의겸 의원은 입만 열면 거짓말을 한다.' 이런 식으로 말을 한다.

현재 대한민국 정치판에서 수사를 잘 활용해서 이익을 보는 쪽은 민주당 정치인들을 중심으로 한 좌파 정치인들이다. 그들은 언어를 구사하는 능력이 상대적으로 뛰어나다. 수사를 잘 활용해서 유권자들의 마음을 흔든다. 반대로 우파 정치인들은 언어를 구사하는 능력이 부족하다. 수사를 활용할 생각도 못 한다. 그런데 한동훈은 다르다. 그는 언어로 전투를 벌이는 정치판에서 언어라는 무기를 다루는 실력에 있어서 좌파 정치인 못지않다. 어느 면에서는 더 뛰어나다. 그렇기에 우파 지지자들은 한동훈에 열광한다. 그동안 바보같이, 좌파 정치인들에게 토론장에서나 유세장에서나 언어로 싸우는 전투에서 얻어맞기만 하던 우파 정치인들과 한동훈은 분명 다르다. 그의 반격은 예리하고 정확하다. 지지자들은 속이 시원하고 그래서 열광한다.

"자기 지인 자녀의 형사사건에 압력을 국회 파견 판사를 불러 전달한 분 아닌가."
"보좌진은 친·인척으로 채우시고, 보좌진 월급에서 후원금 떼어 간 분 아닌가."

더불어민주당 국회의원 서영교가 한동훈 당시 법무부 장관을 비판했다가 곤욕을 치렀다. 한동훈이 잊혀졌던 서영교의 과거 허물을 소환했기 때문이다. 그동안 우파 정치인들, 국민의힘 의원들은 좌파 정치인들의 언어 공격에 별다른 대응을 하지 못했다. 그렇기에 좌파 진영은 우파 진영을 향해 늘 공격 일변도의 전투태세를 유지했다. 반격을 못 하는 적을 두려워할 상대는 없다. 국민의힘을 중심으로 한 우파 진영을 대하는 좌파 진영의 모습이 그랬다. 한동훈이 나타나기 전까지.

"우상호 의원은 과거 5.18 기념식 전날 광주 새천년NHK 룸살롱에서 송영길 씨 등 운동권끼리 모여 놀며 여성 동료에게 입에 못 올릴 비속어로 욕설을 한 분… 386이던 운동권 정치인 우상호가 지금은 686이 된 것 말고는 달라진 게 없어 보인다."

민주당 소속 정치인 우상호가 한동훈을 향해 '쓸데없는 소리하고 지랄이야.'라는 식으로 비속어를 사용해 가면서 비판하자 한동훈이 즉각 반격했다. 우상호는 한동훈을 비판했다가 세상 사람들의 기억에서 완전히 잊히기를 바랐던 광주 새천년NHK 룸살롱 일화가 뉴스에 등장하는 피해를 입었다.

광주 새천년NHK 룸살롱 일화는 1980년 5월 17일 밤, 5.18 20주년 기념일 전날 밤 우상호를 비롯해 운동권 출신 정치인들이 광주 새천년NHK 룸살롱에서 여성들과 술을 마신 일화다.

한동훈은 법무부 장관 시절 출근길에 기자들의 질문에 답하는 형식으로 대한민국 좌파 정치인들을 비판했다. 공무원 신분이었기에 주로 방어를 했다. 그런데 한동훈의 방어가 창보다 더 날카로웠다. 한동훈을 공격했던 좌파 정치인들이 오히려 더 큰 피해를 입었다. 그런 한동훈의 반격에 우파 정당 지지자들은 환호했다. 그리고 한동훈을 국민의힘 비대위원장으로 끌어 올렸다. 비대위원장 수락 연설문에서 볼 수 있듯이 공무원 신분을 벗어난 한동훈은 자신이 단순히 말싸움만 하는 사람이 아님을 보여줬다. 화려한 수사력을 갖춘, 언어를 잘 다루는 사람임을 분명하게 보여줬다. 기존의 우파 정치인, 국민의 힘 정치인들과는 다르게 민주주의에서 가장 유용한 무기인 언어를 활용하는 능력을 갖췄다는 것을 증명했다. 그로 인해 한동훈의 인기는 상승했고, 지금도 진행 중이다.

거친 생각들… 불안한 눈빛

      2021년 6월 11일 국민의힘 초대 당 대표 선거에서 이준석이 당선됐다. 이준석은 당시 30대라는 나이와 선출직 공직 경험이 없는 최초의 당 대표라는 기록을 세웠다. 대한민국 원내 교섭단체를 구성한 정당에서 만 36세의 젊은이가 당 대표로 선출된 것은 매우 이례적인 기록이다. 이준석은 현역 국회의원도 아니었다. 당 대표 경선에서 승리한 이준석은 바로 그 행사장에서 수락 연설문을 발표했다. 30대 젊은 당 대표의 수락 연설문은 내용 면에서 또한 뉴스가 됐다.

    제가 말하는 변화에 대한 이 거친 생각들, 그걸 바라보는 전통적 당원들의 불안한 눈빛, 그리고 그걸 지켜보는 국민에게 우리의 변화에 대한 도전은 전쟁과도 같은 치열함으로 비춰질 것이고, 이 변화를 통해 우리는 바뀌어서 승리할 것입니다.

    잘 직조된 문장이다. 그동안 국민의힘 정치인들에게서 보기 힘들었던 문장이다. 수사가 적절히 구사됐다. 전달하고자 하는 내용도 분명하게 알 수 있다. 그런데 정작 언론의 관심을 끈 것은 일부 표현들이다. 대중가요에서 차용해 온 그 표현들.
    '거친 생각', '불안한 눈빛', '그걸 지켜보는'. 이 표현들은 임재범의 노래 「너를 위해」에 들어있는 표현들이다. 이준석은 연설문에 대중가요 가사를 활용한 이유를 "창의력이 고갈돼서."라고 솔직하게 말했다. 당 대표 후보 경선 과정에서 매일 매일 연설을 해야 하는데, 그때마다 자신이 직접 연설문을 작성하다 보니 창의력이 고갈됐다는 것이다.

하지만 이준석이 대중가요 가사를 활용해서 대표 수락 연설문을 작성한 것은 매우 영리한 판단이었다. 그것으로 언론과 대중의 관심을 끌 수 있었다. 또한 연설문 전체 글의 내용을 전달하는 데 효과적이었다. 연설문의 수준이 떨어지지도 않았다.

이준석은 수사력을 충분히 갖춘 것으로 판단된다. 그의 책 『거부할 수 없는 미래』의 몇몇 문장들은 그가 수사력을 갖추었음을 증명한다.

누군가가 내게, 고른 기회를 확대하겠다는 생각을 구체화해서 어떤 세상을 만들고 싶은가 질문한다면 단언컨대 상계동 20평대 아파트에 사는 평범한 가정에서 자라왔던 이준석이 다시 태어나도 정당의 대표가 될 수 있고, 그 이상을 꿈꿀 수 있는 세상을 만들고 싶다고 답할 것이다. 물론 이준석이라는 개인이 전당대회를 통해 정치적 성취를 이루는 과정은 여러 가지 운과 노력, 그리고 특혜의 조합이었다. 운과 특혜의 요소를 배제하고도 이 자리에 그 꿈꾸는 누군가가 다시 올 수 있다면 그 사회는 공정한 사회라고 할 수 있다. 그러한 사회와 세상은 거부할 수 없는 미래다.

이준석은 말을 잘한다. 순발력도 뛰어나다. 어떤 질문을 해도 즉각적으로 답변한다. 정확한 문장과 적확한 표현으로 답한다. 빠르고 정확한 말하기 대회가 있다면 이준석은 강력한 금메달 후보다. 다만, 너무 빠른 말과 답변이 실언을 유발할 수 있는 위험이 있다. 말이 빠르면 그 말 속에 아름다운 수사를 담기가 어렵다. 이준석은 분명 수사력을 갖추고 있다. 그의 말과 글에서 그의 능력을 유추할 수 있다.

그렇지만 그가 방송에 출연해서 하는 말들 가운데, 페이스북에 올리는 글 가운데 아름다운 수사적 표현을 찾아보기가 점점 힘들다. 그건 아마도 그가 다작을 하기 때문일 것이다. 많은 방송에 출연해야 하고, 많은 글을 페이스북에 올려야 하기에 심도 있게 글을 쓸 여유가 없기 때문일 것이다.

수사력을 구사한 정치인이 정치적 활동에서 유리하다는 것은 동서고금을 막론하고 진리다. 정치인들이 등장하는 매체가 많아지고, 페이스북과 같은 소통 창구가 더 많아지는 세상에서는 수사적 표현, 수사적 글쓰기가 더욱 중요하다. 언어를 잘 다루는 정치인이 유리하고, 수사적 글쓰기와 표현으로 대중의 마음을 사로잡는 정치인이 유리한 민주주의 환경은 부인할 수 없는 현실이자, 거부할 수 없는 미래다.

"문재인 정부의 유전자…."

대한민국 좌파 정치인들은 수사적 표현을 잘 사용한다. 정치인뿐 아니라 지식인들 역시 좌파지식인들이 우파 지식인들보다 수사를 사용하는 능력이 뛰어나다. 사실 글 쓰는 사람들의 다수는 좌파다. 그러니 좌파 지식인, 좌파 정치인들이 수사를 잘 활용하는 것은 당연한 것이다. 좌파 정치인들 가운데 민주당 정치인들이 언어를 다루는 기술이 뛰어나다. 수사적 표현을 활용하는 능력도 뛰어나다. 그 가운데 가장 뛰어난 수사력(수사를 잘 활용하는 능력)을 가진 정치인을 고르라면 이 사람을 빼놓을 수 없다. 한겨레 신문기자 출신 김의겸이다.

"문재인 정부의 유전자에는 애초에 민간이 사찰이 존재하지 않는다."

2018년 12월, 문재인 정부 청와대 특별감찰반이었던 김태우가 양심 선언을 했다. 문재인 정부의 환경부가 이전 정부에서 임명된 임원들의 사직을 종용했다는 것이었다. 이 과정에서 민간인을 사찰했다는 폭로가 나온 것이다. 이런 의혹에 대해 언론이 파헤치고 야당이 비판하면서 문재인 정부에 대한 비판 여론이 일기 시작하던 시기였다. 김의겸 당시 청와대 대변인은 기자들 앞에 서서 위의 문장을 발표했다. 문재인 정부는 민간이 사찰을 하지 않는다는 것을 강하게 표현하려 위의 문장을 사용한 것이다. 문재인 정부를 비판하는 사람들은 그 문장을 놓고 코웃음을 치겠지만, 문재인 정부를 지지하는 사람들에게는 이보다 더 확실하게 자신들의 믿음을 지켜주는 표현이 없다. 김의겸의 이날 발언은 매우 잘 다듬어진 표현이다. 김의겸의 발언에 대해 야권을 비롯한 반대 진영의 비판이 거셌지만, 분명한 것은 지지층을 이해시키는 데, 중도층 국민의 마음에 감동을 주는 데 더없이 좋은 표현이다. 물론 그 표현이 갖는 사실 여부는 별도다.

김의겸의 이날 발언은 사실상 거짓말이었다. 문재인 정부가 민간인을 사찰했다는 사실이 속속 드러났기 때문이다. 하지만 김의겸 대변인의 이 발언이 많은 국민에게 감동을 주었고, 그것이 문재인 정권의 지지율을 유지하는 데 도움이 됐던 것만은 분명하다.

김의겸의 수사력을 보여주는 사례는 이외에도 많다. 김의겸은 '흑석 선생'이라고 불린다. 흑석동 재개발지구에서 땅 투기를 했고, 그로 인해 큰 이득을 보았기 때문에 그런 별명이 생겼다.

김의겸은 흑석동 땅 투기가 문제가 돼 청와대 대변인에서 물러나야 했다. 그러면서도 자신은 그 땅 투기를 몰랐고, 전적으로 자신의 아내가 일을 처리했다고 주장했다. 그러면서도 자신이 가진 수사력을 발휘해 감동적은 문장으로 자신은 억울하다고 해명했다.

"내 집 마련에 대한 남편의 무능과 게으름, 집을 살 절호의 기회에 매번 반복되는 '결정 장애'에 아내가 질려있었던 것."

김의겸을 잘 아는 기자들의 시각에서 보면 김의겸의 이글은 자신의 잘못을 감추려는 비겁한 문장이다. 하지만 김의겸을 잘 알지 못하는 일반 국민, 또는 김의겸을 지지하는 민주당을 지지하는 사람들의 시각에서 보면 정반대가 된다. '아! 저런 사정이 있었구나.' 이렇게 감동하게 된다. 부도덕한 투기꾼이 아니라, 금전적 이익에 어두웠던 바보 같은, 순박한 정치인인 것이다. 수사가 갖는 힘이다.

칼로 흥한 자는 칼로 망한다. 강속구 투수는 강속구 때문에 경기를 망칠 수가 있다. 자신 있는 무기가 있으면 그걸 너무 자주 사용하려는 욕심이 생긴다. 좋은 공을 던지는 불펜투수를 너무 자주 활용해서 그 선수의 생명을 단축 시킨 사례가 대한민국 프로야구 역사에 많다. 투수 생명을 단축 시키지는 않더라도, 너무 자주 등판해서 좋은 공을 던지지 못하게 되고, 그로 인해 경기에 패배하는 사례는 많다.

2002년도 한국프로야구 한국시리즈에서 LG 투수 이상훈은 9회말 삼성라이온스 이승엽에게 3점 홈런을 맞았다. 이로 인해 두 팀이 동점이 됐다. 그리고 이승엽의 다음 타자 마해영에게 또 홈런을 맞았다. 백투백 홈런, 그 홈런으로 이상훈은 패전투수가 됐고, 삼성이 우승했다.

당시 이상훈은 한국프로야구 최고의 투수였다. 그러나 너무 혹사당한 것이 이날의 패인이었다. 이상훈은 이날까지 3게임 연속 출전했다. 지금은 어느 팀도 투수를 3게임 연속으로 출전시키지 않는다. 더구나 한국시리즈와 같은 큰 경기에서는 더욱 그렇다. 역사상 한국프로야구 최고의 투수로 꼽히는 최동원도 마찬가지다. 최동원은 1984년 한국시리즈에서 혼자 4승을 따냈다. 그의 오른팔이 그해 롯데의 우승을 이끌었다. 우승은 이뤘지만 최동원은 혹사당했다. 그 혹사로 인해 최동원의 선수 생명이 짧아졌다.

김의겸은 수사력이 뛰어나다. 언어를 구사하는 능력에서 그와 경쟁할 정치인이 많지 않다. 수사력에 자신이 있기에 김의겸은 자신의 뛰어난 능력, 그 수사력을 너무 남발하는 경향이 있다. 때로는 그의 뛰어난 수사력이 그 자신을 옭아매기도 한다.

사막 한가운데 덩그러니 내던져진 지아비와 아버지를 보고 있을 가족들에게는 무슨 위로의 말을 전해야 할지 난감하기만 합니다. …

우리는 그가 타들어 가는 목마름을 몇 모금의 물로 축이는 모습을 보았습니다. 아직은 그의 갈증을, 국민 여러분의 갈증을 채워주지 못하고 있습니다. 하지만 정부의 노력을 믿고 그가 건강하게 돌아오기를 빌어주시기 바랍니다. 그렇게 마음을 모아주시면 한줄기 소나기가 우리를 기다리고 있을 것입니다.

2018년 7월, 리비아 서부 자발 하사우나 지역에서 무장괴한들이 필리핀인 3명과 한국인 1명을 납치했다. 납치당한 한국인은 리비아 현지 대수로 공사 기술자였다. 이 한국인을 구하기 위해 한국 정부가 노력하고 있을 때, 김의겸 당시 청와대 대변인이 이런 내용의 논평을 낸 것이다. 김의겸의 이 논평에 대해 많은 비판이 뒤따랐다. 생사의 갈림길에 있는 국민을 구해야 하는 상황에서 백일장 글쓰기 같은 논평을 했다는 것이다.

강속구 투수는 강속구를 주로 사용하려 한다. 그것이 자신 있으니 그렇다. 하지만 그 강속구를 너무 자주 사용하면 타자들이 그것을 알고 대응한다. 또한 너무 자주 사용하다 보면 반드시 실투가 나온다. 수사적 표현을 사용하는 능력이 뛰어난 김의겸은 자신의 모든 말과 글에 수사적 표현을 잔뜩 집어넣고 싶은 욕구가 넘칠 것이다. 하지만 너무 많으면 부족한 것만 못하다. 너무 자주 사용하면 실수가 등장한다. 자신이 가진 수사력을 절제하는 것이 그의 정치 행보에 도움이 될 것이다. 그럼에도 분명한 것은 수사력은 김의겸이 가진 최고의 정치적 자산이다. 그의 수사력이 그의 정치적 성장 과정에 큰 효과를 발휘할 것이다.

언어성형

        1990년대 미국 기업들은 알래스카의 '북극 국립 야생동물 금렵구'에서 석유를 발굴하기 위한 작업을 해야 할 때 많은 고민을 안고 있었다. 석유를 발굴하는 것은 좋지만, 야생동물을 보호하는 것도 중요하기 때문에 국민들의 지지를 이끌어 내기가 쉽지 않았기 때문이다. 하지만 기업들은 알래스카에서 새로운 석유를 발굴하려면 '북극 국립 야생동물 금렵구'에서 할 수밖에 없는 상황이었다. 알래스카에서 자원 발굴을 한다는 여론조사는 해보나 마나였다. 반대가 많을 것이 당연했다. 그때 기업들이 새로운 방법을 찾아냈다. 언어를 성형하는 것이었다. (당시에는 언어를 성형한다는 말을 사용하지 않았다. 아마 지금도 사용하지 않을 것이다. 언어성형이라는 말은 필자가 처음 사용하는 것일 수도 있다.)

  자원 발굴이라는 직접적인 표현 대신에 '에너지 탐사'라는 말로 바꾸어서 부르기 시작한 것이다. 자원 발굴이라는 말에는 땅을 파서 석유나 광물을 찾아낸다는 의미가 느껴진다. 실제로도 그런 의미다. 하지만 에너지 탐사라는 말은 다른 느낌을 준다. 땅을 파는 것 같지도 않고, 석유를 끌어올리는 것 같은 느낌도 없다. 마치 땅 어디에다가 청진기를 대고 의사가 진찰하는 것 같은 느낌을 준다. 하지만 에너지 탐사는 다름 아닌 석유 발굴인 것이다. 이처럼 자원 발굴을 에너지 탐사라는 말로 바꾸어서 여론조사를 해보니 '북극 국립 야생동물 금렵구'에서 에너지 탐사(자원 발굴)에 대한 찬성 여론이 10%나 더 높게 나왔다.

  당시 에너지 기업들은 이런 내용의 홍보광고를 제작해 유통시켰다.

이들은 에너지를 탐사하면서, 즉 자원을 발굴하면서 이를 '발명'이라고 표현했다.

여러분이 날마다 에너지 경비를 줄이기 위해 고심하고 있는 것처럼, 저희도 대체 연료를 개발하기 위해서 노력하고 있습니다. 여러분이 에너지를 절약하기 위해 애쓰는 만큼 저희들은 선진기술을 도입, 효율성을 최대화한 새로운 에너지를 공급하기 위해 부지런히 뛰고 있습니다. 소비자 여러분과 정부, 그리고 저희 업계가 모두 함께 협력할 때 우리의 삶을 더 윤택하게 할 다양하고 신뢰할 만한 에너지가 발명될 수 있을 것이고, 따라서 더 강한 미국을 만들어내리라 믿습니다. (프랭크 런츠- 『먹히는 말』)

문재인은 대통령 임기 중에 체코에 가서 한국의 원전을 홍보했다. 2011년 11월 체코 총리를 만나 "한국은 세계 최고 수준의 경제성과 안전성을 바탕으로 40여 년간 원전을 건설·운영해 왔다. 한국의 전문성과 체코의 제조 기술력이 결합한다면 호혜적 성과를 창출해 낼 수 있을 것"이라고 말했다. 그러자 한국 안에서 문재인에 대한 비판이 터져 나왔다. 한국 대통령인 그가 한국에서는 탈원전정책을 밀어붙이고 있었기 때문이다. 한국에서는 한국의 원전이 안전하지 않다고 말하고, 탈원전 정책을 펴면서 다른 나라에 가서는 원전이 안전하다고 말하는 것은 있을 수 없는 일이라는 것이 비판의 주요 내용이다.
이런 비판이 높아지자 문재인 정부는 이렇게 언론에 요구했다. "탈원전정책이라고 부르지 말고 에너지전환정책이라고 불러 달라".
위에 예로 든 것과 너무나 비슷하지 않은가? 자원 발굴을 에너지 탐사라고 바꿔 부르자 찬성여론이 높게 나타난 사례 말이다.

문재인 정부는 출범 초기에는 그런 요구를 하지 않았다. 탈원전을 강력하게 밀어붙이면서 '원전은 위험하다'고 설파했다. 하지만 탈원전정책을 반대하는 여론이 더 높은 것으로 나타나자 '탈원전정책'이 아니라고 한다. 그러면서 두루뭉술한 표현으로 '에너지전환정책'이라고 말한다.

에너지전환정책은 내용이 매우 다양하다. 도대체 어떤 에너지를 어떤 에너지로 전환하는 것인지에 대한 설명도 필요하다. 그런데 그런 것에 대한 자세한 설명 없이 그냥 에너지전환정책이라고 한다. 분명한 것은 원전을 줄이고, 장기적으로는 완전히 없애고 태양광 등 신재생에너지를 늘리는 것이 문재인 정부의 에너지전환정책이다. 그렇다면 탈원전정책인 것이다. 그럼에도 탈원전정책이라는 말을 쓰기를 거부한다.

에너지 탐사라고 부르지만 실제는 자원을 발굴하는 것이고, 에너지전환정책이라고 강변하지만 실제는 탈원전정책인 것이다.

경기도 안산에는 반월공단이 있다. 시화공단의 일부도 안산시 관내에 있다. 이 공단들의 이름이 공해 도시를 연상시키는 부정적인 이미지가 있다고 해서 공단을 산단이라고 명칭을 바꾸었다. 반월공단이 반월산단이 됐다. 공업단지가 산업단지가 된 것이다. 그런데 여기서 한발 더 나아갔다. 반월산단과 시화산단을 스마트허브라고 명칭을 변경해서 사용하는 것이다. '스마트허브' 도심 한복판에 있는 IT단지 같은 느낌을 준다.

자원 발굴을 에너지 탐사라고 하고, 탈원전 정책을 에너지 전환정책이라고 하고, 공업단지를 스마트 허브라고 부른다. 언어성형이다.

수사적 표현을 잘 활용하는 사람들, 수사력이 있는 정치인들은 이렇게 언어성형을 하는 능력도 뛰어나다. 그 실체가 갖는 진짜 의미가 무엇이든. 언어를 성형해서 사용하는 것이 정치적으로는 대부분 이익이 된다. 유권자들은 사실에 반응하는 것이 아니라, 감성에 반응하기 때문이다. 사실을 설명하는 것에 감동받지 않고, 시적인 표현과 아름다운 수사적 표현에 감동받기 때문이다.

넓게 보면 언어성형도 수사의 한 부분이다. 대한민국 정치에서 승자가 되고 싶다면 수사적 표현을 활용하는 능력을 보유하는 것이 필수 중 필수다.

성공하는 구애 언어

바우어새는 바우어(bower)라는 정교한 구조물을 짓는다. 이 경이로운 건축물은 숲 바닥에 세운 일종의 장식 기둥을 중심으로 세워지며 지름이 최대 1.8미터에 달하는 커다란 원뿔형 모양이다. 지탱하는 기둥들과 난초 줄기로 덮은 이엉 지붕까지 갖추고 있다. 새는 그 안을 딱정벌레 날개, 도토리, 검은 열매, 화려한 주황색 꽃 등으로 장식하고, 심지어 이끼를 뜯어다가 꼼꼼하게 잔디처럼 깐다. 가장 인상적인 것은 멋지고 풍성한 분홍색 꽃다발이다. … 파란색보다 분홍색이 암컷을 유혹할 가능성이 더 높다고 판단되면 수컷은 자기 바우어를 분홍색으로 장식할 수 있다. (니컬러스 A. 크리스타키스- 『블루프린트』)

앞에서 혹등고래 수컷들은 암컷을 유혹하기 위해 노래를 부른다고 설명했다. 그것도 몇 시간이나 부른다. 암컷을 유혹하기 위해 노래를 부르는 동물은 많다. 그러나 노래에 자신이 없는 동물들은 다른 방식으로 이성을 유혹한다. 공작새 수컷은 화려한 깃털로 암컷을 유혹한다. 바우어새도 노래에 자신이 없는 듯하다. 바우어새는 둥지를 아름답게 꾸미는 것으로 암컷을 유혹한다. 한국의 청년들이 결혼을 위해 집을 마련하는 것과 비슷한 행동이다. 다 그런 것은 아니겠지만. 도시에 집을 가지고 있다는 것은 이성을 사귈 때 유리하게 작용할 수 있을 것이다. 더 아름다운 집을 가지고 있다면 더 유리할 수도 있다.

정치인이 하는 행동은 모두 정치적인 것이다. 말 한마디 한마디. 행동 하나 하나. 일거수일투족이 모두 정치적인 것이다. 정치인의 궁극적인 목적은 정치적으로 성공을 거두는 것이다. 간단히 말하면 승리하는 것이다. 정치인은 선거에서 승리하기 위해 정치적인 행동을 한다. 정치인의 가장 우선적인 목표는 선거에서 당선되는 것이다. 당선되고 나면 가장 우선적인 목표가 재선하는 것이다.

선거는 유권자를 유혹하는 행위다. 유권자를 유혹해서 자신에게 또는 자신이 소속된 정치 세력에게 표를 주도록 매수하는 행위다. 동물들이 이성을 향해 구애 행동을 하듯이 정치인은 유권자를 향해 구애 행동을 한다. 그것이 진실이건 아니건 상관이 없다. 중요한 것은 유권자에게 감동을 주고, 유권자의 마음을 훔치는 것이다.

바우어새든 공작이든, 이성을 감동시키기 위해 치장하는 것에는 비용이 든다. 바유어새는 둥지를 아름답게 꾸미는 데 투입되는 노동의 시간에 다른 것을 할 수가 있다. 먹이를 잡아먹을 수도 있고, 휴식 시간을 가질 수도 있다. 삶과 일의 균형이 있는 삶을 위해서는 둥지를 화려하게 꾸미지 않는 것이 더 낫다.

공작 수컷은 화려한 깃털을 만들어내느라 엄청난 에너지를 소모한다. 화려한 공작의 깃털은 암컷을 향한 구애의 목적 외에는 아무런 장점이 없다. 빨리 움직일 때는 오히려 장애물이 된다. 화려한 깃털은 다른 동물들의 눈에도 잘 띄기 때문에 천적의 공격 위험에 노출될 수도 있다. 건강하게 오래 사는 것이 목적이라면 공작은 깃털을 만드는 데 사용하는 영양분과 에너지를 몸을 더 건강하게 하는데, 더 빨리 움직이는 근육을 만드는 데 사용하는 것이 더 현명하다. 하지만 동물들은 그러지 않는다. 많은 시간과 비용을 들여가면서 단지 이성에게 잘 보이겠다는 목적으로 둥지를, 자신의 몸을 치장한다.

바우어새가 최대한 둥지를 아름답게 꾸며서 이성을 유혹하려는 것처럼, 공작이 자신의 몸을 화려하게 진화시켜서 이성에 구애의 신호를 보내는 것처럼 정치인은 유권자의 마음을 사로잡기 위해 최대한 아름답게 자신을 포장해야 한다. 정치인이 자신을, 자신의 정파를 아름답게 보이도록 하는데 가장 효율적인 수단이 언어다. 언어는 정치인이 사용할 수 있는 가장 강력하면서도 거의 유일한 수단이다. 언어를 잘 활용하는 정치인이 유리하고, 언어를 잘 활용하는 정치인이 승리한다. 저절로 되는 것은 없다. 언어를 화려하게 사용할 수 있도록 비용과 시간을 들여서 정치인 자신을 단련시켜야 한다. 그럴 수 없다면 그런 사람을 곁에 두고 있어야 한다.

"다른 사람들이 쓰는 표현을 피하라. 누구나 하는 말을 그저 전달할 뿐이더라도 자신만의 화법을 생각해 내라."

미국 역사학자 티머시 스나이더는 자신의 책 『폭정』에서 이렇게 강조했다.

처칠, 링컨, 오바마, 문재인…. 언어를 잘 다룬 사람들, 수사를 잘 활용한 정치인들이 정치에서 승리자가 됐다. 높은 지지율을 유지했다.

수사를 활용해서 사용하는 언어를 아름답게 꾸며라. 정치인이 승리하는 가장 중요한 필요조건이다.

3.

약자처럼 행동하라.
가난한 것처럼 연출하라

　　　　　사람들은 약자에게 동정을 보이는 성향이 있다. 대부분의 사람들이 그렇다. 자신과 친분이 있는 두 사람이 다투고 있다고 가정해 보자. 그런데 그 둘 중 한 사람이 일방적으로 당하고 있으면 어떤가? 일방적으로 당하고 있는 사람의 편을 들어주고 싶은 충동이 일지 않나.

　강팀과 약팀이 경기를 하면 어떤가? 미국팀과 태국팀이 농구경기를 한다고 가정해 보자. 어느 팀을 응원하겠나? 자동차 접촉사고가 난 곳에서 연약해 보이는 여성과 건장한 남성이 다툼을 벌이는 장면을 떠올려 보자. 그리고 남성의 강력한 주장에 여성이 제대로 반론을 펴지 못하고 있는 경우를 상상해 보라. 약자인 여성의 편에 서고 싶은 생각이 들지 않나?

　이런 식이다. 인간은 누구나 약자의 편에 서서 약자를 응원하거나 약자를 도와주고 싶은 마음을 갖고 있다. 심한 경우 약자가 범죄자인 경우에도 마찬가지다. 많은 사람이 영화 속에서 범죄자와 검찰이 대립하는 장면이 나오면 '검찰이 무리하게 죄 없는 사람을 구속하려 한다'고 예단하곤 한다. 「부러진 화살」에서 범죄 혐의를 받고 있는 교수(안성기) 편을 들었던 기억을 떠올려 보라.

　사람들은 약자에게 우호적이다. 강자와 약자가 싸우면 약자의 편을 들고 싶은 게 인지상정이다. 왜 그럴까? 그 이유는 없다. 인간의 유전자 속에 그런 성향이 담겨있을 뿐이다. 학자들은 인류가 수렵 채집 생활을 할 때부터 약자에게 호의적인 성향이 배양됐다고 분석한다. 인간보다 강한 동물은 인간에게 해를 끼칠 수 있다. 심지어 인간을 잡아먹을 수도 있다. 하지만 인간보다 약한 동물은 인간을 해칠 수가 없다. 따라서 인간보다 강한 동물보다는 인간보다는 약한 동물의 편에 서서 강한 동물에게 맞서는 것이 생존에 유리했다. 인간보다 강한 동물이 자리를 뜨고 나면 인간보다 약한 동물을 잡아먹든 그렇지 않든, 그건 인간의 의지와 선택에 달린 것이었다. 수십만 년 전부터 인간은 약자 편을 들게끔 프로그래밍되어 있었던 것이다.

2023년 10월 7일 하마스가 이스라엘을 습격했다. 사전 예고 없는 그야말로 전격적인 기습이었다. 하마스는 이스라엘 남부를 겨냥해 수천 발의 로켓포 공격을 가했다. 이어서 하마스 무장대원들이 패러글라이더 등을 활용해 분리장벽을 넘어 이스라엘 영내로 직접 침투했다. 패러글라이더를 통해 침투했기에 이스라엘은 이들의 침투를 레이더로 포착할 수도 없었다. 하마스 무장대원들은 가자지구와 맞붙은 이스라엘 남부 22개 지역에서 기관총을 난사했다. 무장대원들의 총격은 민간인들에게도 무차별적으로 이뤄졌다. 이러한 무차별 공격 과정에서 남부 레임 키부츠의 한 음악 축제장에서만 260명의 사망자가 발생했다. 음악 축제를 즐기던, 아무 죄 없는 민간인들에게 하마스는 기관총을 난사했다. 급습한 하마스 군인들은 이스라엘 민간인과 군인 수백 명을 인질로 잡아갔다.

이스라엘과 하마스의 전쟁은 이렇게 시작됐다. 하마스의 기습공격으로 민간인 수백 명이 사망했다. 인질로 잡혀갔다. 그렇다면 이스라엘이 반격하는 것은 당연한 것 아닌가.

그런데 지금 전 세계에서 벌어지고 있는 반전 시위는 주로 이스라엘을 비판하고 있다. 미국의 주요 대학에서도 그렇다. 그 이유는 약자에게 우호적인 인간의 습성 때문이다.

이스라엘이 약자였을 때에는 사람들이 이스라엘 편을 들었다. 이스라엘 외무장관이었던 아바 에반은 2003년 이렇게 말했다. "이곳에 처음 도착했을 때 우리는 언더도그(약자)라는 이점이 있었다. 이제 우리는 오버도그(강자)라는 불리한 처지에 놓였다."

이스라엘이 강자가 된 지금 세계인들은 대부분 약자인 팔레스타인 편을 든다. 팔레스타인 무장단체 하마스가 끔찍한 짓을 저질렀음에도 그렇다.

이스라엘이 오버도그가 되면서 새롭게 언더도그의 자리를 차지한 쪽은 팔레스타인이다. 팔레스타인이 여성과 아이들을 동원해 자살 폭탄 테러를 저질러도 전 세계의 학생들은 그들 편에 선다. 대학생들만 그런 것도 아니다. (마이크 프렐- 『언더도그마』)

"대학생들이 주먹을 쳐들고 베냐민 네타냐후를 반대하는 과격시위를 벌였다. 이들은 한 사람이나 국가를 반대하는 것이 아니라 팔레스타인과 연대해서 과격 시위를 벌였다."

이 글을 읽는 독자들은 최근 미국 대학의 풍경을 묘사한 글이라고 생각할 것이다. 이스라엘과 하마스가 전쟁을 벌이는 와중에 미국의 여러 대학에서 이스라엘을 비난하는 시위가 벌어지고 있기 때문이다. 하지만 이 풍경은 2002년 9월 9일 캐나다의 콘코디아 대학에서 일어난 광경이다. 베냐민 네타냐후는 이 당시 총리가 아니라, 전직 총리였다.

대학생들이 팔레스타인을 지지하고 이스라엘을 비난하는 근본적인 이유는 이스라엘이 강자이고, 팔레스타인이 약자이기 때문이다. 그것 외에 다른 것으로 설명하기 어렵다. 하마스가 이스라엘을 기습해서 수백 명의 무고한 민간인을 살해했다면 우선 하마스를 비난하는 것이 우선이다. 그런데 최근 이스라엘을 비난하는 대학생들이 하마스를 비난하는 시위를 벌였다는 소식은 듣지 못했다. 하마스의 공격을 비판한 다음에 이스라엘의 응징이 너무 심한 것인지 합당한 것인지를 따져보는 것이 순서다.

상식적으로는 자유민주주의를 신봉하는 사람들이 팔레스타인을 지지하는 것이 이해되지 않는다. 팔레스타인은 주민들의 인권을 인정해 주지 않는다. 동성애자와 여성을 고문하고 처형한다. 그런데 어떻게 자유민주주의를 지지하는 사람들이 팔레스타인을 지지하는 것인지 이해하기 힘들다. 하긴, 팔레스타인보다 더 지독한 독재와 억압 통치를 하고 있는 김정은을 지지하는 사람들도 있으니.

사람들은 약자에게 호의적이다. 강자와 약자가 대결하면 무조건 약자를 지지하려는 성향을 보인다. 약자가 악이고 강자가 선일 경우에도 그런 경향을 보이는 사람들이 있다. 사람들의 성향이 그렇기에 영리한 정치인들은 그런 사람들의 성향을 잘 활용한다. 자신의 정치적인 이익을 위해 자신을 약자로 포장한다. 가난한 사람인 것처럼 연출한다. 권력을 쥐고 있으면서 약자인 척하고, 수십억 재산을 갖고 있으면서 가난한 척한다.

홍종학의 낡은 가방

　　홍종학이라는 사람이 있다. 민주당의 전신 민주통합당 소속으로 17대 비례대표 국회의원을 역임한 정치인이다. 홍종학은 국회의원이 되기 전에는 경제정의실천시민연합(경실련)에서 활동했다. 경제학자이기도 한 그는 경실련에서 재벌개혁위원장을 맡아서 활동하는 등 재벌을 비판하는 활동을 앞장서서 했다. 그의 그런 행적은 그를 서민을 대변하는 지식인이나 운동가처럼 보이게 한다. 그런데 진짜로 홍종학을 서민인 것처럼, 서민의 편인 것처럼 보이게 한 결정적인 장면이 있다. 그가 문재인 정권에서 중소벤처기업부 장관에 임명된 그 순간이다.

　　2017년 10월 23일 대통령 문재인은 홍종학을 중소벤처기업부 장관으로 지명했다. 국회의 인사청문회를 거치면 장관이 되는 것이다. 장관 인사청문회는 요식 절차다. 국회가 동의하거나 말거나 대통령은 장관으로 임명할 수 있다.

　　그래도 청문회는 거쳐야 하기에 장관으로 지명된 사람들은 청문회 준비를 꼼꼼히 한다. 장관 후보로 지명되고 이틀 뒤 홍종학은 기자들이 보는 앞에서 청문회 준비 사무실로 걸어갔다. 그런데 그의 패션이 기자들의 눈길을 끌었다. 카메라 기자들은 연신 셔터를 눌러댔다. 하늘색 셔츠 위에 허름해 보이는 검은색인지 짙은 회색인지 구분이 어려운 정장을 입은 홍종학은 손에 가방을 들고 있었다. 기자들의 눈을 사로잡은 것은, 그리고 TV 화면으로 시청하던 시청자들의 눈길을 사로잡은 것은 바로 그 가방이었다. 1980년대에나 가지고 다녔을 것 같은 매우 낡은 가방이 그의 손에 들려있었다. 허름한 정장에 매우 낡은 가방. '나는 서민입니다.'라고 말하는 것 같았다.

전여옥처럼 예리한 눈을 가진 사람은 안다. 홍종학의 허름한 정장과 낡은 가방이 연출된 것이라는 사실을. 돈 많고 권력을 가진 정치인이 가난한 척 쇼를 하고 있다는 사실을. 전여옥은 언론인 출신이다. 그렇기에 그의 눈에는 그것이 금방 보였을 것이다. 그래서 "저 사람, 사람 속이려고 작심했네."라고 비판할 수 있었다. 하지만 일반 국민은 다르다. 장관으로 임명된 사람이 처음 언론에 등장하는데 쇼를 할 것이라고 생각하지 않는다. 그냥 영상으로, 사진으로 전해오는 모습을 보면서 서민적이라는 인상을 품는다. 저 사람도 우리와 별 차이 없는 서민이구나. 낡은 가방을 들고 다니는 검소한 사람이구나! 이런 느낌을 받는다. 그리고 그걸 알기에 홍종학은 자신에게 서민 이미지를 입히려고 철저하게 연출했다.

홍종학은 장관 지명 당시에 신고한 재산이 50억 원이 넘는다. 중학생 딸도 부자다. 그 딸은 할머니로부터 건물 일부에 해당하는 8억 6천만 원을 증여받았다. 2017년 기준이다. 홍종학의 부인은 자신의 딸에게 2억2천만 원을 빌려주기도 했다. 이자를 제대로 받았는지는 알려지지 않았다. 자식에게 빌려주면서 이자를 받는 부모가 있을까?

홍종학은 재산이 50억 원이 넘는 부자다. 그의 재산 가운데 서울에 부동산이 있었으니, 지금은 그보다 더 부자가 되어있을 것이다. 그런 부자가 장관 지명 후 처음 언론에 등장하는데 허름한 양복에 수십 년 전에 사용했을 것 같은 가방을 어디서 구했는지 들고 나타났다. 가난한 척한 것이다. 그리고 그의 행동은 매우 영리한 것이었다.

문재인 정권에서 낡은 가방으로 여론의 주목을 받은 것은 홍종학뿐만이 아니다. 홍종학보다 먼저 낡은 가방으로 국민의 시선을 사로

잡은 사람이 있다. 홍종학은 아마도 이 사람의 행동을 벤치마킹한 것으로 추측된다. 이 사람은 문재인 정권 첫 번째 공정거래위원장 김상조다. 2017년 6월 13일, 문재인 대통령이 취임한 지 한 달여가 지난 시점에 청와대에서 문재인은 김상조에게 공정거래위원장 임명장을 수여했다. 그 수여식장에 김상조는 매우 낡은 가방을 들고 나타났다. 그의 가방을 더 돋보이게 만든 것은 문재인 대통령이었다. 문재인은 김상조의 낡은 가방을 보고서 "가방 한번 들어봅시다."라면서 직접 그 낡은 가방을 들어 보였다. 두 사람의 이날 행동은 아마도 사전에 그렇게 하는 것으로 각본이 짜였던 것이 아닌가 하는 의심이 든다. 김상조의 가방은 하도 낡아 보여서 20년은 된 것 같다는 내용이 인터넷에서 떠돌았다. 그러자 김상조는 "20년 된 가방이 아니며 산 지 5년 된 가방"이라고 해명했다. 김상조의 가방은 5년 전에 산 가방으로 보기에는 너무도 낡았다. 혹시 5년 전에 중고가방을 구입한 것인가?

그렇다면 김상조는 그렇게 낡은 가방을 들고 다녀야 할 정도로 가난한 사람이었나? 그렇지 않다. 김상조 역시 부자다. 그는 낡은 가방 대신에 새 가방을 살 정도의 돈을 충분히 갖고 있는 사람이다. 공정거래위원장에서 물러난 뒤 2021년 김상조는 청와대 정책실장으로 기용됐다. 그 당시 그가 신고한 재산은 24억3천만 원이다. 신고재산은 실제보다 적게 신고된다. 김상조는 충분히 부자다.

낡은 구두

영리한 정치인들이 가방으로만 가난한 척 연출하는 것은 아니다. 정치인들, 특히 좌파 진영의 정치인들은 연출하는 능력이 뛰어나다. 자신을 연출하는 도구로 여러 가지 소품을 사용한다. 그 가운데 구두가 있다.

2011년 9월 8일, 아침부터 인터넷에 박원순의 구두 사진이 올라오기 시작했다. 이 당시 박원순의 직책은 희망제작소 상임이사였다. 이미 유명인이었던 박원순이 이 시기에 세인들의 관심을 더 많이 끈 이유는 서울시장 출마 선언을 했기 때문이다. 박원순은 안철수에게 서울시장 후보를 양보받아서 서울시장 당선이 유력했던 시점이다. 이 당시 서울시장 선거는 보궐선거였다. 무상급식 투표가 정족수 미달로 부결되자 오세훈 시장이 자진 사퇴하면서 이뤄진 보궐선거다.

그 당시 서울시장으로 가장 유력했던 인물은 안철수다. 현재 국민의힘 소속 국회의원인 안철수 바로 그 사람이다. 백신 전문가이고, 의사 면허증이 있는 그 안철수. 당시 서울시장 여론조사에서 안철수는 지지율 50%를 넘기고 있었다. 출마하면 그냥 당선되는 것이었다. 그런데 박원순의 현란한 설득에 넘어가서 서울시장 후보를 양보했다(이 당시에 서울시장 후보직을 양보한 것을 안철수는 나중에 후회했다).

2011년 9월 8일 아침부터 박원순의 구두가 화제가 된 이유는 낡았기 때문이다. 뒤축이 낡은 구두를 신고 있는 사진이 인터넷에 올라온 것이다. 사진에 등장한 박원순의 구두는 뒤축이 너무 낡아서 일부가 떨어져 나간 모양이었다. 사진을 올린 사람은 사진작가 조세

현이었는데 어디서 찍었는지는 밝히지 않았다. 박원순의 구두 사진을 보고 인터넷 누리꾼들은 감동을 전하는 댓글을 많이 올렸다. 그런데 한 가지 흠이 있었다. 박원순의 낡은 구두 속에 있는 그의 발을 감싸고 있는 양말이다. 그 양말은 최고급 양말 '닥스'였다. 이 양말을 보고 박원순을 비판하는 쪽에서는 박원순이 쇼를 하고 있다고 비판했다. 동아일보 논설위원 김순덕은 "해어진 구두와 닥스 양말의 부조화엔 어떤 이중성이 있다."라고 비판했다. 그도 그럴 것이 박원순은 서민이라고 하기에는 너무 씀씀이가 크다. 집이 없다면서 2011년 당시 강남에서 월세를 살았다. 그런데 그 당시 박원순이 거주했던 아파트의 월세가 250만 원이다. 몇 평이냐고? 60평이다. 서울 강남에서 60평대 아파트에 사는 사람을 서민이라고 할 수는 없다. 박원순이 자신이 운영하는 아름다운 재단이 각 지역에 문을 연 아름다운 가게가 있다. 이 가게의 인테리어를 모두 박원순의 부인이 소유한 인테리어업체가 맡아서 했다.

박원순의 낡은 구두가 쇼라고 의심할 수 있는 바탕에 그의 또 다른 행동이 있다. 박원순은 오세훈이 서울시장을 사퇴할 즈음에 백두대간을 종주하고 있었다. 그러다가 서울시장 보궐선거가 결정되자 부랴부랴 등산을 그만두고 내려와서 안철수를 만났다. 그리고 그 만남을 통해 후보 양보를 받아냈다. 그런데 박원순이 백두대간을 종주할 당시 그는 등산복 일체를 코오롱으로부터 협찬받았다. 자신이 입은 것뿐 아니라 동행자들의 등산복까지 모두 협찬받았다. 당시 어떤 언론은 협찬비용이 천만 원이 넘을 것이라고 보도했다. 이 당시 한나라당 대표를 맡고 있던 홍준표는 이렇게 박원순의 행태를 비난했다. "당 대표인 제가 산에 갈 때는 전 힘이 없어서 그런지 협찬해 주는 사람이 없다. 그런데 시민단체의 막강한 영향력을 가진 분(박원순)이 등산을 국내산에 가는데 천만 원 상당의 협찬을 받았다고 한다."

어쨌든 박원순은 이때 실시된 서울시장 보궐선거에서 당선돼 내리 3선을 역임했다. 3선에 당선된 후에는 임기를 다 채우지 못했다. 잘 알려져 있듯이 여비서를 성추행한 것이 드러나자 스스로 목숨을 끊었다.

낡은 구두 사진이 13년을 지나 2024년에 다시 등장했다. 역시 좌파 진영이다. 인천 계양을에 출마한 이재명 더불어민주당 대표의 유세 사진에서 등장했다. 이재명의 구두는 굽이 낡지는 않았다. 그런데 구두 뒷굽이 신발에서 떨어져 덜렁덜렁했다. 이재명 대표 비서실은 이 사진을 공개하면서 "자신도 모르는 사이 떨어져 버린 구두 굽, 이번 선거에 임하는 이재명 대표의 절박함이 오롯이 녹아있다"며 "오늘 이 대표는 '이 일정 실화냐?' 말이 절로 나오는 강행군을 감행했다"고 밝혔다.

열심히 선거운동하고 있는 것과 낡은 구두를 신고 있다는 서민 냄새를 풍기는 글과 사진이다. 이재명이 부자라는 것은 더 설명이 필요 없다. 성남시장 두 번, 경기도지사 두 번, 국회의원을 한 번 역임했고, 이 글을 쓰는 현재도 국회의원이다. 또한 변호사다. 다른 재산이 없어도 충분히 여유 있게 살 수 있는 직업을 갖고 있다. 신고재산도 적지 않다. 2024년 신고된 이재명의 재산은 31억여 원이다. 굳이 굽이 덜렁덜렁하는 구두를 신지 않고, 새 신발을 사서 신을 수 있는 충분한 부자다. 혹시 경기도청 법인카드로만 물건을 구입하던 습관이 있어서 자신의 돈을 쓸 줄 몰랐다면 이해는 된다.

이재명은 이 선거에서 당선돼서 재선 국회의원이 됐고, 김대중 이후 처음으로 두 번 연속 민주당 당 대표로 선출됐다. 이렇게 가난한 척하는 것은 정치인에게 늘 유리한 결과를 낳는다.

가난한 척 자신을 꾸미는 사람 가운데 조국을 빼놓을 수 없다. 조국혁신당 대표 그 조국이다. 법무부 장관으로 지명돼서 카메라 앞에 처음 서는 날 그가 타고 온 차는 소형차 QM3였다. 조국이 그런 작은 차를 타지 않아도 될 만큼 부자라는 것은 대한민국 대부분의 국민이 알 것이다. 조국은 신고재산이 50억이 넘는다. 2019년 장관으로 지명됐을 당시 현금만 34억 원이었다.

그런데 조국은 소형차 QM3를 타고서 대중 앞에 나타났다. 조국의 QM3가 가난한 척하는 것으로 확신할 수 있는 이유는 그의 부인 정경심이 BMW를 몰았고, 이 차를 조국이 타기도 했기 때문이다.

조국 비리를 파헤친 내용을 담은 이준우의 책, 『그는 그날 머리를 쓸어넘기지 않았다』에 그런 내용이 들어있다.

나중에 알게 된 사실이지만 BMW는 조국도 가끔 이용했다. 서울대 법대 관계자에 따르면 평소 검소와 청렴을 강조하던 조국이 BMW를 몰고 학교에 나타나자 학생들 사이에 금세 소문이 났다고 한다. 그런데도 조국은 자신의 책 『조국의 시간』과 2021년 6월 6일 페이스북을 통해 "저희 가족은 외국 유학 시절 외에 외제 차를 타본 적 없다"고 했다. 조국은 굳이 하지 않아도 될 말을 하는데 거리낌이 없었고, 금방 탄로 날 거짓말도 망설이지 않고 예사로 했다.

이 책에서 이준우는 정경심이 BMW 다음에는 국산 고급 차 제네시스를 탔다고 했다. 조국은 부자다. 재산이 50억이 넘고 현금을 30억 넘게 갖고 있으면 대한민국에서 부자 중 부자다. 그는 대한민국 최고 부자 마을 강남에 산다. 그렇기에 조국이 BMW를 타는 것은 그가 소유한 부에 부합하는 행동이다. 그런데 그는 소형차를 몰고 대중 앞에 나타난다. 자신의 가족은 국내에서 외제 차를 탄 적이 없다고 거짓말을 한다. 조국은 대학교수다. 일반인들보다 지식이 풍부한 그가 '약자로 보이는 것이 자신이 정치하는 데 유리하다'고 판단하는 것은 어려운 일이 아니다. 그렇게 자신을 서민으로 포장하고, 정치적인 이익을 얻는다. 어디 정치적인 이익뿐인가? 그는 금전적인 이익도 얻는다. 그의 부인 정경심이 구치소에서 수억 원의 영치금을 수확하는 신기록을 세운 사례도 있다. 정경심이 구치소에 구속돼 있을 때, 조국은 북 콘서트를 열면서 '생활이 어렵다'고 말했다. 사람들은 그런 조국 가족에게 수억 원의 영치금을 넣었다.

조국 하면 떠오르는 인물이 있다. 김남국이다. "잠자기 전에 꼭 조국 사진을 보고 잠을 잔다"는 말로 유명한 정치인 김남국. 김남국도 가난한 척하는 정치인 가운데 한 명이다. 김남국은 유튜브 방송에 출연해서 "편의점에서 아이스크림도 사 먹지 않으면서 절약하는 생활을 하고 있다"고 말했다. 그 방송에 구멍 난 운동화를 신고 나왔다. 하지만 김남국에게 숨겨진 거액의 재산이 있다는 것이 드러났다. 가상화폐 코인을 보유하고 있는 것이다. 한때 90억 원이 넘는 거액이 코인거래 통장에 예치돼 있었다. 코인의 가치가 등락하기 때문에 김남국의 재산 총액은 수시로 변한다. 그렇지만 분명한 것은 김남국은 전혀 가난한 사람이 아니라는 것이다. 2024년 8월 말 국회가 공개한 자료에 따르면 김남국은 이 당시 가상화폐 코인 재산이 21억8천만 원이나 되는 것으로 나타났다.

경제를 모르는 행동

"소비는 미덕이다."

이보다 더 논쟁적인 문장을 찾기 힘들다. 영국의 경제학자 케인즈가 주장했다는 이 문장은 경제학자들 사이에도 의견이 엇갈린다. 소비가 미덕인지? 절약이 미덕인지? 그것은 상황에 따라 다를 것이다. 그러나 분명한 것은 돈이 많은 사람들이 소비하는 것은 미덕일 수 있다.

누군가의 소비는 누군가의 소득이다. 소비가 없으면 소득이 없다. 아무도 지출하지 않으면 아무도 돈을 벌 수가 없다. 이건 상식이다. 그러니 누군가 돈을 지출해야 하는데, 지출할 수 있는 여력을 가진 사람들이 지출하는 데 유리하다. 돈이 적은 사람들, 수입이 적은 사람들이 지출하는 재화의 크기는 매우 제한적일 것이다.

수십억 원의 재산을 보유한 홍종학, 김상조 같은 부자들이 낡고 낡은 가방을 들고 다니는 것은 경제성장에 전혀 도움이 되지 않는 행동이다. 특히 중소벤처기업부 장관에 임명된 홍종학의 처신은 더욱 아쉽다.

누군가 가방을 사야, 가방을 생산하는 공장이 계속 가동된다. 가방을 제작하는 기업들은 중소기업이다. 삼성이나 현대가 가방을 만들지는 않으니. 모든 국민이 홍종학처럼 가방을 낡아서 구멍일 날 것처럼 보이는데도 그냥 사용하면 가방 회사들은 생존하기 어렵다. 가방이 낡지 않았어도, 새로운 것을 구매해주는 소비자들이 존재해야 가방을 생산하는 기업들은 성장할 수 있다.

누군가 가방을 구입하면 그 가방을 판매하는 매장이 소득을 올린다. 그 매장에 가방을 납품하는 회사도 돈을 벌고, 가방을 생산하는 공장도 매출이 증가한다. 가방공장에 원재료를 납품하는 기업도 이익을 얻는다. 이런 과정이 반복되면 경제가 성장하고 일자리도 증가한다. 이런 흐름은 경제학을 전공하지 않은 사람이라도 알 수 있다.

홍종학이 중소벤처기업부 장관에 지명돼 기자들의 카메라 앞에 섰을 때, 새로 산 가방을 들었으면 어땠을까?

"평소에 들고 다니던 가방이 있지만, 가방을 새로 샀다. 내가 이렇게 새 가방을 사는 것이 대한민국 중소제조업체들의 기업경영에 도움이 될 것이라는 생각에서 조금 사치를 했다."

홍종학은 이렇게 말했어야 했다. 중소기업을 관할하는 장관으로 임명되고자 하는 사람이라면 마땅히 그런 행동을 보였어야 했다. 하지만 홍종학은 반대로 행동했다. 약자로 보이는 것이 정치적으로 유리하다는 생각만 했기에, 홍종학은 어디서 구했는지 수십 년의 역사를 간직한 듯한 허름한 가방을 들고 기자들 앞에 연극배우처럼 등장했다.

소비는 미덕이다. 많은 경우에 사치도 미덕이다. 아무도 사치하지 않으면 경제가 성장할 수 없다. 전 국민이 소형차만 구입해서 사용한다고 가정해 보라. 대한민국 자동차산업이 어떻게 되겠나? 아침에 일어나서 일터로 출근하는데 경차를 타든, 중형차를 타든, 고급 차를 타든 일터에 도착하는 시간은 거의 같다. 여러 명이 함께 타는 것도 아니고, 많은 사람이 혼자서 승용차를 몰고 다닌다. 그렇지만, 어떤 이는 경차를 타고, 어떤 이는 중형차를 타고, 어떤 이는 1억 원이 넘는 고급 차를 몬다.

독일의 경제학자 베르너 좀바르트는 그의 책 『사치와 자본주의』에 "사치란 필요한 것을 넘어서는 모든 소비이다."라고 썼다.

그의 기준에 따르면 경차를 타는 사람을 제외하고 중형차나 더 비싼 고급 차를 타는 사람들은 사치를 하는 것이다. 좀바르트는 그런데 『사치와 자본주의』에서 사치가 시장을 확장하고 일자리를 늘리고 경제를 확장시켰다는 사실을 밝혀냈다. 자본주의를 우리 사회에 정착시킨 것이 사치라고 주장한다. 그의 주장은 매우 설득력이 있다.

경차를 판매할 때보다 고급 차를 판매할 때 영업사원은 더 많은 돈을 번다. 판매점도 그렇고, 자동차 생산기업도 마찬가지다. 누군가의 소비는 누군가의 소득이 되는데, 누군가의 사치는 누군가의 더 큰 소득이 된다.

사치는 또한 새로운 일자리도 창출해 낸다. 건강을 위해서 골프를 하는 사람들이 있다. 물론 여가를 즐기기 위해서 그러는 사람들도 있다. 이런 사람들이 골프는 사치라고 판단해서 해솔길을 걷는 것으로 건강관리를 대신할 수도 있다. 골프만이 여가를 즐길 수 있는 방법이 아니기에 돈이 훨씬 적게 드는 다른 대안을 찾을 수도 있다. 그러나 그렇게 되면 골프와 관련된 업종에 종사하는 사람들이 일자리를 잃게 된다. 사치스러운 운동이라는 골프를 즐기는 사람들이 있기에 골프업에 종사하는 사람들에게 새로운 일자리가 제공된다. 골프채를 만드는 기업도, 골프공을 제작하는 기업도, 골프장을 건설하는 기업도, 골프장을 관리하는 업체도, 골프장에 종사하는 근로자들도, 골프장에 물품을 납품하는 업체도, 모두가 골프를 즐기는 사람들 덕분에 소득을 올릴 수 있다.

앞서 소개한 책 『사치와 자본주의』는 여러 지식인의 사치에 대한 긍정적인 발언을 소개한다.

17세기 프랑스 지식인 몽테스키외는 "사치가 없어서는 안 된다. 만일 부자들이 돈을 많이 쓰지 않는다면 가난한 사람들은 굶어 죽을 것이다."라고 했다. 아베 코예는 "사치는 따뜻하게도 해주고 태울 수도 있는 불과 같다. 사치는 부자들의 집을 태워버리지만, 우리의 공장은 유지시켜 준다. 사치는 낭비하는 사람의 재산은 흡수하지만, 우리 노동자들은 먹여 살린다. 사치는 소수 사람의 재력은 감소시키지만, 대중의 호구지책은 증대시킨다."

가난한 사람들은 사치를 할 수가 없다. 소득이 적은 사람들도 그렇다. 조금씩 저축해서 집 장만해야 하고, 매달 적금 부어서 자식 결혼할 때 전세금에 보태주려면 아끼고 또 아껴야 한다.

하지만 홍종학이나 김상조나 조국은 다르다. 수십억 원의 재산을 보유하고 있고, 월 소득이 높은 이 사람들은 소비를 하는 것이 미덕이다. 자신들이 가진 재산의 극히 일부를 태워서 가난한 노동자들을 먹여 살리는 것이다. 수십 년은 사용한 것 같은 가방을 들고 다니고, 소형차를 몰고 다니는 것은 적절한 행동이 아니다. 국가의 정책을 추진하는 자리에 있는 사람들이라면 더욱 그렇다.

약자로 보이는 것은, 가난한 사람처럼 포장하는 것은 정치적으로 유리하다. 그렇기 때문에 실제로는 사치를 하면서 언론 앞에서만 서민인 척 포장한 것이라면 그건 국민을 속이는 행위다.

그렇지 않고 평소 생활도 그렇게 검소하다면 그런 삶은 재고해 보아야 한다. 그냥 평범한 사람으로 살아갈 것이라면 별문제가 아니다. 하지만 정치인이 돼서, 고위 공직자의 자리에 올라서 국가 경영에 관여할 생각이라면 어떤 생활을 해야 하는지 깊이 생각해 봐야 한다. 자신만의 이익을 위해서 약자의 모습을 한 채 살아갈 것인지? 자신이 가진 부를 대한민국 경제 활성화를 위해 적절하게 지출할 것인지?

그리고 판단을 내리기 전에 베르너 좀바르트의 책『사치와 자본주의』에 실린 내용을 한번 음미해 보는 것이 도움이 될 것이다.

사치가 이 세상에 없었다면, 사치 수요의 충족에 다소간 멀리 떨어져서 관여하는 그 모든 공업들도 이 세상에 없었다. 그리고 초기 자본주의 산업의 매우 많은 부분은 이처럼 사치라는 우회로를 통해서 발생하였다.

신군주론

전원책은 자신의 직업을 '시인'이라고 한다. 변호사 자격증을 가지고 변호사 사무실을 운영하는데, 그것은 먹고살기 위해서 하는 '생업'이라고 표현한다. 직업과 생업이라고 분리해서 표현하는 능력에서 알 수 있듯이 전원책은 등단한 시인이다. 1955년생인 전원책은 그 나이 또래에 아주 드문 우파 논객이다. 그가 한창 활약하던 2000년대 전후의 시기에는 우파 진영에 논객이 별로 없었다. TV토론에 등장해서 좌파 진영 인사와 비슷한 실력으로 토론하는 우파 인사는 전원책이 거의 유일했다. 그도 그럴 것이 2000년대 초반까지 대한민국에서 우파나 보수라고 하는 단어는 늙거나 낡은 취급을 받는 어휘들이었다. 진보나 좌파가 젊은 이미지였다.

나 역시 우파 정당을 지지하지 않았다. 그 정당에 속한 정치인들 가운데 마음에 드는 사람이 있었고, 그 정당의 정책 방향에 동의하는 것들이 있었으나 그 정당을 지지한다고 말하지 못했다. 나와 같은 또래의 사람들에게 우파 정당(보수 정당) 지지자라고 말하는 것은 부끄러운 일이었다. 우파 성향의 많은 지식인이 그랬을 것이다. 소설가 이문열이 좌파 세력에게 당한 화를 생각하면 우파 지식인들이 대중에게 모습을 드러내는 것은 어려운 일이었다.

그런 환경에서 전원책은 당당하게 우파 논객으로 여러 방송에 등장해서 토론에 참여했다. 그는 많은 독서량과 머릿속의 지식을 바탕으로 자신의 주장을 펼치곤 했다. 하지만 그의 토론 실력은 그가 가진 지식의 양을 따라가지 못했다. 그래서인가 근래에는 우파 논객으로서 전원책의 가치는 매우 낮아 보인다.

전원책은 이미 오래전부터 약자로 보이는 것이 정치인에게 유리하다는 것을 알고 있었다. 그런데 왜 우파 지식인 전원책은 자신이 알고 있는 것을 우파 정치인들이 행동으로 옮기도록 가르치지 않았는지 의문이다. 현재 한쪽으로 기울어진 대한민국 정치지형을 보면 아쉬운 부분이다.

정치판에서 약자로 보이는 것이 가장 손쉬운 승리의 방법이다.

2014년에 펴낸『전원책의 신군주론』에서 전원책은 이렇게 강조했다. 그의 설명이 이어진다.

우리가 생각하는 정의는 대체로 강자의 편에 서있는 것처럼 보인다. 신은 강자의 기도는 빨리 듣고, 행운은 늘 강자의 창문을 먼저 연다.

그러나 강자에게 없는 것이 대중의 지지다. 누구나 강자에 열광하지만 심정적으로는 약자의 편에 선다. 다윗과 골리앗의 싸움에서 골리앗을 응원하는 관중은 없다. 정치판에서 비참한 약자로 내몰리는 것이 때로 압승의 전략이 되는 까닭이다. …

선량한 골리앗도 사악한 다윗에게 질 수밖에 없다. 그래서 약자는 언제나 정당하고 선하다.

전원책은 약자에게 유리한 정치환경을 정확하게 꿰뚫어 보고 있었다. 정치뿐이 아니다. 인간사회의 모든 곳에서 약자가 많은 사람의 지지를 받는다. 남성과 여성이 싸우면 사람들은 거의 모두가 여성의 편을 든다. 큰 차와 작은 차가 접촉사고를 내면 대부분의 사람이 큰 차의 과실을 의심한다. 검찰은 선의 편이고 범죄자는 악을 행함에도 범죄자의 편을 드는 사람들이 적지 않다. 약자의 편에 서려고 하는 인간의 원초적 본능 때문이다.

영리한 정치인들은 약자로 보이는 것이 정치적으로 유리하다는 것을 안다. 그렇기에 늘 약자로 보이도록 자신을 포장한다. 그리고 정치적으로 승리한다. 하지만 그렇게 승리하는 정치인들이 권력을 얻은 후에도 약자로 있는 것은 아니다. 권력을 사용하는 방식은 전혀 다르다. 그들은 권력을 차지하기 위해서, 권력을 차지한 후에 제대로 사용하기 위해서 약한 척을 하는 것이다. 프랑스의 권력자였던 샤를르 드골의 말은 진실이다.

정치인은 주인이 되기 위해 하인의 자세를 취한다.

약자 한동훈, 약자 이준석, 그리고 김건희

"때린 놈은 다리를 못 뻗고 자도
맞은 놈은 다리를 뻗고 잔다."

　　우리가 어릴 적 부모님에게 많이 들은 속담이다. 학교에 가서 싸우지 말라면서 어머니는 나에게 이렇게 말하곤 하셨다.

　누군가 싸우면 사람들은 맞은 사람을 동정하게 된다. 맞은 사람이 약자이기 때문이다. 반대로 때린 사람은 경계한다. 그를 징계하고자 하는 마음을 갖는다. 때린 사람의 마음은 불편하고 맞은 사람의 마음은 편할 수밖에 없는 현실이다.

　2024년 국민의힘 당 대표 경선에서 한동훈은 약자였다. 국민 지지율이 높고, 당원들의 지지율도 높은 것으로 여론조사는 나타났다. 하지만 그건 어디까지나 여론조사였다. 한동훈과 대통령 윤석열이 갈등하는 사이라는 것을 모르는 국민이 없었다. 갑자기 등장한 원희룡의 출마에는 윤석열 대통령실의 의중이 담겼다는 것을 모르는 사람도 없었다. 대통령의 지지를 받지 못하는 여당 정치인은 국민의 인식 속에서 약자다.

　그런 상황에서 원희룡은 한동훈을 지독하게 비판했다. 내가 죽는 한이 있어도 너를 죽이겠다는 식으로 원희룡의 한동훈 비판은 격렬했다. 대통령 부인 김건희도 한동훈 반대편에 있음을 드러냈다. 문자 파동은 분명 한동훈에게 불리한 사건이었다. 5선 국회의원 나경원도 한동훈 공격에 동참했다. 정치 경험이 짧은, 국회의원 경험이 없는 한동훈은 분명 약자였다. 그런 약자 한동훈을 대통령실의 지지를 받는 원희룡이, 5선 의원 나경원이, 그리고 대통령 부인까지 나서서 공격했다. 국민은 약자에 호의적이다. 맞는 사람 편에 선다. 한동훈이 압도적 지지율로 국민의힘 당 대표 경선에서 승리한 이유다.

22대 국회의원 선거에서 이준석은 당당히 당선했다. 동탄신도시 지역인 '화성을'에서 당선한 것이다. 국회의원 당선이 최대의 목표였다면 이준석은 국민의힘 당 대표에서 쫓겨난 것이 오히려 더 잘된 일이다. 그가 국민의힘 당 대표 임기를 무사히 마치는 상황이었다면, 그래서 원래 자신의 지역구 노원병에 출마하는 상황이었다면 이준석의 국회의원 당선은 쉽지 않았다.

그런데 이준석은 대통령과 그 측근들의 힘에 밀려서 국민의힘 당 대표직을 잃었다. 그 후 국민의힘을 탈당해 개혁신당을 창당했다. 이 모두가 약자의 모습이다. 당 대표직을 잃은 것도, 탈당해서 아주 작은 정당의 소속이 된 것도.

여기에 더해서 이준석은 나이가 젊다. 아니 어리다. 한국 정치판을 장악한 사람들의 나이와 비교해 보면 이준석은 어린 나이다. 대통령이 속한 정당에 비해 이준석의 당은 초라하다. 대한민국 국회 다수를 점하고 있는 이재명의 민주당과 비교하면 더 초라하다. 나이가 어리다는 것도, 거대 양당과 비교해 보면 초라할 뿐인 개혁신당의 규모도, 약자의 모습 그 자체다.

약자였기에 이준석은 화성을에서 당선될 수 있었다. 대통령으로부터 버림받은 젊은 정치인, 이재명이 장악한 민주당과 경쟁하는 어린 정치인. 약자를 지지하는 사람들의 마음을 흔들 수 있는 많은 조건을 이준석은 갖추고 있었다.

2024년 22대 총선에서 거대 정당으로 다시 태어난 민주당은 국회를 자신들의 놀이터로 만들었다. 어떤 법률안이든 그들은 발의할 수 있었고, 통과시킬 수 있었다. 민주당은 대통령도 대통령실 관계자들도, 그리고 대통령 부인도 마음대로 국회로 불러들여서 야단칠 수 있었다. 그리고 실제로 그런 시도를 했다.

민주당은 그해 7월 대통령 부인 김건희에게 국회 출석을 요구했다. 청문회에 출석하라는 것이다. 그러나 예상대로 김건희는 출석하지 않았다. 그러나 그건 정치적으로 미숙한 행동이었다. 김건희와 대통령실 그리고 국민의힘 입장에서 그렇다.

김건희는 민주당의 출석 요구에 응해 당당히 국회 청문회장에 출석했어야 했다. 그것이 정치적으로 유리한 행동이었다.

누구든 국회에 출석하면 그 사람은 약자다. 출석한 사람을 대상으로 호통치는 국회의원들은 강자다. 출석한 사람이 대통령 부인이라고 해도 마찬가지다. 국민은 그렇게 인식한다.

김건희는 가냘픈 체형의 여성이다. 그런 사람이 국회에 출석해 국회의원들의 호통에 안절부절못하는 모습을 보였을 경우를 상상해 보라. 약자에게 호의적인 보통 사람들의 마음을 흔들 수 있다. 대통령 부인이지만 약자인 김건희에게 많은 국민이 동정을 보낸다. 가냘픈 여성을 상대로 호통을 치는 강자 민주당 국회의원들에게는 응징해야겠다는 적의를 품게 된다.

대통령 부인 김건희는 민주당의 출석 요구에 응했어야 했다. 국회 청문회장에 나가서 가냘픈 여성의 모습을, 강자 민주당 국회의원들에게 공격받는 약자의 모습을 보였어야 했다.

4.

대안적 사실로
기만하라

진중권이 교수직을 내던진 이유

　　대한민국에서 매우 유명한 지식인 중 한 명인 진중권. 그가 동양대학교 교수직을 내던지는 데 방아쇠 역할을 한 것이 '대안적 사실'이라는 두 개의 어휘로 조합된 기만이다.

　2019년 12월 진중권은 동양대학교 교수직을 사퇴하고 더 활발하게 평론가의 역할을 맡는다. 교수직을 사퇴하면서 '내가 돈이 없지 가오가 없나'라는 글을 자신의 페이스북에 남겼다.

　진중권이 동양대 교수직을 사퇴한 이유는 당시 조국 사태 때문이다. 조국 사태에서 조국을 비난하는 핵심적인 내용 가운데 하나가 동양대 총장 표창장을 위조했다는 범죄 혐의였다(그 이후 재판을 통해 최종적으로 법원이 조국 교수 부부가 동양대 총장 표창장을 위조했다고 판결했다).

　동양대 교수였던 진중권은 2019년 조국 사태 당시에 조국이 자신의 딸의 진학에 사용한 동양대 총장 표창장이 위조된 것이라는 사실을 알았다. 동양대 교수였던 진중권은 당연히 알게 됐을 것이다. 모르는 것이 더 이상하다.

　조국 가족이 사용한 동양대 표창장이 위조된 것이라는 사실을 확인한 진중권은 자신과 친한 유시민에게 그 사실을 알렸다. 그 상황을 진중권은 여러 차례 언론을 통해서 설명했고, 그가 공저한 『한 번도 경험해 보지 못한 나라』에서도 밝혔다. 대략 요약하면 이렇다.

　진중권은 조국 딸의 표창장이 위조됐다고 유시민에게 전화로 알려 줬다. 그러나 유시민은 눈도 깜빡하지 않는다.

　'괜찮아. 우리가 다른 대안적 사실을 만들면 돼. 그러면 그게 새로

운 사실이 되는 거야. 너무 걱정하지 마.'

유시민의 그 말을 듣는 순간 진중권은 미쳐버릴 것 같았다. 어떻게 지식인이라는 자가 이런 말을 할 수가 있나! 국민을 개·돼지로 아는 것인가?

내가 정리한 것이 사실과 다르게 이해될 수도 있으니 진중권이 『한국일보』에 직접 기고한 내용을 옮겨보자.

유시민 씨는 이미 동양대 표창장이 위조임을 알았다. 내가 알렸기 때문이다. 흥미로운 것은 그때 그가 취한 태도였다. 표창장이 실제로 가짜라 하더라도 큰 문제가 아니라는 것이다. '대안적 사실'을 제작하여 현실에 등록하면 그것이 곧 새로운 사실이 된다는 것이다. 그는 그 일을 해낼 수 있다고 자신하며 '아무 걱정하지 말라'고 불안해하는 나를 안심시키기까지 했다.

나는 진중권을 만난 적이 없다. 그렇기에 그에 대해서 잘 알지 못한다. 그러나 그가 여러 신문에 쓴 글을 통해, 그가 인터뷰한 내용을 통해 그의 성격을 대충 파악할 수는 있다는 생각이 든다. 그는 거짓말을 싫어하는 사람이다. 위선적인 사람을 매우 싫어하는 성격이다. 나도 그런 성격이라서 진중권의 마음을 이해한다.

그런 진중권에게 유시민은 대놓고 거짓말을 하자고 했다. 국민을 속이자고 말했다. '대안적 사실'이라는 것은 거짓말을 하자는 것과 다르지 않다. 진중권으로서는 도저히 받아들일 수 없는 것이었고, 이해할 수도 없는 것이었다.

대안적 사실이라는 용어 자체도 거짓말을 잘하는 트럼프 정권 사람들이 만들어 낸 용어다. 네이버 시사용어사전에는 대안적 사실을 이렇게 설명해 놓고 있다.

'실제로 있는, 입증할 수 있는, 거짓이 아닌 사실'을 뜻하는 단어 (fact)와 대안·대체를 의미하는 단어(alternative)를 합친 조어로, 2017년 1월 도널드 트럼프 미국 새 행정부와 미국 언론이 취임식 인파를 두고 설전을 벌이는 가운데 등장한 신조어다.

'대안적 사실' 논란은 2017년 1월 20일(현지 시간) 열린 도널드 트럼프 대통령 취임식 참석 인원 공방에서 시작됐다. 로이터통신 등 미국 언론 등은 2009년 버락 오바마 전 대통령과 트럼프 취임식 인파를 비교하는 사진 2장을 공개했으며, 〈역대 최저 지지율로 출범한 인기 없는 정권〉이라는 기사를 냈다. 이에 트럼프 대통령은 숀 스파이서 백악관 대변인에게 관련 브리핑을 지시했으며, 이에 1월 21일 브리핑이 열렸으나 "역사상 최대 취임식 인파", "42만 명이 워싱턴DC 지하철 환승역을 이용해 오바마 때의 31만7천 명보다 많았다"는 등 사실과 다른 내용이었다.

이후 1월 22일 캘리앤 콘웨이 백악관 고문이 NBC뉴스의 『밋 더 프레스』에 출연했는데, 인터뷰를 진행한 척 토드는 왜 첫 브리핑에서 거짓말을 했는지를 물었다. 이에 콘웨이는 "당신은 거짓말이라고 하지만, 스파이서는 대안적 사실을 제시했을 뿐"이라고 답했다. 이에 프로그램 진행자인 척 토드는 "대안적 사실은 사실이 아니다. 그것은 거짓말이다."라며 즉각 반박하면서 '대안적 사실' 논란이 일었다.

사실은 하나다. 또는 한 방향이다. 서로 상반되는 내용이 둘 다 사실일 수는 없다. 대안적 사실이라는 것은 거짓의 다른 표현이다. 대한민국 좌파 진영은 대안적 사실을 만드는 데 뛰어나다. 그리고 그 대안적 사실, 실제로는 거짓으로 국민을 현혹하는 데 뛰어난 실력을 보유하고 있다. 그걸 알기에 좌파 지식인 유시민은 진중권에게 그렇게 자신 있게 말한 것이다. 대안적 사실을 만들어서 국민을 현혹하고 선동하면 된다고. 그리고 실제 대한민국의 좌파들은 그것으로 성공했다.

범죄 혐의자 조국을 수사하는 검찰을 향해 거꾸로 '검찰 개혁'을 해야 한다면서 사람들을 서초동으로 모이게 한 것이다. 사실은 조국이 범죄행위를 했고, 그것을 검찰이 수사하는 것이다. 그런데 유시민을 포함한 좌파 진영은 검찰이 억지로 죄를 만들고 있다면서 '검찰 개혁'을 해야 한다는 거짓 주장을 한 것이다. 그들이 말하는 대안적 사실이라는 것은 자신들의 잘못을 숨기기 위한 거짓 선동이다.

코끼리는 생각하지 마

유시민이 걱정하지 말라고 진중권을 안심시키면서 대안적 사실을 제시하면 된다고 말한 것은 자신감에서 비롯된다. 그리고 유시민의 그 자신감은 충분히 그가 가질 만한 자신감이다. 한국의 좌파 진영이 충분히 가질 수 있는 자신감이다. 대한민국의 우파 진영이 너무나도 허약해서 좌파 진영의 상대가 되지 않기 때문이다. 좌파 진영이 틀(프레임)을 만들면 그것에 끌려다녔던 것이 대한민국의 우파이기 때문이다. 유시민을 비롯한 좌파 진영 사람들이 많이 읽었다는 책이 있다. 조지 레이코프의 『코끼리는 생각하지 마』이다. 이 책은 정치에서 틀(프레임)을 만드는 것이 얼마나 중요한지를 설명한 책이다. 미국의 민주당을 위한 책이니, 대체로 진보좌파 진영을 위해서 쓴 책이다. 이 책은 이렇게 틀을 만들라고 조언한다. 그리고 이 책의 조언에 따라서 유시민을 비롯한 대한민국의 좌파 진영은 행동하고 있다.

우리가 어떤 프레임을 부정할 때도 그 프레임은 활성화된다. 내가 "코끼리는 생각하지 마세요."라고 말하면 여러분은 코끼리를 생각하게 된다.

유시민을 비롯한 좌파 진영은 범죄자 조국에 대한 수사를 '검찰 개혁'이라는 프레임으로 전환시켰다. 사람들은 조국 수사와 검찰 개혁이 다른 것이라고 생각하면서도 조국 수사 뉴스를 들으면서 검찰 개혁이라는 단어를 생각하게 된다. 유시민은 이런 프레임을 노렸을 것이다. 그의 시도는 처음에는 실패했다. 검찰 개혁을 외치는 서초동에 모인 사람들보다, 조국 수사를 외치는 광화문에 모인 사람들의 수가 더 많았기 때문이다. 나경원이 광화문 현장에서 마이크를 잡고 흥분해서 말한 것처럼 "서초동에 100만이 모였으면 오늘 여기(광화문)에는 200만이 모였다."

그러나 장기적으로는 성공했다. 조국 수사를 검찰개혁이라는 새로운 틀(프레임)을 만들어 내면서 검찰을 개혁해야 한다고 생각하는 국민이 늘어났다. 그리고 문재인 정권의 어용지식인을 자처한 유시민이 자신들이 정권을 잃을 것을 예상했는지, 검찰개혁을 강조함으로써 검사 출신 윤석열 대통령을 향해서 검찰 독재라고 비판하는 것이 일정 부분 효과를 발휘할 수 있었다.

조지 레이코프의 『코끼리는 생각하지 마』의 내용이 한국 현실에 딱 들어맞은 것이다.

> 어떤 프레임을 부정하면 그 프레임이 활성화된다. 그리고 그 프레임은 자주 활성화할수록 더 강해진다. 이 사실이 정치 담론에서 주는 교훈은 명확하다. 내가 상대편의 언어를 써서 그의 의견을 반박할 때 그 말을 듣는 사람들의 머릿속에는 상대편의 프레임이 더 활성화되고 강해지는 한편, 나의 관점은 약화된다.

윤석열 정부가 아무리 검찰 독재 정권이 아니라고 설명해도, 한동훈이 "검찰 정권이면 이재명은 지금 감옥에 있어야 한다"고 강조해도 그래서 소용이 없었던 것이다. 사람들의 뇌리에는 검찰 독재라는 프레임만 존재하는 것이다. 그리고 코끼리는 생각하지 말라는 책을 읽은 대한민국의 좌파들은 계속해서 주문을 외는 것이다. 윤석열 정권은 검찰 독재 정권이라고. 김건희는 범법자라고.

역사의 법정

잘못을 저지른 것이 드러나면 일단 부인한다. 사실이 아니라고 주장한다. 물론 대부분의 사람은 그렇지 않다. 자신의 잘못을 인정한다. 그런데 위선적이고 선동적인 사람들은 사실이 아니라고 일단 부인하고 본다. 검찰이나 경찰이 수사를 하면 '탄압'이라고 주장한다. 그러면서 수사에 성실히 임해서 자신이 잘못이 없다는 것을 밝히겠다고 큰소리친다. 하지만 정작 수사기관에 가서는 묵비권을 행사한다. 그리고는 또 이렇게 목청을 높인다. '재판 과정에서 명백하게 진실을 밝히겠다.' 하지만 법원에서 유죄를 선고받아도, 명백하게 진실이 밝혀져서 '유죄'라고 판결이 내려져도 승복하지 않는다. 지지자들을 향해서 자신은 무죄라고 주장한다. 그러면서 '역사의 법정'을 들먹인다. 지금은 유죄판결을 받았지만, 역사는 자신이 결백하다는 것을 밝혀줄 것이라고 지지자들을 선동한다.

그런 사람들이 말하는 '역사의 법정'이라는 것은 존재하지 않는다. 사람들의 상상 속에 그런 법정이 있는 것처럼 역사의 법정이라는 말을 한다. 범죄자들이 말하는 '역사의 법정'이라는 것은 현실의 법정에서의 유죄를 인정하지 않으려는 억지에서 조작된 것이다. 말하자면 유죄의 대안적 사실이 바로 '역사의 법정에서는 무죄'다. 유죄를 무죄라고 주장한다는 점에서 범죄자들이 말하는 역사의 법정으로 시작하는 문장은 모두 다 거짓말이다.

2020년 7월 9일 한여름 더위가 시작되던 그날 당시 서울시장이던 박원순이 사망했다. 사망 이유는 자살이었다. 그가 자살한 이유는 불명예스러운 성폭행 의혹 때문이다. 2020년 7월 8일, 당시 서울시장 박원순의 여비서가 그를 성추행 혐의로 고소했다. 성추행 가해자로 피소당한 다음 날인 7월 9일 박원순이 실종됐다는 신고가 경찰에 접수됐다. 실종신고 몇 시간 뒤 박원순은 북악산 숙정문 부근에서 사망한 채 발견되었다. 경찰은 자살로 결론 내렸다.

박원순이 자살한 이유는 어렵지 않게 추측할 수 있다. 자신의 여비서가 성추행으로 고소함으로 인해 그가 그동안 쌓아온 업적과 이미지가 모두 추락할 것이 두려웠기 때문이었을 것이다. 자신을 감추어온 위선이 드러나는 것이 두려웠을 것이다. 박원순의 비서 성추행과 관련 국가인권위원회는 "성추행이 맞다"고 결론 내렸다. 깨끗한 정치인 여성을 먼저 생각하는 정치인이라는 박원순의 이미지가 한꺼번에 붕괴된 것이다. 가족으로서 그것이 두려웠을까. 박원순의 부인 강난희는 국가인권위원회를 상대로 소송을 제기한다. 자신의 남편이 성추행범이 아니라는 주장을 한 것이다. 하지만 법원도 박원순이 성추행을 한 것이 맞다고 판결했다.

2022년 8월 23일 법원은 "박 전 시장의 행위가 성적 굴욕감과 불쾌감을 주는 정도에 이르러 성희롱에 해당한다고 봄이 타당하다"며 "성희롱이 장기간에 걸쳐 여러 번 행해져 피해자에게 정신적인 고통을 주었다"고 지적했다. 또한 "성희롱 행위가 업무 공간이나 텔레그램 대화방에서 이뤄졌으며, 여성을 성적 대상화하는 행위가 주된 부분을 차지했다"고도 판시했다.

이 법정에서 강난희는 대안적 사실을 동원한다. "역사는 내 남편 박원순의 무죄를 기록할 것"이라고 주장했다.

역사는 박원순을 성추행범으로 기록할 것이다. 국가인권위원회가 그렇게 해석했기 때문이다. 그리고 강난희의 소송으로 진행된 재판에서 법원이 박원순의 행위가 성희롱이라고 분명하게 판시했기 때문이다.

엄연히 국가기관의 해석과 판결이 존재하는데 역사가 박원순을 무죄로 기록할 수는 없다. 역사가들이 또한 그렇게 기록하지도 않는다. 많은 언론 보도가 영원히 존재하기에 사실을 법원 판결을, 드러난 사실을 감출 수도 없다. 강난희가 "역사는 내 남편 박원순의 무죄를 기록할 것"이라고 주장하는 것은 박원순을 지지하는 사람들에게 기댈 언덕으로 대안적 사실을 제공한 것이다. 쉽게 말하면 거짓말로 그들을 위로하고, 자기 남편에 대한 지지를 유지하려는 것이다.

강 씨의 주장처럼 박원순 전 시장이 죄가 없었다면 그가 남긴 유서에 억울하다는 표현이 들어있어야 한다. 하지만 박 전 시장의 유서에는 '죄송하다', '미안하다'라는 글은 있지만 억울하다는 글이나 표현은 없다.

강 씨보다 먼저 자신의 유죄를 변명하려고 역사를 들먹인 사람이 있다. 노무현 정부에서 국무총리를 지낸 한명숙이다. 한명숙은 뇌물수수 등의 혐의로 유죄판결을 받아서 징역형을 살았다.

한명숙의 죄는 질이 매우 나쁘다. 그녀는 국무총리 시절 뇌물을 받은 것으로 유죄판결을 받았다. 뇌물 액수가 9억 원이나 된다. 법원은 한명숙에게 징역 2년에 추징금 8억8천만 원을 선고했다. 2015년 8월 대법원이 확정판결했다. 한명숙이 유죄판결을 받은 결정적인 증거가 있다. 1억 원권 수표다. 건설회사 대표가 지급한 1억 원권 수표가 한명숙의 동생 전세금으로 사용된 것이 확인됐다. 부인할 수 없는 명백한 증거인 것이다.

명백한 증거가 있고, 관련자들의 진술이 있다. 그로 인해서 대법원은 한명숙에게 징역 2년, 추징금 8억8천만 원의 무거운 형을 선고했다. 그러나 한명숙은 뉘우치지 않았고, 반성하지도 않았고, 국민에게 사과하지도 않았다. 자신은 죄가 없다고 주장했다.

처음 혐의가 불거졌을 당시, 그리고 검찰이 수사할 당시, 한명숙은 줄곧 결백을 주장했다. 법원의 최종 판단으로 유죄가 확정됐음에도 그녀는 자신은 무죄라고 주장했다. 그러면서 역사의 법정을 거론했다.

"역사와 양심의 법정에서 저는 무죄다. 비록 제 인신을 구속한다 해도 저의 양심과 진실마저 투옥할 수는 없다."

역사와 양심의 법정은 존재하지 않는다. 그런 존재하지 않는 것을 끌어다가 자신은 무죄라고 주장하는 것은 자신은 유죄라는 것을 모면하려는 거짓말일 뿐이다. 한명숙은 그렇게 대안적 사실, "역사와 양심의 법정에서 저는 무죄다."라는 문장으로 마치 자신이 죄가 없는 것처럼 거짓 주장을 한다. 그 거짓 주장으로 지지자들의 지지를 유지하고, 좌파 진영의 도덕적 침몰, 양심적 붕괴를 막아내고 있다.

역사의 법정에도 역사가 있다. 한명숙보다 먼저 역사의 법정에서는 무죄라고 주장한 사람이 있다. 쿠바의 독재자 피델 카스트로다. 1953년 법정에 선 카스트로는 이렇게 말했다. "저에게 유죄를 선고하십시오, 그런 것은 아무런 상관이 없습니다. 역사가 저의 무죄를 밝혀줄 테니까요."

카스트로는 이 재판에서 15년형을 선고받고 2년 만에 사면되어 풀려났다. 그 후 그는 화려한 언변과 대중을 선동하는 능력으로 쿠바의 최고 권력자 자리에 올랐다.

한명숙은 어떤가? 그녀는 한 번도 자신의 죄를 인정한 적이 없다. 그렇기에 대한민국 사법부로부터 유죄를 선고받고 복역했음에도 여전히 떳떳한 척 행동하고 있다. 그녀를 지지하는 좌파 진영으로부터 여전히 지지받고 있다.

박원순은 어떤가? 여비서를 성추행한 것이 법원의 판단으로 밝혀졌다. 그렇지만 그의 부인은 박원순이 무죄라고 주장한다. 박원순을 추종하는 좌파 세력들도 박원순이 무죄라고 주장한다. 박원순의 성추행 사건이 공개되었던 초기에 더불어민주당 여성 국회의원들은 성추행 피해자를 '피해 호소인'이라고 호칭하는 파렴치함을 보였다. '피해 호소인'이라는 주장에는 박원순은 무죄라는 심리가 밑바탕에 깔려있다.

그렇게 현실의 법정에서 유죄를 받은 범죄자들이 '역사의 법정'이라는 대안적 사실, 즉 거짓을 동원해서 자신들의 죄를 감추고 부도덕함을 숨기고 있다. 그리고 대한민국 정치에서 승리하고 있다. 오히려 깨끗하게 자신의 잘못을 인정한 사람들은 정치 무대에서 사라지고, 사람들의 기억에서 잊혀지고, 그렇게 패자로 남는다.

비법률적 방식

　　문재인 정부에서 35일간 아주 짧게 법무부 장관을 지
낸, 이 책을 쓰고 있는 지금은 국회의원 신분인 조국. 그는 교수라는
직을 수행했던 사람답게 언어를 구사하는 능력이 뛰어나다. 자신의
불리한 점을 다른 언어들로 감추는 데 탁월하다. 자신을 향한 비판의
시선들을 자신을 향한 응원의 눈길로 변환시키는 탁월한 능력도 갖
고 있다.

　조국은 법원으로부터 징역 2년형의 무거운 형을 선고받았다. 1심
과 2심 모두 유죄를 선고했다. 하지만 법원이 그를 구속하지 않았고,
그는 선거에 출마할 수 있었다. 그리고 국회의원에 당선됐다.

　조국은 자신이 법원으로부터 2년형을 선고받은 사실을 인정하려
하지 않는다. 대한민국의 많은 좌파 정치인, 좌파 운동권 출신 인사
들과 비슷하다. 자신만 인정하지 않는 것이 아니라, 자신을 지지하는
사람들도 인정하지 않게 하려고 온갖 수를 동원한다. 그중에 하나로
그가 선택한 방법이 국회의원선거에 출마하는 것이었다. 조국은 선
거에 출마하는 것을 '비법률적 방식'이라고 표현했다.

　대한민국은 법치국가다. 지구상의 거의 모든 나라가 법치국가다. 대
한민국과 같은 선진국들은 철저하게 법을 기반으로 국가가 운영된다.
북한이나 러시아 같은 독재국가는 법 위에 독재자가 존재한다. 중국
도 그런 편에 속한다. 독재자들은 법을 자신이 원하는 대로 바꿀 수
있으니 법 위에 있든 법 아래에 있든 별 상관이 없다.

　법치국가 대한민국은 최종 판단의 기준이 법률에 의한 판단이다.

그리고 조국은 법 전문가이고, 전직 법학 교수다. 그런 그가 어떻게 비법률적 방식을 운운할 수 있는 것인가?

조국은 자녀들의 입시 비리 및 청와대의 감찰 무마 혐의 등으로 1심과 2심 모두에서 징역 2년의 실형을 선고받았다.

법치국가인 대한민국에서 법원으로부터 판결을 받으면 그것은 최종적으로 결정된 것이다. 법학 교수 출신인 조국은 그것을 받아들이고 사죄하는 것이 상식적이다. 하지만 조국은 자신의 죄를 인정하지 않았다. 법원도 조국에 대해 유죄를 선고하면서 "조국은 인정하거나 반성하는 태도를 보이지 않고 있다"고 조국의 태도를 비판했다.

유죄를 인정하기 싫었고, 자신의 지지자들에게 범죄자라는 인식을 심어주기 싫었을 것이다. 그래서 조국은 대안적 사실을 만들었다. 그것이 바로 '비법률적 방식의 명예회복'이다. 법학 교수 출신이 사용할 수 있는 단어가 아니지만 조국은 그 선택을 했다.

2023년 11월 6일 조국은 유튜브 방송에 출연해 '총선에 출마하냐?'라는 질문을 받았다. 이에 조국은 "우리 가족이 도륙 났다. 그 과정에서 법률적 차원에서 여러 해명·소명·호소를 했는데 받아들여지지 않은 게 많다"고 말했다. 그러면서 "예를 들어 정치적 방식으로 자신을 소명하고 해명해야 할 본능이 있을 것 같고 그것이 시민의 권리"라고 했다. 이날 유튜브 방송에서 조국은 '비법률적 방식'으로 명예를 회복하겠다고 밝혔고, 그것은 바로 국회의원 선거에 출마하는 것이었다.

그리고 조국은 당선됐다. 아슬아슬하게 당선된 것도 아니다. 많은 지지를 받았고, 여유 있게 당선됐다. 비례대표만 출마시킨 조국이 만든 조국혁신당은 12명이나 국회의원으로 당선시켰다. 비례대표 2번으로 출마했던 조국은 무난하게 당선돼 22대 대한민국 국회의원이 됐다.

현실의 법정에서 징역 2년이라는 중형을 선고받아 명예가 실추된 조국이 '비법률적 방식의 명예회복'이라는 대안을 통해 명예회복에 성공했다.

한국에 조국이 있다면 미국에는 트럼프가 있다. 미국 대통령을 역임한 트럼프의 행보도 조국과 비슷하다.

뉴욕 맨해튼 형사법원 배심원단은 2024년 5월 30일 트럼프에 대한 34개 범죄 혐의 전체가 유죄라고 판단했다. 전직 대통령이 형사범죄 유죄 평결을 받은 건 처음이다. 트럼프는 전직 성인영화 배우 스토미 대니얼스의 성관계 폭로를 막기 위해 자신의 해결사 역할을 했던 개인 변호사 마이클 코언을 통해 13만 달러를 지급하고, 해당 비용을 법률 자문비인 것처럼 위장해 회사 기록을 조작한 혐의로 재판에 넘겨졌다.

트럼프 측은 코언을 역사상 최고의 거짓말쟁이라고 비판하며 그의 진술을 믿을 수 없다고 주장해 왔다. 그러나 배심원단은 검찰 손을 들어줬다. 특히 이날 배심원단의 평결은 심리 착수 이틀 만에 전격적으로 이뤄졌다. 이 재판은 대니얼스가 트럼프와 호텔 방 안에서 함께 있던 광경을 매우 구체적이고 자세하게 묘사해서 세계적인 뉴스가 되기도 했다.

이날 재판 결과에 대해 트럼프는 승복하지 않았다. 그의 성품을 보면 당연히 예상되는 행동이다. 그러면서 이렇게 말했다.

"나는 무죄고, 이것(유죄 평결)은 수치스러운 일이며, 조작된 재판이다. 진짜 판결은 11월 대선에서 내려질 것이다."

앞의 조국의 발언과 비슷하지 않나? 트럼프는 재판에서 배심원 전원이 유죄라고 판결했는데, 그것을 인정하지 않았다. 그러면서 조국이 말하는 '비법률적 방식', 즉 선거를 통해서 나오는 결과가 진짜 판결이라고 했다. 트럼프는 포퓰리스트다. 미국의 많은 지식인이 트럼프를 법률 파괴자라고 말한다. 트럼프는 여러 가지 혐의로 재판을 받고 있다. 이번 판결처럼 유죄판결을 받은 것도 있다. 그럼에도 불구하고 그는 대통령 선거에 나선다. 강력하고 거대한 강성 지지자들의 지지를 기반으로 트럼프는 유력 대선 후보가 됐다. 여러 면에서 조국과 비슷하다. 조국과 트럼프 모두 현행 법률적 판단을 무시한다. 그리고 강성 지지자들을 믿고 선거를 통해서 명예 회복하겠다고 강변한다. 선거가 진짜 판결이라고 억지 주장을 한다. 그러면서 정치적으로 승자가 된다.

1984

"과거는 지워졌고, 지워졌다는 사실마저 잊혀져서
허위가 진실이 되어버렸다."

조지오웰의 소설 『1984』에 이런 문장이 있다. 조지오웰
의 소설이 현실이 되고 있다. 죄를 짓고 법률적으로 처벌받은 사람들
이 죄가 없다고 주장한다. 현실의 법정은 정의가 아니고 역사의 법정
이 정의인 것처럼 말한다. 자신이 죄가 없는 것처럼 대중을 오도하려
고 실상은 존재하지도 않는 역사의 법정을 등장시킨다. 아름다운 언
어와 함께 소환된 역사의 법정은 마음 여린 대중을 현혹하기에 충분
하다. 그래서 대중들은 오도된다. 정말 죄가 없는 것인가!

"자네는 신어를 만든 목적이 사고의 폭을 좁히는 데 있다는 걸 모
르나?"

조지오웰의 소설은 독재자 빅브라더가 대중들의 생각을 어떻게 조
정하는지를 설명한다. 강제적인 방법으로 대중의 생각을 지배하고
오도하는 것만이 아니다. 강제적이지 않은 방식으로도 대중의 생각
을 지배하고 오도할 수가 있다. 빅브라더는 새로운 용어를 만들고 그
용어 속에 대중의 생각을 가둔다. 갇힌 대중은 새 용어, 즉 신어의 틀
속에서만 생각하고 사고할 수 있다. 그렇게 독재자의 포로가 된다.

대안적 사실이 그렇다. 대안적 사실은 진실이 아니다. 대안적 사실
을 만드는 사람들은 거짓으로 대중을 오도하려는 목적으로 만든다.

그렇지 않다면 그냥 사실, 우리가 팩트라고 부르는 사실을 말하면 된다. 인간들의 합의로 만들어진 현실의 법체계에서 유죄를 선고받았으면 유죄인 것이다. 이것이 사실이고, 팩트고, 진실이다. 하지만 이것을 부정하면서 역사의 법정이라는 허구를 만들어내는 것은 거짓이고 속임수다.

조지오웰의 『1984』에서 빅브라더가 지배하는 국가는 모든 것을 조작한다. 지나간 신문 기사를 조작하고, 영화필름을 조작하고, 잡지의 내용을 조작한다. 모든 과거의 기록은 현재의 사실에 맞추어서 변형된다.

대안적 사실을 동원하는 자들이 추구하는 것이 빅브라더가 추구하던 그런 것인가? 자신들에게 유리하게 과거를 변형하는 것. 자신들에게 유리하게 대중을 오도하는 것. 그렇게 해서 자신들이 권력을 계속해서 차지하고 있는 것. '1984'는 그렇게 사실을 변형하고, 가짜를 진짜로 만드는 부서의 명칭을 '진리부'라고 명명했다. 사실을 부정하고, 거짓인 대안적 사실을 내세우면서 그것이 진실이라고 주장하는 사람들의 주장과 너무도 닮았다.

소설 『1984』에서 승리자는 빅브라더다. 사실을 거짓으로 바꾸고, 역사를 조작하는 자가 승리한다. 한국 정치의 현실도 그렇다. 대안적 사실이라는 거짓으로 국민을 속인 자들이 2024년 총선에서 이겼다.

5.

위선의
가면을 써라

최순실(개명 최서원)의 딸 정유라는 2015학년도 입시에서 체육특기생으로 이화여대에 지원했다. 당시 입학처장은 면접위원들에게 "수험생 중 금메달리스트를 뽑으라"고 요청했다. 정유라는 면접위원들에게 아시안게임 금메달을 보여줬다. 승마 부문에서 획득한 금메달이다. 정유라가 이날 보여준 금메달은 그런데, 원서접수 마감 이후 획득한 것이었다. 면접위원들은 정유라에게 높은 점수를 줬다. 서류 점수가 정유라보다 앞선 지원자 2명에게는 낮은 점수를 줬다. "전성기가 지나 발전 가능성이 없다"는 것이 이유였다. 결국 서류 점수에서 9등으로 합격권 밖이었던 정유라는 면접에서 높은 점수를 받아 6등의 성적으로 최종 합격했다. 정유라에게 적용된 특혜가 그녀에게 합격증을 가져왔다.

정유라에 대한 특혜는 입학 후에도 계속됐다. 정유라는 총 8개 과목의 수업에 불참했고, 출석 대체 자료를 제출하지 않았다. 그렇지만 출석을 인정받았다. 과제물을 내지 않거나 부실한 과제를 제출했는데도 학점을 인정받았다. 이 과정에서 지도교수였던 의류산업학과 L교수는 정유라의 과제를 대신 해준 것으로 밝혀졌다.

박근혜 정부에서 최순실의 국정농단에 대한 사회적인 비판이 거세던 2016년 11월 정유라가 이화여대에 입학하는 과정에, 그리고 재학 중에 특혜가 있었다는 보도가 언론에 대서특필됐다. 이 당시 좌파 진영의 지식인, 깨끗한 지식인이라는 세평을 받으면서 높은 인기를 구가하던 조국(당시 교수, 조국혁신당 대표)이 가만히 있지 않았다. 이런 내용이 실린 언론 보도를 자신의 페이스북에 인용하면서 조국은 이렇게 비판했다. "경악한다."

조국은 '경악한다'고 표현했지만, 일반 국민은 경악하지는 않았다. 대한민국에서 권력자들의 자녀들이 입학 과정에서 특혜를 받는 것이 어제오늘의 일이 아니었기 때문이다. 또한 그 당시 국민은 박근혜 정권 아래에서 벌어진 이상한 일들이 많아서 이 정도로는 경악하지 않았다. 그저 '그런 비상식적인 일이 있었구나.' 하고 비판하는 정도였다. 사실, 국민이 진짜 경악할 일은 3년이 지난 후에 일어났다.

조국이 문재인 정권의 법무부 장관으로 임명되는 과정에서 그가 여러 가지 불법행위, 비도덕적 행위를 한 것이 드러났다. 드러난 조국의 여러 행태가 상식적으로 이해가 안 되는 것들이 너무도 많아서 국민은 '경악했다'. 경악한 국민의 일부가 2019년 10월 3일 광화문에 모여 조국을 구속하라고 시위를 벌였다. 그 위력에 놀란 문재인 정권은 조국 법무부 장관을 사퇴 형식으로 해임한다.

'경악'할 만한 조국의 행위 가운데 가장 위선적인 행위가 있다. 바로 앞에 적은 정유라가 이화여대로부터 받은 특혜와 관련돼 있다.

앞에서 밝혔듯이 조국은 2016년 11월 정유라가 이대로부터 특혜를 받았다는 보도를 인용하면서 '경악한다'고 비판했다. 그때까지 조국이 너무나도 깨끗한 인물이라고 알려져 있었기에, 매우 도덕적인 인물이라는 평판이 있었기에 조국의 '경악한다'는 표현에 많은 사람이 공감했다. 그런데 정유라의 특혜를 비판하던 그 시기에 조국은 자기 아들에게도 특혜를 베풀고 있었다. 조지워싱턴대에 다니는 아들의 시험문제를 대신 풀어준 것이다. 대학교수였던 조국이 아들의 대학 시험에서 부정행위를 하는 역사적인 행위를 했다.

미국 조지워싱턴대는 '민주주의에 대한 세계적 시각'이라는 온라인 시험문제를 출제했다. 부부가 모두 대학교수였던 조국 부부는 아들에게 "준비됐으니 시험문제를 보내라"고 지시했다. 조국의 아들은 객관식 문제 10개로 구성된 온라인 시험 문제를 촬영한 사진을 전송했다. 조국 부부는 시험 문제를 각각 분담해 푼 다음 아들에게 다시 전송했다. 대학교수인 조국 부부에게는 매우 쉬운 문제였을 것이다. 아들은 부모에게서 전송받은 답을 온라인 시험지에 기록한 뒤 답안을 제출했다. 명백한 범죄행위다.

범죄가 한번 성공하면 또다시 하고 싶어지는 게 인간의 심리다. 조국 부부와 아들은 또다시 같은 범죄행위를 실현한다.

이번에는 아들이 조국 부부에게 먼저 요구한다. "시험을 또 치니 대기하고 있어 달라." 아들의 요구에 조국 부부는 이렇게 답한다. "스마트폰으로는 가독성이 떨어지니 e메일로도 시험지를 보내달라." 그렇게 두 번째 시험도 조국 부부가 대리로 답안지를 작성했다.

조국 자신은 아들을 위해 대신 시험을 치르면서 이대 교수가 정유라에게 특혜를 주었다면서 '경악한다'고 비판했다. 위선이다. 조국의 행동이 얼마나 위선적이었는지 조국 부부의 대리 시험 일자와 조국이 "경악한다"는 글을 남긴 일자를 비교해 보면 더 명확해진다.

2016년 11월 1일. 대학교수인 조국 부부는 대학에 다니는 아들의 시험을 대신 치른다.

2016년 11월 18일. '이화여대 교수가 정유라 수업 과제물을 대신 만들어줬다'는 기사를 공유하면서 "경악한다"는 글을 페이스북에 올린다.

2016년 12월 1일. 대학교수인 조국 부부는 대학에 다니는 아들의 시험을 두 번째 대신 치른다.

대한민국 사회에서 이보다 더 위선적인 행동을 찾기 힘들다. 조국보다 더 위선적인 사람을 찾기도 힘들 것이다. 『그는 그날 머리를 쓸어 넘기지 않았다』의 저자 이준우는 조국의 이런 행동에 대해 "조국은 도대체 어떤 사람인가?"라는 비판적인 물음을 남겼다.

조국의 위선적인 행동은 이뿐이 아니다. 조국의 딸 조민이 대학에 입학하는 과정에 대학에서, 장학금을 받는 과정에서 수많은 특혜와 반칙이 있었다. 그렇게 자신의 딸과 아들에게는 각종 반칙과 특혜를 동원해 이익을 얻도록 하면서도 다른 사람의 반칙과 부도덕한 행위에 대해서는 가차 없는 비판을 조국은 해왔다. 법무부 장관에서 물러나고 법원에서 유죄판결을 받아도 조국의 위선적 행동은 계속됐다.

2024년 4월 10일 국회의원 총선거가 끝난 직후 조국혁신당은 국내선 비행기의 비즈니스석 탑승을 하지 않기로 결의했다. 하지만 이 결의도 진실 되지 않은 것이라는 비판을 즉시 받았다. 조국혁신당이 그런 결의내용을 발표한 그날 김웅 당시 국민의힘 의원은 조국이 그해 4월 초에 제주도를 가면서 비즈니스석을 이용한 사진을 페이스북에 올렸다. 그러면서 '내로남불'이라고 비판했다.

조국은 대한민국의 대표적인 위선자다. 그보다 더 위선적인 인물을 찾기 힘들다. 위선적 행동의 종류도 다양하다. 그런 조국에는 미치지 못하지만, 대단히 위선적인 유명인이 또 있다. 조국과 마찬가지로 이 사람도 좌파 지식인이자, 정치인이었다.

박원순은 여자입니다?

"고백할 게 있는데 사실 저 여자입니다."

2014년 10월 14일 서울시장 자격으로 세계여성경제포럼에서 실시한 기조발제에서 박원순은 이렇게 말했다. 그러면서 "'순'으로 끝나는 이름도 여성스럽지만 성격도 여성스럽다"고 이어서 말했다.

박원순은 친여성 정치인의 대표적인 인물이었다. 그가 대중에게 알려진 것도 성폭력 피해 여성을 변호하면서부터다. 1980년 사법시험에 합격한 박원순은 1980년대 부천 경찰서 성고문 사건과 1990년대 서울대 조교 성희롱 사건 등 대한민국 여성 운동사의 가장 중요한 사건들을 도맡아 변호했다. 그러면서 대중에게 알려지기 시작했다. 특히 서울대 우 조교 성희롱 사건은 6년간에 걸친 법적 투쟁 끝에 대한민국에서 최초로 직장 내 성희롱 소송으로 위법성을 이끌어 낸 역사적인 변론으로 평가받는다. 이 사건은 대한민국 여성운동 역사에서 가장 큰 획을 그은 사건 가운데 하나다. 박원순에게는 대한민국 최고의 인권변호사로 만들어준 소송이다. 이런 활동으로 인해서 박원순은 여성 편에서 활동하는 변호사, 시민운동가라는 수식어를 얻었다. 그리고 실제로 그는 정치에 입문해서도 여성을 위한 많은 정책을 펼쳤다. 그가 서울시장 재임 시절 월간지 우먼센스는 박원순의 여성정책에 대해 이렇게 설명해 놓았다.

서울시엔 유독 여성을 위한 정책이 많다. 특히 싱글 여성을 여성 정책에서 배려하기 시작한 건 박 시장이 처음이다. 10여 년 전 일본을 방문했을 때 싱글 여성들 사이에서 인기가 많았던 무인양품(MUJI)을 보면서 박 시장은 일찍부터 싱글에 대해 관심을 기울여왔다. 서울시에서 싱글이 차지하는 비중은 무려 24%나 된다. 서울시 가구의 4분의 1이 싱글인 셈이다. 그동안 여성 정책 안에서 모두 똑같이 다뤄졌던 싱글맘, 베이비부머 시대의 중년 여성, 할머니들을 박 시장은 각각 차별화된 정책으로 배려하고 있다.

그리고 박원순은 그 잡지에서 여성을 위한 정책을 펼치는 이유를 이렇게 설명했다.

"세상의 절반이 여성이니 제 주변에 있는 여성들에게서 영향을 안 받을 수는 없죠. 저에겐 어머니가 계시고 아내와 딸이 있으니까요. 저와 같이 일하고 있는 여성 동료들도 저에게 많은 영향을 주지요. 한국은 성폭행, 강간의 발생 비율이 OECD 국가 중 2위라고 하는데 신고 안 된 것까지 고려하면 아마 1위일 겁니다. 이렇게 폭력적인 국가에 살고 있는 겁니다. 딸 가진 부모로서 여성의 안전에 대해서 관심을 안 가질 수가 없죠. 저는 세상의 모든 일은 체험과 경험의 소산이라고 봅니다."

박원순은 의심의 여지가 없는 친여성 운동가였고, 정치인이었다. 박원순의 경력은, 박원순의 평소 언행은 박원순이 그런 사람이라고 분명하게 가리켰다. 하지만 박원순의 그런 행동이, 위선이었다는 것이 드러났다. 그는 친여성 운동가, 친여성 정치인이 아니었다. 더구나 여성은 절대 아니었다. 20대 젊은 여성에게 오랜 기간 성폭력을 행사한 노회한 남성일 뿐이었다.

2020년 7월 9일 박원순 당시 서울특별시장이 성추행으로 전 비서에게 고소당했다는 사실이 알려지기 시작했다. 언론의 보도가 본격적으로 시작됐다. 언론이 보도하기 전 이미 경찰은 이 사건을 내사하고 있었다. 처음에 이 사건이 공개되기 시작한 것은 당일 박원순이 실종됐다는 신고가 접수되면서부터다.

이날 오후 5시 17분 박원순의 딸은 박원순이 실종됐다고 경찰에 신고했다. 이날은 바로 박원순을 성추행 혐의로 고소한 박 시장 비서가 서울경찰청에서 고소인 조사를 받은 날이다. 박원순 비서는 이날 새벽에 조사를 마치고 귀가했다. 오전 9시에 고한석 비서실장과 박원순이 면담을 가졌다. 그 후 10시 44분 박원순이 시장관사를 나온 뒤 자취를 감췄다. 그러자 오후에 딸이 실종신고를 한 것이다.

박원순은 자살한 모습으로 발견됐다. 본인이 성폭력을 행사했기에 그 죄를 누구보다 잘 알 것이다. 그동안 쌓아온 친여성 정치인의 이미지, 깨끗한 사회운동가의 이미지가 실추될 것이 두려워서 자살을 선택했을 것이라고 추측할 수 있다. 박원순이 쌓아온 이미지가 실추된다는 것은 다른 식으로 표현하면 위선의 가면이 벗겨져 실체가 드러나는 것이다.

박원순의 성폭력 혐의에 대해 그의 부인 강난희를 중심으로 혐의를 부인하고 있다. 박원순을 지지하는 사람들도 그런 주장을 한다. 하지만 법원은 분명하게 박원순이 20대의 여비서에게 성폭력 행위를 했다고 판시했다.

2021년 1월 14일 법원은 서울시장 비서실 직원 정 모 씨의 준강간치상 혐의에 대해 사실이라고 밝혔다. 박원순이 야한 문자와 속옷 차림 사진을 보냈고, "냄새를 맡고 싶다, 킁킁", "몸매 좋다", "사진을 보내달라", "남자에 대해 모른다", "남자를 알아야 시집을 갈 수 있다", "섹스를 알려주겠다."라며 성관계 과정을 줄줄이 말하는 등 성희롱 성 문자를 보낸 사실이 있다고 인정했다. 법원은 "피해자가 박 시장의 성추행으로 상당한 정신적 고통을 입은 것은 틀림없는 사실"이라고 밝혔다.

서울시장 박원순만이 아니다. 여성들에게 인기 높았던 정치인 가운데 안희정 충남지사가 있었다. 노무현의 왼팔이라 불렸던, 노무현에게서 가장 신임받았던 인물이다. 충청도를 대표하는 정치인으로 떠올랐었고, 2017년 대통령 선거를 앞두고 실시된 민주당 대선 후보 경선에서는 문재인에 이어서 2위를 기록했다. 대통령 후보 적합도에서는 문재인보다 오히려 더 높았다. 문재인을 지지하는 열성 당원들이 아니었으면 2017년 민주당 경선에서 안희정이 대선 후보가 됐을 가능성이 높다.

그런 안희정도 여비서를 성폭행한 것으로 드러나 실형을 선고받았다. 오거돈 부산시장도 여직원을 성추행한 것이 드러나 시장직에서 물러나고 사법 처리를 받았다.

박원순, 안희정, 오거돈의 공통점이 있다. 광역단체장이라는 점과 더불어민주당 소속 정치인이라는 점이다. 더불어민주당은 국민의힘에 비해 여성들에게 더 인기가 있는 정당이다. 친여성 정치인들이라는 사람들이 많은 정당이다. 여성 운동을 하는 여성 정치인들이 많이 소속된 정당이다. 친여성 정당 이미지가 강한 정당이다. 그런데 성추행으로 몰락한 정치인들 대부분이 더불어민주당 소속이다. 이해되지 않는 현상인 것 같은데, 한 번 더 생각해 보면 이해가 된다. 민주당 정치인 정봉주가 감옥에 구속됐을 때 정봉주를 응원하는 여성들이 정봉주에게 비키니를 입고 찍은 사진을 보냈다. 김어준 등이 만든

팟캐스트 방송에서 "정봉주 전 의원이 독수공방을 이기지 못하고 부끄럽게도 성욕 감퇴제를 복용하고 있다. 그러니 마음 놓고 수영복 사진 보내기 바랍니다."라는 진행자의 발언이 나온 뒤 일어난 일이다.

지난 20여 년간 민주당을 이끌어온 586 정치인 중 일부는 5.18 광주민주화운동 20주년 기념일 전야제가 열린 밤에 룸살롱에서 여성 접대부들과 술 마시고 노래하고 춤을 추었다. 그 자리에서 여성 정치인에게 욕을 하기도 했다.

'반미' 외치면서 자식은 미국 유학

　　나와 같은 세대, 586세대들은 젊은 시절 반미를 외쳤다. 누구나 할 것 없이 그랬다. 586이 젊은 시절 친미적인 행동을 드러내놓고 하는 젊은이는 없었다. 그것은 부끄러운 일이라고 치부됐다. 그 당시 대학가를 휩쓴 학생운동권 대표 주자들은 반미가 지상 과제인 듯이 선전하고 다녔다. 그리고 그런 자세는 나이가 들어 중년이 되고, 장년으로 넘어가는 단계에 진입해서도 바뀌지 않고 있다.

　　586 운동권들에게 '반미'는 그들이 생존하는 데 필요한 연료다. 반미라는 연료를 통해 그들은 스스로의 삶에 활력을 불어넣고, 그 연료를 활용해서 대중을 선동한다. 우리 사회에서 반미 감정이 약화되어 가고, 그로 인해 그들이 사용하는 연료가 바닥을 드러내고 있지만, 그들은 아랑곳하지 않는다. 남은 연료만 가지고서도 그들의 남은 정치 여생을 유지하는 데 부족함이 없기 때문이리라. 그런데 586 운동권 주도세력들이 입으로 외치는 반미는 그들의 진심에서 우러나오는 행동은 아니다. 그들이 반미를 외치는 까닭은 자신들이 정치적인 이익을 얻고, 경제적인 이득을 취하는 연료로 사용하려는 것이 전부다. 뚜렷한 이념이 있어서 그러는 것이 아니고, 미국이 멸망하는 것이 세계의 평화를 가져오는 길이라는 명확한 생각이 있어서 그런 것도 아니다. 그들이 외치는 '반미'는 그저 자신들의 정치적·경제적인 이익을 위한 도구일 뿐이다. 그들의 실제 행동이 그들의 주장이 위선임을 증명한다.

　　586 운동권의 대표 주자 하면 임종석의 이름이 떠오른다. 86학번

으로 전대협의장을 지낸 인물이다. 전대협의장 시절 임수경 방북을 주도한 것으로 이름을 떨쳤다. 그가 반미 운동을 앞장서서 한 것은 더 이상 설명이 필요 없다. 그런데 임종석의 딸은 미국에서 공부했다. 학비가 비싼 것으로 유명한 시카고 예술대학에서 공부했다. 그 딸은 여기저기 해외여행을 많이 다닌 것으로도 유명한데 그녀가 자신의 인스타그램에 자랑해서 알려졌다. 대학 시절에는 학생운동을 하고, 대학 졸업 후에는 민주화 운동과 사회운동을 한 임종석은 어떻게 비싼 유학비용을 마련했을까? 그것이 궁금하다. 임종석이 꾸준히 월급을 받는 직장 생활을 오래도록 한 것도 아니고, 사업을 통해 돈을 벌었다는 소식도 없었는데, 어떻게 딸을 미국에 유학시킬 수 있었나.

여기서 잠깐, 갓길로 빠져보자. 임종석의 직업은 무엇인가? 그는 학생운동, 사회운동, 그리고 정치 외에는 어떤 직업을 가졌는지, 어떻게 수입을 올리는지 잘 알려지지 않았다. 임종석은 딱 한 번 국회의원을 지냈고, 서울시 정무부시장을 1년 8개월 역임했다. 그리고 문재인 정부의 청와대에 근무한 것이 그가 급여를 받는 직업의 거의 전부였다. 임종석은 변호사도 아니다. 변호사들은 선거에서 떨어져도, 정무직 공무원으로 취업하지 않아도 생활비를 벌 수 있다. 하지만 임종석은 다르다. 그렇기에 임종석이 생계비를 마련하는 직업은 무엇일까 사람들은 궁금해한다. 그런데 임종석도 직업이 있다. 정무직이 아닌 직업이다. 그가 그 직업을 통해서 얼마를 버는지는 알려지지 않았다. 그의 직업 자체가 잘 알려지지 않았으니 임종석이 직장에서 얼마의 돈을 받는지, 또는 얼마의 수입이 있는지가 알려지지 않을 수밖에.

임종석은 남북경제협력문화재단 이사장이다. 이 재단을 창설하는 데 임종석이 주도적인 역할을 한 것으로 보인다. 이 재단의 연혁에는 '2002년 8월 임종석 의원을 대표 제안자로 북측의 민화협 김일성 사

회주의 청년동맹에 남북 경제문화교류 제안'이라고 적혀있다. 이어서

- -2004년 11월 17~19일 임종석 의원을 단장으로 북측의 민화협, 민
  경련과 금강산에서 실무협의 진행
- -2005년 3월 18~20일 북측 민화협, 저작권 사무국과 금강산 실무
  협의 진행, 임꺽정 저작권 합의
- -2005년 7월 13~15일 김일성 종합대학 관계자 금강산 실무협의 진
  행. 저작권·종합대학 현대화 사업 등 논의

등의 연혁이 적혀있다. 그리고 임종석이 2005년 7월 29일 2대 이
사장으로 취임했다고 명시돼 있다. 이 재단을 통해 우리나라 방송사
는 북한에 2005년부터 2017년까지 187만 달러를 지급했다. 저작
권료 명목이다. 문제는 북한은 남한에 저작권료를 지급하지 않는다
는 사실이다. 남한도 북한에 저작권료를 지급하지 않아도 북한이 저
작권료를 요구하기 힘들다. 그러나 남한에 있는 재단, 임종석이 만든
남북경제협력문화재단이 북한을 대행해서 저작권료를 요구하니 지
급하지 않을 방법이 없다. 남한의 방송국들은 임종석의 요구로 북한
방송사에 저작권료를 지불하는 것이다. 임종석은 남한을 위해서 일
을 하는 정치인인지 북한을 위해서 일을 하는 정치인인지 이해하기
힘든 현상이다.

임종석의 남북경제협력문화재단이 북한 돈을 관리하는 것이 알려
지자 6.25 전쟁에 참전했다가 포로가 돼 강제 노역을 했던 국군 포로
들이 북한을 상대로 배상을 청구했다. 이들은 법원에 남북경제협력
문화재단이 보유하고 있는 23억 원의 저작권료를 공탁을 걸었다. 그
러자 법원은 이 돈에서 배상금을 지급하라고 판결했다. 하지만 남북

경제협력문화재단은 배상을 거절했다.

남북경제협력문화재단은 남한의 방송국으로부터 저작권료를 받아서 북한에 전달하려고 모아두고 있다. 저작권료를 북한에 바로 전달하지 못하는 이유는 대한민국 정부가 대북제재를 하기 때문이다. 2008년 금강산 관광객 박왕자 씨가 피살당한 후 대한민국 정부는 북한에 송금하는 것을 금지했다. 임종석의 남북경제협력문화재단은 한국 방송사로부터 저작권료를 매년 거두지만 이를 북한에 보낼 수는 없는 것이다.

남북경제협력문화재단은 이 돈을 매년 법원에 공탁해 놓고 있다. 그런데 공탁 기간이 10년이 지나면 그 돈은 대한민국 국고로 넘어간다. 그런데 남북경제협력문화재단은 대한민국 국고로 넘어가는 것을 막으려고 공탁금을 법원으로부터 찾은 뒤 다시 재공탁하는 수법으로 국고로 귀속되는 것을 막고 있다. 임종석의 남북경제협력문화재단이 대한민국이 아니라 북한을 위해서 일을 한다고 비판받을 수밖에 없는 행태다. 아니면 북한으로부터 거액의 수수료를 받는 것이거나.

갓길을 벗어나 다시 이야기의 주로로 다시 돌아와 보자.

임종석만이 아니다. 반미 운동을 하고, 자본주의를 나쁜 제도라고 주장했던 586 운동권들의 대표 주자들 가운데 자식들을 외국에 유학 보낸 사례가 많다.

64년생 이인영도 대표적인 586 운동권이다. 이제는 686이 됐다. 그럼에도 아직도 이들은 과거의 이념에서, 운동 방식에서 벗어나지 못하고 있다. 이인영의 아들도 외국에서 유학했다. 수업료가 비싼 나라로 손꼽히는 스위스에서 유학했다. 바젤디자인학교에서 유학했는데, 기간은 1년 2개월이다. 스위스에 유학하려면 학비만 필요한 것이 아니다. 숙식을 하는 데에도 많은 비용이 든다. 스위스는 물가가 비싼 나라로 유명하다. 이인영은 다른 민주당의 586 운동권 출신 정치인들과 마찬가지로 서민 분위기를 물씬 풍긴다. 사람들은 그의 겉모습을 보고, 그의 언행을 보고 그렇게 판단한다. 하지만 그의 아들이 스위스에서 유학했다는 사실은 이인영이 절대 서민이 아니라는 사실을 드러낸다.

586 운동권만이 아니다. 대한민국 좌파 정치인들은 반미를 주장하고, 대기업을 비판하고, 부자 증세를 주장하면서 자신들은 서민인 척 연기를 한다. 하지만 실제 그들의 생활은 서민들의 삶과는 거리가 멀다. 특히 자녀교육에서 그렇다.

위선의 대명사 조국이 자신의 두 자녀 아들과 딸을 미국에서 공부시킨 것은 다 알려진 사실이다. 조국 외에도 외국에서 자식을 유학시킨 좌파 정치인들은 셀 수 없이 많다. 김두관 국회의원은 아들을 영국에서 공부시켰다. 김두관의 아들은 영국 대학 입시 준비를 하는 보딩스쿨 'CATS 런던'을 2012년 졸업한 뒤 영국 사우스햄튼솔렌트 대학에 입학해 '풋볼 스터디 앤 비즈니스'를 전공하고 2016년 졸업했다. 아들을 학비가 비싼 것으로 유명한 영국에서 유학시킬 때 김두관이 신고한 재산은 1억여 원에 불과했다. 재산이 1억 원인 아버지가 어떻게 아들을 영국에 유학시킬 수 있는지 참으로 궁금하다. 김일성이 가랑잎을 타고서 대동강을 건너는 수준의 초능력이다.

그뿐이 아니다. 김두관의 딸은 중국에서 유학했다. 그의 딸은 중국 인민대학을 졸업하고 중국 은행 서울지사에서 근무했다. 외국에서 유학하려면 학비만 필요한 것이 아니다. 그곳에서의 생활비도 필요하다. 도대체 총 재산 1억 원이면서 아들과 딸을 외국에서 공부할 수 있도록 지원한다는 것이 가능할까? 김두관의 능력은 그 누구도 따라 하기 힘든 초절정 고수의 경지다.

위안부 할머니들에게 사용돼야 하는 돈을 유용한 혐의를 받는 정의연 출신 윤미향 전 국회의원도 딸을 미국에 유학 보냈다. 시카고 일리노이대학에 다녔고, UCLA 석사 과정도 6학기나 공부했다. 대표적인 좌파 운동가이자 좌파 정치인인 윤미향. 그녀는 왜 그토록 자신들이 욕하던 미국에 딸을 유학 보냈나? 그 많은 유학비용을 어떻게 마련한 것인가? 유학을 보낼 충분한 돈이 있었다고 해도, 그렇게 반미를 주창하면서 자신의 딸은 미국에 유학 보낸 것을 어떻게 설명할 것인가?

임종석이든 김두관이든 윤미향이든. 586 운동권 출신도, 그 이전 이후의 좌파 운동권도. 반미를 주창하는 이유는 단 하나다. 그것으로 자신들의 정치적인 이익을 얻는 것. 정치적인 이익 뒤에 따라오는 경제적인 이익을 얻는 것이다. 강한 자에는 거부감을 갖고, 약자에게는 동정을 품는 인간의 심리를 이용하는 좌파 정치인들에게 반미는 좋은 소재다. '반미'를 부르짖으면 대중들이 반응한다. 다수의 대중이 반응하지 않아도 좋다. 분명한 것은 강하게 반응하는 대중이 있다는 것이다. 그것이면 충분하다. 반미 감정을 가진 대중들의 분노를 좌파 정치인들은 연료로 사용한다. 그 연료를 태워서 정치적인 이익을 얻고, 대중의 지지를 유지하고, 부수입인지, 주 수입인지 가늠할 수 없지만, 경제적인 이익을 취한다. 마음만 먹으면 된다. 용기를 내면 가능하다. '위선'의 가면을 쓸 용기만 있으면 정치적으로 이익을 얻는 영악한 행동을 하는 것은 전혀 어렵지 않다. 반대로 위선의 가면을 쓸 영악함을 보유하고 있지 않다면, 그럴 배짱이 없다면 대한민국에서 정치를 하는 과정에서 더 많은 난관을 극복해야 하는 불리함을 안고 있는 것이다.

새천년NHK 룸살롱

(룸으로 들어가려고) 문을 열자 송영길 선배가 아가씨와 어깨를 붙잡고 노래를 부르고 계시더군요. 박노해 시인은 아가씨와 블루스를 추고 있었고, 김민석 선배는 양쪽에 아가씨를 앉혀두고 웃고 이야기하느라 제가 들어선 것도 모르는 것 같았습니다. 마이크를 잡고 있던 송영길 선배님은 저를 보고 같이 노래를 부르자는 듯이 손짓을 하셨고 얼핏 보기에 정범구 박사를 포함하여 김성호, 장성민, 이종걸, 김태홍, 이상수 의원 등이 있더군요. 저는 아가씨들이 있건 말건 선배들에게 인사나 하고 가려고 다가서는 순간 누군가 제 목덜미를 뒤에서 잡아끌며 욕을 하더군요. 야 이-년-아, 니가 여기 왜 들어와, 나가….

믿고 싶진 않지만 이 말을 한 사람은 우상호 씨였습니다. 술집 아가씨들은 놀라서 모두 저를 쳐다보았고, 저는 매우 당황했습니다. 우상호는- 미안합니다. 저는 이 사람에게 더 이상 존칭을 붙여주고 싶지 않습니다. - 다시금 말했습니다. 이-놈의 기-집-애, 니가 뭔데 이 자리에 끼려고 그래? 미-친-년….

저는 일단 방을 나와 저와 함께 온 전야제팀이 앉아있는 방으로 갔습니다. 흥분된 마음을 진정시키려고 참외를 하나 집어 들었는데 우상호가 들어와 앉더군요. 그는 다시 말했습니다.

아 그 기-집-애, 이-상-한 년-이네. 아니 지가 뭔데 거길 들어와, 웃기는 기-집-애 같으니라고….

2000년 5월 17일 밤. 광주의 '새천년NHK' 술집(룸살롱인지 단란주점인지)에서 벌어진 광경을 임수경이 인터넷에 올린 글이다. 임수경이 이 글을 올린 시점은 그해 5월 24일이다. 글을 올리고 나서 압력을 받았는지, 아니면 아차 싶었는지 임수경은 10시간 후에 글을 삭제했다. 그러나 이미 47명이 그 글을 읽은 후였다. 임수경이 자신이 쓴 글을 지웠지만, 다른 사람들에 의해서 임수경의 글이 전파되고, 보존됐다. 임수경은 인터넷에 유포된 자신의 글에 대해 자신이 원래 작성한 원문과 다르다고 부인했다. 하지만 글의 내용 어디가 다른지 구체적으로 지목하지 않았다. 오히려 글에 등장하는 사람들과 여종업원이 있었다는 내용이 모두 사실이라고 인정했다. 임수경의 글로 인해서 알려진 2000년 5월 17일 밤 광주 '새천년NHK' 룸살롱(임수경은 가라오케라고 글에 적었다. 여성 접대부가 있고, 노래반주기가 있는 술집이다.)에서 있었던 사건은 민주당의 586 정치인들의 위선을 보여주는 대표적인 사례다. 당시에 이들은 30대의 나이였기에 스스로를 386이라고 지칭하면서 정치 무대에 등장했다. 나이는 30대, 80년대 대학 학번, 60년대 생이라는 의미다.

5.18은 좌파 진영의 무기다. 특히 86세대들이 주로 사용하는 무기다. 우파 진영을 공격할 때 이들은 5.18의 가해자라고 공격한다. 현재의 우파 진영이 5.18 가해자와 무관함에도 그렇다. 자신들은 민주고 다른 쪽은 비민주라고 공격한다. 한때 '광주사태'라고 불렸던 5.18은 이제는 광주민주화운동이라고 불린다. 5.18=광주=민주. 이렇게 등식이 성립된다.

86 운동권들이 그렇게도 중시하는 5.18. 경건해야 할 5.18 전야제가 열린 그 밤에 86 운동권과 좌파 인사들은 광주 시내 룸살롱에서 여성 접대부를 허리에 끼고서 음주가무를 즐겼다. 2000년 5월 17일

은 광주민주화운동 20주년이 되는 전날이다. 그렇게 중요한 날이기에 전야제까지 열었다. 그 행사에 참석했던 86 운동권 정치인들은 행사 후 곧바로 룸살롱으로 가서 술을 마시고 노래를 부르고 춤을 췄다. 여성 접대부들과 함께. 이들의 이런 행동은 비난받아야 마땅하다. 이렇게 심한 부도덕한 행동을 했으면 정계를 은퇴하는 것이 상식이다. 그러나 이들 중 누구도 정계를 은퇴하지 않았다. 그 후로 대한민국 정치에서 승승장구했다. 5.18을 자신들의 정치적 이익을 위한 도구로 사용한 좌파들과 달리, 5.18로 인해 정치적으로 상대적 불이익을 받아온 우파 진영은 오히려 더 상식적으로 행동했다.

2024년 3월 9일 도태우 변호사가 과거 자신의 5.18 발언와 관련 공식 사과했다. 과거 유튜브 방송에서 "5.18 민주화운동 당시 북한의 왜곡 방송, 조총련의 활동 등 북한의 개입 시도에 대해 5.18 진상규명조사위원회가 조사해야 한다"고 말한 것이 알려지자 사과한 것이다. 도태우 변호사가 사과했지만 국민의힘은 도태우 변호사에 대한 공천을 취소했다. 도태우는 그해 4.10총선 국민의힘 소속으로 대구 중·남구 지역구 후보로 공천받았었다. 대구는 국민의힘 후보가 당선 가능성이 매우 높은 곳이다. 유튜브 방송에서 실언을 했다는 이유로 국민의힘 후보는 공천이 취소된 것이다.

국민의힘 소속 김재원 최고위원도 5.18 관련 실언을 했다가 사과하고 당으로부터 징계를 받았다. 개신교 교회에서 "윤석열 대통령이 후보 시절에 5.18 광주민주화운동 정신 「헌법」 수록 약속을 한 것은 립서비스"라면서 5.18정신을 「헌법」에 넣는 것은 불가능하고 자신도 반대한다고 말한 것이 이유다.

5.18 광주민주화운동 20주년을 맞아서 전야제가 열린 날 광주 룸살롱에서 접대부를 끼고서 술을 마시고 노래 부르고 춤을 춘 86 정

치인들은 정계를 은퇴할 정도의 큰 잘못을 저질렀다. 그들이 5.18을 성스럽게 여겨왔고, 5.18정신을 매우 중시했기에 더욱 그렇다. 그날의 행동은 그동안 그들이 위선적인 삶을 살았다는 것을 스스로 드러내는 것이었다. 그러나 그들은 여전히 위선적인 삶을 살면서, 여전히 정치를 하고 있고, 여전히 대한민국 정치에서 승리하고 있다.

　5.18 광주민주화운동 20주년 전야제가 열린 그날 밤 새천년NHK 룸살롱에서 여흥을 즐긴 유명인사들은 86 정치인들만이 아니다. 당시 김대중 정부의 교육부 장관 문용린, 한상진 한국정신문화연구원장, 노성만 전남대 총장, 오수성 전남대 5.18연구소장 등도 있었다. 문용린 교육부 장관은 이 사실이 알려지자 사퇴했다.

위선이 드러나도…

　　　　대부분의 사람이 위선에 속는다. 위선인 줄 모르기 때문이다. 위선은 화려하게 포장되기 때문이다. 추악한 실체를 숨겨야 하기에 위선은 화려하고 아름답게 포장된다. 포장된 위선은 사람들의 눈을, 이성을 현혹한다. 위선자는 이익을 얻고, 출세한다. 권력을 잡기도 한다.

　대한민국 좌파 인사들의 위선적인 모습은 너무 많아서 일일이 열거하기도 힘들다. 외국어고교 같은 특목고의 폐지를 외치면서 자신의 자식들은 특목고를 졸업했거나 다니고 있다. 반미를 부르짖으면서 자식들은 미국에 유학 보내놓고 있다.

　진중권은 문재인 정부 시절 페이스북에 '문재인의 위선'이라는 제목의 글을 올렸다. 윤석열 검찰총장을 임명할 당시 "청와대든 또는 정부든, 집권 여당이든 만에 하나 권력형 비리가 있다면 엄정한 자세로 (수사에) 임해달라"고 당부해 놓고서는 그 말대로 권력형 비리에 엄정한 수사를 하려던 검사들이 인사에서 불이익을 당했다고 썼다. 진전 교수는 "순진하게 저 말을 믿은 이들은 전원 학살당했다"면서 "이게 문재인표 검찰 개혁의 실체"라고 비웃었다.

　물론 사회적으로 성공한 사람들이 위선자인 것이 대한민국만의 사례는 아니다.

　미국 뉴욕주지사를 지낸 엘리엇 스피처가 있다. 스피처는 뉴욕주 검찰총장으로 재임하면서 뉴욕 금융가의 불법행위를 집중 수사하여 '월 가의 저승사자'라는 별명을 얻어 유명인사가 됐다. 스피처는

2006년도에 뉴욕주지사 선거에서 당선돼 주지사가 됐다. 그는 도덕과 청렴을 뉴욕주 정부의 핵심 표어로 삼았다. 미국의 오랜 가치인 가족이 붕괴하고 있다면서 늘 소리쳐 왔다. 스피처는 청렴의 정치인 자상한 가장의 대명사처럼 인식됐다. 그런데 뉴욕주지사로 취임한 2년 뒤 그는 주지사직을 사임했다. 매춘을 한 것이 드러났기 때문이다. 수천 달러를 지출해 가면서 최고급 매춘 여성들을 만난 것이 드러난 것이다(데이비드 데스테노/피에르카를로 발데솔로 『숨겨진 인격』 참고).

엘리엇 스피처는 위선적인 삶을 살았다. 위선의 가면을 쓴 그는 사회적으로 성공했다. 그러나 결국 몰락했다. 스피처의 위선이 한국 정치인들의 위선과 다른 점이 있다. 위선적 행동이 탄로 나자 스피처는 스스로 주지사직에서 사임했다는 것이다. 더 이상 정치권에 얼씬거리지도 않았다는 점이다.

하지만 조국은, 586 좌파 정치인들은 위선이 드러났음에도 여전히 건재하다. 왜 이들은 부끄러움을 모를까? 양심의 가책을 느끼지 못하는 것일까? 뇌의 어느 부분에 이상이 있는 것은 아닐까? 실제로 뇌를 다쳐서 비이성적으로 행동한 사람의 사례가 있다. 로버트 M. 새폴스키의 책 『행동』에 들어있는 내용이다.

최초의 이마엽 겉질 환자는 1948년 버몬트에서 확인된 그 유명한 피니어스 게이지였다. 철로 건설 현장의 십장이었던 게이지는 폭약이 터지면서 날아간 6kg 건축용 쇠막대기가 그의 왼쪽 얼굴을 뚫고 들어가서 두개골 윗면 앞쪽으로 빠져나가는 사고를 당했다. 쇠막대기는 게이지의 왼쪽 이마엽 겉질 대부분과 함께 25m를 날아가 떨어졌다. 놀랍게도 게이지는 살아남아서 건강을 회복했다. 하지만 침착하고 존경받던 게이지는 다른 사람이 되었다. 이후 몇 년간 그를 추적한 의사는 이렇게 말했다.

"그의 지적 능력과 동물적 성향 사이의 평형이랄까 균형이랄까 하는 것이 망가진 듯 보인다. 그는 발작적이고, 불손하고, 때때로 엄청나게 비속한 말을 퍼붓고 동료들을 전혀 존중하지 않고, 제약이나 조언이 그의 욕구와 상충될 때는 참지 못하고 … 변덕스럽고 우유부단하여 미래에 할 일을 잔뜩 계획했다가도 그러기가 무섭게 내버리고 그보다 더 그럴듯해 보이는 계획들을 세운다."

거짓말을 자주 하는 사람들을 보면, 위선적인 행동을 하는 사람들을 보면, 부끄러움을 모르는 사람들을 보면 나는 이런 생각을 한다. 혹시 뇌의 어느 부분에 이상이 있는 것은 아닐까? 뇌를 복잡하게 연결하고 있는 회로에서 중요한 선 하나가 잘려나간 것은 아닐까?

『행동』에서 예를 든 게이지는 시간이 지나면서 증세가 호전됐다.

"게이지는 부상을 입은 지 몇 년 만에 다시 일을 할 수 있었고, 행동도 대체로 적절하다고 일컬어졌다. 남아있는 오른쪽 이마엽 겉질 조직이 부상으로 사라진 기능의 일부를 맡은 것이었다."

뇌를 다쳐서 이상한 행동을 한 사람은 시간이 지나면 회복된다. 거의 정상으로 돌아온다. 하지만 시간이 지나도 행동이 변하지 않는 사람은 뇌를 다쳐서 그런 것이 아니다. 그들의 뇌는 오히려 고성능이다. 그들의 뇌는 그렇게 위선적으로 행동하는 것이 이익이라는 것을 알고서 의도적으로 그렇게 행동하도록 지시한다. 그리고 그들은 실제로 그렇게 행동함으로써 원하는 것을 얻는다. 위선의 가면을 쓰고 살면서 정치적으로 승리한다.

와튼스쿨에서 가장 인기 있는 강의로 선정된 내용을 책으로 엮은 『어떻게 원하는 것을 얻는가』에서 스튜어트 다이아몬드는 "절대 거짓말을 하지 말라"고 강조한다. 협상에서 좋은 결과를 얻으려면 절대 거짓말을 해서는 안 된다는 것이다.

어떤 상황에서도 상대방을 속이려고 하면 안 된다. 거짓말은 언젠가 상대방이 알게 될 것이고, 결국 이로 인해 장기적으로 큰 손해를 입게 될 것이다. 억지로 강해 보이려고 하거나 다정하게 구는 것도 좋지 않다. 가면은 언젠가 벗겨지기 마련이다.

세계 최고의 MBA에서 가장 인기 있는 강의를 해온 스튜어트 다이아몬드는 "절대 거짓말을 하지 말라"고 했다. "가면은 언젠가 벗겨진다"고도 강조했다. 그의 강의 내용은 매우 상식적이다. 하지만 그런 상식이 정치판에서는 통하지 않는다. 거짓말을 입에 달고 살아야 한다. 말과 행동이 달라야 한다. 위선의 가면을 쓰고 살아야 한다. 그것이 이기는 길이다.

6.

국가의 미래는
신경 쓰지 마라

마시멜로 이야기

　　2005년 미국에서 『마시멜로 이야기』라는 책이 출간되면서 크게 인기를 끌었다. 미국에서 출간된 직후 한국에도 번역된 책이 출간돼 많은 인기를 끌었다. 이 책의 내용은 1960년대 스탠퍼드 심리학자 월터 미셸이 만족 지연 현상을 연구하기 위해 고안해 낸 '마시멜로 테스트'에 관한 이야기다. 마시멜로 이야기가 베스트셀러에 오르는 등 인기를 끌자, 원래 마시멜로 테스트를 연구했던 월터 미셸의『마시멜로 테스트』라는 책이 뒤늦게 한국에도 번역돼 출간됐다.

　이 책을 읽는 독자들이라면 마시멜로 테스트에 대해서는 대부분 내용을 알고 있을 것이다. 이런 내용이다.

　연구자가 아이 앞에 마시멜로를 하나 놓아두고 말한다.

　"나는 잠시 나갔다 올 것이다. 내가 나간 후 마시멜로를 먹어도 좋다. 하지만 내가 돌아올 때까지 안 먹고 기다리면 마시멜로를 하나 더 주겠다." 그렇게 말하고 연구자는 방을 나간다. 방을 나간 연구자는 경찰서에서 조사실을 들여다보는 것과 같은 거울 유리를 통해서 아이의 행동을 지켜본다. 아이가 15분 동안 기다릴 수 있는지를 보는 것이다. 15분 동안 기다린 아이들은 1/3 정도였다. 그리고 이렇게 인내심을 가진 아이들이 성인이 된 후에 더 성공한다는 연구 결과가 있다.

　마시멜로 테스트를 모르더라도 아이들이 인내심 있게 기다리는 것이 어렵다는 것을 우리는 이미 알고 있다. 아이뿐 아니라 어른들도 그렇다는 것도 알고 있다. 사자성어 조삼모사가 당장의 이익을 우선하는 인간의 심리를 잘 설명해 준다.

이런 인간의 심리를 잘 활용하는 것이 정치에서 유리하다. 특히 선거가 있을 때는 더욱 그렇다. 거창하게 국가의 미래를 설명하고 국가 비전을 제시하는 식의 정치는 승리하기 힘들다. 당장 국민의 눈앞에 이익을 보여줘야 한다. 마시멜로 테스트에서 대부분의 아이가 15분을 기다리지 못했다. 더 많은 마시멜로를 얻을 수 있는데 그 15분을 기다리지 못했다. 어른들은 아이들과 다르겠지만 크게 다르지 않다. 15분이라면 기다리겠지만 15년이라면 기다리지 못한다. 아니, 1년도 기다리지 못할 수 있다.

장기적으로 국가에 이로운 것은 선거에 불리하다

    사람들은 그냥 지금 소비하고, 나중에 다른 이들의 저축과 혁신이 일궈낸 부로부터 이익을 얻으려는 유혹을 느낀다. …

    우리는 내일 번영하기를 바란다. 그러나 오늘은 내일을 외면하라고 우리를 유혹한다. 오늘의 달콤한 풍요는 길을 잃게 만든다. 이런 단기적인 유혹은 장기적인 정체로, 결국은 파멸로 이어진다. 번영의 덫이란 '단기적으로 더 부유해지는 길은 장기적으로 더 가난해지는 길이다.'

    벤 엔셀의 책 『정치는 왜 실패하는가』에 나오는 글이다. 마시멜로 실험에 참여한 어린아이들만 참을성이 없는 것이 아니다. 가까운 미래를 위해 현재를 인내하는 것이 힘든 것은 어른들도 마찬가지다. 그것이 가까운 미래가 아니라 먼 미래라면 더 그렇다.

    국가의 장기적인 비전을 제시하면서 장기적인 투자 전략을 세우고, 먼 훗날의 풍요를 위해 지금 허리띠를 졸라매자고 할 수 있는 정치인, 또는 지도자는 독재국가에서나 가능한 일이다. 당장 선거가 코앞에 닥친 민주국가의 정치인들에게는 미래는 없다. 당장의 선거가 중요하고, 그 선거에서 승리가 중요하다.

    마시멜로 실험에서 어린아이의 1/3만이 15분을 기다렸다. 어른들의 비율도 다르지 않을 것이다. 미래의 번영을 위해 지금 허리띠를 졸라매자는 정책에 찬성하는 어른들의 비율 역시 1/3을 넘지 않을 것이다. 그래서 장기적으로 국가에 이로운 정책을 펼치는 것이 불가능하다. 선거를 통해 평가받아야 하는 민주국가의 정치인들은 단기적인 이익을 유권자들에게 가져다줘야 한다. 눈앞에 보여줘야 한다. 그것이 장기적으로 국가에 해롭다는 것을 알면서도 그렇게 해야 한다. 그렇게 하는 얼굴 두꺼운 정치인들이 승리해 왔다. 앞으로도 그들이 이길 것이다.

부산에 가덕도 공항을 건설하는 것이 그런 정책이다. 부산 가덕도 공항은 흑자로 운영되기 어렵다. 가덕도 공항이 적자를 면한다고 해도 가덕도 공항으로 인해 인근의 김해공항의 적자가 더 심해질 것이다. 가덕도에 공항을 건설하는 것이 장기적으로 국가에 해롭다. 적자로 운영되면 그 적자를 국민의 세금으로 메워야 한다. 당장 천문학적인 건설비용도 부담이다.

부산에서 가까운 김해에 김해공항이 있다. 부산을 비롯한 경남 지역에 더 많은 항공 수요가 있다면 김해공항을 확장해서 사용하는 것이 현명한 방법이다. 경제적으로 훨씬 효율적이라고 이미 박근혜 정부 때 연구 결과가 나와있다. 김해공항을 확장하는 것이 더 좋은 방안이라는 교수들은 많다.

권오혁 부경대 경제학부 교수는 "김해공항 확장안이 모든 측면에서 완벽한 대체재가 될 수 있다"고 주장했다. 권 교수에 따르면 김해공항은 우선 접근성이 우수하다고 인정을 받은 곳이다. 소음 문제가 제기되고 있지만 공항이 그린벨트에 위치해 있고, 낙동강이 양쪽으로 흘러서 객관적으로는 피해가 덜한 수준이다. 인근 산악으로 인한 안전성 문제는 V자형 활주로를 추가 건설하는 방법으로 해결 가능하다. 동시에 대형 여객기의 이착륙이 가능해져 국제선 유치에도 유리해진다 (『시사저널』 1806호).

그럼에도 정치권은 부산 가덕도 국제공항 건설을 밀어붙인다. 문재인 정부가 부산 지역 선거에서 유리한 고지를 선점하기 위해 가덕도 공항 건설 공약을 제시했다. 공항 건설에 반대하면 이 지역 선거에서 불리해질 수 있다는 우려 때문에 당시 야당도 찬성했다.

　가덕도 공항은 장기적으로 국가에 큰 부담을 줄 것이다. 하지만 단기적으로는 지역민들에게 달콤한 경제적 이익을 가져다줄 수 있다. 공항 건설공사가 시작되면 지역 경제가 활력을 받는다. 지역 건설회사들의 매출이 늘고, 고용 인원도 늘 것이다. 주변의 상권들도 매출 상승의 혜택을 입는다. 공항 건설 과정에 일자리가 늘 뿐 아니라, 공항이 건설되고 난 후에도 일자리가 생긴다. 부산 지역에는 분명 이익이다. 단기적으로 그렇다. 하지만 장기적으로는 국가에 전혀 이익이 안 된다. 이것을 모르는 정치인은 없다. 가덕도 공항 건설에 반대하는 목소리를 내는 정치인이 전혀 없는 것은 아니다. 그러나 그들의 목소리는 모깃소리보다 작다. 큰 소리를 냈다가는 당권을 장악한 실세들의 눈 밖에 날 수 있기 때문이다. 그들이 목소리가 작은 더 큰 이유는 장기적으로 국가가 어떻게 되든 말든 단기적으로 유권자들의 마음을 얻는 것이 정치적으로 이익이기 때문이다.

　가덕도 공항만이 아니다. 지방에 건설된 대부분의 공항은 적자로 운영된다. 새만금 사업이 흘러가는 방향도 마찬가지다. 단기적으로 정치적인 이익을 위해, 장기적으로 국가에 해로운 정책을 정치인들은 서슴없이 추진한다.

박근혜의 담뱃값 인상

2024년 현재 대한민국의 담뱃값은 한 갑당 4,500원이다. 이 가격은 2015년 1월 1일 자로 인상된 것이다. 그 이전에는 한 갑당 2,500원이었다. 박근혜 정부는 2,500원이던 담뱃값을 4,500원으로 올리는 파격적인 정책을 실현했다. 국가의 미래를 위해서는 올바른 정책이었지만, 정치적으로는 무모한 정책이었다. 그 결과는 탄핵이었다.

나는 담배를 피우지 않는다. 그렇기에 박근혜 정부가 담뱃값을 인상하기 전까지 정확한 담배가격을 몰랐다. 담배 가격 인상이 전 국민적으로 큰 관심을 끈 뉴스였기에 담배 가격에 대해 알 수 있었다.

박근혜 대통령이 2016년에 탄핵되는 데 나는 탄핵의 빌미를 제공한 것이 담뱃값 인상이라고 판단하고 있다. 나와 같은 비흡연자들은 담뱃값 인상에 대해 큰 변화를 느끼지 못한다. 하지만 흡연자들에게 담뱃값 인상, 그것도 두 배 가까운 인상은 충격 그 자체였다. 흡연자인 후배가 담뱃값이 인상된 직후 나에게 이렇게 말했다.

"아침 출근길에 5천 원권 지폐를 들고 편의점에 들어가서 담배 두 갑을 들고 나왔다. 그런데 이제는 5천 원권 지폐 한 장을 주면 담배 한 갑밖에 살 수 없다."

하루아침에 담뱃값이 두 배가 된 것이다. 이 후배의 이어지는 말이 더 피부에 와닿는다.

"담배를 사다가 너무 비싸다는 생각에 화가 난다. 화가 나서 담배를 더 피운다. 그래서 담뱃값이 더 든다."

한국의 담배 가격이 싸다는 것을 모르는 국민은 많지 않다. 외국을 여행한 사람들은 거의 다 안다. 그렇기에 세계보건기구도 한국의 담배 가격을 인상해야 한다고 권고했다. 박근혜의 담배 가격 인상은 그런 면에서 매우 합리적인 것이다. 담배 가격 인상이라는 것이 사실은 세금을 인상하는 것이다. 담뱃값의 대부분은 세금이다. 4,500원 가운데 3,300원가량이 세금이다. 국가의 재정 안정과 국민의 건강관리라는 측면에서 담뱃값 인상은 매우 긍정적인 정책이다. 이론적으로는 그렇다는 얘기다. 하지만 정치적으로 보면 정반대의 상황이 전개된다.

담뱃값 인상은 정치적으로는 패배의 열차에 올라타는 것이다. 담배는 가격이 오른다고 해서 끊을 수 있는 기호품이 아니다. 가격이 오르면 많은 사람이 오른 가격에 담배를 사서 피운다. 그 사람들은 담배를 살 때마다 담배 가격을 인상한 정부를 비판할 것이다. 담배 가격 인상으로 담배를 끊은 사람들은 또한 '돈 없으면 담배도 못 피우는 시대가 됐다'면서 역시 담뱃값을 인상한 정부를 비판할 것이다.

박근혜 정부의 담배 가격 인상은 인상 폭에서도 정치적인 고려를 전혀 하지 않았음을 알 수 있다. 박근혜 이전에 담배 가격이 인상된 것은 2004년이다. 2,000원에서 2,500원으로 올랐다. 그 전에는 1,800원이었고, 1,800원으로 오르기 전에는 1,600원이었다.

문재인 정부 때도 담뱃값이 인상될 것이라는 소문이 있었다. 실제 그런 움직임도 있었다. 2021년 1월 27일 보건복지부는 앞으로 10년 동안 담배 가격을 OECD 평균 수준인 갑당 8,000원 정도로 인상하는 내용의 제5차 국민건강증진종합계획(2021~2030)을 발표했다.

하지만 그 시절에 나는 절대 문재인이 담뱃값을 올리지 않을 것이라고 생각했다. 주변의 지인들에게도 그렇게 말했다. 문재인과 그의 측근들은 정치를 할 줄 안다. 담뱃값을 올리는 것이 정치적으로 얼마나 무모한 짓인지 잘 안다. 그렇기에 절대 올리지 않을 것이라고 나는 장담했고, 실제로 그렇게 됐다. 세계보건기구가 담뱃값을 올리라고 권고하고, 실제로 대한민국의 담뱃값이 너무 낮은 편이다. 국민의 건강을 위해서도 그렇지만 세수 확대를 위해서도 담뱃값 인상은 필요하다. 하지만 문재인 정부는 담뱃값을 올리지 않았다.

담뱃값 인상 소문에 여론이 반발하자 문재인 정부는 "10년 동안 올릴 수 있다는 것이지 당장 올린다는 게 아니다."라고 해명했다. 1월 27일 보건복지부는 보도자료를 내고 "담뱃값 인상 폭과 인상 시기는 구체적으로 정해진 바 없다"고 발표했다. 하루 뒤인 28일에도 보건복지부는 "담배 가격 인상과 술에 대한 건강증진부담금 부과는 현재 고려하고 있지 않으며, 추진 계획도 없다"고 재차 확인했다. 정치적으로 불리한 담뱃값 인상 같은 무모한 정책은 추진하지 않겠다는 것이다. 실제로 담뱃값 인상과 같은 무모한 정책을 추진하지 않고 영리하게 정치를 한 덕분에 문재인은 늘 높은 지지율을 유지했다.

세계 각국의 담배 가격을 보면 한국의 담배 가격이 매우 저렴하다는 것을 알 수 있다. 국가별 담배 가격 순위 사이트의 2023년 말 기준 담배 한 갑의 가격을 보면 한국의 담배 가격 4,500원은 비싼 순위에서 67위다. 제일 비싼 나라는 오스트레일리아로 40,757원, 두 번째는 뉴질랜드 32,923원, 세 번째는 아일랜드 22,981원, 네 번째는 영국 22,638원, 다섯 번째는 노르웨이 19,371원이다. 미국은 13,667원, 일본은 5,225원, 중국 4,805원이다. 대한민국보다 저렴한 국가는 남아프리카공화국, 알제리, 파키스탄 등이다.

그런데 각국의 경제 수준을 반영하면 한국의 담배 가격 순위는 더 내려간다. 물가지수 대비 국제 담배 가격을 보정한 나무위키의 22년 기준 각국 담배 가격 보정표를 보면 한국은 담배 가격이 비싼 순위에서 99위다.

호주가 33,751원으로 1위, 뉴질랜드, 영국 순이다. 중국은 한 갑당 8,020원이고, 베네수엘라가 한 갑당 6,275원으로 우리나라보다 비싸다. 보정 가격으로 한국보다 담배 가격이 저렴한 나라는 카자흐스탄, 레바논, 나이지리아 등이다.

담배의 국제 가격을 비교해 보아도 한국의 담배 가격은 인상돼야 한다. 담배가 건강에 해롭기에 금연을 유도해야 한다는 점에서는 더 말할 나위도 없다. 국가 채무가 급증하고 있는 한국의 입장에서 세수 입을 늘려야 하는 면에서도 그렇다.

하지만 담뱃값을 인상했다가 피해를 입은 박근혜 정부의 사례와 담뱃값을 올리지 않고 높은 지지율을 유지한 문재인 정부의 사례를 교훈 삼아서, 앞으로 어느 정부도 무모하게 담뱃값을 인상하지 않을 것이다. 담뱃값 인상은 정치적인 패배로 가는 열차에 겁 없이 올라타는 것이기 때문이다. 국민의 건강이나 국가의 재정적인 안정은 지금의 문제가 아니다. 당장 정치적으로 활용 가치가 없는 것들이다. 국가의 미래는 신경 쓰지 않는 것이, 단기적으로 정치적인 유불리만 계산하는 것이 슬기로운 정치 생활이다.

타인의 재물로 후하게 선심 써라

"곳간에 있는 작물들은 계속 쌓아두라고 있는 게 아니다. 쌓아두기만 하면 썩어버리기 마련이기 때문에 어려울 때 쓰라고 곳간에 재정을 비축해 두는 것."

2019년 11월 11일 당시 청와대 대변인 고민정(현재 민주당 국회의원)은 라디오방송에 나와서 이렇게 말했다. 당시 문재인 정부의 재정 적자가 증가하고 있는 상황에서 그렇게 말한 것이다. 재정 적자라는 것은 결국 국가가 빚을 지는 것이다. 고민정의 발언은 국가 빚을 더 늘려도 된다는 것이다. 하지만 고민정의 이 발언은 문재인 정부의 경제 부총리 홍남기의 발언을 통해 적절한 발언이 아니라는 간접적인 비판을 받았다. 홍남기는 고민정의 발언이 있은 후 1년여가 지난 시점에 국회에서 "나라 곳간이 쌓여가는 게 아니라 비어가고 있어 상당 부분 어려운 상황"이라고 말했다.

홍남기의 말이 아니더라도 곳간에 작물들이 쌓여있다는 고민정의 말은 틀린 것이다. 문재인 정부의 정책을 합리화하기 위해 억지 주장을 한 것이다. 고민정이 그 말을 할 당시 이미 대한민국은 국가 채무가 700조 원이 넘었다. 한 해 국가 예산보다 큰 액수다. 그렇게 빚을 지고 있는데 곳간에 작물이 쌓여있다는 것은 틀린 말이고, 억지 주장이다.

고민정의 발언에서 알 수 있듯이 문재인 정권은 국가의 채무가 증가하는 것을 걱정하지 않았다. 국가 채무가 GDP의 40%를 넘지 않아야 한다고 야당 시절 말해 놓고서는 자신이 대통령이 된 후에는 40%를 넘어도 상관없다는 식으로 말했다. 그러고서는 대한민국의 채무를 급격하게 늘렸다. 2017년도 627조 원이던 한국의 국가 채무가 2022년 1,033조로 증가했다. 문재인 정부 5년간 410조가 증가했다.

문재인 정부의 410조 채무 증가는 역대 정부와 비교해 보면 압도적인 채무증가액이다. 직전 박근혜 정부는 채무를 170조 원 늘렸고, 이명박 정부는 180조 원 늘렸다. 노무현 정부 165조 원, 김대중 정부 85조 원의 채무를 늘렸다.

개인의 빚이 증가하는 것이 좋지 않듯이, 국가의 채무가 증가하는 것은 좋지 않은 것이다. 채무가 있으면 이자 부담이 생기고, 그 채무를 언젠가는 갚아야 하는 부담도 있다. 채무가 증가하면 원금을 갚지 않더라도 매년 부담해야 하는 이자액이 증가한다. 개인이나 국가나 채무의 증가는 그래서 위험하다.

그러나 국가 채무가 증가하는 것은 정치인에게는 아무런 문제가 되지 않는다. 정치인만이 국가 채무를 갚는 것도 아니고, 이자를 감당해야 하는 것도 아니다. 돈은 정치인이 자기 돈처럼 쓰고, 채무는 국민 전체가 부담한다. 더구나 당장 부담하는 것도 아니다. 많은 국민은 국가 채무 이자로 매년 얼마가 예산에서 사용되는지 알지도 못한다. 그렇기에 장기적으로 부담하게 될 이자에 대한 걱정 없이, 지금 당장 현금을 주겠다는 정치인을 좋아한다. 영리한 정치인들은 그런 국민의 심리를 알기에 일단 현금을 주겠다고 유혹한다. 국가 재정을 늘려서 사업을 벌이겠다고 현혹한다. 그렇게 현금을 살포하고, 그렇게 재정 사업을 벌여서 인기를 얻는다. 선거에서 승리한다. 앞에서 설명했듯이 '단기적으로 더 부유해지는 길은 장기적으로 더 가난해지는 길'이지만 국민은 장기적으로 생각하지 않고, 정치인들은 장기적으로 생각하지 말라고 국민을 오도한다. 그렇게 자신의 정치적인 이익을 챙긴다.

당신이나 신민들의 것이 아닌 재물로는 아주 후한 선심을 써도 무
방하다. 왜냐하면, 타인에게 속하는 것을 후하게 주는 것은 결코 당신
의 평판을 떨어뜨리는 것이 아니라 오히려 드높이는 것이기 때문이다.
당신에게 해가 되는 경우란 단지 당신의 것을 함부로 주는 경우다.

영리하게 또는 영악하게 정치를 하는 방법을 적어놓은 마키아벨리
의『군주론』에 나오는 문단이다. 대한민국의 좌파 정치인들의 행동을
보면 이 군주론에 나오는 내용과 매우 비슷하게 행동한다는 생각이
든다. 아마도 군주론이 두꺼운 책이 아니기에 정치를 하는 많은 사람
이 읽었을 것이다. 문재인 정부에서 민주당 정치인들이 국가 채무를
늘리고, 국가 채무를 늘리는 것이 당연하다고 주장을 하는 것을 보면
그들이 영리하게 정치하는 법을 알고 있다는 것을 알 수 있다.

그래도 마키아벨리는 자국의 신민이 아닌, 즉 자기 나라 국민의 재
산이 아닌 점령한 다른 나라의 재물을 가지고 선심을 쓰라고 했다.
하지만 국가 채무를 늘리자고 하는 한국의 정치인들은 자기 나라 국
민의 재물을 가지고 자기 것처럼 선심을 쓴다. 아마도 그들의 눈에는
자기 나라 국민의 세금이 남의 돈처럼 보일 수도 있을 것이다. 애국심
이 별로 없기 때문이다.

위의 문단 마지막 문장에 적혀있는 것처럼 마키아벨리는 "당신에
게 해가 되는 경우란 단지 당신의 것을 함부로 주는 경우"라고 했다.
그래서인가 이재명은 자신이 경기도지사로 재임할 당시 도민들에게
현금을 여러 차례 나누어 주었다. 자신의 돈이 아닌 타인의 돈을 나
누어 준 것이다. 그리고는 개인적인 용도로 사용할 때조차도 자신의

돈은 쓰지 않으려 최대한 노력했다. 과일을 경기도청 법인카드로 사고, 제사 음식도 경기도청 법인카드로 공무원들이 마련했다. 집에서 먹는 초밥도, 이재명 개인이 사용하는 일제 샴푸도 모두 경기도청 세금으로 사용했다.

마키아벨리가 5백 년 전에 무슨 생각으로 『군주론』에 그런 내용을 썼는지는 알 수 없다. 하지만 국민의 세금으로 집으로 초밥을 배달시키고, 국민의 세금으로 개인이 사용하는 샴푸를 사고, 자신과 가족이 먹을 과일을 구입하라는 의미로 그 글을 쓰지는 않았을 것이다. 또한 국민이 갚아야 하는 국가 채무를, 정치인들이 마음대로 늘려도 좋다는 뜻으로 쓴 것은 아닐 것이다. (나훈아 형이 물어봤으면 좋겠다. 테스 형에게 물었듯이 마키아벨리 형에게도 물어보기를. 마키아벨리 형, 정치가 왜 이래?)

홍두사미

　　대한민국에서 장관은 정치인일까? 공무원일까? 정무직 공무원이라고 하면 이 질문들에 대한 대답은 간단하다. 하지만 정치인인가? 공무원인가? 분명하게 나눠야 한다면 대답이 망설여진다.

　　정치인 출신이 장관에 임명된 경우 그는 정치인이 맞다. 현직 국회의원이 장관을 맡는 경우가 흔한데, 그럴 경우 그 장관은 정치인이다. 박범계는 법무부 장관 시절 자신이 정치인이라는 것을 분명하게 밝힌 정치인이다. 발언 내용은 부끄럽지만 말이다.

　　"저는 법무부 장관이기에 앞서 기본적으로 여당(민주당) 국회의원이다. 당론이 모이면 따르겠다."

　　박범계 당시 법무부 장관은 2021년에 이렇게 말했다. 법무부 장관은 검찰을 관할하는 부처의 장이다. 그런 그가 객관적인 시각을 갖지 않겠다고 분명하게 밝힌 것이다.

　　정치인 출신이 아니라 공무원 신분으로 승진해서 장관 자리에 오른 사람들의 경우는 구별이 쉽지 않다. 정치인인지, 공무원인지?

　　이렇게 구분하면 될 것 같다. 본인이 정치할 생각이 있으면 정치인이고, 정치할 생각이 전혀 없으면 공무원.

　　문재인 정권에서 경제부총리를 지낸 홍남기는 정치인인지 공무원인지 구분이 명확하지 않은 인물이다. 어떤 때에는 공무원처럼 말하다가, 어떤 때에는 정치인처럼 행동했다. 그런 그의 행동 때문에 그가 장관직을 마치고 나면 선거에 출마할 것이라고 많은 언론이 예상했었다.

홍남기의 별명은 홍두사미다. 그의 별명은 모르는 사람이 없을 정도로 유명하다. 홍두사미라는 별명이 붙은 것은 그가 처음에는 강하게 자신의 주장을 관철시킬 것처럼 말했다가 나중에 슬그머니 꼬리를 내렸기 때문이다. 정권의 압력이 가해지면 망설임 없이 홍남기는 자신의 견해를 포기하고 정권의 의견에 따라서 정책을 펼쳤다.

코로나 19가 유행할 당시 문재인 정권은 전 국민에게 재난 지원금을 지급했다. 그러나 부자에게도 지급할 필요가 없지 않느냐는 의견이 있었고, 코로나 19를 맞아서 오히려 돈을 버는 사업도 있다는 지적이 있었다. 따라서 전 국민에게 재난 지원금을 지급하는 것보다 선별적으로 지급하는 것이 낫다는 의견이 있었다. 홍남기도 제1차 재난 지원금 지급 당시 선별 지급을 주장했었다. 나라 살림이 걱정됐기 때문이다. 하지만 그가 자신의 의견을 주장하는 시간은 길지 않았다. 문재인 정권의 의지를 확인한 홍남기는 결국 전 국민 지급을 수용했다. 제2차 재난 지원금에 대해서도 당초 '찬성하지 않는다'고 주장했다가 정권의 의지에 따라서 지급으로 돌아섰다.

주식 양도소득세 과세 대상인 대주주 기준 강화 관련 논란이 일었을 때도 홍 부총리는 정치권에 밀려 뜻을 굽혔다. 홍남기는 자신의 주장이 관철되지 않자 장관직을 내놓겠다고 했다. 사표를 냈다는 말을 국회에서 공개적으로 밝혔다. 하지만 문재인 대통령이 사표를 반려하자, 마치 아무 일 없었다는 듯이 홍남기는 다시 장관직을 수행했다.

사표 소동이 있었고 대통령으로부터 재신임을 받았지만, 홍남기의 홍두사미 행보는 계속됐다. 민주당이 추경을 세워서 돈 풀기를 하려는 움직임을 보이자 국가 재정을 걱정하는 발언을 했다.

국회에서 "나라 곳간이 비어가 어려운 상황"이라고 말한 것이다.

하지만 홍남기의 이 발언도 금방 정반대로 바뀐다. 그 당시 홍남기의 행동을 비꼰 『조선일보』 보도를 싣는다.

홍 부총리가 "나라 곳간이 비어가 어려운 상황"이라고 말했다는 뉴스에 사람들 반응은 둘로 갈렸다. '정권 말이 되니 바른말 한마디라도 기록에 남기려는 모양'이라는 쪽과 '금방 제 말을 뒤집을 것'이라는 쪽이었다. 국회에서 민주당 의원들이 "국민을 불안하게 만들지 마라"고 몰아붙이자 홍남기는 "재정은 아직 상당히 탄탄하다"고 말을 바꿨다. 제 소신 꺾는 데 하루 걸렸다. '홍백기'란 별명이 괜히 만들어진 게 아니다. 혹시 했는데 역시 '홍두사미'다. 이상한 것은 개인 소셜 미디어에는 "재정은 화수분이 아니다", "곳간지기 역할은 국민께서 요청하는 준엄한 의무이자 소명"이란 글을 올린다. 내년 지방선거에 출마하려니 소신이 있는 듯 쇼를 할 필요가 있는 것일까.

홍남기는 공무원의 모습과 정치인의 모습 사이를 오락가락했다. 그러나 분명한 것은 그의 그런 행동이 대단히 영리한 행동이었다는 것이다. 아마도 치밀하게 계산된 것이라면 홍남기는 뛰어난 정치인이다. 그리고 정치를 한다면 큰 성공을 거둘 수 있는 자질을 갖춘 것이다.

오락가락하는 행보로 홍남기는 한국 역사상 최장수 경제부총리 기록을 세웠다. '홍백기', '홍두사미'라는 조롱거리가 될만한 별명을 얻었지만, 최장수 총리라는 실리를 얻은 것이다.

홍남기가 공무원의 모습과 정치인의 모습 사이를 오락가락하면서 대한민국의 채무를 늘리는 행위에 동참할 수 있었던 것은 그가 국가의 미래는 신경 쓰지 않았기 때문이다. 홍남기가 대한민국 재정을 책임지는 공무원으로서의 긍지와 사명감을 갖고 있었다면 국가 채무가 그토록 많이 증가하는 것을 보고만 있지 않았을 것이다. 하지만 홍남기는 정치인이었던 것이다. 국가의 미래보다 자신의 정치적인 이익을 우선했던 것이다. 임시직인 장관 임기가 끝나면 본격적으로 정치를 하려고 그랬던 것이 아닐까?

대한민국의 재정을 담당하는 부처의 수장으로서 홍남기는 국가의 채무가 증가하는 것이 두려웠던 것 같다. 아니, 국가 채무가 급격히 증가하는 것으로 인해 자신이 욕을 먹는 것이 두려웠던 것 같다. 문재인 정권과 민주당에 대한 비판적인 여론이 형성되는 것도 두려웠을 것이다.

홍남기는 대한민국 국가 부채 전망치를 축소하고 왜곡했다.

2024년 6월 감사원은 홍남기가 "2060년 국가 채무 비율을 당초 153%에서 81.1%로 축소 왜곡했다"는 내용의 감사 결과를 발표했다. 감사원의 발표를 요약한 『세계일보』의 보도다.

"문재인 정부 경제수장 홍남기, 국가 채무 전망치 두 자릿수로 축소·왜곡"

문재인 정부 시절 홍남기 경제부총리 겸 기획재정부 장관이 국내총생산(GDP) 대비 국가 채무 비율 전망치를 축소·왜곡하라고 지시, 관철했다는 감사원 감사 결과가 나왔다.

감사원이 4일 발표한 '주요 재정관리제도 운영실태' 감사 결과에 따르면 홍 전 부총리는 2020년 7월 장기 재정 전망을 내놓을 때 2060년 국가 채무 비율이 세 자릿수로 높게 발표될 경우 직면하게 될 비판 등을 우려해 이를 '두 자릿수로 만들라'고 지시했다.

이 과정에서 전망 전제와 방법을 임의 변경해 잘못된 전제를 적용함으로써 수치가 애초 153.0%에서 81.1%로 변경됐다는 게 감사원의 지적이다.

국가 채무 비율은 정부의 재정 건전성을 평가하는 지표로 활용되며, 국가 채무 비율이 낮을수록 정부는 더 적극적으로 재정을 쓸 여지가 생긴다.

기재부는 2020년 7월 대략적인 국가 채무 비율 전망치를 가늠하기 위한 사전 시뮬레이션을 통해 2060년 국가 채무 비율을 최소 111.6%, 최대 168.2%로 산출했다.

홍 전 부총리는 같은 달 청와대 정례 보고에서 이런 내용을 토대로 "2015년 전망에서는 2060년 국가 채무 비율을 62.4% 수준으로 전망했으나 5년 뒤인 2020년 현재 전망에서 2060년 국가 채무 비율이 100%를 넘는다고 지적받을 가능성이 있다"고 보고했다.

이후 기재부는 정식 시뮬레이션을 통해 2060년 국가 채무 비율이 153.0%인 애초 검토안과 129.6%인 신규 검토안으로 구성된 장기 재정 전망안을 홍 전 부총리에게 보고했다.

이 자리에서 홍 전 부총리는 100%가 넘는 국가 채무 비율은 "국민이 불안해한다"며 국가 채무 비율 급증에 대한 비판을 우려, 2060년 국가 채무 비율을 두 자릿수로 낮추라고 지시했다.

특히 홍 전 부총리는 2060년 국가 채무 비율을 낮추기 위해 '재량지출 증가율을 경제성장률에 연동'한다는 핵심 전제를 '총지출 증가율을 경제성장률의 100%로 연동'하는 것으로 바꾸라는 등 구체적인 방법까지 제시했다.

이에 대해 재정기획심의관이 우려를 표했으나 홍 전 부총리는 정책 의지를 강조하면서 불가능한 일이 아니라며 이행을 거듭 지시했다고 감사원은 밝혔다.

또 장기재정전망협의회 간사였던 기재부 A 국장은 같은 해 8월 '두 자릿수' 지시를 이행하기 위해 협의회 심의·조정 절차도 거치지 않고 전망 전제와 방법을 임의로 변경했다.

정부는 전망의 객관성과 투명성 등을 확보하기 위해 민간 전문가를 포함한 협의회를 구성해 중요 사항을 심의·조정하도록 하고 있는데, 이런 절차를 무시한 것이다.

A 국장은 부총리의 부당한 지시에 단 한 번의 반론이나 우려를 제기하지도 않았고, 실무자들의 여러 차례 반대를 묵살한 채 2060년 국가 채무 비율 전망치 '81.1% 안'을 부총리에게 보고한 것으로 조사됐다.

결국 축소·왜곡된 전망 결과가 같은 해 9월 최종 발표되고 국회에 제출됐다.

감사원은 "재정 상태의 진단이라는 장기 재정 전망의 역할과 목적에 따라 전망 과정에서는 정부 의지가 개입되지 않도록 하는 것이 국제적으로 통용되는 대원칙"이라며 "2060년 국가 채무 비율을 두 자릿수로 축소·왜곡함으로써 장기 재정 전망의 객관성·투명성 및 정부의 신뢰를 훼손했다"고 지적했다.

감사원은 조세 재정 연구원과 함께 정당한 전제와 방법에 따라 다시 장기 재정 전망을 한 결과 2060년 국가 채무 비율이 148.2%로 도출됐다고 설명했다.

문재인 정부 출범과 함께 국무조정실장으로 중용된 홍남기는 2018년 12월 10일 경제부총리로 임명돼 1,247일간 재임했다. 이는 역대 부총리 겸 기재부 장관 가운데 최장수 재임 기록이다.

홍남기의 기록이 얼마나 대단한 것인가 하면 홍남기 다음으로 오랫동안 경제부처 장관을 역임한 사람은 이명박 정부의 윤증현 기획

재정부 장관이다. 윤증현의 재임 기간은 842일이다. 홍남기 재임 기간의 2/3밖에 되지 않는다.

최장수 경제부총리 홍남기는 후배 공무원들에게 분명한 교훈을 남겼다. 국가의 미래를 신경 쓰지 않으면 장수하는 장관이 된다는 것이다. 조금 비굴해 보일지라도, 정권의 입맛에 맞게 행동하면 실리를 챙길 수 있다는 것이다.

연금 개혁, 무조건 많이 주는 쪽으로
개혁하라

연금 개혁은 어렵다. 정치적으로 해결하기가 어렵다. 당장의 표를 계산해야 하는 정치인들은 연금 개혁을 가능하면 미루려고 한다. 대한민국의 국민연금은 시한부 제도다. 현재로써는 그렇다. 2055년도에 고갈된다고 연구 결과로 발표돼 있다. 이걸 모르는 정치인은 없다.

국민연금이 고갈되는 이유는 보험료는 적게 내면서 나중에 받는 수급액은 많기 때문이다. 적게 내고 많이 받으면 적자는 당연한 것. 그래서 국민연금을 개혁해야 한다는 목소리로 이 글을 쓰고 있는 2024년 대한민국은 뜨겁다.

국민연금 개혁은 두 가지 방향이다. 첫째, 돈을 더 내고 현재와 같은 비율로 받을 것이냐? 둘째, 돈을 더 내고 조금 더 받을 것이냐?

대한민국 우파정당을 대표하는 국민의힘은 지금보다 돈을 더 내고 현재와 같은 비율, 즉 수급률을 40%로 해야 한다는 입장이다. 좌파정당을 대표하는 더불어민주당은 지금보다 돈을 더 내고 수급 비율도 조금 더 높여서 45%로 하자고 주장하고 있다. 이것이 협상 과정에서 조금 바뀌어서 수급 비율을 44%로 하는 것으로 좁혀졌다. 하지만 그것이 21대 국회에서 처리되지 않은 이유는 국민의힘에는 여전히 40%로 해야 한다는 의견을 가진 사람들이 많기 때문이다. 민주당은 이재명 대표가 44%까지 가능하다고 말했기 때문에 다른 의견을 말하는 사람들이 없다. 하지만 수급 비율을 더 높여야 한다고 생각하는 정치인들은 있는 것 같다.

국민연금 수급 비율을 40%에서 44%로 높이면 국민연금을 개혁하는 의미가 축소된다. 국민연금 보험료율을 9%에서 13%로 높이자는 것이 개혁의 초점이다. 그런데 보험료율과 수급 비율을 똑같이 높이면서 국민연금의 고갈을 막을 수는 없다. 늦추는 효과도 별로 없다.

국민연금이 고갈되는 이유는 보험료는 적게 내면서 수급율은 높게 했기 때문이다. 그렇다면 국민이 부담하는 보험료를 높이고 수급 비율을 그대로 두는 것이 고갈을 막을 수 있고, 최소한 늦출 수 있는 방안이다.

현실적으로는 이렇다. 그렇다면 정치적으로는 어떤 방안으로 처리하는 것이 이익일까? 무조건 수급 비율을 높여주겠다고 주장하는 것이 이익이다. 국민연금 수급 비율을 높이면 당장 국민연금 수급자들이 받는 액수가 커진다. 돈을 더 주는데 싫어할 국민은 없다. 매달 통장에 입금되는 돈이 증가한 이유가 민주당이 수급 비율을 높이자고 주장해서 그렇게 된 것이라는 것을 알기에 그들은 민주당에 호의적일 수밖에 없다.

반대로 수급 비율을 상대적으로 낮게 책정하려는 국민의힘의 주장은 국민연금 재정 안정 측면에서 매우 합리적이다. 하지만 정치적으로는 불리하다. 당장 연금을 수급하는 사람들의 지지를 받기 힘들다. 미래에 고갈되는 연금은 지금 당장의 문제가 아니다. 미래 세대라고 해도 지금 당장의 문제가 아니기 때문에 연금 개혁을 올바른 방향으로 추진한다고 해서 지지하지는 않는다. 물론 일부가 지지할 수 있지만 비율이 매우 낮을 것이다.

'국민연금 수급 비율을 높여서 노인들이 안정적으로 생활할 수 있도록 해야 한다.' 이런 주장은 매우 그럴듯하게 들린다. 노인들의 인기를 끌 수 있다. 노인이 아닌 사람들에게도 온정적인 정치인으로 보일 수 있다.

재정 안정을 위해서 수급 비율을 상대적으로 낮게 책정해야 한다고 주장하면 매정한 사람으로 보일 수 있다. 현재 국민연금을 수령하는 세대에게 인기를 얻기는 더 힘들다.

정치인들은 무조건, 국민연금 수급 비율은 더 높이겠다고 주장해야 한다. 그것이 당장 정치적으로 유리하다.

그러면 이런 질문이 남을 수 있다. 그렇게 국민연금 수급 비율을 높여주면 연금이 고갈될 텐데, 어쩌려고 그러나?

그걸 걱정하지 말라는 것이 이 장의 핵심 내용이다. 국가의 미래나, 국민의 미래나, 젊은 세대의 장래에 대해서는 신경 쓰지 말라. 그건 나중의 문제다. 현재의 정치에서 승리하려면 그렇게 해야 한다. 바로 몇 년 후 사라질 사람처럼, 몇 년 후 없어질 나라에 사는 사람처럼, 그런 사람처럼 정치해야 한다. 그런 정치인이 승리한다.

공룡의 멸종… 안드로메다

지구에서의 인류는 멸망한다. 지금 당장은 아니지만, 지구에 생존하는 인류가 멸망하는 것은 정해진 우주의 이치다. 천체물리학자들이 밝혀낸 결과에 의하면 지구는 안드로메다와 충돌해서 멸망할 운명이다. 지구가 안드로메다에 속한 별들과 직접 충돌하는 것은 아니다. 하지만 안드로메다와 우리가 속한 은하가 충돌하면서 태양에서 발생한 열 때문에 지구의 수온이 급격히 상승한다. 그래서 지구가 멸망한다. 그 과정을 이론 천체물리학자 케이티 맥은 자신의 책 『우주는 계속되지 않는다』에서 이렇게 묘사한다. 내용을 이해하려면 약간의 집중이 필요하다.

약 1조 개의 별과 초거대질량 블랙홀을 품은 이 거대한 나선원반(안드로메다)은 초당 110㎞의 속도로 우리(은하)를 향해 돌진하고 있다. 궤도에서 튕겨 나간 별들이 우아한 곡선을 그리며 우주 공간으로 뻗어나가며 빛의 물줄기를 이룬다. 은하의 수소들이 급작스럽게 충돌하면서 항성 탄생의 신호를 알리는 작은 폭발이 일어난다. 각각의 은하 가운데에서 잠자고 있던 초거대질량 블랙홀들이 중간에서 만나 소용돌이치면서 블랙홀 주변 가스에 불이 붙는다. 강렬한 복사선과 고에너지 입자 줄기가 가스와 별들이 마구잡이로 섞인 혼돈을 뚫고 들어가고, 질량이 더 커진 새로운 초거대질량 블랙홀 안으로 운을 다한 물질들이 소용돌이치며 들어가 뜨거운 X선을 발사하여 은하수와 안드로메다의 충돌로 탄생한 '은하드로메다' 은하를 환히 비춘다.

이 거대한 두 은하 철도가 충돌하더라도 항성들은 서로 거리가 워낙 멀기 때문에 직접적인 영향은 받지 않을 것이다. 따라서 태양계는 살아남을 가능성이 크다. 하지만 지구는 아니다. 이미 적색거성으로 부풀어 오른 태양이 지구 대양의 수온을 끌어올려 생명의 가능성을 모조리 짓밟은 뒤이기 때문이다.

초속 110㎞의 속도는 시속으로 환산하면 40만 ㎞나 된다. 여객기가 빨리 비행할 때의 속도가 1천 ㎞ 정도다. 보통은 700㎞ 정도로 비행한다. 그러니 안드로메다가 얼마나 빠른 속도로 우리가 속한 은하를 향해 날아오는지 알 수 있다. 하지만 그렇게 빠른 속도로 날아온다고 해서 지금 당장 걱정할 일은 아니다. 안드로메다가 상상할 수 없을 정도로 빠른 속도로 비행하지만, 우리 은하에 몇 년 안에 도착하는 것은 아니다. 최소한 수십억 년은 걸릴 것이라고 과학자들은 책에 써놓고 있다.

많은 사람이 국가의 미래를 걱정한다. 그 미래가 안드로메다가 우리 은하를 덮치는 아주 먼 훗날의 미래를 말하는 것은 아니다. 수십 년의 또는 1백여 년의 미래를 말하는 것이다. 국가의 미래를 걱정하는 사람들 가운데에는 정치인들도 있다. 그런 정치인들은 국가의 미래를 생각해서 정책을 펼쳐야 한다고 주장한다. 그런 정책을 공약하고 그런 방향으로 정책을 추진하려 한다.

하지만 많은 정치인이 국가의 미래는 전혀 신경 쓰지 않는다는 듯이 행동한다. 국가 채무가 급증해서 점점 더 국가가 가난해지는 것을 걱정하지 않는다. 연금이 고갈되지 않도록 안정적으로 운영되도록 노력해야 한다는 사실을 외면한다.

인간의 운명은 어떻게 될지 알 수 없다. 6천6백 년 전 모든 동물 가운데 가장 뛰어난 지능을 가졌던 공룡도 자신들의 멸망을 예측하지 못했다. 아주 우연히 공룡들은 멸종됐다. 아주 작은 소행성이 지구와 충돌했기 때문이다. 충돌이라고 하기에는 지구에 비해 아주 작고, 그렇다고 운석이라고 하기에는 어마어마하게 큰 돌멩이다. 이 소행성은 지름이 11㎞로 추정된다. 울릉도보다 더 크다. 소행성은 멕시코의 유카탄반도에 충돌했다. 충돌할 당시 속도가 시속 수만 ㎞였다. 충돌로 인해 깊이 39㎞, 폭 200㎞의 거대한 불구덩이가 생겼다.

멕시코에 떨어진 거대한 소행성이 지구에 충격을 주었다. 충돌 당시의 충격만으로 공룡의 일부가 죽었다. 소행성이 지구와 충돌하면서 지구 전체를 뒤덮은 먼지구름이 발생했다. 이 먼지구름이 10년간 지구를 뒤덮으면서 빙하기가 찾아왔다. 빛이 차단되니 식물도 동물도 사는 것이 힘겨운 투쟁이었다. 지구의 많은 생명체가 이 시기에 멸종했다. 그 시절 가장 몸집이 큰 동물이었던 공룡은 그 큰 몸집으로 인해 멸종하기에 가장 적합한 생명체였다.

공룡의 느닷없는 멸종 상황을 알고 나면, 국가의 미래를 신경 쓰지 않으면서 지금 당장의 정치적인 이익을 위하는 정치인들의 행동이 현명할 수도 있겠다는 생각이 든다. 언제 어떻게 될지 모르는 데 일단 쓰고 보자.

사실 우리는 매우 위험한 비행체에 우리의 운명을 맡기고 있다. 지구는 태양을 중심으로 공전한다. 그런데 그 공전 속도가 매우 빠르다. 초속 30㎞로 공전한다. 시속으로 환산하면 10만 ㎞가 넘는다. 앞에서 비행기의 속도를 설명했었다. 비행기보다 1천 배 이상 빠른 속도다. 그렇게 빠른 속도로 우주 공간을 비행하는 비행체 안에서 우리가 살고 있다. 안전벨트도 매지 않고서. 얼마나 아찔한 상황인가?

이렇게 아찔한 상황에 살면서 미래를 걱정하는 것이 의미 없다고 생각할 수도 있다. 그런데 지구는 46억 년이나 존재해 왔다. 46억 년 동안 무사고로 비행 중인 비행체는 앞으로 수억 년 동안은 무사할 것이라고 판단해도 무리가 아니다. 더구나 이 비행체는 조종사가 조종하는 것도 아니다. 인간이 만든 AI가 운전하는 것도 아니다. 자연적으로 창조된 우주의 힘이 조종하는 것이다. 138억 년 전부터 우주를 지배하고 있는 그 우주의 힘이 조종한다. 그러니 사고가 날 확률은 0이라고 해도 틀린 주장이 아니다.

어린아이들은 마시멜로 실험에서 1/3만이 인내심을 가지고 기다렸다. 미래의 번영과 미래의 안정을 생각하는 아이가 1/3이라는 것이다. 성인들도 다르지 않을 것이다. 어떤 이는 지금 죽겠는데 미래가 무슨 소용이냐고 할 수 있고, 어떤 이는 내일 무슨 일이 일어날지 모르는데 무슨 미래를 걱정하느냐고 할 수도 있다. 그래서 국가의 미래를 걱정하는 정치인들이 승리하기 어렵다. 국가의 미래를 신경 쓰지 않고 지금 당장의 삶을 만족시키겠다는 정치인들이 이긴다.

이론 천체물리학자 케이티 맥은 안드로메다가 우리 은하와 충돌해도 인류는 멸망하지 않을 것이라고 자신의 책 『우주는 계속되지 않는다』에서 희망적으로 예측했다. 인류는 놀라운 독창성을 발휘해서 태양계의 다른 별에 기지를 건설하고, 그곳에서 살 것이라는 예측이다. 그러면서 안드로메다와 우리 은하가 충돌해서 하나로 합쳐지는 아름답고 경이로운 광경을 지켜볼 것이라고 했다.

인류뿐 아니라 모든 생명체는 생존본능에 충실하기에 그럴 가능성이 충분히 있다. 하지만 태양계 다른 곳에 인류의 보금자리를 건설하는 것을 결정하는 것은 정치인들의 몫이다. 안드로메다와 우리 은하가 충돌하는 것이 예상되면 인류의 멸망을 막기 위해서 오래전부터 다른 별에 우리가 살 거처를 마련하는 준비를 해야 한다. 그것은 돈이 드는 일이다. 미래를 위해 현재의 돈을 지출해야 하는 일이다. 미래를 신경 쓰지 않고, 현재를 우선하는 정치인들이 그런 결정을 할 수 있을까? 미래를 위해 준비하고 투자해야 한다고 대중을 설득할 수 있을까? 그렇게 하는 것이 정치적으로 불리한데 그럴 수 있을까?

장기적으로 국가에 이로운 것은 선거에 불리하다. 이 사실을 이기는 정치인들은 잘 안다. 그렇기에 이기는 정치인들은 국가의 미래는 신경 쓰지 않는다. 현재의 정치적 승리를 위해 미래를 희생시킨다. 현재 유권자의 이익을 위해 미래 유권자의 자산을 낭비한다. 이런 정치인들이 계속해서 이기는 정치가 이어지면 인류가 다른 별에 터를 잡고서 우리 은하와 안드로메다가 연출하는 우주쇼를 관람하는 미래는 실현되지 않는다.

7.

사자(死者)를 이용하라.
상대편의 사자는 악마화하라

인간은 누구나 죽는다. 그렇기 때문일까. 인간은 산 자(생자, 生者)보다는 죽은 자(사자, 死者)를 더 신뢰하고 추앙한다. 생자의 말은 믿지 않고 생자의 업적은 깎아내리면서, 사자의 유언은 신뢰하고 사자의 업적은 부풀린다.

재임 시절 독재자로서 수많은 비난을 받았던 나폴레옹은 죽고 난 후 프랑스의 영웅으로 추앙받는다. 그를 이용하려는 당시 국왕 루이 필리프의 전략이 기폭제가 되기는 했지만, 독재자이면서 심지어 식인종으로까지 묘사됐던 나폴레옹이 지금과 같은 프랑스의 영웅으로 추앙받는 이유는 이미 그가 죽었기 때문이다.

나폴레옹은 주변 국가에게는 원수나 다름없다. 무자비한 전투력을 통해 주변국을 정복해 나갔기 때문이다. 하지만 그가 죽고 난 후 오래지 않아서 영국의 빅토리아 여왕은 직접 나폴레옹의 묘소를 참배했다.

독일의 독재자 히틀러도 나폴레옹의 묘소를 참배했다. 1940년 6월 히틀러는 직접 나폴레옹의 유골이 담긴 석관을 찾아 모자를 가슴에 대고 허리를 숙여 경의를 표했다.

물론 빅토리아 여왕과 히틀러의 참배는 모두 정치적인 목적을 갖고 행해진 것이다. 그럼에도 분명한 것은 나폴레옹은 살아있을 때보다 죽고 난 후에 더 영웅시됐다는 점이다.

나폴레옹은 수많은 전투에서 승리를 올린 지도자다. 최후의 전투에서 패한 것이 흠이지만, 그는 많은 전쟁에서 승리했다. 그렇기 때문에 프랑스인들이 그를 영웅시할 수 있는 조그만 근거는 있다. 하지만 전투에서 패배했음에도 사후에 영웅시된 인물이 있다.

1389년 세르비아의 왕 크네츠 라자르는 오스만튀르크의 군대에 처참하게 몰살당했다. 전투에서 완패한 것이다. 전투에서 완패한 왕은 패배자로 기록되고, 무능한 지도자로 기억될 뿐이다. 하지만 라자르는 사후 600년 후 누구도 대체할 수 없는 영웅으로 부활한다. '비굴하게 굴복하지 않고 의연하게 죽음을 택한 영웅'으로 부활한 것이다.

1989년 악명 높은 밀로셰비치가 라자르를 영웅으로 부활시켜서 이것을 원동력으로 장장 10년간의 코소보 내전을 일으킨다. 죽은 자의 힘을 이용해서 현재 자신의 욕망을 채우려 한 대표적인 사례다.

사자는 생자보다 강하다. 인간은 생자보다 사자에게 더 많은 신뢰를 보낸다. 그런 까닭에 대통령에 당선되고 나면 가장 먼저 국립묘지를 찾고, 사자의 생가를 방문한다. 사자에게 무한한 신뢰를 보내는 인간의 심리를 알기에 살아있는 정치 세력들은 사자의 이름을 적절히 이용한다. 독재자와 위대한 지도자라는 두 가지 평을 받고 있는 박정희 전 대통령은 지금 위대한 지도자라는 평가를 더 크게 받고 있다. 역대 대통령 지지도에서 늘 1, 2위를 차지하고 있는 깃이 이를 증명한다.

재임 시절 매우 낮은 국민 지지를 받았던 노무현 전 대통령은 자살하고 난 후 오히려 더 견고한 지지층을 확보하고 있다. 한나라당과 연정을 제안하는 등 여러 돌출 행동을 보였던 노 전 대통령은 재임 시절 여당 내에서조차도 비난받는 대통령이었다. 퇴임 직후에는 부패 혐의가 드러나서 또한 비난받았다. 하지만 자살이라는 극단적인 선택을 하고 난 후 오히려 그의 인기는 더 올라갔고, 지지층도 견고해졌다. 그리고 그런 지지층을 기반으로 친노 세력은 여전히 건재하다.

정치인들은 자신의 정치적인 이익을 위해, 정치적인 활로를 모색하는 데 사자를 활용한다. 그 때문에 사자는 더 영웅이 되고, 영웅이 된 사자는 더 많은 현실 정치인의 활용 대상이 된다.

사자가 다 영웅이 되는 것은 아니다. 죽은 후에 더 비난받는 인물도 있다. 업적이 과소평가되기도 한다. 사자를 잘 활용하는 쪽에서 상대편 진영의 사자를 초라한 인물로, 부패인사로 만드는 것이다.

사자를 잘 활용한 쪽은 정치에서 승리하고, 사자를 활용하지 못한 쪽은 대한민국 정치에서 불리한 처지에 놓였다. 앞으로도 그렇게 될 것이다.

대한민국 정치판에서 좌파 진영이 사자를 잘 활용한다. 우파 진영은 그런 영민함을 갖추지 못했다.

자살 후 성인(聖人)이 된 노무현

오늘 우리는 노무현 전 대통령을 영원히 떠나 보낸다. 서울 경복궁 영결식과 서울시청 앞 노제가 끝나면 노 전 대통령은 화장터에서 한 줌의 재로 변해 고향인 김해 봉하마을 한 야산의 품에 안긴다. 이미 400만 명을 넘어선 추모객들이 고인의 서거를 애도했다. 마지막 가는 길에서도 수많은 인파가 그를 추모할 것이다. 전직 대통령의 돌연한 자살이라는 전대미문의 시대적 비극이 새삼 무겁게 다가온다. 다시 한번 옷깃을 여민다.

노 전 대통령의 죽음은 '바보 노무현'의 부활이라 할 만한 사회 현상을 낳았다. 우리 모두가 고인을 사지로 내몬 데 대한 연민과 애통함, 분노로 시작된 추모는 우리 스스로의 삶을 반추해보는 계기를 마련했다. 그것은 소통 부재의 정권에 대한 항거이자, 피폐해진 삶에 대한 절규였다. 실종된 시대 정신과 가치에 대한 회한이기도 하다. 고인은 죽음으로써 '가난한 자들의 친구, 서민의 수호자'로 거듭났다. 고인은 더불어 사는 세상을 꿈꾸는 이들의 가슴속에 길이 남을 것이다.

2009년 5월 29일 『경향신문』의 사설 내용이다. 고인이 된 노무현에 대한 애정과 존경이 가득 담겨있는 글이다.

그해 5월 23일 대한민국 16대 대통령을 지낸 노무현이 자살했다. 그의 사저가 있는 봉하마을의 부엉이 바위에서 새벽에 뛰어내렸다. 그의 나이 62세다.

자살 후 노무현은 다른 사람이 됐다. 그에 대한 국민의 평가에 있어서 그렇다. 자살하기 직전까지 노무현은 부정 축재를 한 전직 대통령에 불과했다. 곧 사법 처리를 받아서 구속될 위기에 처해 있는 부패한 전직 대통령이었다. 하지만 자살 후 그에 대한 평가는 완전히 달라졌다. 정반대가 됐다. 그는 너무나도 순진한 정치인 '바보'가 되었다. 대한민국의 거대한 권력에 의해 희생된 작은 인간에 불과했다. 수구 권력에 맞선 용기 있는 정치인이었다. 자신을 희생해서 기득권을 깨고 새로운 대한민국을 건설하려 했던 용기 있는 지도자였다. 그렇게 사자가 된 노무현은 살아있을 때의 노무현보다 더 높게 평가되고, 더 훌륭한 인물로 평가됐다. 그것은 지금도 진행형이다.

『경향신문』은 2009년 5월, 고 노무현의 영결식 장면을 이렇게 보도했다.

"죄송합니다. 사랑합니다. 행복했습니다. 편안히 가십시오."

고(故) 노무현 전 대통령 영결식이 29일 오전 서울 경복궁 앞뜰에서 엄숙하게 거행됐다.

노 전 대통령의 유해는 국화꽃으로 장식된 캐딜락 운구차에 실려 당초 예정보다 늦은 오전 6시께 봉하마을을 떠나 경찰 순찰차 5대와 선도차 뒤에 영정차, 영구차, 상주 및 유족 대표 승용차, 장의위원장 및 집행위원장 승용차, 친족과 장의위원 대표단 버스 순으로 영결식장으로 들어왔다.

영결식은 이명박 대통령과 김대중, 김영삼 전 대통령, 한승수 국무총리를 비롯한 정·관계 주요 인사, 주한 외교사절, 권양숙 여사와 노건호·정연 씨를 포함한 유족 등 2,500여 명이 참석한 가운데 엄숙하게 거행되고 있다. 장의위원 1,000여 명과 각계 인사 및 시민 800명도 참석, 고인의 넋을 기렸다.

영결식은 운구차량 행렬이 오전 11시께 경복궁 흥례문 앞뜰에 마련된 영결식장에 들어서는 순간 군악대의 조악 연주로 시작됐다.

이후 송지헌 아나운서의 사회로 국민의례와 고인에 대한 묵념, 장의위원회 집행위원장인 이달곤 행정안전부 장관의 고인 약력 보고, 공동장의위원장인 한승수 총리와 한명숙 전 총리의 조사, 불교와 기독교, 천주교, 원불교의 종교의식이 이어졌다.

영결식장 무대 양쪽에 설치된 대형 전광판에서는 노 전 대통령의 대통령 취임식 선서를 비롯한 고인의 행적을 기리는 생전의 영상이 방영됐다.

이어 「새같이 날으리」, 「미타의 품에 안겨」 등 조곡이 연주되는 가운데 권양숙 여사를 포함한 유족과 이명박 대통령을 비롯한 고위인사, 외교사절들이 차례로 노 전 대통령의 영정에 헌화했다.

영결식은 국립합창단의 「상록수」 합창과 해금으로 연주하는 「아침이슬」 등 추모공연에 이어 육·해·공군 조총대원들이 조총 21발을 발사하는 의식을 끝으로 마무리됐다.

이날 영결식 장면은 공중파 TV뿐 아니라 광화문과 서울광장, 서울역 일대의 대형 전광판에서도 생중계됐다.

공동 장의위원장인 한명숙 전 국무총리는 "노무현 대통령님. 얼마나 긴 고뇌의 밤을 보내셨습니까? 얼마나 힘이 드셨으면, 자전거 뒤에 태우고 봉하의 논두렁을 달리셨던, 그 어여쁜 손녀들을 두고 떠나셨습니까?"라며 울먹이며 조사를 낭독했다.

한 전 총리는 노 전 대통령의 업적 등을 되돌아본 후 "다음 세상에서는 부디 더는 혼자 힘들어 하시는 일이 없기를, 더는 혼자 그 무거운 짐 안고 가시는 길이 없기를 빌고 또 빕니다."라며 "님을 놓아드리는 것으로 저희들의 속죄를 대신하겠습니다. 이제 마지막 가시는 길, 이승에서의 모든 것을 잊으시고, 저 높은 하늘로 훨훨 날아가십시오. 대통령님 죄송합니다. 사랑합니다. 행복했습니다. 대통령님 편안히 가십시오."라고 말 맺음 했다.

생자 노무현은 인기 없는 정치인

　　　　　사자는 강하다. 생존해 있을 때보다 사자가 된 이후 더 많은 위력을 발휘하곤 한다. 사자의 위력은 사자 스스로 만드는 게 아니다. 생존해 있는 사람들이 후대의 사람들이 사자를 위대한 인물로 만들고 강력한 힘을 발휘하는 존재로 만든다. 노무현에 대한 좌파 진영의 존경과 사랑은 그를 더 위대한 인물로 만든다. 그로 인해 그와 같은 편인 좌파 진영은 더 도덕적인 세력, 더 깨끗한 세력으로 포장된다. 더 도덕적인 세력으로 포장된 좌파 진영이 노무현을 숭배함으로써 노무현은 또한 더 위대한 인물로 된다. 이렇게 선순환이 이뤄진다. 노무현은 좋은 사람, 좌파 진영, 특히 민주당은 좋은 정치 세력. 이렇게 프레임이 만들어진다.

　　그렇다면 사망하기 전 노무현에 대한 평가는 어떠했나? 노무현은 대통령 재임 시절에는 매우 인기 없는 정치인이었고, 퇴임 후에는 더욱더 인기 없는 인물이었다. 퇴임 후 그와 그의 가족은 태광실업 박연차 회장으로부터 여러 차례에 걸쳐서 거액의 현금을 받은 것이 드러났다. 한 개당 1억 원이 넘는 피아제 시계도 선물로 받았다. 그런 범죄 혐의들로 인해서 노무현에 대한 평가는 매우 낮았고, 좌파 진영에서조차 노무현을 지독하게 비판했다. 좌파 진영은 노무현으로 인해서 좌파 진영이 몰락할 것을 두려워했다. 좌파 언론『경향신문』의 사설을 보면 자살하기 전 노무현에 대한 국민의 평가가 어떠했는지 가늠할 수 있다.

　　2009년 4월 8일『경향신문』의 사설은 제목부터가 비판적이다. "노무현 전 대통령의 고백, 국민은 참담하다.”

　노무현 전 대통령이 어제 부인 권양숙 여사가 박연차 태광실업 회장의 돈을 받았다고 고백했다. 노 전 대통령은 정상문 전 청와대 총무비서관이 박 회장으로부터 수억 원을 받은 혐의로 검찰에 전격 체포되자 자신의 홈페이지에 글을 올려 “그 혐의는 정 비서관의 것이 아니고, 저희들의 것”이라고 실토했다. “미처 갚지 못한 빚이 남아있기 때문”이라고 해명했으나 ‘반칙과 특권 없는 세상’이라는 기치를 내걸었던 노 전 대통령의 위선을 보는 것 같아 말문이 막힌다.

　조카사위 연철호 씨가 박 회장으로부터 500만 달러를 받은 데 대해서도 “퇴임 후 이 사실을 알았다”고 털어놨다. 정작 조치를 취하지 않은 것은 “‘특별히 호의적인 동기’가 개입된 것으로 보였지만, 성격상 투자이고, 저의 직무가 끝난 후의 일이었기 때문”이라고 주장했다. 의심했는데도 문제로 삼지 않았다니 ‘정의’와 ‘청렴’을 입에 달고 살았던 그답지 않아 보인다. 자세한 경위야 앞으로 드러나겠지만 “경제에는 무능했을지 몰라도 정치를 바로잡고, 부패를 몰아내는 데는 앞장섰다”는 그의 호언은 그야말로 허언이 되고 말았다.

　노 전 대통령의 고백은 분노, 배신을 넘어 참담함을 자아낸다. 당선자 시절인 2002년 12월 “이권 개입이나 인사청탁을 하다 걸리면 패가망신시키겠다”고 일갈한 그는 형 건평 씨의 인사청탁 의혹이 일자 “별 볼 일 없는 시골 노인에게 머리 조아리지 마라”며 일소에 부쳤다. 측근 수사엔 “언론이 깜도 안 되는 것을 갖고 소설을 쓴다”고 공박했다. 임기 마지막 해인 2007년 신년 기자회견에서도 “(임기 중) 무슨 사건에서 비자금이 나오고 정·관계 로비라는 말이 나온 게 한두 번이 아니었지만 다행히 결과는 아무것도 없었다”고 큰소리를 쳤을 정도다.

이미 드러난 참여정부의 권력형 비리 정황도 충격적이다. 형님과 조카사위, 가신과 측근들도 모자라 결국 자신까지 수사를 받아야 하는 상황을 뭐라 할 것인가. 더구나 뒤늦은 고백을 촉발시킨 정 전 비서관은 노 전 대통령의 죽마고우라는 점을 감안하면 앞으로 드러날 비리의 실체를 쉽게 가늠하기 어려워 보인다. 얼마 전 박 회장이 "노 전 대통령과의 인연은 우연이 아니라 운명이 돼버렸다. 이제는 감출 수도 없게 됐고, 다 털어버리겠다"고 한 으름장의 끝이 어디일지 궁금하다.

노 전 대통령은 이제 스스로 밝혔듯이 검찰 조사에 성실히 임하여 한 치 의혹도 없이 진상을 밝히고, 이에 대해 당당하게 책임을 져야 한다. 그것이 바로 전직 대통령으로서 한때 그를 성원했던 지지자들과 국민에게 진정으로 사죄를 구하는 일이다. 혹여 이번 고백이 측근 세력을 비호하기 위한 정치적 고려라면 노 전 대통령은 두 번 죄를 짓는 것이다.

앞에 실은 노무현 사망 후의 사설과는 시각이 전혀 다르다.

"400만 명을 넘어선 추모객들이 고인의 서거를 애도했다. 마지막 가는 길에서도 수많은 인파가 그를 추모할 것이다. … 고인은 죽음으로써 '가난한 자들의 친구, 서민의 수호자'로 거듭났다. 고인은 더불어 사는 세상을 꿈꾸는 이들의 가슴속에 길이 남을 것이다."

『경향신문』은 노무현 사망 후 이런 표현으로 사설을 실었다. 하지만 위의 글처럼 사망 전 노무현에 대해 『경향신문』은 매우 신랄하게 비판했다.

"진상을 밝히고 책임져야 한다", "사죄를 구하는 길이다", "두 번 죄를 짓는 것이다."

이렇게 비판했다. 이것 한 번뿐이 아니다. 『경향신문』은 여러 차례 사설을 통해서 노무현을 비난했다.

이 신문 2009년 4월 12일 자 사설은 제목이 <노 전 대통령이 아는 진실은 무엇인가?>이다. 이 사설에서 이 신문은 "노 대통령이 비서관을 통해 돈 가방을 받은 사실을 몰랐다고 하는 해명을 납득이 되지 않는다."라고 썼다.

노무현 전 대통령의 부인 권양숙 여사와 아들 건호 씨가 각각 검찰에 소환돼 조사를 받았다. 둘 다 참고인 자격이라고 하지만 이번 사건에서 두 사람이 차지하는 비중은 결코 작지 않다. 태광실업 박연차 회장이 노 전 대통령 측에 건넨 뭉터기 돈의 성격과 사용처에 대해 국민이 납득할 수 있도록 설명할 의무가 이들에게 있다. 정상문 전 청와대 비서관을 통해 받은 미화 100만 달러와 현금 3억 원, 노 전 대통령의 조카사위가 받은 500만 달러와 노 전 대통령 사이에 어떤 연관성이 있는지에 대해서도 진실을 밝혀야 한다. 이들이 검찰에서 어떤 진술을 하느냐에 따라 노 전 대통령의 사법 처리 여부가 결정될 수도 있는 상황인 것이다.

주목되는 것은 노 전 대통령의 달라진 태도다. 노 전 대통령은 처자가 나란히 검찰에 불려간 직후 "아내가 한 일로 나는 몰랐다"며 "사실과 다른 이야기가 언론에 보도되는 데 대해 방어하고 해명하겠다"는 내용의 글을 홈페이지에 올렸다. 어느 날 갑자기 충격적인, 그러나 의문의 여지가 많은 사과문을 불쑥 발표하더니 그 며칠 뒤엔 "제가 아는 진실과 검찰이 의심하는 프레임이 같지는 않을 것"이라고 알쏭달쏭하게 말하던 것과는 사뭇 다른 양상이다. 하지만 이번에도 노 전 대통령이 아는 진실은 무엇이고, 검찰이 의심하는 것으로 보이는 프레임이란 어떤 것인지 설명이 없기는 마찬가지다. 그러면서 적극 방어에 나서겠다고 하니, 자기 패는 감추고 상대가 공격해 오기를 기다렸다가 반격을 가하는 게임이라도 하겠다는 것인지 여전히 그 속내가 궁금하다.

노 전 대통령도 인정했듯이 부인이 청와대 관저에서 대통령의 절친한 친구인 비서관을 통해 돈 가방을 받았는데 대통령이 까맣게 몰랐다고 한다면 상식적으로 납득이 안 된다. 상식에 어긋나는 일이 사실로 벌어지는 경우가 없는 것은 아니지만 그게 사실로 받아들여지려면 말하는 쪽이나 듣는 쪽 모두에 신뢰 관계가 있어야 한다. 노 전 대통령이 이번 사건과 관련해 그 같은 믿음을 국민에게 주었다고 보기 어렵다. 노 전 대통령에게 지금 필요한 것은 '방어와 해명'이 아니라 진정성 담긴 고백이다.

이 책에서 노무현에 대한 논평을 실은 『경향신문』의 글을 싣는 이유는 『경향신문』이 대표적인 좌파 언론이기 때문이다. 노무현이 사망할 당시나 이 글을 쓰는 2024년이나 『경향신문』은 대표적인 좌파 신문이다. 노무현이나 민주당을 포함한 대한민국 좌파에게 관대한 언론이라는 것이다. 노무현이 자살하기 전에 얼마나 인기 없는 전직 대통령이었는지, 얼마나 부패한 정치인이라고 비판받았는지를 객관적으로 설명하고자 좌파 언론의 글을 실었다.

혹시 좌파 언론 가운데 『경향신문』만 사망 전 노무현에 대해 비판적인 글을 실은 것은 아닌가? 이런 의문을 제기할 수도 있다. 그래서 당시 『한겨레신문』의 사설도 싣는다. 2009년 4월 14일 노무현이 사망하기 한 달여 전에 『한겨레신문』에 실린 사설이다. <밝혀야 할 수백만 달러의 대가>라는 사설 제목만 보아도 『한겨레신문』도 당시 노무현을 비판했음을 알 수 있다. 그리고 『한겨레』와 『경향』뿐 아니라 대부분의 좌파 언론이 당시 노무현을 강하게 비판했다.

　　박연차 태광실업 회장이 노무현 전 대통령 쪽에 줬다는 돈의 성격
등을 놓고 검찰과 노 전 대통령 쪽의 논란이 거세다. 노 전 대통령 쪽
은 빌린 돈이나 투자금이라고 주장하는 반면, 검찰은 대가성 있는 뇌
물로 보는 듯하다. 노 전 대통령이 이를 언제 알았는지에 대해서도 양
쪽 주장이 엇갈린다. 실체적 진실은 법정에서 가려지겠지만, 지켜보는
국민으로선 어지럽기 짝이 없다.

　　돈의 흐름은 어느 정도 드러나 있다. 노 전 대통령의 부인 권양숙 씨
가 정상문 전 청와대 총무비서관을 통해 100만 달러를 받는 등 모두
13억 원가량을 받았고, 조카사위 연철호 씨는 아들 노건호 씨와 함께
박 회장을 만난 뒤 500만 달러를 받았다고 한다. 아무런 대가 없이 주
고받기에는 큰돈이다. 노 전 대통령이 없다면 그런 거액을 줬겠느냐고
의심하는 게 당연하다. 노 전 대통령 쪽은 이런 합리적인 의심에 답해
야 할 일차적 책임이 있다.

　　그런데도 노 전 대통령 쪽은 모호한 말로 이를 회피하고 있다. 노
전 대통령은 누리집에 잇따라 올린 글에서 권 씨가 돈을 받은 사실을
'몰랐다'는 말 말고는 왜 받았는지, 어디에 썼는지 등은 밝히지 않았다.
권 씨도 검찰 조사에서 돈의 사용처에 대해서는 함구했다고 한다. 나
중의 법적 다툼에 대비하려는 방어권 행사일 수 있지만, 지금 국민이
이해하긴 어렵다.

　　박 회장이 선의의 도움만 주는 '패밀리의 일원'인 양 내세우는 것
도 상식에 맞지 않는다. 박 회장은 이익을 좇기 마련인 기업인이다.
그가 거액의 대가로 어떤 이권과 특혜를 누렸는지 묻는 것은 당연하
다. 그러잖아도 박 회장은 노 전 대통령 재임 기간에 여러 분야에 걸

쳐 사업을 확장했다고 한다. 그런 일에 노 전 대통령의 관여가 있었다면 대가 관계를 의심하지 않을 수 없다. 재임 때는 돈 받은 사실을 몰랐다며 법률적 책임이 없음을 주장하는 것과는 별도로, 노 전 대통령이 마땅히 국민 앞에 해명해야 할 대목이다. …

위험한 생각… 굿 바이 노무현

유명한 '철로를 이탈한 전차' 이야기가 있다. 마이클 샌델의『정의란 무엇인가』를 비롯한 많은 책에서 이 이야기를 설명하는 글을 실었다.

당신은 전차 기관사이다. 브레이크가 고장 난 상태로 달리는 전차를 운전하고 있다. 그런데 저 앞에 인부 5명이 작업 도구를 들고 철로에 서있다. 전차가 직진하면 5명이 모두 죽는다. 오른쪽에 비상 철로가 있다. 만약 당신이 비상 철로로 방향을 돌리면 작업자 5명은 살 수 있다. 그런데 그 비상 철로에도 한 명의 인부가 있다. 그렇다면 어떻게 할 것인가? 그냥 직진해서 5명을 죽도록 할 것인가? 전차의 방향을 바꾸어서 1명을 죽일 것인가?

이 질문에『정의란 무엇인가』는 다섯 명이 죽는 것보다 한 사람의 목숨을 희생시켜 다섯 사람의 목숨을 구하는 것이 정당해 보인다고 했다. 로버트 M. 새폴스키의 책『행동』은 60~70% 사람들이 그렇게 할 것이라고 대답했다고 한다. 대부분의 사람이 한 명을 죽이는 것이 다섯 명이 죽게 내버려두는 것보다 옳은 행동이라고 판단하고 있다. 그렇다면 이런 경우는 어떤가?

덩치가 큰 한 사람을 밀어서 그 전차를 막아 세울 수 있다면 어떻게 할 것인가? 그렇게 해서 다섯 명을 살릴 수 있다면 그 한 사람을 철로로 밀어 넣을 것인가? 이 경우에도 결과는 똑같다 한 명이 죽고 다섯 명이 사는 것이다. 이 질문에 『정의란 무엇인가』는 한 사람을 철로로 미는 행위는 몹쓸 짓이라고 대부분 말할 것이라고 했다. 『행동』은 30%만이 한 사람을 철로로 밀어 넣겠다고 답했다고 구체적으로 썼다.

결과가 같은데 사람들이 다르게 반응하는 것은 느낌 때문이다. "사람을 밀어 넣는 것은 전차의 방향을 바꾸어서 사람을 죽게 하는 것보다 언뜻 보아 더 잔인하다."

노무현의 자살에 대해 글을 쓰던 중 문득 이런 '위험한 생각'이 뇌속에 똬리를 튼다. '철로를 이탈한 전차' 이야기처럼 어떤 힘에 의해 노무현이 철로 안으로 밀려 들어간 것은 아닐까? 희생자가 된 것은 아닐까? 노무현이 자살하기 직전, 그가 같은 편이라고 생각했던 좌파 진영의 비난의 목소리는 그런 '위험한 생각'이 들게 한다. 노무현을 강하게 비난했던 아래의 글을 보면서 노무현은 어떤 생각이 들었을까? 『경향신문』 이대근 정치·국제에디터가 2009년 4월 15일 쓴 <굿 바이 노무현>이라는 제목의 칼럼이다.

노무현 당선은 재앙의 시작이었고, 노무현 정권의 재앙은 5년의 실패를 넘는다고 썼다. 그러면서 "자신이 뿌린 씨앗을 모두 거두어 장엄한 낙조 속으로 사라지라"고 했다. 악마의 편집이라는 논란을 부르지 않기 위해 칼럼의 전문을 싣는다.

"내가 잘못한 게 뭐가 있습니까. 한번 꼽아보세요." 그가 이렇게 말했을 때 어떤 잘못을 상기시키면 그가 승복할까 잠시 고민했지만, 그만두었다. 아니 그럴 필요가 없었다. 그는 비정규직·양극화 문제, 북핵 문제 외에는 잘못한 게 하나도 없다고 했다. 그는 퇴임 1년 4개월을 남겨놓은 시점에 이미 자기평가를 다 끝내고, 그걸 몇몇 언론인을 초청한 자리에서 막 선언하는 순간이었다. 갑자기 머릿속이 하얗게 지워지는 것이 느껴졌다. 그가 무슨 잘못을 했는지 하나도 생각나지 않았다. 다행히 그는 자신이 얼마나 부당한 평가를 받고 있는지 설명하는 데 열중하느라 자기가 질문을 던졌다는 사실을 잊은 듯했다. 그는 점차 진지해졌고, 얼굴은 붉어져 갔다. 담배를 꺼내 물었다. 어느새 목소리가 높아지고 빨라졌다. 의자를 옆으로 비스듬히 돌렸다. 손 움직임이 커졌고, 말은 더 거칠어졌다.

"김영삼은 자기도 모른 상태에서 벼랑으로 떨어졌고, 김대중은 임동원 해임건의 문제로 레임덕에 빠지고 게이트에 휘말렸습니다. 나는 더 이상 떨어질 곳이 없어요. 난 소통령도 없고, 게이트도 없습니다."

그러나 노무현이 그 말을 할 때는 그의 형이 박연차와 함께 농협을 먹잇감 삼아 돈을 챙긴 지 1년 지난 뒤였다. 그리고 그 말을 한 지 10개월 뒤 박연차는 대통령 지시를 받고 100만 달러가 든 가방을 대통령 관저에 가져다주었다고 한다. 또 그 말을 한 지 1년 4개월 뒤에는 노무현의 아들과 조카가 500만 달러를 요구하자 박연차는 대통령의 부탁이기에 그냥 주었다고 한다.

돈 받은 본질은 달라지지 않아

누가 돈 달라 했고, 누가 돈을 썼는지 지금 알 수는 없지만, 분명한 것은 지시하고 전달하고 받은 이들은 모두 노무현의 가족이라는 점이다. 남편·부인·형·아들·조카. 그리고 그들을 돕는 가족과 다름없는 사람들, 그들이 한 일이다. 노무현 패밀리가 한 일이다.

그런데 노무현은 범죄와 도덕적 결함의 차이, 남편과 아내의 차이, 알았다와 몰랐다의 차이를 구별하는 데 필사적이다. 그러나 그런다고 달라지지 않는다. 참여정부의 실정으로 서민들이 가난해지는 동안 노무현 패밀리는 부자가 되었다는 사실은 변하지 않는다. 재벌 개혁을 다짐하고는 삼성에 국정을 의탁하고, 특권 없는 사회를 만들겠다고 하고는 스스로 특권층이 되고, 시장 개혁 대신 시장 만능의 우상을 퍼뜨림으로써 노무현을 통해 세상의 낡은 질서를 바꾸려 했던 그 열정을 싸늘한 냉소로 바꾸어 놓고, 절망 속에 빠진 서민을 버려두고 자기들은 옥상으로 피신해 헬기 타고 안전지대로 탈출하려 했다는 사실은 조금도 변하지 않는다. "대통령 패밀리끼리는 건드리지 않기로 하자"고 했다던가. 그들에게는 정권 교체가 패밀리 교체, 아니 이권 교체로 보였던 모양이다. 그랬기에 수많은 절박한 이들의 구원의 손길을 뿌리치고 그 마지막 헬기를 향해 손 내민 한 사람만 더 태우고 떠나려 했을 것이다. "우리 쪽 패밀리에는 박연차도 포함시켜 달라." 우리는 이제 민주화 세력이 아닌, 의리·이권·혈연으로 뭉친 이 패밀리가 진정한 집권 세력이었음을 인정하지 않을 수 없다.

'나는 몰랐다'는 점을 노무현이 더 설득력 있게 해명한다 해도, 자기 정권의 존재 이유였던 개혁을 포기하면서도 그토록 지키려 했던 패밀리의 안전과 그들이 축적한 부를 지키기는 어려워 보인다. 물론 그는 쉽게 포기하지 않을 것이다. 5년간 되풀이했던 그 신물 나는 〈노무현의 투쟁〉 속편을 끝까지 보여주고야 말 것이다.

자신이 뿌린 씨앗 거두고 가길

민주화운동을 배경으로 집권한 그는 민주화운동의 인적·정신적 자원을 다 소진했다. 민주화운동의 원로부터 386까지 모조리 발언권을 잃었다. 그를 위해 일한 지식인들은 신뢰와 평판을 잃었다. 민주주의든 진보든 개혁이든 노무현이 함부로 쓰다 버리는 바람에 그런 것들은 이제 흘러간 유행가처럼 되었다. 낡고 따분하고 믿을 수 없는 것이 되었다. 그 이름으로는 다시 시민들의 열정을 불러 모을 수가 없게 되었다. 노무현이 다 태워버린 재 속에는 불씨조차 남은 게 없다. 노무현 정권의 재앙은 5년의 실패를 넘는다. 다음 5년은 물론, 또 다음 5년에도 영향을 미칠 것이다. 그렇다면 노무현 당선은 재앙의 시작이었다고 해야 옳다. 이제 그가 역사에 기여할 수 있는 일이란 자신이 뿌린 환멸의 씨앗을 모두 거두어 장엄한 낙조 속으로 사라지는 것이다.

까뮈는 『시지프 신화』에서 자살의 행동을 이렇게 서술했다. 자살 전 노무현의 심정이 이렇지 않았을까?

자살은 어떤 의미에서 그리고 멜로드라마에서처럼 하나의 고백이다. 그것은 삶을 감당할 길이 없음을, 혹은 삶을 이해할 수 없음을 고백하는 것이다. … 그것은 '굳이 살만한 것이 못 된다'는 것을 고백하는 데 불과하다.

기특한 생각··· 안녕, 우리들의 노짱

'철로를 이탈한 전차' 이야기를 다시 해보자. 누군가 덩치 큰 사람을 철로로 밀어 넣어서 전차를 세우는 방법이 있다고 했다. 그렇게 한 명이 희생당하고 다섯 명이 목숨을 구하는 것이다. 그런데 누군가 덩치 큰 사람을 철로로 밀어 넣는 것이 아니라, 덩치 큰 사람이 스스로 철로로 뛰어드는 경우가 있을 수 있지 않나? 덩치 큰 한 사람이 스스로를 희생함으로써 다섯 명을 구하는 것이다. 그 덩치 큰 사람처럼, 노무현이 자신의 진영을 구하고자 스스로 희생의 십자가를 질 수도 있었을 것이라는 '기특한 생각'이 나비처럼 사뿐히 이마엽 위에 날아 앉는다.

모든 동물은 이기적이다. 인간도 동물이기에 이기적이다. 어디 동물뿐인가 식물도 이기적일 것이다. 이런 사실을 리처드 도킨스의 『이기적 유전자』를 읽지 않았어도 우리는 안다. 매일 저녁 뉴스에 등장하는 정치인들을 보면 인간이 얼마나 이기적인지 알 수 있다. 매일 아침 배달되는 신문에 적힌 정치인들의 발언에서 인간이 무한히 이기적일 수 있다는 사실을 확인하고서 놀란다. 그러나 동물이 이타적인 행동을 할 때가 있다. 당연히 인간도 이타적인 행동을 한다. 타인을 위해서 자신을 희생하는 경우다. 대한민국에는 그런 사람들이 있었다. 심청이가 있었고, 윤봉길, 안중근, 유관순이 있다. 강재구 소령 같은 군인도 있었다. 그러면 언제 동물은, 인간은 이타적으로 행동할까? 리커드 도킨스가 『이기적 유전자』에서 설명하는 방식대로 계산해 보자. 도킨스는 생물학자로서 진화론자다. 그는 『이기적 유전자』

에서 인간이 몸의 주인이 아니라고 했다. 인간의 유전자가 몸의 주인이고, 인간의 몸은 유전자를 후대에 전달하는 운반체라고 했다. 그리고 인간이나 모든 동물은 유전자를 안전하게 전달하는 방향으로 행동한다고 했다. 유전자의 이익을 위해 우리가 사용되는 것이다. 그런 관점에서 도킨스는 이타적인 행동을 계산했다.

한 인간이 자신이 희생하면서 다른 사람을 살리는 이타적인 행동을 하려면 자신이 죽는 것이 유전자 전달에 손해가 되지 않는 경우에만 가능하다. 즉 아버지의 입장에서는 자식을 살릴 수 있으면 자신이 죽는 행동을 할 수가 있다. 자식은 아버지의 유전자를 절반을 갖고 있기 때문이다. 우리 몸을 지배하는 유전자 입장에서는 유전자가 자식에게 전달됐으니 이제는 아버지의 몸, 즉 운반체가 죽는 것에 크게 신경 쓰지 않는다.

자식이 아닌 경우에도 이타적 자살이 가능하다. 형제들과 친척들 대신에 죽는 경우가 그렇다. 형제들은 나와 유전자를 절반씩 공유한다. 사촌들은 1/8이 유전자가 같다. 그러니 형제 두 명을 대신해 나를 희생할 수 있다. 사촌들을 위해 희생하려면 나의 희생의 대가로 사촌 8명 이상이 생존의 이익을 얻어야 한다.

유전자와 관련된 이야기를 더 하고 싶지만 그랬다가는 이 책이 단행본이 아니라 전집 형태로 출간될 위험이 있기에 여기서 줄이고 다시 노무현 자살 이야기로 돌아와 보자.

인간은 이기적이고 정치인들은 더 이기적이다. 물론 정치인이 더 이기적이라는 과학적인 연구 결과가 있지는 않다. 나의 느낌상 그렇고, 많은 국민의 인식이 그렇다는 것이다. 노무현도 정치인이었다. 그 역시 이기적인 인간이다. 그의 자살이 그것이 이타적인 행동일 경우에는 자식들을 위한 행동이라고 판단하는 것이 합리적이다. 그런데 정작 노무현의 자살로 큰 이익을 얻은 사람들은 좌파 진영의 정치인들이다(법적 처벌을 면했기에 가족들도 물질적인 이익을 얻었으나 가족들은 가장과의 사별이라는 끔찍한 고통을 겪었다. 그러나 노무현의 사망으로 이익을 본 좌파 진영은 가족들이 느끼는 고통을 겪지는 않았다). 그리고 대한민국 권력을 좌파가 차지함으로써 이익을 얻는 사람들이다. 그리고 노무현 자살 이후의 결과는 그렇게 나타나고 있다. 문재인은 노무현의 자살 이후 친노 진영, 더 넓게는 좌파 진영의 대선 주자로 단숨에 떠올랐다. 노무현의 자살은 문재인이 대통령 후보로 성장하는 비옥한 토양이 됐다. 정치인으로서 대중성이 높지도 않고, 남다른 카리스마를 보유하고 있지도 않았던 문재인이 노무현 사망으로 좌파 진영의 대선 주자로 간택된다. 진중권은 『한 번도 경험해 보지 못한 나라』에서 문재인을 이렇게 평가했다.

"문재인은 자기 자신이 카리스마를 가지고 사람들을 사로잡아 인기를 끈 게 아니라, 586 세력인 광흥창팀에 의해서 인위적으로 만들어진 것이다."
"노무현은 자신의 능력과 인기에 기반했다면, 문재인은 기획된 존재다."

노무현이 자살한 진짜 이유를 알 수는 없다. '위험한 생각'이 맞는지 '기특한 생각'이 옳은 분석인지 그것을 알 길은 없다. 분명한 것은 노무현이 자살하기 직전에 좌파 언론들과 많은 좌파 인사들이 노무현을 매우 심하게 비난했다는 사실이다. 그런 말을 듣고 그런 글을 읽으면서 노무현이 좌파들을 위해 이 한 몸 희생해야겠다고 생각하지는 않았을 것이다. 가족들을 위해 자살의 길을 택했을 가능성은 있다. 하지만 그럼에도 불구하고 나는 '위험한 생각'이 더 설득력 있는 분석이 아닌가 한다. 퍼스트 펭귄 사례가 있기 때문이다.

펭귄 무리 중에 물에 가장 먼저 뛰어드는 펭귄을 퍼스트 펭귄이라고 한다. 물속에 먼저 뛰어들면 포식자에게 잡힐 위험이 있는데도 그 위험을 무릅쓰고 가장 먼저 바다에 뛰어든다는 것이 퍼스트 펭귄에 얽힌 이야기다. 하지만 실상은 다르다. 펭귄은 자신이 무리를 위해 희생하지 않는다. 그냥 밀려서 가장 먼저 바다에 빠진 것이다. 리터드 도킨스의 『이기적 유전자』의 내용을 다시 인용한다.

다음의 예는 이기적이라는 정의에 잘 부합된다.

남극의 황제펭귄에 관해 보고된 비겁한 행동을 살펴보면 아마도 누구나 쉽게 동의할 수 있을 것이다. 이 펭귄은 바다표범에게 잡아먹힐 위험이 있기 때문에 물가에 서서 물에 뛰어들기를 주저하는 것을 흔히 볼 수 있다. 그중 한 마리가 뛰어들기만 하면 나머지 펭귄은 바다표범이 있는지 없는지를 알 수 있다(**바다표범이 나타나서 순식간에 펭귄을 잡아먹을 것이니**). 당연히 어떤 펭귄도 자기가 희생물이 되려고 하지 않기 때문에 황제펭귄 모두가 그저 누군가가 뛰어들기만을 기다릴 뿐이다. 그리고 때때로 서로 밀치다가 무리 중의 하나를 떠밀어 버리려고까지 한다.

우리가 일반적으로 알고 있는 퍼스트 펭귄 이야기는 사실과 다르다. 펭귄은 스스로 뛰어든 것이 아니라, 밀려서 물에 빠진 것이다.

어떻게 인간과 한낱 동물인 펭귄의 행동을 비교할 수 있느냐고 비판하는 사람들이 있을 것이다. 하지만 인간과 다른 동물들이 지금처럼 다른 생활을 했던 기간은 길지 않다. 길어야 수백만 년 정도다. 그것보다 훨씬 긴 세월 최소한 수천만 년 동안 인간은 그냥 동물이었다. 동물이 이기적이듯, 인간도 이기적이다. 다른 이의 이익보다 자신의 이익이 먼저다.

'위험한 생각'이 맞는지, '기특한 생각'이 맞는지 알 수는 없다. 죽은 자는 말이 없으니. 무슨 까닭으로 자살했는지 정확히는 알 수 없지만, 사망 후 노무현에 대한 인식은 180도 달라졌다. 자살 전 노무현은 좌파를 궤멸시킬 원흉이라는 듯이 욕을 먹었다. 하지만 자살 후 노무현은 성인이라도 된 듯이 찬양받는다.

논객들뿐이 아니다. 일반 국민의 평가도 마찬가지다. 특히 부패 혐의를 받는 노무현으로 인해 좌파가 몰락될 것을 염려했던 좌파 진영은 사자가 된 노무현을 성인으로 추앙했다. 자살 직전까지 노무현을 격하게 비난했던 사람들도 마찬가지다.

사자 노무현의 영결식이 진행된 그날 2009년 5월 29일 『경향신문』에는 이명원 문학평론가의 글이 실렸다. <안녕, 우리들의 노짱> 제목의 글에는 노무현에 대한 절절한 그리움이 묻어난다. 그리고 노무현이 못다 이룬 열망은 완성하겠다고 다짐으로 글이 마무리된다. 이 역시 전문을 다 싣는다.

흐린 눈으로 당신의 서거 소식을 발견했을 때, 그것은 너무도 비현실적인 것이어서 믿을 수 없었습니다. 황혼녘에야 날기 시작한다는 미네르바의 올빼미도, 스스로를 증명하기 위해 에트나 화산에 몸을 던진 엠페도클레스도 아니건만, '바보 노무현'이 그토록 허망하게 우리의 곁을 떠날 수 있다는 사실을 결코 인정하기는 어려웠습니다.

그렇습니다. 당신은 삶을 종결짓는 그 순간조차 바보다운 엄격성에서 자유로울 수 없었던 것인지도 모릅니다. 당신에게서 치욕을 견디며

노회하게 와신상담하는 정치가의 모습을 요구하는 일은 어쩌면 모순인지도 모르겠습니다. 우리가 사랑했던 '바보 노무현'은 국회의원답지 않게 비열한 증인에게 명패를 집어던지고, 품위를 고려하지 않는 구어체의 직설화법을 즐기며, 아내를 버리느니 정치를 그만두겠다고 반문하는 그런 정열이 살아있는 사람이었으니까요.

그러니까 우리는 당신의 그런 비정치적 면모를 사랑하고 열광하기까지 했으면서도, 다른 한편에서는 흔해 빠진 정치인다운 경륜과 품위와 때로는 정략적 사고도 요구하는 이중 구속에 가까운 요구를 당신에게 해왔던 것인지도 모르겠습니다. '바보 노무현'에 대해서는 열광했지만, '정치인 노무현'에 대해서는 싸늘했으며, 당신이 막다른 고민의 장막 안에서 괴로워할 때에도, 세속적인 우리들은 '어떤 반전의 카드가 있을 거야.' 하는 식의 정략적 사고에 도리어 익숙했던 것인지도 모릅니다.

그러나 당신이 우리를 떠나가는 것과 동시에 우리 세대의 청춘도 종언을 고했다는 생각이 듭니다. 회고해 보니, 우리의 삼십 대는 당신과 함께 시작했고 저물었습니다. 당신의 대통령 선거 전날, 우리는 잠을 이루지 못했습니다. 지금은 한나라당에 가있는 한 정치인의 배신 앞에서 우리는 절망했으며, 그래서 밤을 새워 가족을 이끌고 투표장에 가는 오기를 부리기도 했지요.

그렇게 당신이 대통령이 되었지만, '바보 노무현'을 대통령으로 인정하지 않는 세력들은 도처에 가득했습니다. 촛불을 들고 우리는 다시 광장에서 응원했고, 당신은 다시 대통령의 자리로 귀환했지만, 대체로 당신은 무기력해 보였습니다. 애초에 당신을 인정하지 않았던 기득권 세력들의 조롱의 언어는 더욱 우악스러워졌고, 당신이 '바보 정신'을 저버렸다고 비판하면서 지지에서 냉소로 전향하는 사람들도 늘어만

갔습니다.

당신이 한나라당에 통째로 권력을 내놓을 수도 있다고 말했을 때, 저도 분노했던 것이 사실입니다. 노무현은 한 개인이 아니라 시대가 만들어낸 열망이었고, 그 열망에 부응하는 일은 정치 민주화와 경제 민주화 모두를 실질적으로 완성시키는 데 있다고 믿었기 때문입니다.

그러나 대통령직에서 은퇴한 당신이 다시 '바보'의 자리로 돌아와 '사람 사는 세상'을 꿈꾼다는 사실은 분명한 희망이었습니다. 저는 당신의 그 소탈한 귀향과 죽음에 이르기까지 고민했다는 '진보'에 대한 암중모색이 열매 맺기를 기원했습니다. 그러나 이 괴상한 정부가 들어선 이후의 정치적 기후는 암담하고 또 절망적이었습니다. 봉하로 몰려가고 있던 시민들은 당신에게서 희망의 근거를 찾고 싶어 했고, 이 정부는 그것이 소름 끼치게 두려웠을 것입니다.

못다 이룬 그 열망 완성하렵니다.

권양숙 여사가 다 했고, 노무현은 몰랐나?

　　　　　　노무현의 사망을 계기로 『경향신문』의 사설 논조가 확연히 바뀌었음을 확인했다. 사자는 그처럼 생자보다 더 큰 힘을 발휘한다. 다른 언론이 아닌 『경향신문』의 사설을 노무현 사망 전후로 비교해서 살펴본 이유는 경향신문이 좌파 성향 언론이기 때문이다. 친노무현 언론이고, 친 민주당 언론으로 평가받기 때문이다. 좌파 성향언론의 생자 노무현에 대한 평가가 야박했다는 것은 살아생전에 노무현이 대한민국에서 얼마나 인기 없는 대통령이었는지, 얼마나 심하게 비판받는 전직 대통령이었는지를 가늠할 수 있다.

　그렇다면 노무현에게 적용된 여러 범죄 혐의들은 사실인가? 이 물음에 대한 궁금증이 생긴다.

　인간은 망각의 동물이다. 금방 잊는다. 사람들은 사자가 된 노무현 앞에서 노무현에게 적용됐던 여러 범죄 혐의에 대해서는 잊었다. 지나친 검찰 수사로 목숨을 잃었다. 거대한 기득권 권력에 당한 힘없는 정치인이었다는 식으로 노무현을 기억했다. 거액을 받은 혐의, 1억 원이 넘는 시계를 선물로 받은 것, 아들이 500만 달러를 받았다는 것 등에 대해서는 더 이상 화제가 되지 않았다. 노무현이 대통령으로서 기업인으로부터 거액을 받았다는 얘기가 나오면 '노무현은 몰랐다'는 식의 두둔이 이어질 뿐이다. 그렇다면 진짜 노무현은 아무런 죄가 없나? 노무현 가족에게 전달된 돈과 선물은 모두 권양숙 여사가 받은 것이고, 노무현은 아무것도 몰랐나?

　대한민국의 많은 국민은 노무현은 알지 못한 것으로 기억한다. 권양숙 여사가 박연차 등으로부터 거액의 돈을 받았고, 그 돈을 사용했다. 아들의 사업자금으로, 미국 주택 구입비로. 그렇게 기억하고 있다. 언론인인 나도 그렇게 기억했었다.

그러나 사실은 그렇지 않다. 노무현도 알고 있었다. 이인규 전 대검중수부장이 쓴 『나는 대한민국 검사였다』에는 박연차로부터 돈을 받은 사실을 노무현이 알고 있었다고 밝히고 있다. 그뿐이 아니라 노무현이 직접 돈을 요구했다는 것도 밝히고 있다. 이 책의 부제가 '누가 노무현을 죽였나'이다.

이인규 검사는 이 책에서 박연차 회장이 검찰에서 진술한 내용을 서술해 놓았다. 그 내용에는 노무현의 아들 건호의 미국 주택비용으로 사용할 100만 달러를 권양숙 여사가 박연차에게 요구할 당시 옆자리에 노무현이 있었다고 밝히고 있다. 또한 그 후 노무현이 직접 박연차에게 돈을 요구했다는 내용도 있다.

2007년 봄경 청와대 대통령 관저에서 노 대통령(노무현)의 초대로 대통령 부부와 정상문 총무비서관 등 4명이 저녁 식사를 했다. 식사 도중 권양숙 여사가 "아들 노건호가 미국 샌프란시스코에서 유학 중인데 낡은 아파트에 월세로 산다. 대통령의 아들이 세를 얻어 사는 것도 뭣한데 아래층에 사는 사람의 항의 때문에 아이들이 제대로 뛰어다니지도 못한다. 집을 사 주려면 10억 원 정도 든다는데 걱정이다."라는 취지로 말했다.

청와대 관저로 나(박연차)를 초대해 저녁 식사를 대접하는 이유가 미국에 유학 중인 아들을 위해 집을 사는 데 도와달라고 하기 위해서라고 생각했다. 그래서 권양숙에게 "제가 해드리겠습니다. 10억이면 되겠습니까?"라고 말했다. 이 말을 들은 권양숙은 "그래도 되나요? 정말 고맙습니다."라고 했고, 이때 노 대통령은 옆에서 우리의 대화를 들으면서 겸연쩍게 웃으며 몇 차례 고개를 끄덕였다.

2007년 6월 하순경 노 대통령이 전화로 "미국에 건호 집을 사줘야 하는데 100만 달러만 도와주면 고맙겠다. 정 비서관과 상의해서 처리해 달라"는 취지로 말했다. 직후 정 비서관이 전화로 "어른께 얘기 들었는데 도와주신다니 고맙습니다. 6월 30일 출국 예정이니 날짜를 꼭 지켜달라"고 했다.

시간이 촉박해 정산개발 정승영 사장이 직원 130여 명을 동원해 김해 시내 은행 등에서 100만 달러를 환전했다. 130명을 동원한 이유는 1인당 1만 달러 이상을 환전할 경우 국세청, 금융정보분석원 등에 통보되기 때문에 이를 피하기 위한 것이다. 정승영이 6월 29일 오후 청와대에 가서 정 비서관에게 100만 달러가 든 가방을 전달했다.

한 개당 1억 원이 넘는 피아제 시계를 노무현 대통령 부부가 회갑 선물로 받은 것이 드러났다. 하지만 이에 대해서 노무현은 알지 못한다고 밝혔었다. 노무현은 시계를 받은 것을 나중에 알고 화를 내서 집사람 권양숙이 버렸다고 검찰에서 진술했다. 이 이야기가 와전돼서 논두렁에 버렸다고 알려졌다. 피아제 시계가 졸지에 '논두렁 시계'가 되기도 했다. 이에 대해 고 이인규 검사는 자신의 책에서 박연차의 진술을 토대로 노무현이 시계 선물에 대해 알고 있었다고 밝히고 있다.

2006년 9월 하순경 노 대통령의 회갑을 맞이하여 노 대통령의 형 노건평을 통해 노 대통령 부부에게 스위스 피아제 남녀 시계 1세트를 전달했다. 위 피아제 남녀 시계 1세트는 부산에 있는 고급 판매점 명보사에서 2억550만 원에 구입한 것이다. 청와대 회갑 모임에서 돌아온 노건

평이 노 대통령 부부의 감사 인사를 전해 주었다.

2007년 봄경 청와대 관저 만찬에서 노 대통령으로부터도 직접 감사 인사를 받았다. 식사 도중 노 대통령이 왼손을 치켜들고 "박 회장, 지난번 보낸 시계가 번쩍번쩍 좋은 시계입니다. 군대가 쳐들어올까 봐 무섭습니다."라고 웃으며 말했다.

박연차가 검찰에서 진술한 내용은 노무현이 다 알고 있었음을 증명한다. 그렇다면 당시 언론 평가는 어떠했나? 언론들도 노무현이 알고 있었을 것이라고 보도했다.

『경향신문』은 2009년 4월 17일 자 신문에서 권양숙 여사가 돈을 받은 것을 노무현도 알고 있었을 것이라고 보도했다. <'돈 창구' 권 여사… 혼자 받았나, 盧 알았나> 제목의 기사에는 이런 내용이 담겨 있다.

노 전 대통령은 몰랐나. = 실제 권 여사가 필요에 의해 여러 명목으로 돈을 받았을 개연성이 있다. 노 전 대통령 측 관계자는 "100만 달러를 받을 때인 2007년 6월에는 청와대가 해결하지 못한 여러 정치적·경제적 채무가 많았던 것으로 알고 있다"면서 "이를 해결하기 위해 권 여사가 노 전 대통령 몰래 나섰을 가능성이 높다"고 말했다. 이 관계자는 "용처를 밝히게 되면 돈을 빌려준 사람들이 유·무형의 피해를 입을 수 있기 때문에 권 여사가 침묵으로 일관하는 것 같다"고 설명했다.

그러나 이 같은 해석은 노 전 대통령 측의 '희망 사항'에 그칠 수도 있다. 권 여사가 매번 돈을 받는 창구 역할을 하면서 스스럼없이 돈을 받을 수 있었던 배경에는 노 전 대통령의 '허락'이 있었을 것이라는 분석이다. 노 전 대통령도 알고 있었지만, 권 여사가 받은 것으로 하자는 식으로 입을 맞췄을 가능성이 있다는 것이다. 검찰도 "부인이 청와대 관저에서 돈을 받았는데 노 전 대통령이 몰랐다는 것이 상식적으로 말이 되느냐"며 의심하고 있다.

노 전 대통령이 받았거나 수수 사실을 알고 있었다면 포괄적 뇌물수수 혐의의 적용이 가능하다. 그러나 권 여사는 얼마를 받았든지 간에 남편을 포함한 공직자에게 청탁한 것이 입증되지 않는 한 형사 처벌 대상이 되지 않는다. 대통령 부인은 공직자가 아니기 때문에 뇌물죄가 성립되지 않으며, 알선수재 혐의를 적용하기 위해서는 청탁이 있었다는 것이 입증돼야 하기 때문이다.

법조인 출신으로 누구보다 이 같은 법리를 잘 알고 있는 노 전 대통령이 검찰 수사에 대비해 짜낸 '작전'일 수 있다는 얘기다.

이인규 전 대검중수부장이 검찰 수사결과를 토대로 써낸 그의 책을 보면 박연차에게 권양숙이 뇌물을 받은 사실을 노무현도 알고 있었다. 1억 원이 넘는 스위스 시계도 받았다. 노무현은 몰랐던 것이 아니라 직접 손목에 차고서 시계를 선물한 박연차에게 고마움을 표시했다.

좌파 언론인 『경향신문』도 뇌물을 받은 사실을 노무현도 알고 있을 것이라고 보도했다. 포괄적 뇌물수수 혐의 적용이 가능하다고도 했다. 부인인 권양숙이 뇌물을 받은 사실을 몰랐다고 노무현이 주장하는 이유가 "법조인 출신으로 누구보다 이 같은 법리를 잘 알고 있는 노 전 대통령이 검찰 수사에 대비해 짜낸 '작전'일 수 있다"고 비판했다.

당시의 언론 보도와 사후에 이인규 검사가 쓴 책의 내용을 종합해 보면 노무현은 뇌물을 수수한 부패 정치인이다. 그런 그는 자살을 통해 성인으로 거듭났다. 사자가 된 노무현을 좌파 세력들은 성인으로 만들었고, 부패 정치인으로 비판받던 노무현은 그렇게 성인이 됐다.

봉하마을

　　　　　　노무현의 무덤을 봉하마을로 정한 것은 탁월한 선택이었다. 전략적으로 의도한 것인지? 우연히 그렇게 정한 것인지? 노무현의 생각을 들여다보지 않았기에 알 수가 없다. 다만 노무현의 유서 내용을 보면 미래를 내다보고 의도적으로 봉하마을에 자신의 무덤을 만든 것은 아니라고 해석할 수 있다. 그냥 소탈한 묘지를 원했던 것같다.

　　너무 슬퍼하지 마라.
　　삶과 죽음이 모두 자연의 한 조각 아니겠는가?

　　미안해하지 마라.
　　누구도 원망하지 마라.
　　운명이다.

　　화장해라.
　　그리고 집 가까운 곳에 아주 작은 비석 하나만 남겨라.
　　오래된 생각이다.

　　노무현은 자신의 컴퓨터에 2009년 5월 23일 새벽 이런 내용의 유언을 남겼다. 그의 유언에 따라서 노무현은 봉하마을에 묻혔고, 비석이 세워졌다. 흔한 비석의 모양은 아니다.

결과적으로 국립묘지가 아닌 봉하마을에 노무현의 묘지가 생기면서 봉하마을의 노무현 묘지가 좌파 진영의 성지가 됐다. 이 대목에서 무엇보다 중요한 것은 노무현의 묘지가 서울이 아닌 서울에서 멀리 떨어진 봉하마을에 존재한다는 점이다.

정치인들은 대부분 서울에서 활동한다. 정치인뿐 아니라 대한민국의 권력자들이 대부분 서울에 있다. 정치, 경제, 사회, 문화 모든 분야의 권력자들은 거의 모두가 서울에서 활동하고 생활한다.

이들이 노무현의 묘를 방문하려면 긴 여행을 해야 한다. 서울에서 경남 봉하마을까지 왕복하려면 하루를 꼬박 할애해야 한다. 그렇기에 노무현의 묘지를 참배하는 것은 중요 일정이 되고, 중요한 행사가 된다.

그의 묘지가 서울에 있었다면 참배가 번거로운 일이 아니다. 잠시 짬을 내서 참배할 수가 있다. 하지만 그런 경우에는 참배의 의미가 반감된다. 많은 시간을 내서, 긴 거리를 여행하는 노고를 들여서 참배할 수 있어야 그 참배가 더욱 신성함의 권위를 갖는다.

희생이 고통스러울수록 그 희생을 바치는 대상의 존재를 더 확실히 믿게 된다. 값비싼 황소를 제우스에게 바치는 가난한 농부는 제우스가 실제로 존재한다고 확신할 것이다. 그게 아니라면 그의 어리석은 행동을 어떻게 설명하겠는가? 그 농부는 과거에 황소들을 바친 일이 헛되지 않았다고 믿기 위해 거듭해서 황소를 바칠 것이다.

유발 하라리는 그의 책 『호모데우스』에 이렇게 썼다.

노무현을 성인으로 만든 대한민국의 좌파 진영은 자신들이 성인으로 만든 그 노무현의 묘지를 참배하기 위해 먼 길을 여행한다. 긴 시간을 들임으로써, 장시간 이동의 노력을 투자함으로써 그들은 노무현에 대해 더 애정을 갖고, 더 위대한 인물이라는 확신을 갖는다. 그리고 그런 참배 행위를 보는 국민의 두뇌 속에 노무현이 대단한 인물이라는, 노무현 정신이 위대한 것이라는 생각의 조각을 심는다.

대한민국의 좌파 진영은 이렇게 뇌물을 수수한 부패 정치인으로 매도당하던 생자 노무현을 사자가 되자 성인으로 만들었다. 그리고 그를 숭배하면서 좌파 진영 스스로를 살려내고 있다. 대한민국의 주류로 만들었다.

2007년 대선에서 패배하고, 퇴임 대통령 노무현의 비리 혐의가 드러나면서 스스로 '폐족'임을 자처했던 친노 세력은 다시 노무현을 통해 화려하게 부활했다.

이승만 죽이기

　　문재인은 대통령 취임 첫해인 2017년 8월 15일 서울 세종문화회관에서 열린 제72주년 광복절 경축식 경축사에서 "2년 후 2019년은 대한민국 건국과 임시정부 수립 100주년을 맞는 해"라고 말했다. 현직 대통령이 1919년 임시정부 수립일이 대한민국 건국일이라고 분명하게 밝힌 것이다.

　그동안 1948년 8월 15일이 건국일이라는 것이 대한민국에서 상식이었다. 건국일이라는 표현을 사용하지는 않았지만, 대한민국 정부 수립일이라는 표현에서 그날이 건국일이라고 판단하게 했다.

　그런데 현직 대통령이 대한민국 건국일이 1919년이라고 밝힌 것이다. 상하이에서 출범한 임시정부 수립일을 말하는 것이다.

　문재인은 그날 경축사에서 이렇게 말했다. "1917년 7월 독립운동가 14인이 상해에서 발표한 '대동단결 선언'은 국민주권을 독립운동 이념으로 천명하고, 국민주권에 입각한 임시정부 수립을 제창했다." 그리고 이어서 "1919년 3월 전 민족적 항일독립운동을 거쳐 이 선언은 대한민국 임시정부를 수립하는 기반이 됐다"며 "국민주권은 임시정부 수립을 통한 대한민국 건국의 이념이 됐고, 오늘 우리는 그 정신을 계승하고 있다. 그렇게 국민이 주인인 나라를 세우려는 선대들 염원은 '백 년의 시간'을 이어왔다"고 주장했다.

　대한민국의 건국일을 1919년으로 주장하는 사람은 문재인만이 아니다. 좌파 진영의 많은 사람이 그렇게 주장한다.

　대표적인 좌파 정치인인 심상정 정의당 의원은 대법원장 후보자에게도 1919년에 대한민국이 건국된 것이라는 자신의 주장을 수용하도록 공개적으로 압박했다.

2023년 9월 20일 국회에서 열린 이균용 대법원장 후보자 청문회에서 그동안 줄곧 1948년 8월 15일이 우리나라 건국 시점이라고 밝혔던 이균용 대법원장 후보자가 "임시정부부터 건국돼 1948년 8월 15일 대한민국 정부가 수립됐다는 지적을 수용하겠다"고 밝혔다.

정의당 의원 심상정은 이 후보자에게 제3차 교육과정 국정교과서를 제시하며 "어느 나라 교과서로 공부하셨냐. 대한민국 정부 수립을 건국일로 오해했다면 이 자리에서 정정하라"고 요구했다.

이 후보자는 "임시정부 수립부터 쭉 진행돼 와서 그때 정부가 수립된 것으로 그렇게 이해하겠다"고 답변했다. 그때라는 것은 1948년 8월 15일을 말한다.

심상정은 이 후보자에게 "앞으로 다시 1948년 8월 15일이 건국이라는 말은 하지 말라"고 지적했다. 그러자 이 대법원장 후보자는 "수용하겠다"고 답했다. "대한민국 임시정부 수립이 건국일이다. 이것도 인정하냐"는 물음에도 "예."라고 대답했다.

그렇다면 문재인과 심상정의 주장은 맞는 것인가?

1919년 대한민국 임시정부 수립일이 건국일이 될 수는 없다. 임시정부는 글자 그대로 임시정부다. 그러니 그날을 정식 정부 수립일로 볼 수가 없다. 또한 더더욱 건국일이라고 할 수는 없다.

국가가 성립되려면 국민, 주권, 영토가 있어야 한다. 이것이야말로 초등학교 교과서에 나오는 내용이다. 그런데 대한민국 임시정부는 국가 성립의 3요소를 갖추지 못했다. 주권이 없었고, 영토도 없었다. 일제 치하에 있었기에 주권을 행사할 수 없었고, 국토를 빼앗겼기에 영토가 없었다. 정작 임시정부도 대한민국이 아닌 중국에 있지 않았나?

1948년 8월 15일은 대한민국이 온전하게 주권을 되찾은 날이다. 해방 후 미군정이 가지고 있던 주권이 대한민국으로 넘어온 것이 바로 이날이다. 대한민국이 정식 선거를 통해서 이승만을 선출했고, 그 이승만이 대한민국 초대 대통령으로서 권한을 가지고 임무를 시작한 것이 바로 이 날이다. 대한민국이 온전하게 국민, 주권, 영토를 가진 날이다. 마땅히 건국일이라고 할 수 있다.

그렇다면 왜 대한민국의 좌파 진영은 1948년이 아닌 1919년을 건국일이라고 주장하는 것일까? 여러 가지 이유가 있겠지만 가장 큰 이유가 이승만을 부정하려는 목적 때문이다. 1948년 8월 15일을 건국일로 정하면 대한민국의 국부가 이승만이 된다. 지금의 선진화된 대한민국의 초석을 세운 인물이 이승만이 된다. 좌파 진영에서는 이것이 싫은 것이다.

대표적인 좌파 학생운동가였던 민경우의 말에서 좌파 진영의 속내를 읽을 수 있다. 민경우는 『조선일보』 인터뷰에서 이렇게 말했다.

"주사파는 80년대 중반 이승만을 깎아내리기 위한 대항마로 김구를 띄우기 시작했다. 김일성의 보천보 전투는 거부감을 줄 수 있으니, 김구를 대안으로 등장시킨 것이다. 북한의 정통성을 강조하기 위해 김구의 '삼팔선을 베고 쓰러질지언정 단독 정부는 안 된다'고 한 말을 이용했다. 주사파 역사상 가장 성공한 프로젝트였다."

민경우는 『뉴데일리』와의 인터뷰에서도 비슷한 내용의 말을 했다.

운동권 출신들이 만들어 낸 대한민국을 부정하는 가치관을 청산하는 것이 가장 중요한 목적이다. 운동권은 과거에 외친 반미가 생각보다 잘 통하지 않는다는 것을 깨달았다. 특히 주한미군 철수 같은 주장은 씨알도 안 먹힌다. 그래서 대안으로 세운 전략이 바로 우리나라 역사관을 바꾸는 것이다.

대표적으로 이승만 격하(格下) 운동이 있다. 건국 대통령인 이승만이 격하되면 대한민국 정부의 정통성이 흔들리게 된다. 그렇게 되면 정통성이 있는 정부는 북한 정부가 되고, 북한 주도의 통일을 지향해야 한다는 목소리가 커질 것이다. 바로 이것이 주사파 운동권들의 핵심 전략이다.

이승만 격하, 김구 찬양 운동 등 주사파 운동권들의 전략이 실제로 TV에까지 나와 공공연하게 퍼지는 상황을 직접 목격했다. 그리고 정치권까지 번졌다. 대한민국을 부정하는 가치관은 우리(운동권)가 만든 부산물이다.

오래전부터 좌파 진영은 이승만 죽이기를 실천해 왔다. 사실 이승만 죽이기는 이승만이 실권된 후 대한민국에서 좌우 진영을 가리지 않고 진행돼 왔다. 차기 지도자는 앞선 지도자보다 더 잘하려는 의욕이 있다. 그렇기에 이승만 다음에 대한민국의 권력을 장악한(잠시 장악했던 장면 윤보선을 제외하고) 박정희는 자신의 업적을 빛나게 하려고 이승만 죽이기를 진행했을 것이다. 이승만은 부패한 정치인 무능한 지도자. 나는 어린 시절 그렇게 배웠다. 박정희가 대통령이던 시절이다. 박정희 다음의 권력자들도 박정희와 크게 다르지 않았다. 이승만은 학교에서나 언론에서나 좋은 정치인, 능력 있는 지도자라는 평가를 받지 못했다.

이승만에게는 친일파, 독재자, 부패한 정치인, 그리고 무능한 지도자라는 수식어가 따라다닌다. 정말 이승만은 그런 인물인가?

친일파 이승만?

　　1911년의 기독교인 음모사건(105인 사건: 이 사건의 내막을 고발하는 책이 1913년에 이승만이 하와이에서 출판한 『한국 교회의 핍박』이다.)이 있게 되었다.

　　한국의 지도자들은 일인(일본인)들이 무슨 일을 꾸미고 있는지 알수 없었다. 왜냐하면, 일경과 한국의 끄나풀들이 아무도 도망칠 수 없도록 우리 전부를 미행하고 있었기 때문이다. 내 기억으로는, 모든 '사냥개들'- 일본의 앞잡이 노릇을 하는 한국인들을 그렇게 불렀다. - 중에서도 가장 악명이 높았던 윤평희라는 비밀 기관원이 있었는데, 그자는 윤치호경과 나를 감시하는 임무를 맡았다. 우리 두 사람은 YMCA 서울 본부와 관련을 맺고 있었기 때문이다.

　　이자들은 지도자들이 지하 감옥에 투옥되어 고문을 받다가 죽었다는 등 온갖 나쁜 소문을 퍼트리도록 지시를 받았다. 그러면 우리가 겁을 먹고 그들에게 굽힐 것으로 기대했기 때문이다. 나는 YMCA 빌딩 다락에 조그마한 은신처를 마련하고 때로는 그곳에 밤에 숨어서 잤다.

　　어느 캄캄함 밤이었다. 나는 '인길'이라고 하는 심부름하는 아이에게 내 서류함의 문서들을 소각하고 나머지는 지붕 밑에 숨기도록 했다. 경찰들이 내가 간직한 일체의 서류를 압수할 것에 대비해서였다. 다음 날 이른 아침 부친께서 YMCA 빌딩으로 찾아와서 눈물을 글썽이시며 만나는 사람마다 붙잡고 "내 아들에게 무슨 일이 생겼는지 아시오? 그놈들이 내 아들을 고문하여 다리가 부러졌다고 하던데…. 윤평희가 말하기를, 내 자식이 거의 다 죽었다고 하던데…."라고 하셨다.

부친께서는 내가 다락방에 숨어 안전하고 편히 있는 것을 보시고는 매우 기뻐하셨는데, 나는 부친께서 그렇게 기뻐하시는 것을 평생 처음 보았다.

이 글의 내용은 이승만에 대한 것이다. 이 글에서 '나'는 이승만이다. 이 내용은 이승만이 1941년에 펴낸 책 『JAPAN INSIDE OUT』에 실려있는 내용이다. '일본의 가면을 벗긴다'라는 제목으로 비봉출판사가 번역 출판했다.

이 글의 내용을 보면 이승만이 친일파가 아니라는 것을 쉽고 분명하게 알 수 있다. 일본 경찰의 눈을 피해서 숨어지낸 사람이 어찌 친일파일 수 있다. 그리고 이 일이 있은 후 이승만은 일본 경찰을 피해서 미국으로 출국한다. 친일파가 아니라 반일 인사였다는 것을 이 책은 아주 명백하게 보여준다.

미국인들이 진정으로 전쟁을 피하려고 결단한다면 전쟁이 점점 더 본국으로 가까이 와서 벌어지도록 놔둘 것이 아니라 미국의 해안에서 멀리 떨어지게 하는 방책이 현명하지 않겠는가? 중국인이나 한국인에게 필요한 모든 물자를 지원하여 일본군에 대항하게 함으로써 그들이 미국에 도전할 힘을 빼는 이 지혜로운 전략을 왜 아무도 못 보는가? 미국은 수십 년 전 일본이 한국을 침탈했을 때에도 항의하지 않았고, 그 후 만주를 침탈했을 때에도 저지하지 않았다. 현재 일본은 중국을 정복하는 일에 몰두해 있다. … 미국이 보따리를 싸가지고 중국을 떠나는 날에는 필리핀, 괌, 그리고 태평양에 있는 하와이 군도와 미국의 태평양 해안이 될 것이다. 그렇게 뒤로 철수하는 것이 평화를 뜻하는가? 그렇지 않다. 일본이 더 큰 모험을 하도록 끌어들이는 결과밖에 안 된다. 그렇게 무방비 정책을 아직도 고집하는 사람들이야말로 당면한 위협을 직시하지 못하고 있다. 이 막중한 시점에 미국이 추구해야 할 진정한 평화 정책은 독립을 위해 사투를 벌이고 있는 모든 유럽 국가와 아시아의 중국과 한국인에게 가능한 한 최대한의 물질적 원조를 해주는 것이다.

이 내용 역시 이승만의 저서 『JAPAN INSIDE OUT』에 실려있다. 미국이 중국과 한국에 무기를 공급해서 일본과 맞서게 해야 한다는 내용이다. 그렇지 않으면 장기적으로 미국도 침략당할 수 있다는 분석이다. 이런 내용의 책을 쓴 사람을 어떻게 친일 인사라고 할 수 있나? 앞에서 설명했듯이 이 책은 1941년도에 출간된 책이다. 일제 강점기에 미국에서 출판된 책이다. 일본과 싸워야 한다는 사람을 친일 인사라고 매도하는 것은 모순이고, 거짓 선동이다.

이승만이 이 책을 출간할 당시 문재인의 부친 문용형은 일본의 권력 아래에서 공무원으로 재직하고 있었다는 사실과 비교해 보라. 누가 친일 인사이고, 누가 항일 인사인가?

농지개혁

　　　생자 이승만이 어떤 평가를 받았는지에 대해서는 기록이 많지 않다. 나 역시 그 시절을 살지 않아서 그에 대한 평가가 어떠했는지 정확히 알 수 없다. 그러나 사자 이승만에 대한 평가가 저평가되어 있다는 것은 분명하게 알 수 있다. 소수당의 당수이면서도 이승만은 국회의장이 됐다. 1948년 5.10 총선에서 이승만이 속한 독립촉성국민회는 소수당이었다. 김성수가 이끄는 한국민주당(한민당)이 다수당이었다. 그럼에도 이승만은 초대 국회의장에 당선됐다. 이승만과 견줄 만한 의장감이 없었기에 한민당은 순순히 이승만 국회의장을 인정했다.

　　그리고 국회의원들이 선출한 초대 대통령으로 이승만이 선출됐다. 당시 한민당은 내각책임제를 선호했다. 자신들이 다수당이었기에 내각책임제를 하는 것이 유리하다고 판단했다. 당론으로 내각책임제를 정하고 밀어붙였다. 하지만 이승만의 생각은 달랐다. 미국에서 공부한 이승만은 우리나라 실정에는 대통령제가 적합하다고 판단해서 대통령제를 고수했다. 국민적인 인기가 높은 이승만이었기에 다수당인 한민당은 이승만의 제안에 따라서 대통령제를 인정할 수밖에 없었다. 그리고 이승만이 대한민국 초대 대통령에 선출됐다.

　　이런 정황을 고려해 보면 해방 직후 대한민국에서 이승만은 대단히 인기 있는 정치인이었다. 다른 정치인들이 범접할 수 없는 수준 차이가 났던 것으로 유추해 볼 수 있다. 다수당 소속이 아니었음에도 국회의장에 선출됐고, 또한 다수당 소속이 아님에도 국회의원들이 선출하는 대통령에 당선됐다. 그것도 90%가 넘는 압도적인 득표율로 당선된 것이다. 이때 대통령 후보로 출마했던 김구는 6.7%를 득표하는 데 그쳤다.

이런 역사적 사실을 놓고 분석해 보면 이승만이 초대 대통령으로 선출될 당시에는 대한민국에서 매우 인기 있는 인물이었다는 것을 알 수 있다. 사실 해방 전부터 이승만은 대한민국에서 가장 인기 있는 인물이자 지도자였다. 문재인 정부가 대한민국의 건국일을 이승만 초대 대통령이 취임한 1948년이 아니라 임시정부가 수립된 1919년이라고 주장하는데, 임시정부의 초대 대통령도 이승만이다. 당시 이승만은 중국 상하이가 아니라 미국에 거주하고 있었음에도 초대 대통령으로 임시정부 인사들이 이승만을 추대했을 정도로 이승만은 인기 있고, 능력을 인정받는 인물이었다.

이승만의 업적 가운데 농지개혁이 있다. 2023년 7월 한동훈 법무부 장관이 대한상공회의소 제주 포럼에서 발언하면서 다시 대한민국 국민의 관심을 받기 시작했던 그 농지개혁이다. 당시 한동훈의 발언을 요약한다.

이승만 정부의 농지개혁이야말로 대한민국이 여기까지 오는 데 가장 결정적인 장면 중 하나였다고 생각한다. 수백 년 유지된 지배 계층이 한순간 소멸했고, 기존 대지주가 지가증권(地價證券)으로 생산 설비를 취득해 대한민국이 제조, 공업, 서비스업 국가로 확장할 수 있었다. 만석꾼의 나라에서 이병철, 최종현 등 창업 영웅들이 활약할 수 있는 대전환의 계기가 됐다. 이승만 대통령이 과거 공산주의 활동까지 했던 조봉암 농림부 장관을 과감히 중용해 함께 농지개혁을 이뤄냈다는 점은 이 결정적 장면을 더 빛나게 한다.

땅은 제한돼 있다. 우주에는 무한한 땅이 있을지 모른다. 아마도 존재할 것이다. 하지만 인간이 살 수 있는 지구에는 땅이 제한돼 있다. 그렇기에 많은 나라가 땅의 소유권을 놓고 분쟁한다. 많은 나라가 토지개혁을 실시하려 했지만 성공했다는 기록을 찾기는 힘들다. 제한된 땅 위에서 살고 있는 인류에게 토지 분배는 가장 어려운 문제 중 하나다.

좁은 땅에 많은 인구가 촘촘히 모여 사는 대한민국에서 땅은 그 자체로 가장 중요한 재산이다. 또한 소득원이다. 지금보다 80년 전에는 더욱 그러했을 것이다. 농업이 주요 산업이었기에 부의 대부분이 땅, 즉 농지에서 산출됐다. 그런데 이승만은 슬기롭게 농지개혁을 이뤄 냈다. 지구상에서 가장 모범적인 성공 사례. 한동훈이 칭찬할 만한 대한민국 발전의 '결정적 장면'이다. 그런데 이런 이승만의 업적은 많이 알려지지 않았다. 사자 이승만에게는 무능, 부패, 친일이라는 외투만 입혀져 있을 뿐이다.

이승만의 농지개혁은 무엇인가? 위키백과에는 이렇게 설명돼 있다.

이승만은 1946년 2월에 발표한 '과도정부 당면 정책 33항'에서 이미 농지개혁을 당면 과제로 제시한 바 있다. 이승만은 제헌국회에서 지주층을 주요 지지층으로 둔 한국민주당의 협력을 받아 대통령으로 당선되었으나, 국무총리와 초대 내각 임명과정에서 한국민주당 인사를 대거 배제하면서 한국민주당 측의 분노를 사게 된다. 그리고 농림부 장관 자리에는 공산주의에서 전향한 조봉암을 임명하여 농지개혁을 추진하였다.

그리하여 북한의 '무상몰수 무상분배'와 다른 '유상매입 유상분배' 방식의 「농지개혁법」이 1949년 6월 23일 국회 본회의에서 통과되었다. 한 농가의 토지 소유 한도는 3정보(1정보는 약 3,000평)로 정해졌고, 농지개혁 대상이 된 지주들에게는 국가사업 우선참여권이 주어져 (예를 들어 적산공장 불하 등에 우선적 협상 대상 등) 이들의 재산이 산업 자산으로 전환될 수 있도록 하였다. 이를 바탕으로 1950년 4월부터 농민들에게 토지 분배가 시작되었고, 5월부터는 토지 장부 열람이 개시되었다. 그 결과 1945년 말 한국 전체 경지면적의 35%에 불과했던 자작 농지가 1951년 말에는 96%로 치솟았다. 드디어 농민들이 자신의 토지를 소유할 수 있게 된 것이다.

지주들은 지가증권을 받았으나, 전쟁통의 식량 문제 때문에 지가증권을 헐값에 매각한 사례가 허다하였다. 막말로 나라가 망하면 정부가 지급보증을 하는 지가증권의 가치가 있을 리 없기 때문에 지가증권의 가격은 더더욱 바닥을 쳤다.

절반 가격은 양반이고, 액면가의 10%에 판매되기도 하였다. 지가증권 거래로 피를 본 대표적인 이들이 호남평야에 땅을 가지고 있던 대지주들이었다. 6.25 전쟁 당시 낙동강 방어선으로 지켜진 영남 지방에 비해서 호남은 거침없이 털렸고, 호남 지역 지가증권 가격은 특히 헐값에 거래되었다. 사실 정부 수립 초기 인플레이션 때문에 5년 유예였던 지가증권의 가치는 상당히 낮았는데, 정부가 적산불하와 귀속재산 구매에 액면가 그대로 사용할 수 있게 했기 때문에 지가증권이 그나마 가치를 유지할 수 있었다.

「농지개혁법」에 의해 일제강점기 지주제가 사라지고 지주와 소작인 간의 대립을 줄이고 나아가 이 법안의 상정으로 북한 지역에서 주민들이 북한의 선전에 휩쓸리지 않는 데 도움이 되었다. 일단 농민들이 첫 수확을 거두지는 못했지만, 5월부터 개시한 토지대장 열람을 통해 최소한 정부가 인정한 내 소유의 땅이 있다는 인식 정도는 줄 수 있었고, 그 덕에 내 땅을 지키기 위해서라도 대한민국 정부에 협조해야 할 이유를 주었다는 것이다.

때문에 해당 법이 없었으면 6.25 전쟁의 전황이 지금과는 달랐을지도 모른다는 의견도 있다. 수확량의 30%를 5년간 낸다는 것이 큰 부담으로 보일 수도 있으나, 일제강점기 소작농의 소작료가 일반적으로 수확량의 50%였다는 것을 감안하면 5년간 소작료 할인받으면서 땅을 거저 갖는 것이나 다름없었다. 여기에 해방 이후 삼칠제가 시행된 것을 감안해 보면 지주에게 낼 돈을 국가에 5년을 내고 땅을 갖는 것이니 농민들 입장에서는 훨씬 더 큰 이득이다.

일부 한국 사학자들은 북한의 토지개혁과 비교하면서 이 유상몰수, 분배를 열등한 제도로 서술하기도 하는데, 이는 북한의 토지개혁의 실제 의도인 집단농장화를 이해하지 못한 것이다. 그리고 북한은 전쟁 이후에 40%의 현물세를 거뒀는데, 이는 일제 때의 소작료와 별 차이가 없는 수준이었다. 다만 지주는 월남해서 사라진 지 오래고 전쟁으로 나라가 박살 난 판에 생산성을 따질 겨를이 아니었으니 반발이 적었을 뿐이다.

자유민주주의 선택 이승만의 최대 업적

    새마을운동이 대한민국을 잘사는 나라로 만들었다. 많은 대한민국의 국민이 그렇게 생각한다. 50대 이상의 국민 대다수가 그렇게 생각하고 있을 것이다. 박정희가 추진한 새마을운동이 대한민국을 잘살게 하는데 기여한 것은 분명하다. 새마을운동에 대한 평가는 대한민국 안에서 이미 끝났을 뿐 아니라, 외국에서도 높게 평가받고 있는 좋은 제도다. 새마을운동이 대한민국의 경제가 번영하는데 기여한 것은 맞다. 하지만 그것이 가장 큰 기여를 한 것은 아니다.

    대한민국의 경제가 번영하는데 가장 큰 기여를 한 것은 자유민주주의 제도, 시장경제 제도이다. 그리고 그것을 대한민국에 도입한 지도자는 이승만이다. 대한민국(남한)과 북한이 경제력 면에서 현재 큰 차이를 보이는 이유는 정치제도가 다르기 때문이다. 남한은 자유민주주의 정치체제를 운영하고 있고, 북한은 독재주의를 실현하고 있다. 남한은 자유경제시장 제도를 운영하고 있고, 북한은 공산주의 경제 제도를 운영하고 있다. 바로 이 차이가 남한과 북한의 경제력 차이를 이끌어낸 근본적인 이유다.

    이 같은 매우 설득력 있는 주장을 펼친 학자는 대런 애쓰모글루와 제임스 A. 로빈슨이다. 이들은 『국가는 왜 실패하는가』라는 제목의 책에서 그런 주장을 매우 설득력 있게 기술했다.

    남한의 이승만과 박정희는 사유재산이 인정되는 시장경제를 택했다. 누구나 노력하면 경제적으로 성공하도록 했다. 성공적인 기업에 대출과 보조금을 몰아주며 사실상 고속 경제성장에 힘을 실었다.

북한은 김일성이 소련을 등에 업고 독재자로 자리를 굳혔다. 주체사상의 일환으로 엄격한 중앙계획경제를 도입했다. 사유재산이 불법화되고 시장 역시 금지됐다.

남한은 투자와 교역을 장려하는 경제 제도를 갖추고 있다. 남한의 정치인들(이승만 박정희 등)이 교육에 투자한 덕분에 문맹률은 낮고 교육 수준은 현저히 높다. 남한은 세계에서 가장 빠른 경제성장을 이룬 나라로 발돋움했다.

북한은 정권의 숨 막히는 억압에 시달리다 보니 혁신이나 신기술 도입은 꿈도 꾸지 못한다. 김일성·김정일·김정은은 체제를 개혁하거나 사유재산, 시장, 사적 계약제도를 도입하거나 경제·정치제도를 손질할 생각이 없다. 북한이 경제적으로 답보 상태를 면하지 못하고 있는 이유다.

두 저자는 어떤 국가가 경제가 활성화되고 성장하려면 자유시장과 이를 뒷받침해 주는 정치제도가 필수적이라고 한다.

당연한 주장이다. 자유롭게 경제활동을 하고, 자신의 신기술과 특허가 시장에서 돈을 벌 수 있을 때 기술의 혁신이 이뤄진다. 자신이 새로운 것을 발명했을 때 그것으로 큰돈을 벌 수 있다는 믿음이 있을 때 사람들은 새로운 것을 개발하려 한다. 더 좋은 것을 발명해 내려 한다. 에디슨이, 스티브 잡스가 새로운 것을 시장에 선보인 것은 그것으로 큰돈을 벌 수 있기 때문이다.

그렇지 않고, 내가 열심히 일해서 돈을 벌어도 그 돈이 내 것이 아니라면, 어느 누구도 열심히 일하려 하지 않을 것이다. 내가 새로운 것을 발명해서 그것으로 큰돈을 벌 수 있지만, 그 돈이 나의 소유가 아니라, 독재자의 소유가 된다면 아무도 신기술을 찾으려 애쓰지 않을 것이다.

미국이 경제적으로 세계 최강국이 된 바탕에는 자유민주주의 정치 체제와 자유로운 시장경제 체제가 있다. 그런 사회에서는 누구나 신기술을 찾아내려 하고 새로운 것을 발명하려고 노력한다. 노력에 대한 합당한 보상이 뒤따르기 때문이다.

하지만 독재국가에서는 그렇지 않다. 북한에서 일반 시민이 많은 돈을 번다는 것은 상상할 수 없다. 벌어도 자기 것이 아니기 때문에 경제적인 성공을 위해 노력하지 않는다. 이익의 거의 전부를 독재자가 가져가기에 그렇다. 자유시장 경제를 운영하는 국가에서는 경제활동을 통해 많은 돈을 번 사람이 그것을 바탕으로 사회적 위상을 높일 수 있다. 정치에도 참여해서 정치권력을 차지할 수도 있다.

하지만 북한 같은 독재국가에서는 힘들다. 한계가 있다. 경제활동을 통해 돈을 버는 것도 어렵고, 돈을 벌어도 그를 바탕으로 정치권력을 차지하는 것은 불가능하다.

그러니 사람들이 노력하지 않는다. 열심히 일해서 돈을 벌 생각을 하지 않는다. 신기술을 찾아내서 신제품을 만들려 하지 않는다. 자신이 버는 돈이 자신의 것이 아니기 때문이다.

1948년 이승만이 대통령이 되던 시기에 대한민국은 갈림길에 있었다. 그 당시에는 자유민주주의를 선택할 수도 있었고, 사회주의를 선택할 수도 있었다. 자유시장 경제를 선택할 수도 있었고, 공산주의를 선택할 수도 있었다. 실제 그 당시 한반도 주변의 나라들이 공산주의를 선택했다. 소련이 그렇고, 중국이 그렇고, 북한도 그렇다. 남한만이 유일하게 자유민주주의를 선택했다. 중국에서 밀려난 대만도 자유민주주의를 선택했다. 그리고 지금 부자 나라로 살고 있다.

이승만은 슬기롭게, 현명하게 자유민주주의를 선택했다. 그리고 자유시장 경제를 선택했다. 그 바탕 위에 대한민국은 발전했다. 정치, 경제, 과학기술, 문화 모든 면에서 발전했다. 지구상의 가장 모범적인 사례가 됐다.

같은 출발선에서 출발했지만 남한과 달리 독재 체제로 운영되는 북한은, 공산주의를 택한 북한은 세계에서 가장 가난한 나라가 됐다. 정치적으로 가장 후진국가가 됐다.

한밤중 남·북한의 모습을 보여주는 위성사진이 현재 남한과 북한의 수준을 적나라하게 보여준다. 남한은 야간 조명이 불을 밝혀서 한밤중도 대낮처럼 밝다. 하지만 북한은 빛이 없는 캄캄한 어둠뿐이다.

남한과 북한의 이런 차이는 정치제도의 차이 외에 다른 것으로는 설명할 수 없다. 한민족인 남한과 북한은 사람들의 지능 수준이 비슷할 것이다. 근면 성실함도 차이가 없을 것이다. 보유하고 있는 천연자원의 경우 북한이 오히려 더 유리하다. 현재 남한과 북한 간에 드러난 경제력의 차이 문화력의 차이 의료 기술 등 여러 분야에서 두드러진 차이가 나는 이유는 정치제도의 다름 때문이다. 다른 것으로 설명할 수 없다. 남한은 자유민주주의 체제하에서 자유로운 경제활동을 하고 있고, 북한은 독재 체제 아래에서 폐쇄된 경제활동을 하는 차이다.

현재 남한과 북한을 비교해 보면 분명하게 알 수 있다. 자유민주주의를 선택한 것은 이승만의 가장 큰 업적이다.

남북한의 사례만 놓고 보면 자유민주주의를 선택한 것이 남한, 즉 대한민국이 국가 발전을 이루는 데 탁월한 선택을 한 것이라는 데 동의하지 않을 사람들이 있을 것이다. 전 세계로 시야를 넓혀도 분명 자유민주주의를 선택한 나라들이 경제적으로 성공했음을, 과학기술이 발전하고 국민이 삶의 질이 향상됐음을 『국가는 왜 실패하는가』가 증명한다. 그 책에는 다양한 지역의 사례들이, 역사적인 사례들이 설득력 있게 소개돼 있다.

현재 지구상에서 선진국이 된 나라들은 하나같이 자유민주주의를 채택하고 있다. 선진국들이기 때문에 자유민주주의를 채택하는 것이 아니라, 자유민주주의 정치제도를 채택하고 운영해 왔기에 선진국이 된 것이다. 독재로 운영되는 국가의 발전에는 한계가 있다.

이런 사실에 대해 반대의견을 주장하는 사람들이 적지 않을 것 같아서, 『국가는 왜 실패하는가』의 책에 있는 내용과 나의 견해를 곁들여서 설명한다.

총, 균, 쇠

　　한국의 많은 지식인이 재레드 다이아몬드가 쓴 책 『총,
균, 쇠』를 읽고 그 내용에 동의한다. 나 역시도 마찬가지다. 물론 지금
은 그 책을 처음 읽었을 당시처럼 적극적으로 동의하지는 않는다.

　『총, 균, 쇠』는 유럽 국가들이 선진국이 된 이유, 유럽인들이 세계를
지배하게 된 이유가 지리적으로 좋은 위치에 있기 때문이라고 설명
한다. 이 책의 뒷부분에 이렇게 설명돼 있다.

　　유럽이 아프리카를 식민지로 삼을 수 있었던 까닭은 … 지리적 생
　　물학적 우연(특히 두 대륙의 면적, 축의 방향, 동식물 등) 때문이었다. 다시
　　말해서 아프리카와 유럽의 역사적 궤적이 달라진 것은 궁극적으로
　　부동산 차이에서 비롯된 것이다.

　'부동산 차이'. 재레드 다이아몬드는 유럽이 식민지를 개척하고, 아
프리카나 아메리카는 정복되는 운명을 맞이한 근본적인 이유가 지
리적인 차이 때문이라고 주장한다.

　『총, 균, 쇠』는 유럽인들이 다른 대륙을 식민지로 만들 수 있었고,
현재 선진국이 된 이유가 좋은 곳에 위치해 있었기 때문이라고 여러
차례 주장한다. 동서로 길어서 기온이 비슷한 대륙이라는 이점, 땅덩
어리가 커서 많은 사람이 살고 그로 인해 경쟁이 치열했던 것의 이점,
그 대륙에 가축으로 키우기 적절한 동물이 살았다는 이점, 식량으로
재배하기에 적합한 식물이 존재했다는 이점 등을 예로 든다.

서아시아 메소포타미아 지역에서 시작된 농사가 유럽으로 전파될 수 있었기에 유럽이 운이 좋게 세계를 정복할 수 있었다는 것이다.

반대로 유럽, 아시아가 아닌 다른 대륙이 발전이 늦은 이유도 설명한다. 아프리카와 아메리카는 대륙이 남북으로 길어서 기온 차이가 심해서 농작물과 가축의 전파가 불가능했다는 점, 오스트레일리아는 땅덩어리가 작아서 경쟁이 덜 치열했다는 점, 기본적으로 가축으로 길들일 동물이 적고, 재배할 적합한 식물이 적었다는 점 등을 예로 든다.

『총, 균, 쇠』의 내용이 틀린 것은 아니다. 하지만 매우 정확한 분석은 아니다. 메소포타미아 지역에서 농사가 처음 시작되고 가축이 길러진 이유가 단순히 그곳에 식량으로 재배하기 적합한 식물이 존재했기에 농사가 시작된 것이라고 『총, 균, 쇠』는 주장한다. 그 주장이 완전히 틀린 것은 아니지만, 완전히 맞는 주장도 아니다.

메소포타미아 지역에서 농사가 처음 시작된 이유는 잉여 농산물을 보관해도 강탈당하지 않을 정치력이 존재한 것이 진짜 이유다. 정치력이 존재하기에 농사를 짓고 보관하는 사람들이 생겨난 것이다. 가축을 키워도 **빼앗기지** 않을 것이라는 믿음이 있었기에 가축을 키운 것이다. 누군가 나의 농산물을 강탈할 우려가 있다면 누구도 잉여 농산물을 생산해서 보관하려 하지 않을 것이다. 가축을 키우려고도 하지 않을 것이다. 하루 벌어서 하루 먹고사는 수렵 채집활동을 계속할 것이다.

인간은 이기적이다. 나의 수고가 나의 이익이 된다면 더 많은 수고를 들일 것이다. 더 많은 수고를 들여서 더 많은 것을 얻으려고 할 것이다. 하지만 나의 수고가 다른 이기적인 사람의 이익이 된다면, 또는 나의 수고가 헛된 것이 된다면, 수고를 하려는 사람은 생겨나지 않는다.

농사가 시작되고 가축사육이 시작된 곳에서도 그랬을 것이다. 나의 수고를 통해 얻은 잉여 농산물과 가축을 안전하게 보관할 수 있고, 그것이 안전하게 나의 것으로 유지된다는 믿음이 있었을 것이다. 그런 믿음이 더 많은 수고가 가능하게 했고, 더 많은 사람의 수고가 가능하게 했고, 더 다양한 분야에서 수고하는 것이 가능하게 했을 것이다.

『국가는 왜 실패하는가』는 영국에서 산업혁명이 시작된 이유도 같은 이유라고 설명한다. 자유민주주의 정치 체제가 있었고, 자유민주주의 정치 체제가 자유시장 경제를 가능하게 했기에 산업혁명이 발생할 수 있었다는 것이다. 현재 우리가 살고 있는 지구 위의 세상을 보면 분명 자유민주주의를 선택한 나라들이 선진국이 됐다는 것을 알 수 있다. 선진국이 되는 데 필요한 조건이 자유민주주의 정치 체제와 함께 중앙집권화가 이뤄져야 한다.

농사가 시작된 서아시아 지역에는 당시 나의 농산물을 안전하게 지켜줄 중앙집권화된 권력이 존재했다. 그리고 내가 수고를 들여서 재배한 농산물을 내 마음대로 처분할 수 있는 자유가 있었다. 그렇기에 그곳에서 처음 농사가 시작됐고, 인류의 문명이 탄생했다. 바퀴를 비롯한 여러 발명품이 생겨났다.

영국에서 산업혁명이 시작된 이유가 그렇다. 증기기관을 발명해서 이를 활용하면 그것을 통해 엄청난 경제적인 이익을 얻을 수 있다는 것이 보장되기에 새로운 기술을 발명하는 수고를 들였다. 내가 얻은 경제적인 이익을 내 마음대로 처분할 권한이 나에게 있기에 수고를 들여서 새로운 기술을 찾아낸다. 그것을 가능하게 한 영국의 자유민주주의 정치제도가 산업혁명이 영국에서 시작되게 한 원동력이다.

1948년에 대통령이 된 이승만에게는 여러 갈림길이 있었다. 당시의 세계정세는 공산주의 물결이 세차게 휘몰아치던 시절이다. 한반도 주변에서는 더욱 그렇다. 그런 상황에서 이승만은 슬기롭게 남한에 자유민주주의 정치제도를 도입했다. 강력한 중앙집권체제를 채택했다. 현재 선진국이 된 대한민국의 가장 밑바탕에서 튼튼한 주춧돌 역할을 하는 것이 바로 이승만의 현명한 선택이다.

과대평가된 노무현, 과소평가된 이승만

       사자 노무현은 성인의 반열에 올랐다. 그의 무덤은 좌파들의 성지가 됐다. 사자 노무현에 대한 비판은 대한민국에서 금기다. 그를 비판했다가 피해를 본 정치인들이 한둘이 아니다. 대표적인 인물이 홍준표다. 직설적인 화법으로 유명한 홍준표는 2017년 "노무현이 검찰 수사받다가 자살했다"고 말해 막말 정치인이라는 비난을 받았다. 그는 기자회견을 통해서도 사자 노무현을 비판했다.

   "노무현 전 대통령이 자살하면서 사건 수사가 중단됐어요. 만약 혐의가 사실이고 수사가 계속됐다면 600만 달러, 60억 원이 넘을 걸요. 그거 범죄 수익 아닙니까? 그 범죄 수익 환수해야 된다."

   그러나 노무현에 대한 비판은 홍준표를 막말 정치인이라는 프레임이 가두었다. 홍준표 자신도 스스로 그런 프레임에 자신이 갇혔음을 알고 있었다. 홍준표는 2018년 3월 31일 페이스북에 이렇게 썼다.

   "나를 막말 프레임에 가둔 것의 출발은 노무현 전 대통령이 자살했다는 말에서 출발합니다. 서거했다는 말을 했다면 그런 프레임이 등장하지 않았겠지요.

   그러나 자살이라는 표현은 가장 알기 쉬운 일상적인 용어인데 자기들이 존경하는 전직 대통령을 모욕했다고 받아들이다 보니 그걸 막말이라고 반격을 시작했지요. … 맞는 말도 막말로 매도하는 세상입니다."

   노무현이 검찰 수사받다가 자살한 것은 사실이다. 그런데 사실을 말한 홍준표가 막말 정치인이라고 매도되는 것은 사자 노무현에 대한 좌파 진영의 영웅 만들기가 얼마나 강력하게 작용하고 있는지 알 수 있다. 그리고 좌파 진영의 노무현 영웅 만들기는 성공했다.

앞에서 살펴보았듯이 사자 노무현은 분명 과대평가돼 있다.

이와 정반대로 이승만은 과소평가돼 있다. 초대 대통령으로서, 자유민주주의 대한민국의 기초를 놓은 이승만은 분명 위대한 지도자로 평가받아야 한다. 이승만 없이 어떻게 성공한 민주주의 국가 대한민국이 존재할 수 있나. 초대 대통령의 현명한 판단의 기초 없이 어떻게 경제 선진국 대한민국이 탄생할 수 있나. 자유민주주의를 선택한 초대 대통령 이승만은 분명 업적을 높이 평가받아야 한다.

그럼에도 그동안 대한민국은 이승만을 그렇게 평가하지 않았다.

이승만도 비판받을 점들이 분명 있다. 그것들은 그것들대로 비판받아야 한다. 하지만 모든 업적은 다 사라지고 잘못한 점만 부각되는 것은 합당하지 않은 것이다. 대한민국을 위해 바람직하지도 않다.

더불어민주당의 당사에는 노무현의 사진이 걸려있다. 국민의힘 당사에는 이승만의 사진이 걸려있다. 노무현은 민주당 계열의 정당 후보로 대통령에 당선됐다. 그렇기에 민주당의 당사에 그의 사진이 걸려있는 것이 당연하다.

그렇다면 이승만의 사진이 국민의힘 당사에 걸려있는 이유는 무엇인가? 그는 국민의힘 계열, 즉 대한민국 대표적인 우파 정당 소속으로 대통령에 당선된 것이 아니다. 보수적인 인물도 아니다. 그는 스스로를 진보라고 생각했고 진보 인사로 활동했다. 그의 책『JAPAN INSIDE OUT』을 보자.

"보수적인 한국 조정은 천진난만한 어린아이처럼 유사시에 보호해주겠다고 약속한 열강들과 체결한 조약만 믿고, 국토방위에 대한 아무런 준비도 없이, 모든 것을 개방해 버렸다."

이승만은 이렇게 구한말의 보수적인 정부를 비판한다. 그리고는
이렇게 당시 상황을 덧붙여 설명한다.

> "한국조정은 당시의 정세를 파악하지 못하고 우리의 국민운동을 억
> 압하려 했다. 수구파와 국민운동파(개화파) 간의 오랜 투쟁 끝에 수구
> 파가 개화파를 분쇄했는데, 그 결과 나는 개화파의 많은 동지들과 함
> 께 투옥되어 햇수로 거의 7년간 옥고를 치렀다."

이승만은 구한말 개화파로 활동했고, 그 자신도 진보적 인사였다.
그런데 왜 우파 정당이자 보수 정당이라고 하는 국민의힘 당사에 그
의 사진이 걸려있는 걸까?

민주당을 비롯한 한국 좌파 진영은 자신들을 좌파라고 하지 않고
진보라고 칭한다. 좌파라는 어휘가 대한민국에서 느껴지는 부정적
인 느낌 때문일 것이다. 그렇다면 당연히 진보 인사 이승만도 자신들
과 같은 계열로 분류하는 것이 상식이다. 하지만 그들은 이승만이 싫
기에, 이승만을 자신들과 같은 계열이 아닌 다른 계열이라고 주장해
온 것이다. 대신에 그들이 좋아하는 김구를 이승만의 경쟁자로 키운
것이다. 앞에서 운동권 출신 민경우의 말처럼 "이승만을 깎아내리기
위해 김구를 키운 것"이다.

우파 정당 국민의힘은 좌파 진영에서 이승만을 우파(보수) 인물로
분류하니 그냥 받아들였다. 그리고는 이승만의 어떤 점을 존경해야
하는지, 어떤 면을 부각해야 하는지도 알지 못한 채 당사에 사진을
걸었다.

대한민국 좌파는 사자 김구도 대단히 위대한 인물로 만들어 냈다. 16대 대통령을 지낸 김대중을 비롯해서 좌파 진영의 인사들이 김구를 대단한 인물로 칭송한 덕분에 지금 대한민국의 많은 국민은 김구가 이승만보다 더 유능하고 위대한 인물이라고 판단하고 있다. 하지만 실상은 그렇지 않다.

『중앙일보』 2024년 4월 26일 자에 실린 <신복룡의 해방정국 산책>에 김구와 이승만을 비교한 내용이 실려있다.

이승만은 왕족의 후손으로 태어나 미국의 하버드와 프린스턴 대학에서 엘리트 코스를 밟았다. 기독교의 세례를 받았으나 끝내 유교적 권위주의의 틀을 벗어나지 못했다.

반면 역모 사건으로 처형된 김자점의 후손인 김구는 가문에 대한 열등감으로 평생 트라우마에 시달렸다. 그는 항일투쟁으로 독립운동 진영에서 이미 명망을 얻었음에도 상하이 임시정부의 경비원을 자청했다. 서당에서 한학을 배운 게 전부였던 김구는 미국 최고 명문 출신인 이승만 앞에서 주눅이 들었다. … 김구는 그 노회함이나 국가 경영 능력에서 이승만을 따를 수 없었다.

'신복룡의 해방정국 산책'에는 김구가 안중근의 여동생과 그리고 안창호의 여동생과 결혼하려다 실패한 얘기도 들어있다.

안중근의 누이와 혼담이 오갔으나 안중근 아버지 안태훈의 반대로 혼사가 이뤄지지 않았고, 그 뒤에 안창호의 여동생 안신호와 사랑에 빠져 결혼까지 약속했으나 안창호가 반대해 이뤄지지 않았다는 것이다.

독립운동가 집안인 안중근과 안창호 가족은 왜 김구와 자신의 가족이 결혼하는 것을 반대했을까? 그 이유에 대해서는 알 수가 없다. '신복룡의 해방정국 산책'에는 더 이상의 자세한 내용은 실려있지 않다. 다만 이렇게 추론해 볼 수는 있다. 안중근의 아버지 안태훈은 자신의 사윗감으로 김구를 탐탁하게 여기지 않은 것이다. 안창호는 자기 여동생의 배필로 김구가 만족스럽지 않은 것이다.

  사자를 정치적으로 활용하는 점에 있어서 대한민국 우파는 좌파에게 상대가 되지 않는다. 좌파는 부패 혐의로 수사받던 노무현을 성인의 반열로 올려놓았다. 여러 면에서 이승만보다 부족한 것으로 평가받았던 김구는 이승만보다 위대한 인물로 추앙받고 있다. 이와 반대로 우파는 대한민국 발전에 튼튼한 기초를 세운 초대 대통령, 자유민주주의를 이 땅에 도입해서 선진국 대한민국의 기틀을 마련한 이승만을 전혀 위대한 인물로 만들지 못하고 있다.

사자를 잘 활용하는 쪽이 승리한다

매년 12월 16일이 되면 북한 국무위원장 김정은은 금수산태양궁전을 찾아 참배한다. 그날은 자신의 아버지 김정일의 제삿날이다. 김정은의 참배에는 북한의 권력자들이 총출동한다. 아버지인 김정일의 제삿날만 참배하는 것도 아니다. 새해 아침이 되면 역시 북한 권력자들을 모두 대동하고서 김정은은 금수산태양궁전을 참배한다.

금수산태양궁전은 평양시 대성구역 미암동에 있다. 김일성, 김정일 부자의 방부 처리된 시체를 보존하고 전시하는 장소다. 1973년 처음 착공되었으며, 2층에는 1994년에 사망한 김일성의 시체가 있다. 1층에는 2011년에 사망한 김정일의 시체가 있다. 이곳에는 오직 북한이 말하는 백두혈통, 즉 김씨 집안의 수령만 안장될 수 있는 곳이다. 북한의 1급 묘역이다.

김정은이 새해 아침에 금수산태양궁전을 찾아 참배하는 이유는 자신의 권력을 공고하게 하려는 목적이다. 북한에서 김정은의 권력에 대항할 다른 권력은 존재하지 않는다. 김정은의 권력을 위협할 다른 세력도 없다. 굶주린 주민들은 김정은에게 대항할 생각도 안 한다. 배가 부른 자만이 자유를 원하고 민주를 외친다. 배고픈 북한 주민에게 자유나 민주는 그다음이다. 김정은의 독재 권력을 위협할 세력이 북한 내부에 존재하지 않음에도 김정은은 자신의 권력을 굳게 유지하려고 애쓴다. 새해 아침에 자신의 할아버지와 아버지가 안장된 금수산태양궁전을 찾아서 참배한다. 참배를 통해 자신이 두 선친 권력자의 핏줄임을 강조한다. 자신의 권력이 정통성이 있음을 증명한다. 자신의 휘하에 있는 권력자들에게 그렇게 증명하고, 자신을 바라보고 있는 북한의 주민들에게 그렇게 강조한다.

금수산태양궁전을 참배하는 행위는 김정은의 권력 다지기의 일환이다. 그리고 동서고금을 막론하고 지구상의 수많은 권력자가 사자의 무덤을 참배함으로써 권력의 정통성이 자신에게 있음을 강조해왔다.

대한민국의 대통령도 새해 아침이 되면 무덤을 참배한다. 국립묘지를 찾아서 헌화하고 방명록에 글을 남긴다. 대한민국 최고 권력자의 새해는 사자의 무덤을 참배하는 것으로 시작된다.

이렇듯 지구상의 거의 모든 권력자가 참배를 통해 권력의 정통성을 인정받으려 하고, 그 권력을 공고하게 다지려 한다. 또한 많은 국민에게 위대한 선조들로부터 자신이 간택됐음을 알리려 한다. 그들의 위대함이 자신에게 또는 자신의 정파로 이어진다고 선전하려 한다. 어떤 위대한 인물도 살아생전에는 많은 잘못을, 실수를, 악행을 저질렀다. 그렇지만 죽고 나면 사자가 된 뒤에는 그의 대부분의 허물은 사람들의 기억에서 잊힌다. 그가 행한 선행들과 업적들이 부각된다.

위대한 인물은 사자가 된 후 더 위대한 인물이 되고, 사람들은 그를 더 많이 추모한다. 더 많은 사람이 추모 행렬에 동참한다. 사자가 가진 이런 힘을 알기에 정치인들은, 권력자들은 위대한 인물의 무덤을 참배한다. 위대한 인물의 능력이, 그의 업적이 자신에게 전해진 것처럼 연기한다. 위대한 인물을 추모하는 많은 사람의 마음을 수확하려 한다.

역사상 위대한 인물이 자신의 편이 아니라면 자신의 편이었던 인물을 위대하게 만드는 방법이 있다. 대한민국의 좌파 진영은 그렇게 했다. 사자가 된 노무현을 위대한 인물로 만들었다. 그리고 매년 노무현의 묘지를 참배하면서 자신들이 위대한 인물의 정통성을 이어받은 세력이라고 선전한다.

이승만은 위대한 인물이다. 그렇지만 사자가 된 이승만은 초라한 인물로 격하됐다. 아무도 그의 위대한 업적을 인정해 주지 않는다. 그런 이승만을 우파 진영은 자신들의 선조라고 분류했다. 그러면서도 위대한 인물을 위대한 인물로 만들어내지 못하고 있다.

사자는 생자보다 강하다. 현재를 살아가는 사람들에게 사자는 더 큰 영향을 미친다. 부모가 살아있을 때 그렇게도 말을 듣지 않던 자식들이, 부모가 죽고 나면 부모의 유언을 따르려고 애쓴다. 살아있는 권력자의 언어는 늘 비판의 대상이 된다. 하지만 사자가 된 후에는 오히려 살아생전 그의 말이 더 무거운 영향력을 발휘한다. 사자를 잘 활용하는 쪽이 정치에서 이긴다. 지금 대한민국의 정치 현실이 뚜렷하게 예시한다.

8.

반칙을 사용함에
주저하지 말라

반칙의 서막

2002년 8월 하순. 대한민국은 16대 대통령 선거가 막 뜨거워지기 시작했다. 저녁 뉴스는 대선 주자들의 행보로 시작됐다. 이회창, 노무현, 정몽준. 이들은 뉴스의 인물들이었다. 그런데 대선 후보들보다 저녁 뉴스에 더 많이 등장한 인물이 있었다. 김대업이다.

김대업이 손에 작은 녹음테이프를 들고 대검찰청으로 들어가는 장면이 TV 주요 뉴스를 모두 장식했다. 녹음테이프가 매우 소중하다는 듯이, 절대 손에서 놓쳐서는 안 되는 매우 소중한 물건이라는 것을 강조하려는 듯이, 김대업은 나일론 끈으로 녹음테이프를 자기 손에 묶었다. 그리고 그 모습을 카메라 기자들에게 들어 보였다. 나일론 끈은 녹음테이프의 두 개의 구멍을 통해서 김대업의 손까지 연결돼 있었다. 김대업은 검찰청사 입구에 혼자 나타나지 않았다. 김대업의 양쪽에 종교인이라고 주장하는 사람들이 함께 있었다. 한 사람은 목사, 한 사람은 스님이다. 김대업의 양쪽에 종교인이 함께 선 것은 김대업의 주장에 신뢰성을 높이기 위해 연출된 것이다. 두 종교인은 좌파 진영의 행사에서 가끔 눈에 띄는 인물들이다. 김대업이 전과자였기에 그 사실이 언론을 통해 알려지면 김대업의 주장을 국민이 믿지 않을 것이라고 판단하는 것은 어려운 문제가 아니다.

이날 검찰청사로 녹음테이프를 가지고 들어가는 순간부터 김대업의 병풍비리가 2002년도 대선판을 크게 흔든다. 김대업이 한나라당 대선 후보 이회창 아들의 병역비리 의혹을 제기했기에 병풍비리로 대선 가도에서 치명성을 입은 것은 이회창이다.

그런데 김대업이 증거라면서 검찰청 앞에서 기자들에게 흔들어 보인 녹음테이프는 가짜였다. 아무 내용도 없는 것이었다.

검찰은 김대업이 이회창 아들의 병역비리 의혹을 제기한 지 86일 만에 수사 결과를 발표했다. 그해 10월 25일 검찰은 수사 결과, 혐의가 없다고 공식 발표했다.

검찰은 수사 발표를 통해 "이회창 후보의 두 아들의 병적기록표가 재작성 또는 위·변조되거나 신검부표가 부당하게 파기된 사실이 없는 것으로 보인다"고 밝혔다. 검찰은 특히 "이회창 후보의 부인 한인옥 씨가 아들의 병역 면제를 위해 전 국군수도병원 부사관 김도술 씨에게 금품을 주며 청탁했다는 내용이 담겼다며 김대업이 제출한 녹취 테이프는 증거 능력을 인정할 수 없고, 이 같은 사실을 입증할 만한 다른 증거도 없다"고 밝혔다.

진실은 늦게 드러난다. 진실을 찾는 길은 험하고도 길다. 대선 후보 이회창과 관련된 병역비리 의혹도 그러했다. 검찰이 대대적인 수사를 벌이고도 진실을 마주하는데 86일이라는 시간이 흘렀다. 그동안 방송은 연일 이회창 아들의 병역비리 의혹을 보도했다. 신문은 주요 기사로 다루었다. 나무위키에 따르면 "2002년 보도에선 리포트 제목이 '병역 은폐 개입' 등과 같이 김대업 씨의 발언을 그대로 인용하거나 의혹이 사실인 것처럼 보도한 내용이 12%가량 됐다. 또 김 씨의 발언을 육성으로 내보낸 것이 37건이나 됐다."라고 한다. 『조선일보』는 "2002년 대선 당시 방송사들도 김대업의 허위 주장을 집중 보도했다. KBS는 9시 뉴스 대선 보도의 71%를 김대업 관련 내용으로 내보냈다. MBC도 크게 다르지 않았다."라고 보도했다.

사실은 중요하지 않다. 이미 이회창 후보에게는 병역비리 의혹이 덧씌워졌다. 병역비리로 아들의 군 면제를 도운 후보로 국민의 뇌리에 각인됐다. 86일이나 지나서 드러난 진실은 대선이라는 거대한 물줄기의 흐름을 바꿀 수가 없었다.

김대업이 제기한 이회창 후보 아들들의 병역비리 의혹으로 한나라당 대통령 후보 이회창은 낙선했다. 이회창 후보가 낙선한 원인은 다른 이유도 있겠지만, 김대업이 제기한 병역비리 의혹이 가장 큰 원인이었다. 이와 관련한 대법원의 판결도 있다. 2005년 대법원은 김대업이 제기한, 실제로는 사기극을 벌인 이회창 아들들의 병역비리 의혹을 보도한 일부 언론에 대해 손해배상 책임을 인정했다. 그 판결문에서 법원은 "2002년 8월에서 9월 사이에 실시된 각 언론사의 여론조사 결과에 의하면 이회창 후보의 지지도가 병역비리 의혹으로 인하여 최대 11.8%까지 하락한 것으로 나타났다."라고 적시했다.

김대업은 대선이 끝난 이듬해 1월 명예훼손과 무고 혐의로 구속돼 1년 10개월 형을 선고받았다. 1년 9개월을 복역하던 중 2004년 10월 노무현 정부에 의해 특별 가석방됐다. 김대업은 2012년 "제가 원인이 됐고, 이회창 후보께서 낙선했다"며 사죄했다.

이회창 아들들에 대한 병역비리 의혹은 1997년도 대선에서도 제기됐었다. 하지만 그 당시에는 IMF 등 다른 사안들에 묻혀서 크게 주목받지 못했다. 하지만 그 당시에도 젊은 유권자(그 당시 나도 젊은 유권자였다.)들 사이에서는 이회창 아들들의 병역 면제가 많이 회자됐었다. 1997년 대선에서 이회창 아들들의 병역비리 의혹 제기가 얼마나 많은 영향을 미쳤는지 밝혀진 것은 없다. 하지만 1997년 대선에서도 그것이 대선 결과에 큰 영향을 미쳤다고 나는 판단하고 있다. 병역비리 사기극에 이회창은 두 번이나 대선에서 패배했다. 아주 근소한 차이로.

김대업의 병역비리 의혹 사기극은 민주화된 대한민국 선거판에서 벌어진 최초의 거대한 반칙이다. 김대업의 병역비리 의혹 사기극은 반칙을 통하면 선거에서 이길 수 있다는 것을 보여준 상징적인 사건이다. 또한 반칙을 해서라도 선거에서 이기고 나면 아무 문제 없다는 것을 정치인들에게 인식시켜 준 사건이다. 그 이후로 대한민국의 선거판에서는 반칙이 공공연하게 이뤄진다.

2002년 대선에서 노무현이 승리하는 데 김대업의 반칙이 결정적으로 작용했다. 그런데 그해 선거에서 김대업의 사기극만이 노무현의 승리를 이끈 반칙의 전부는 아니다. 노무현 캠프가 노란 돼지저금통을 유권자들에게 나누어 주고, 그 돼지저금통에 돈을 넣어서 되돌려 받았다. 선거 후원금으로 그렇게 모금한 것이다. 그것도 반칙이다.

이재명 허위 사실 공표

　　「공직선거법」은 엄격하다. 일반인들에게는 가벼운 처벌을 받는 범죄일지라도 정치인들에게는 매우 무거운 형벌이 되는 것이 선거법이다. 선거법이 정치인들을 떨게 만드는 이유는 벌금 100만 원 형을 선고받으면 현직을 잃게 되기 때문이다. 국회의원은 의원직을 잃고, 시·도지사는 그 자리를 잃는다. 시·군의원도 마찬가지고, 시장 군수도 마찬가지다. 또한 5년간 피선거권이 박탈된다. 5년간 공직 선거에 출마할 수 없다는 의미다. 그렇기에 정치인들은 선거법을 위반하지 않으려고 노력한다. 발각될 위험이 큰 선거법일 경우에만 그렇다. 드러날 가능성이 매우 낮다면 정치인들은 선거법 위반하는 것을 두려워하지 않고, 양심에 가책을 느끼지도 않는다.

　정치인들은 이 지점에서 갈등한다. 선거법을 위반하면 당선된 후에 당선이 무효가 될 수 있다. 그런데 그것보다 더 나쁜 결과는 선거법을 준수하고 선거에서는 낙선하는 경우다. 만약 선거법을 위반하면 당선되고, 선거법을 준수하면 낙선하는 경우가 있다고 하면 정치인들의 90%는 선거법을 위반하고서 당선되는 쪽을 선택할 것이다.

　선거법이 엄격한 이유는 민주주의 사회에서 선거가 갖는 중요성이 크기 때문이다. 민주주의 사회는 국가를 운영하고, 지역을 이끌 지도자를 선거를 통해서 선출한다. 국가의 지도자를 선출하는 과정이 공정해야 하는 것은 당연하기에 선거법은 엄격히 적용된다. 반칙을 허용하지 않는다.

　선거법은 엄격한데, 선거법을 해석하는 법원이 엄격하게 해석하지 않으면 어떻게 되나? 선거법을 위반한 정치인이 어떤 이유로든 법원의 유연한 선거법 적용으로 처벌받지 않으면 어떻게 되나? 그건 반칙이 아닌가? 나에게 묻는다면 나는 분명하게 대답할 수 있다. '그것도 반칙이다'.

2020년 7월 16일 대법원 전원 합의체(재판장 김명수 대법원장)는 2018년 지방선거를 앞두고 허위 사실을 공표한 혐의로 기소된 이재명 경기도 지사의 상고심에서 대법관 7대5 의견으로 유죄를 선고한 원심을 깨고 사건을 수원고법으로 돌려보냈다. 2심에서 벌금 300만 원을 선고받았는데 대법원이 이를 뒤집은 것이다. 무죄라는 취지다.

이재명에게 적용된 혐의는 선거법상 허위 사실 유포다. 이재명이 허위 사실 공표 혐의를 받은 것은 2018년 지방선거를 앞둔 방송 토론회에서 한 발언 때문이다. 그는 그해 5월 열린 KBS 토론회에서 김영환 바른미래당 후보가 "형님을 정신병원에 강제입원시키려고 한 적이 있죠?"라는 질문에 "저는 그런 적이 없습니다. 그거는 어머니 등이 진단을 의뢰했던 겁니다."라고 대답했다. 거짓말이었다. 6월 MBC 토론회에서는 앞선 KBS 토론회를 의식한 듯 "김영환 후보가 제가 정신병원에 형님을 입원시키려 했다는 주장을 하고 싶어 하는데 사실이 아니다"는 미리 준비한 말을 했다.

대법관 12명 가운데 7명은 무죄, 5명은 유죄라고 판단한 것은 유죄와 무죄의 판단이 팽팽했다는 것을 보여준다. 7명의 대법관은 "방송 토론회의 즉흥성을 고려할 때 후보자가 부분적으로 잘못되거나 일부 허위의 표현을 하더라도 토론 과정에서 검증되는 것이 민주적"이라고 밝혔다. 반면 5명의 대법관(박상옥·이기택·안철상·이동원·노태악)은 이재명의 발언이 "전체적으로 보아 진실에 반하는 사실을 공표한 경우에 해당한다"는 반대 의견을 냈다.

당시 대부분의 언론은 대법원의 판결이 이례적이라고 보도했다. 많은 언론이 이재명 당시 경기지사에 적용된 혐의가 유죄를 받을 것이라고 예상했었다. 그러나 대법원의 판결이었기에 이재명의 무죄 판결에 대한 이야기는 언론들이 오랜 기간 주목할 뉴스는 아니었다. 국민의 기억 속에서도 오랫동안 강하게 남아있을 만한 충격적 내용도 아니었다. 그런데 2년 뒤 이재명에게 무죄를 선고했던 한 대법관의 수상한 행적이 언론의 추적에 형체를 드러냈다. 그 대법관의 수상한 행적 때문에 이재명에게 무죄가 선고됐던 허위 사실 유포 혐의와 관련된 이야기들이 다시 언론의 관심을, 대중들의 호기심을 자극하기 시작했다.

대법관에 얽힌 수상한 상황들

'이재명 대법 판결 전후… 김만배, 권순일 대법관 8번 방문'

전주혜 국회의원이 대법원으로부터 제출받은 '2019~2020년 대법원 출입 기록'에 따르면 김 씨는 2019년 7월 16일부터 지난해 8월 21일까지 여덟 차례 권 전 대법관실을 방문했다고 한다. 이 기록에 따르면 김 씨는 지난해 6월 15일 이 지사 사건이 대법원 전원 합의체(전합)로 회부되고 난 다음 날인 6월 16일 권 전 대법관을 방문했다. 방문 이틀 뒤(지난해 6월 18일) 대법관들은 전합 첫 심리를 열었다.

권 전 대법관은 당시 주심 대법관은 아니었지만, 전합 심리 과정에서 무죄 취지의 법리를 주장했다. 권 전 대법관이 이 지사에 대한 전합에서 무죄 취지로 별개 의견을 냈고, 회의를 거치며 권 전 대법관의 별개 의견이 다수 의견이 돼 전합 판결문에 반영됐다고 한다.

선고 다음 날인 지난해 7월 17일 김 씨는 다시 권 전 대법관을 방문했다. 앞서 2019년 7월 16일과 지난해 3월 5일, 5월 8일과 26일, 6월 9일에도 권 전 대법관을 찾았다. 전합 판결 이후에도 김 씨는 지난해 8월 5일, 21일에 다시 권 전 대법관을 방문했다. 권 전 대법관은 김 씨가 마지막으로 방문한 지 한 달도 안 된 9월 8일 퇴임했다. 이후 그해 11월부터 화천대유 고문을 맡았다가 최근 사임했다. 그는 월 1,500만 원 정도의 고문료를 받았는데, 변호사로 등록하지 않아 변호사법 위반 논란이 일었다.

김 씨는 성남시장을 지내던 이 지사와 인터뷰한 기사를 2014년 7월 28일 출고한 뒤, 7개월 뒤인 2015년 2월 6일 화천대유를 설립했다. 같은 해 6월 15일 성남시는 화천대유가 속한 하나은행 컨소시엄과 대장동 개발사업 협약을 체결했다.

전주혜 의원은 "김만배 씨의 방문 일자는 이재명 지사 사건의 전원합의 회부일, 선고일과 밀접하게 연관돼 있다"며 "이 지사를 생환시키기 위한 로비라는 합리적 의심이 가능하다"고 말했다.

2021년 10월 1일 『중앙일보』 기사

김만배는 일당들과 함께 성남시 대장동 개발로 4천억 원대의 이익을 얻었다. 이들 일당은 수천만 원으로 자본금을 만들어서 수천억 원의 이익을 올렸다. 김만배는 이름 그대로 만 배의 수익을 올린 것이다.

김만배가 천문학적인 수익이 가능한 사업을 벌일 때, 이 사업의 허가권을 가진 사람은 성남시장이다. 당시 성남시장이 이재명이다. 김만배 일당이 설립한 천문학적인 수익을 올리는 회사에 권순일 전 대법관이 고문변호사로 일했다. 별로 하는 일 없는 고문변호사인데 월급이 1,500만 원이었다. 그런데 권순일이 대법관 시절 이재명 경기지사의 선거법 재판에서 무죄를 주장한 사람이다. 12명의 대법관이 무죄 7명, 유죄 5명으로 갈릴 때, 권순일 대법관은 무죄 의견을 냈다.

이야기를 정리하면 이렇다. 권순일 대법관은 이재명 경기지사가 무죄선고 받는데 기여했고, 이재명은 김만배 일당이 수천억 원의 돈을 벌 수 있는 대장동 사업을 할 수 있도록 허가했고, 김만배는 이재명의 무죄선고에 기여한 권순일 대법관에게 월 1,500만 원의 급여를 주었다.

그런데 이재명의 선거법 위반 사건을 대법원이 논의할 시기에 김만배가 권순일 대법관을 8번이나 찾아갔다는 것이다. 의심스럽지 아니한가?

대법관을 만나는 것이 그렇게 쉬운 일인가? 김만배는 기자 출신이다. 권순일이 대법관일 때 그는 법원 출입기자였다. 하지만 아무리 기자라고 해도 대법관을 그렇게 자주 만날 수는 없다. 그가 일반인들의 귀에 익숙한 유력 언론사 기자도 아니었다.

그런 김만배가 권순일 대법관을 이재명에 대한 무죄 선고 전후로 8번을 만났다. 수상한 상황 아닌가?

여기까지는 그냥 수상한 상황이다. 세상에 수상해 보이는 현상이 얼마나 많이 발생하는가. 김만배가 대법관 권순일을 여덟 번이나 만난 것은 매우 이례적이고 수상해 보인다. 하지만 그저 수상해 보일 뿐이다. 그런데 권순일 대법관에 얽힌 수상한 상황이 또 드러난다.

대법관에 얽힌 또 수상한 상황들

"대법 연구관들 '이재명 유죄' 냈다가⋯ 권순일 '무죄' 주장에, 추가 보고서 작성"

⋯ 이와 관련, 2019년 이 지사의 선거법 위반 사건이 대법원에 올라 갔을 때 대법원 재판연구관(판사)들이 '상고 기각(유죄 선고)해야 할 사건'이란 검토 보고서를 만들어 올렸다가, 권순일 대법관 등 일부가 무죄 의견을 보이자 '파기환송(무죄 선고)' 취지의 검토 보고서를 추가 작성한 것으로 전해졌다.

본지 취재를 종합하면 2019년 10월 이 지사 선거법 사건이 대법원 2부(주심 노정희 대법관)에 배당된 직후 대법원 재판연구관이 만들어 올린 검토 보고서는 '선거 때 공직 후보자의 허위 발언을 엄정히 처벌해 온 대법원 판례에 비춰보면 별다른 이견 없는 상고 기각(유죄 선고) 사건'이란 취지로 작성됐다고 한다.

이 지사가 2018년 지방선거 TV 토론회 때 "친형의 정신병원 강제 입원에 관여하지 않았다"고 말한 것은 허위 사실 공표에 해당해 벌금 300만 원을 선고한 2심 판결을 유지해야 한다는 것이었다. 그대로 될 경우 이 지사는 지사직을 잃고 차기 대선에도 출마할 수 없게 되는 상황이었다.

그런데 이 사건이 작년 6월 대법원장 및 대법관 12명이 참여하는 대법원 전원 합의체로 넘어가면서 분위기가 달라지기 시작했다고 한다. 여러 법원 관계자는 "권순일 당시 대법관이 전원 합의체 논의 과정에서 3~4가지 '이재명 무죄' 논리를 펴면서 분위기를 주도했다"며 "이후 '이재명 무죄' 취지의 추가 검토 보고서가 만들어졌다"고 전했다. 권 전 대법관은 당시 "주요 선진국 법의 영문판을 봐도 허위사실 공표죄의 공표는 'publish(출판하다)'로 표기돼 있다"며 "선거 출판물이 아닌 TV 토론 발언까지 이 법을 적용하긴 무리"라고 했고, 이 논리는 대법원의 이 지사 무죄 판결문에도 담겼다. (『조선일보』 2021년 9월 28일 자)

2심에서 벌금 300만 원 형을 선고받아서 경기도지사 직을 상실할 위기에 처했던 이재명은 대법원의 무죄 취지 판결로 살아났다. 앞에서 설명했듯이 대법관 12명 가운데 7명은 무죄, 5명은 유죄를 주장했다. 근소한 차이로 무죄를 선고받은 것이다. 그런데 무죄를 주장했던 대법관 권순일이 이재명의 무죄를 강력하게 주장했다. 대법원 재판연구관(판사)들이 유죄라는 검토 보고서를 올렸는데, 권순일 대법관 등이 무죄를 주장하자 '파기환송(무죄 선고)' 취지의 검토 보고서를 추가 작성했다. "권순일 대법관이 전원 합의체 논의 과정에서 3~4가지 '이재명 무죄' 논리를 펴면서 분위기를 주도했다."

이러면 더 수상해진다. 앞에서 이미 설명했듯이 이재명과 김만배와 권순일이 이익의 이해관계로 얽혀있다. 이재명의 사업허가 덕분에 김만배는 대장동 개발을 통해 수천억 원의 이익을 얻었다. 권순일의 무죄 주장 덕분에, 이재명은 무죄를 선고받아 기사회생했다. 김만배는 권순일에게 일자리를 제공하고 넉넉한 보수를 챙겨줬다.

김만배가 대법관 권순일을 수시로 만난 것은 그 자체로 상식적이지 않다. 그런데 만난 시기와 만난 횟수를 엮어서 살펴보면 두 사람의 만남이 수상하다. 거기에 더해서 대법관 권순일은 이재명의 무죄를 주장하면서 검토 보고서가 변경되도록 하는데 영향을 미쳤다. 이쯤 되면 수상함을 넘어서 반칙이 행해진 것은 아닐까? 의심하는 것이 합리적이다.

쇼트트랙 여자 선수들

정치에서 반칙이 행해지는 이유는 반칙해서 얻는 것이 크기 때문이다. 반칙하지 않아서 패배하는 것보다 반칙을 동원해서 승리하는 것이 정치적으로 더 이익이기 때문이다.

국회의원직을 예로 들어보자. 반칙해서라도 일단 당선되고 나면 국회의원으로서 활동할 수 있다. 반칙한 것이 드러나지 않으면 의원직 임기를 다 마친다. 다음 선거에 또 출마할 수 있고, 의원 경력이 있으니 선거에 더 유리해진다. 정치인으로서 이름을 알릴 시간을 벌었기에 인지도를 높인 이익도 있다.

반칙한 것이 드러나도 손해 볼 것이 적다. 반칙했다는 것이 드러나도 당장 옷을 벗는 것이 아니다. 검찰이 기소하고 법원이 판결할 때까지 시간이 걸린다. 법정대응을 잘하면 국회의원 4년 임기를 다 채울 수 있다. 그다음 선거에 출마해서 재선에 도전할 수도 있다. 재판을 질질 끌어서 법원의 판결을 늦추는 것은 영리한 정치인에게는 어려운 일도 아니다.

정치가 이러니 다른 분야가 깨끗할 수 없다. 정치인들을 가장 먼저 닮는 것은 스포츠계와 연예계가 아닐까?

대한민국 쇼트트랙 여자 선수 가운데 2021년 기준 최강자는 최민정이다. 이 글을 쓰고 있는 2024년에도 최민정은 최강자로 분류된다. 2023~24시즌에 대회에 출전하지 않았지만, 그래서 김길리가 최고 선수로 등극했지만, 최민정은 여전히 강자다. 그런데 2021년 최민정에게 금메달을 양보하라는 코치의 압력이 있었다. 압력을 넣은 코치가 스스로 그 내용을 밝혔다. 당시 『조선일보』 보도를 보자. 기사 제목이 <조재범 '심석희에 금메달 안기려 2차례 승부 조작 시도'>이다.

　쇼트트랙 국가대표 심석희가 2018년 평창동계올림픽 경기 도중 최민정을 고의로 넘어트렸다는 의혹이 제기된 가운데, 그에 앞서 심석희에게 금메달을 안겨주기 위한 국가대표팀 내에서의 승부 조작 시도가 최소 두 차례 있었다는 폭로가 나왔다. 폭로자는 심석희를 성폭행한 혐의 등으로 구속돼 2심 재판을 받고 있는 조재범 전 쇼트트랙 국가대표 코치다.

　조 전 코치에 따르면 첫 시도는 2016년 12월 강원도 강릉시에서 열린 2016~17시즌 국제빙상경기연맹 쇼트트랙 월드컵에서 벌어졌다. 당시 대한빙상경기연맹(빙상연맹) 부회장 출신인 한국체육대학교(한체대) 교수 A 씨의 지시를 받은 조 전 코치가 최민정을 찾아가 1,500m 경기에서 한체대 재학 중이던 심석희에게 금메달을 양보할 것을 요구했다. 이에 최민정이 "금메달을 양보할 거면 차라리 다른 종목에 출전하겠다"며 심석희가 나서지 않은 500m 경기에 출전했다고 조 전 코치는 주장했다. 최민정은 당시 연세대에 진학한 상태였다.

　실제로 당시 최민정은 1,500m에 출전하지 않았고, 대신 500m 경기에 출전해 금메달을 땄다. 심석희는 최민정이 빠진 1,500m 경기에 출전해 금메달을 획득했다.

　다음 시도는 2017년 삿포로 동계아시안게임에서였다. 조 전 코치는 편지에 "A 씨가 한체대 심석희가 금메달을 따야 한다며 (나를) 압박해 앞선 1,500m 경기에서 금메달을 딴 최민정이 심석희에게 금메달을 양보하게 유도하라고 시킴. (내가) 최민정에게 빌면서 부탁함. 결국 최민정이 1,000m 경기에서 금메달을 양보함"이라고 적었다.

실제로 해당 경기를 앞둔 시점, 최민정은 이미 같은 대회 1,500m 금메달을 딴 상태였다. 조 전 코치는 당시 상황에 대해 "최민정 선수 숙소를 찾아가 사정을 부탁하다시피 해서 최민정 선수가 승낙을 했다"고 설명했다.

그 경기 영상을 보면 최민정은 출발 신호와 함께 1등으로 치고 나가 역주를 펼친다. 그러다가 3바퀴를 남겨둔 1분 5초 시점, 심석희가 최민정의 인코스를 파고들 때 최민정은 심석희의 진로를 막지 않는다. 그 결과 두 사람의 순위가 뒤바뀐다. 선두를 내준 최민정은 이후 자기 뒤에서 달리는 3·4위를 흘끔흘끔 쳐다보다가 3위 일본 선수가 아웃코스로 치고 나오려 할 때 자신도 바깥으로 이동해 진로를 막는다. 이 상태로 경기는 종료. 결국 심석희는 1분 30초 376을 기록해 금메달을 거머쥐었다.

반칙이다. 경기에서 일부러 져주도록 하는 것은 분명 반칙이다. 이길 수 있는데 지는 것은 공정하지 않을 뿐 아니라, 스포츠 정신을 훼손하는 행위다. 그런데 최민정과 심석희 그리고 조 코치 사이에 얽힌 반칙 행위는 이것이 전부가 아니다.

2017년 3월 세계쇼트트랙선수권 대회가 열렸다. 한국 여자 쇼트트랙의 쌍두마차이자 라이벌인 최민정과 심석희는 나란히 여자 1,000m 준결승에 진출했다. 준결승에서는 6명의 선수가 겨뤄 그 가운데 2명만이 결승에 진출한다. 이 경기에서 수상한 장면이 등장한다. 심석희가 앞서가던 최민정을 밀어버린 것이다.

1바퀴 반을 남겨놓고 영국의 엘리스 크리스티가 1위, 최민정이 2위, 심석희가 3위로 달리고 있었다. 이대로 경기가 끝나면 최민정이 결승에 오르고 심석희는 결승에 진출하지 못하는 상황이다. 1, 2등만 결승에 오르기 때문이다. 당시 영상을 보면 심석희가 안쪽을 파고 들며 최민정을 오른손으로 밀치는 동작이 나온다. 밀린 최민정은 밖으로 밀려났고 결국 6명의 선수 가운데 5위로 들어왔다. 심석희는 크리스티에 이어 2위로 결승선을 통과했다.

이런 심석희의 행동은 심판들의 눈을 피하지는 못했다. 비디오 분석을 통해 심판들은 심석희에게 실격을 선언했다. 반칙을 당한 최민정은 구제받아서 결승에 진출했다.

심석희와 최민정 사이에 얽힌 이야기가 여기서 끝난다면 별일 아닌 것으로 치부될 수도 있다. 결과적으로 반칙한 심석희는 실격됐고, 선량한 최민정은 구제받았기 때문이다. 하지만 다음에 이어지는 이야기를 들어보면 별일 아닌 게 아니라는 걸 느낄 수 있다.

2018년 강원도 평창에서 동계올림픽이 열렸다. 이 당시에 최민정은 한국 여자쇼트트랙의 최강자로 떠오르고 있었다. 최민정은 무난하게 여자 1,000m 결승에 올랐다. 심석희도 결승에 함께 진출했다. 이 당시 심석희는 최민정보다 더 유명했다. 그전부터 심석희는 쇼트트랙의 최강자로 군림하고 있었다.

그런데 이 결승전에서 심석희가 최민정을 또 밀었다. 또 밀었다는 표현이 이 당시에는 적절하지 않았다. 2018년 평창동계올림픽 당시에는 심석희가 최민정을 고의로 밀었던 2017년 3월 세계쇼트트랙선수권 대회의 반칙이 드러나지 않았기 때문이다. 하지만 현재의 시점으로 재해석해보면 심석희는 최민정을 또 밀었다. 최민정을 밀면서 자신도 밀려서 두 선수 모두 메달획득에 실패했다. 대한빙상경기연맹도 심석희의 행동에 고의가 있었다고 조사 결과를 발표했다.

대한빙상경기연맹은 2021년 12월 8일 "심석희가 당시 오른손으로 최민정의 왼팔을 밀었던 사실을 영상을 통해 확인했다"고 밝혔다.

"전문가 의견에 따라 이는 고의에 의한 행동이라고 판단한다"고 밝혔다. 다만 "이 같은 행동이 최민정을 일부러 넘어뜨려 메달 획득을 방해하고자 한 것인지, 아니면 자기 보호 차원에서 한 것인지는 확인할 수 없다"고 덧붙여서 설명했다.

하지만 심석희가 고의로 반칙을 했을 것이라는 정황이 여러 곳에서 드러났다. 심석희가 코치와 휴대폰으로 문자메시지를 주고받으면서 최민정을 향해 욕을 한 것이 드러났기 때문이다. 문자에는 최민정 대신에 최민정과 경쟁하는 중국 선수를 응원했다는 내용도 있다.

그래서 심석희는 어떻게 됐냐고? 심석희는 이 글을 쓰는 2024년 현재 여전히 대한민국 국가대표 쇼트트랙선수로 활동하고 있다.

여자 쇼트트랙에서만 이런 일이 벌어지는 것이 아니다. 남자 쇼트트랙도 다르지 않다. 여자 쇼트트랙에서 벌어진 것과 비슷한 반칙이 남자 쇼트트랙에서도 발생했다. 여자 쇼트트랙 반칙 이야기만 쓰고 남자 쇼트트랙 반칙 이야기는 책에 넣지 않으면 남성 우월 사상이라도 있는 사람처럼 매도될 수 있으니, 남자 쇼트트랙의 반칙 이야기를 해보자.

쇼트트랙 남자 선수들

        2024년 3월 17일 네덜란드 로테르담 아호이 아레나에서 열린 2024 국제빙상연맹(ISU) 쇼트트랙 세계선수권대회 남자 1,000m 대회 결승전에 한국 선수 두 명이 나란히 올랐다. 최근 대한민국 쇼트트랙을 이끌고 있는 박지원과 대한민국 쇼트트랙 간판 중 한 명이었던 황대헌이다. 나이는 박지원이 세 살이 더 많다. 그런데 시간이 지날수록 박지원의 실력을 늘어가는 데 비해 황대헌의 활약은 힘을 잃고 있었다.

  이날 경기에서 박지원은 맨 앞의 황대헌 뒤에서 2위로 달리고 있었다. 3바퀴를 남기고서 박지원은 황대헌을 추월하려고 했다. 곡선주로에서 속도를 올리면서 안쪽을 파고들었다. 박지원의 속도가 더 빨랐기에 박지원이 황대헌을 추월해 앞자리를 차지할 수 있었다. 그런데 바로 그 순간, 황대헌의 손이 박지원의 몸에 닿았다. 박지원을 밀어버린 것이다. 빠른 속도에 미는 힘이 더해지자 박지원의 몸은 관성의 힘을 견뎌내지 못하고 균형을 잃었다. 넘어진 박지원은 더 이상 경기를 진행하지 못했다. 쇼트트랙은 순식간에 순위가 결정되기 때문에 한 번 넘어지면 그것으로 끝이다. 박지원은 메달을 획득하지 못했다. 황대헌도 메달을 획득하지 못했다. 황대헌은 반칙을 한 것으로 결정돼 실격 처리됐기 때문이다.

  국가대표로 올림픽에도 출전했던 황대헌이 반칙을 하면 실격 처리된다는 것을 몰랐을 리 없다. 그런데도 황대헌은 박지원에게 반칙을 가했다. 이날 경기가 박지원에게는 매우 중요한 것이었다. 세계선수권 대회에서 메달을 따면 다음 해 국가대표로 자동 선발될 수 있는 자격이 주어지기 때문이다. 이 시기에 세계 랭킹 1위였기에 박지원에게는 메달만 있으면 됐다. 그러면 자동적으로 국가대표가 되는 것이었다. 박지원에는 국가대표가 간절한 또 다른 이유가 있었다. 국가대표로 출전해서 좋은 성적을 거두면 병역 면제 혜택을 받을 수 있기 때문이다. 나이가 20대 후반인 박지원에게는 시간이 얼마 남지 않은 상황이었다. 그런데 황대헌의 반칙으로 물거품이 됐다. 황대헌은 자동으로 국가대표가 될 방법이 없었다. 그는 국가대표 선발전을 치러야 하는 상황이었다(또한 황대헌에게는 국가대표 자리에 대한 간절함이 박지원처럼 강하지 않았을 수도 있다. 황대헌은 이미 군 면제를 받았기 때문이다).

하지만 박지원은 이 대회에서 메달을 획득했으면 국가대표 선발전을 치르지 않아도 되는 상황이었다. 박지원이 자동으로 국가대표가 되는 것을 막으려고 황대헌이 반칙을 저질렀다는 의심이 그래서 등장했다. 하지만 한 번 반칙을 했다고 해서 황대헌의 행동이 고의라고, 악의적인 것이라고 단정하기는 어렵다. 그런데 비슷한 반칙이 또 있었다고 하면 상황이 달라진다.

하루 전, 그러니까 16일에도 똑같은 일이 있었다. 이번에는 1,500m 결승전이다. 1,500m 결승에도 두 선수가 모두 출전했다. 이번에도 마지막 세 바퀴를 남기고 사건이 벌어졌다. 박지원은 선두로 달리고 있었다. 그런데 이번에는 1,000m와 정반대의 상황이 전개됐다. 뒤에서 따라오던 황대헌이 무리하게 안쪽으로 파고들었다. 여기서 '무리하게'라는 표현을 사용한 것은 당시 황대헌의 움직임을 보면 알 수 있다. 무리하게 안쪽으로 파고들었기 때문에 사고가 났다. 황대헌이 박지원을 몸으로 밀어냈다. 박지원은 균형을 잃었고 휘청하는 사이에 다른 선수들이 모두 박지원을 앞질렀다. 박지원은 꼴찌를 했다. 1등으로 결승선을 통과한 것은 박지원을 밀어낸 황대헌이었다. 황대헌은 두 주먹을 불끈 쥐고 특유의 우승 세레머니를 선보였다. 하지만 그 세레머니가 어딘지 어색해 보였다. 아마도 황대헌의 가슴 한쪽에 불길한 예감이 있었기 때문이리라. 황대헌의 예감은 틀리지 않았다. 심판진은 박지원을 몸으로 밀친 황대헌의 행동이 반칙이었다면서 페널티를 부과했다. 황대헌도 메달을 획득하지 못했다.

황대헌의 반칙이 이틀 연속 일어났다면, 그것도 같은 선수에게 가해진 반칙이라면 의심하는 것이 당연하다. 고의적이라고. 다시 생각해 보니 다음 날 1,000m 경기에서 박지원이 왜 황대헌의 뒤에서 주행했는지 이해가 된다. 16일에 황대헌의 앞에서 스케이팅을 하다가 반칙을 당하자, 다음 날에는 황대헌의 뒤에서 스케이팅을 하는 것으로 작전을 바꾼 것이다. 뒤에서 따라가다가 막판에 앞지르면 반칙을 당하지 않을 것이라고 판단한 듯하다. 하지만 앞에서 달려가든 뒤에서 추월하든, 황대헌은 지능적으로 반칙을 감행했다. 박지원이 열심히 스케이팅 실력을 갈고닦는 동안, 황대헌은 반칙 실력을 갈고닦은 것인가?

황대헌의 박지원에 대한 반칙 사례가 또 있다. 가슴 아픈 일이다. 이보다 5개월 전이다.

2023년 10월 열린 ISU 월드컵 1차 대회 1,000m 2차 레이스 결승에서도 황대헌은 박지원에게 반칙을 했다. 이날 경기에서 황대헌은 앞에서 달리던 박지원을 뒤에서 밀치는 심한 반칙을 범해 옐로카드를 부여받고 모든 포인트가 몰수됐다.

한 선수에게 세 번이나 반칙을 범한 것은 의도적으로, 악의적으로 그런 것으로밖에 해석할 수 없다. 하지만 황대헌은 박지원에게 사과는 하면서도 반칙이 아니라고 항변했다.

이야기가 여기에서 끝나지 않는다. 황대헌의 반칙으로 의심받는 행동이 또 있다. 중국으로 귀화한 임효준 선수와 얽힌 이야기다.

2019년 6월 남녀 쇼트트랙 대표팀 선수들이 진천선수촌에서 등반 훈련을 하고 있었다. 이 과정에서 성희롱 사건이 발생했다. 그러나 이 성희롱 사건은 그동안 일반적으로 우리가 알고 있던 성희롱과는 매우 다르다. 성희롱 사건 하면 남성이 여성을 성적으로 희롱했을 경우를 의미하는 것이 일반적이다. 그런데 이때 쇼트트랙 선수촌 훈련 과정에서 발생한 성희롱 사건은 남성이 남성을 성희롱했다는 것이었다.

성희롱 피해자라고 신고한 사람은 앞에 등장했던 그 선수 황대헌이었다. 성희롱 가해자로 지목된 선수는 임효준이었다. 2018년 평창 동계올림픽 1,500m에서 금메달을 획득했고, 500m에서도 동메달을 획득한 선수로 당시 대한민국 쇼트트랙의 에이스였다.

황대헌은 임효준이 암벽등반 훈련 중에 자신의 바지를 잡아당겨서 벗겼다고 밝혔다. 그로 인해서 엉덩이가 드러났다는 것이다. 이 훈련장에는 여자 선수들도 있었다. 처음 사건이 일어났을 때는 별일 없이 지나갔다. 하지만 나중에 황대헌은 수치심을 느꼈다면서 선수촌에 성희롱 사건으로 신고했다. 신고 사실을 당시 장권옥 대표팀 감독을 비롯한 코치진에게 알렸다. 감독은 임효준과 황대헌을 화해시키려고 했다. 하지만 황대헌은 이를 거부하여 사건 당일 연맹에 보고했다. 황대헌은 6월 19일 대한체육회에 성희롱으로 신고 문서를 접수했다. 신고가 접수된 후 일주일 뒤에 남녀 국가대표 14명이 전원 1개월간 선수촌에서 퇴촌됐다.

이 사건으로 임효준은 정식 재판을 받게 됐고, 국가대표 자격을 잃었다. 1년 자격정지 처분을 받아서 국가대표로 활동할 수 없었고, 그 다음 해에는 국가대표로 선발은 됐지만 활동할 수 없었다. 재판에서 무죄를 받아야만 국가대표로 활동할 수 있었던 것이다.

한창 선수로 활동해야 할 젊은 시기를 잃는 것이 안타까웠던 임효준은 중국으로 귀화했다. 중국에서 선수로 활동하기로 한 것이다. 이런 임효준의 행동에 대해서 많은 국민이 임효준을 비판했다. '성희롱한 것도 모자라서 중국으로 귀화하느냐'는 것'이 비판의 주요 내용이었다.

꼭 2년의 세월이 흘렀다. 대법원은 임효준에게 죄가 없다고 판결했다. 하지만 중국으로 귀화한 임효준이 한국으로 돌아와서 선수 생활을 할 수는 없는 상황이 됐다. 임효준은 성희롱을 하지 않고서 억울하게 성희롱 가해자가 된 것이고, 국가대표로 활동하지 못하게 된 것이다. 하지만 성희롱을 당했다고, 결과적으로 거짓 주장을 한 황대헌은 국가대표로 활동할 수 있었다.

처음 황대헌이 임효준을 성희롱 가해자로 신고했을 당시에는 여론은 황대헌 편이었다. 하지만 황대헌이 박지원에게 연속적으로 반칙을 범한 것이 드러나면서 여론이 달라지기 시작했다. 임효준 사건을 다시 살펴보게 됐다. 이 글을 쓰는 나 역시 마찬가지다.

성희롱 사건이 공론화된 2019년 6월 임효준의 말을 들어보면 임효준이 억울했다는 것을 알 수 있다.

잘못 알려진 사실이 있다. 훈련 시간이 아니라 훈련을 앞두고 쉬는 시간이었다. 대표팀 선수들과 가벼운 마음으로 있던 상태였다. 당시 사건이 벌어지게 된 계기는 한 선수가 암벽등반 기계에 올라갔고 황대헌 선수가 엉덩이를 손으로 때렸다. 그리고 떨어졌다. 암벽등반 기계는 일반 웨이트 트레이닝 장비다. 높은 곳에서 떨어지는 것이 아니라 물레처럼 순환하는 기계다. 대표팀 선수들끼리는 합숙 및 오랜 시간 함께했기 때문에 가족 같은 분위기였고, 훈련 시작 전 분위기 반전을 위해 장난을 하고 있던 상황이다. 대학교 후배이기도 한 황대헌 선수가 장난을 한 상태였고 비슷하게 하려고 했다. 그렇게 골반을 잡았는데 바지가 벗겨졌고 문제가 발생했다.

황대헌 선수에게 정말 미안했다. 일각에 알려진 것처럼 성기가 노출된 것은 아니다. 그러나 분명 내 잘못이었고, 황대헌 선수에게 사과했다. 또 선수촌 숙소로 돌아간 뒤에도 황대헌 선수 방 앞에서 30분 정도 기다렸다. 불편한 마음이 큰 것 같아 사과했다. 그런데 당시에 보도된 기사들의 내용은 굉장히 달랐다. 사실을 말씀드리고 싶었지만 두려웠다. 또 기회도 없었다.

법원의 판결도 임효준의 주장과 결이 같다.

법원은 "황대헌도 동료 여자 선수가 장난으로 받아들일 것을 감지하고 엉덩이를 때리는 행위를 하였는바, 연속된 분위기에서 황대헌이 임효준의 행동을 강제추행으로 인식하였는지에 대해 상당한 의문이 든다. 피고인이 반바지를 잡아당긴 행위만이 성적 수치심이나 혐오감을 일으킨다고 보기 어렵다."라고 판시했다.

앞에서 박지원에게 반칙한 황대헌의 행동이 의도적으로 보인다고 했다. 여러 정황이 그렇다는 것이다. 박지원이 낙마하면 국가대표 자리를 차지하는데 황대헌에게 유리해지기 때문이다. 그렇다면 임효준에게 성희롱죄를 물으려 했던 황대헌의 행동도 의도적이었을까? 임효준을 밀어내고 자신이 국가대표가 되려고?

황대헌이 임효준을 고발한 것도 의도적이고 악의적인 것으로 보는 것이 합리적이다. 법원의 판결문에 그 내용이 들어있다.

"사건 직후 황대헌이 선발전 순위권에 있는 다른 선수들에게 '이제 국제대회에 출전할 수 있게 되어 축하한다'면서 이 사건으로 임효준이 국가대표에서 탈락하는 징계를 받을 수 있음을 암시하는 말을 한 점을 고려하면 더욱 그러하다."

임효준을 성희롱 가해자로 고소한 황대헌이 그렇게 말했다는 것이다. 임효준과 경쟁했던 선수들에게 '이제 국제대회에 출전할 수 있게 되어 축하한다.'

법원이 무죄라고 판결했듯이 임효준이 황대헌의 바지를 잡아당긴 것은 성희롱이 아니다. 황대헌은 여자 선수의 엉덩이를 손으로 때렸다. 둘 중에 어느 것이 더 성희롱에 가깝냐고 묻는다면 지금 대한민국의 국민들 다수는 여자 선수 엉덩이를 때린 남자 선수의 행동이 더 성희롱에 가깝다고 답할 것이다.

황대헌이 임효준을 고소한 행위는 임효준을 국가대표에서 몰아내려는 의도가 깔린 것이라고 의심할 수밖에 없다. 반칙인 것이다.

황대헌은 반칙을 했다. 하지만 그 반칙으로 인해 직접적으로 그가 입은 피해는 없다. 반칙을 당한 피해자들만 피해를 입었다. 박지원은 쉽게 국가대표가 될 수 있는 기회를 잃고, 어렵게 선발전을 치러야 했다. 임효준은 한국을 떠나서 중국에서 선수 생활을 해야 했다. 황대헌은 국가대표에서 탈락했다. 하지만 그가 탈락한 이유는 반칙을 범했기 때문이 아니다. 국가대표 선발전에서 탈락했기 때문이다. 실력이 모자라서 국가대표로 선발되지 못한 것이다. 반칙을 했다는 이유로 그가 직접적으로 입은 피해나 처벌은 없다.

반칙하는 자 승리하다

"규칙을 어기는 것 이것이 성공의 가장 중요한 규칙이다." 영국 해군의 전설적인 인물인 영국 왕립해군 제독 호레이쇼 넬슨은 이렇게 말했다. 엔드루 로버츠의 책 『승자의 DNA』에는 넬슨 제독의 리더십에 대한 내용이 실려있다. 넬슨은 "필요할 경우 규칙을 어기고 명령에 불복종하라"고 말했다. 넬슨은 전쟁의 승리를 위해서 국가의 이익을 위해서 필요하다고 생각될 때 그렇게 하라는 것이었다. 개인의 이익을 위해서 규칙을 어기라는 것은 아니었다. 근래 대한민국에서 벌어진 규칙을 어기는 반칙 행위들과는 의도도, 결과도 다르다.

송철호 변호사는 문재인 전 대통령과 아주 친한 사이다. 다른 사람이 두 사람이 친한 사이라고 말했으면 얼마나 친한 사이인지 가늠하기 쉽지 않았을 것이다. 하지만 두 사람이 친한 사이라는 것을 문재인이 직접 말했기에 두 사람이 매우 친한 사이임을 알 수 있다. 문재인의 말이 없었더라도 송철호와 문재인이 친한 사이라는 것은 그들이 함께 부산과 울산 지역에서 인권 변호사로 활동했다는 사실에서도 알 수 있다.

송철호는 2018년도 지방선거에서 울산시장에 당선됐다. 그리고 2022년 6월까지 4년의 임기를 채우고 물러났다. 그런데 송철호가 울산시장 선거에 당선되는 과정에 문재인의 청와대가 불법적으로 관여한 것이 드러났다. 반칙을 동원해서 당선시킨 것이다.

송철호를 울산시장으로 당선시키려고 문재인의 청와대가 어떻게 권력을 사용했는지 자세하게 적고 싶지만 그런 내용을 다 적으면 이 책이 너무 두꺼워질 우려가 있다. 따라서 그 내용에 대해서는 자세히 싣지 않는다. 인터넷에 '울산시장 선거 개입'이라고 검색하면 문재인의 청와대가 송철호를 당선시키려고 동원한 반칙 내용을 찾아볼 수 있다.

송철호는 반칙으로 당선됐다. 법원도 송철호가 반칙으로 당선됐다고 판결했다. 2023년 11월 1심 재판부는 「공직선거법」 위반 혐의로 기소된 송철호에게 징역 3년을 선고했다.

송철호를 당선시키려 문재인 정권이 동원한 권력 가운데 경찰이 있다. 당시 울산 지역을 담당한 경찰 총수는 황운하다. 울산경찰청장으로서 황운하는 송철호의 당선에 공헌했다. 반칙에 가담했다는 의미다. 법원은 2023년 11월 황운하에게 적용된 「공직선거법」 위반 혐의에 대해 징역 2년 6월, 직권남용에 대해 징역 6월을 선고했다. 문재인 정권의 하명을 받아서 송철호를 당선시키는 반칙 행위에 동참했다는 것을 법원이 확인한 것이다.

법원은 황운하의 반칙 행위를 이렇게 비판했다.

"경찰 조직과 대통령 비서실의 공적 기능을 자신들의 정치적 이익을 위해 사적으로 이용해 투표권 행사에 영향을 미치려 한 선거 개입 행위는 죄책이 매우 무겁다. 엄중한 처벌로 다시는 이런 일 일어나지 않도록 해야 할 공익 사유가 매우 크다."

그런데 황운하는 국회의원이 됐다. 아직도 국회의원이다. 2020년 21대 국회의원 선거에 더불어민주당 후보로 출마해서 당선됐다. 의도적으로 반칙을 범한 것이 드러나서 법원으로부터 징역형을 선고받았지만 그는 국회의원직을 계속해서 수행했다. 21대 국회의원 임기를 다 마쳤을 뿐 아니라, 당당하게도 22대 국회의원에 당선됐다. 상식을 가진 국민은 이렇게 한탄할 수 있다. '어떻게 이런 일이 가능할까?'

황운하는 현직 경찰 신분으로 국회의원 선거에 출마했다. 그것도 상식적이지 않다. 황운하는 경찰청으로부터 징계를 받아야 하는 신분이었다. 그렇기에 사표를 제출해도 사표 처리가 되지 않는다. 황운하는 자신은 사표를 냈다며 사표가 수리되든 말든 선거에 출마하겠다고 주장했는데, 그걸 법원이 인정해 줬다. 그래서 국회의원 선거에 출마할 수 있었다. 그리고 당선됐다.

울산경찰청장 신분으로 송철호의 당선을 위해 황운하는 불법 행위를 했다. 그것으로 인해 1심 법원으로부터 유죄 판결을 받았다. 징역형이라는 매우 무거운 처벌을 받은 것이다. 그런데, 국회의원직을 수행하고 있다.

만약 황운하가 송철호 당선에 기여하지 않았어도 황운하가 국회의원이 될 수 있었을까? 송철호 당선을 위해 반칙을 한 공로를 인정받아서 문재인 정권이 민주당 공천을 준 것은 아닌가? 황운하가 국회의원이 되는 과정을 보면 이런 의문을 가질 수밖에 없다.

일단 국회의원이 된 후에는 검찰 수사를 지연시키고, 재판도 길게 끌어서 국회의원 임기를 다 채우고, 22대 국회의원 선거에도 출마할 수 있었다. 그렇게 황운하는 재선 국회의원에 당선돼서 자신을 수사하는 수사기관을 향해 큰소리를 칠 수 있는 신분을 유지하고 있다. 고액의 연봉을 받고, 수많은 특혜를 누리고 있다. 당당하게 반칙을 수행한 공로에 대한 화려한 보상이다.

반칙을 통해 당선되고서 임기를 다 채우고서도 정치인들은 그것으로 만족하지 못한다. 자신의 반칙 행위를 영원히 처벌받지 않으려고 한다. 검수완박을 추진하는 정치인들이 그런 의심을 받는다.

검수완박- 대놓고 반칙하겠다는 정치인들

　　"지연된 정의는 정의가 아니다." 이렇게 말하는 사람들
이 있다. 어느 정도 이 말에 동의한다. 앞에서 예를 든 것처럼, 울산시
장이 선거법을 위반해서 당선됐는데, 임기 4년을 다 채우고 난 뒤에
사법 처리되면 처벌의 효과가 준다. 임기 4년 동안 고액의 연봉을 받
아서 경제적 이득을 얻었다. 임기 4년 동안 각종 개발 정책을 통해 지
인들에게도 이익을 제공했을 수 있다. 사법 처리를 받았지만 어쨌든
그에게는 전직 울산시장이라는 명예가 영원히 제공된다. 후손들은 그
를 울산시장을 역임한 조상이라고 기억하고 기릴 것이다. 그가 처리
한 많은 행정도 모두 유효하다. 울산시장 당선이 무효이지만, 임기를
다 채우고 난 다음에는 당선 무효 판결이 별 효과가 없다. 국회의원 당
선 무효도 마찬가지다. 이럴 경우 '지연된 정의는 정의가 아니다'.

　　하지만 지연되더라도, 아무리 늦더라도 처벌이 이뤄지면 그나마도
정의가 실현된 것으로 이해되는 사건들도 많다. 살인범이 30년이 지
난 후에 체포된 경우만 그런 것이 아니다. 아무리 오래 걸리더라도,
시간이 아무리 흐른 뒤라도, 사람들은 범죄가 처벌되기를 바란다. 정
의가 살아있음을 확인하고 싶어 한다. 그런데 범죄를 영원히 묻어두
려는 사람들이 있다. 범죄가 처벌되지 않는 사회를 만들려는 사람들
이 있다. 검수완박을 추진한 정치인 중 일부가 그런 의심을 받는다.

　　검수완박법은 간단하게 말하면 검찰의 수사권을 박탈하는 것이
다. 검수완박은 검찰 수사권 완전 박탈의 약어다. 검수완박이라고 했
지만, 검찰 수사권의 완전한 박탈은 아니다. 일부는 남겨놓는다. 지

금 검수완박법은 이 법의 추진을 주도했던 더불어민주당의 의도와는 약간의 차이가 있다. 시행령을 통해서 검찰의 수사권을 넓힐 수 있는 길을 열어놓았기 때문이다. 어쨌든 검수완박은 검찰 수사권을 축소하는 것이 주요 내용이고, 그렇게 개정됐다.

대한민국에서 수사를 가장 잘하는 기관은 검찰이다. 이에 대해서는 대한민국 국민 누구도 다른 의견을 말하지 않을 것이다. 수사를 가장 잘하는 기관이 수사하게 해야지 왜 수사를 가장 잘하는 기관의 수사권을 축소하려는 것일까?

정치인들은 이것을 검찰 개혁이라고 부른다. 검찰의 수사권을 축소하는 것이 검찰 개혁인가? 그렇지 않다. 검찰의 수사권을 축소하면 이익을 보는 사람들은 누구인가? 검찰은 단순한 범죄를 수사하는 기관이 아니다. 음주운전을 한 것을 수사하지 않는다. 배가 고파서 편의점에서 빵을 훔쳐 먹은 것을 수사하지 않는다. 돈을 빌렸다가 갚지 않았다고 수사하지 않는다. 영세상인이, 자영업자가 법을 위반했다고 해서 검찰이 수사하지 않는다.

검찰이 수사하는 것은 대형 범죄이다. 권력을 가진 사람들이 저지르는 범죄다. 다단계 사기처럼 거액의 사기사건을 저지른 사람들을 수사하는 것이 검찰이다. 보통 사람들은 검찰청에 가서 조사받을 일이 없다. 가장 자주 검찰청에 불려가서 조사를 받는 직업군 중에 정치인이 포함된다. 그렇다면 정치인들이 검찰 수사권을 축소하려는 의도가 자신들과 연관된 범죄를 수사하지 못하도록 하려는 의도는 아닐까? 그렇게 의심해 볼 만하다.

황운하 더불어민주당 의원이 지난 2022년 4월 8일 같은 당 의원들에게 윤석열 정부가 출범하기까지 남은 한 달 동안 이른바 '검수완박

(검찰 수사권 완전 박탈)' 법안의 우선 처리를 요청하는 편지를 보냈다. 그는 이 편지에서 '검수완박'이 될 경우 현재 검찰의 직접 수사할 수 있는 '6대 범죄' 수사권에 대해 "그냥 증발하는 것"이라며 "불요불급한 수사가 많다"고 했다.

황 의원은 "검찰에서 수사기능을 분리하면 검찰이 가진 6대 범죄 수사권이 어디로 가나? 정확하게 말하면 어디로 가는 게 아니고 그냥 증발하는 것"이라며 "국가 수사 총량이 그만큼 줄어들게 되는 것이다. 물론 건수 자체는 많지 않다"고 했다. 또 "현재도 경찰에게는 6대 범죄를 포함한 모든 범죄에 대한 수사권이 있다"며 "검찰의 6대 범죄 수사권이 폐지된다고 해서 경찰에게 없던 권한이 새로 생기는 것은 아니다."라고 했다.

또 황 의원은 "검찰 수사권 남용이 최악이라고 전제한다면 이에 대한 폐지가 우선 과제라는 데 대한 공감이 형성될 수 있다"고 했다. 그러면서 문재인 정부 임기 내에 검찰 수사권을 없앤 뒤 보완책을 찾자고 주장했다. (『조선일보』 2022년 4월 9일 자)

경찰 출신 국회의원인 황운하는 누구보다 수사에 대해 잘 알 것이다. 법에 대해서도 잘 알 것이다. 그가 자신이 속한 더불어민주당 의원들에게 이런 내용의 편지를 보냈다. 검찰 수사권을 경찰로 넘기는 검수완박을 추진하면 경찰이 수사하는 것이 아니라 수사가 그냥 증발한다는 것이다. 황운하의 의도는 대한민국 수사기관의 수사권을 축소하는 것이다. 왜 그럴까? 평생 범죄자들을 처벌하는 일을 해온 경찰 출신이 왜 대한민국 수사기관의 수사권을 축소하려는 것일까? 그가 범법행위로 수사받고 있는 상황이었기 때문이 아닐까? (법안 추진 당시) 그가 속한 민주당의 당 대표 이재명이 여러 건의 범죄 혐의로 수사를 받고 있기 때문이 아닐까? 그렇다고 의심하는 것이 합리적이다.

민주당이 검수완박법을 처리한 시기를 보면 황운하와 민주당의 속셈을 가늠할 수 있다. 2022년 3월 9일 대통령 선거에서 패배하자 민주당은 검수완박법 개정을 서둘렀다. 민주당 출신 문재인이 대통령일 때 법률을 공포하기 위해서다. 윤석열 대통령이 취임하고 나면 검수완박법의 여러 문제점을 지적하면서 재의요구권(거부권)을 사용할 수 있기 때문이다. 자신들이 집권한 5년 내내 처리하지 않았던 법안을 대통령 선거에서 패하자 서둘러 국회에서 의결했다. 국회의석의 과반을 차지하고 있었기에 국회에서 법안을 통과시키는 것은 민주당에게는 어려운 일이 아니었다. 그렇게 그들은 자신들을 위한 방탄 입법을 성공시켰다.

그런데 사실, 검수완박을 추진하지 않고서도 반칙이 처벌받지 않는 방법은 있다. 물론 그것이 쉬운 방법은 아니다. 그런 사례가 흔한 것도 아니다. 그러나 분명한 것은 죄를 짓고서도 처벌받지 않은 사례가 있다. 앞으로 그런 사례는 더 늘어날 것이다. 돈으로 무죄를 만들고, 권력으로 무죄를 사는 사람들이 있었고, 앞으로 더 늘어날 것이다. 그런 상황에서 검수완박이 추진되면 반칙을 처벌하는 것은 더 힘들어진다. 그래서인가 사표를 내는 검사들이 늘고 있다고 한다. 안타까운 일이다.

반칙을 처벌하기 힘든 세상

　　1994년 6월 12일, 백인 여배우 니콜 브라운 심슨과 그녀의 애인인 로널드 골드먼이 미국 로스앤젤레스의 고급주택지 브렌트우드 저택에서 사망한 채로 발견됐다. 니콜 브라운은 미국 프로미식축구리그(NFL) 선수였던 O. J. 심슨의 전처였다. 사건 현장에서 발견된 여러 증거물은 이 살인사건의 범인이 O. J. 심슨이라고 지목했다.

　O. J. 심슨의 집에서 발견된 양말에 묻은 혈액에서 니콜 브라운의 DNA가 검출됐다. R. 골드만(니콜 브라운의 연인)의 셔츠에서 아프로계의 머리카락이 발견됐다. O. J. 심슨은 아프로계였다. 사건 현장 근처에 떨어진 피가 묻은 왼쪽 장갑에서, O. J. 심슨, N. 심슨, R. 골드만 세 명 모두의 DNA가 검출됐다. O. J. 심슨은 왼손잡이다. 또한 해당 장갑과 짝이 맞는 오른쪽 장갑이 O. J. 심슨의 집에서 발견됐다. O. J. 심슨이 전처이자 피해자인 N. 심슨에 대한 상습적 폭행으로 고발된 적이 있다. 사건 현장 주변에서 발견된 발자국의 크기가 O. J. 심슨의 발 크기와 일치했다. R. 골드만의 혈액이 당시 O. J. 심슨이 입고 있던 셔츠에서 대량으로 발견됐다. N. 심슨의 혈액이 O. J. 심슨의 차량에서 발견됐다.

　O. J. 심슨이 범인이라고 지목하는 또 다른 정황도 있다. 사건 직후 O. J. 심슨은 경찰에 출석하겠다고 약속하고서 출석하지 않았다. 그는 자신의 차를 타고 도주했다. 그가 도주하는 장면이 방송 카메라를 통해 생중계되기도 했다.

　그러나 이런 모든 증거와 정황에도 불구하고 O. J. 심슨은 형사재판에서 무죄를 선고받았다. O. J. 심슨이 가진 많은 돈은 그에게 실력 있는 변호사들을 동원할 수 있도록 했다. 당대 최고의 실력자들로 드림팀을 꾸린 O. J. 심슨은 영리하고 효과적으로 대응했고, 결국 무죄를 선고받았다. 그야말로 유전무죄 무전유죄다. 하지만 O. J. 심슨은 민사법정에서는 유죄를 선고받았다. 1997년 피해자 니콜과 론 골드만의 유가족들이 제기한 민사 소송에서는 패소해 배상금으로 총 3천350만 달러를 유가족에게 지급하라는 명령을 받았다.

O. J. 심슨 사건으로 전 세계가 떠들썩할 당시에는 이런 일이 미국에서만 가능한 것이라고 대한민국 국민은 생각했을 것이다. 아무리 능력 있는 변호사를 고용한다고 해서 유죄가 무죄가 되지는 않는다는 것이 과거 대한민국에 통용되는 상식이었다. 하지만 최근 한국 상황을 보면 이제는 상식이 달라지고 있다.

2024년 5월 9일 새벽, 가수 김호중은 음주운전 사고를 냈다. 사고를 낸 김호중은 다른 사람을 시켜서 대신 자수하게 하고, 그것이 드러나자 교통사고를 발생시킨 것은 맞지만 술은 마시 않았다고 거짓말을 했다. 술 마신 것이 드러나자 조금 마셨다고 하는 등 계속해서 말을 바꾸었다. 사실이 드러날 때마다 거짓말을 한 것이다. 그런 거짓말이 김호중이 스스로를 구속시키는 빌미가 됐다.

그런데 김호중이 구속되기 전 경찰 조사를 받고 경찰서에서 나오는 그의 바로 옆에 유명한 인물이 동행했다. 감색 정장에 비슷한 색상에 하얀색 줄무늬가 있는 넥타이를 맨 사람이 검은색 가방을 들고 김호중 옆에서 경찰서를 걸어 나왔다. 대검찰청 차장검사 출신 조남관 변호사였다. 대검찰청 차장검사는 대한민국 검찰 서열 2위다. 조남관은 2021년 6월까지 대한민국 검찰 서열 2위의 자리에 있었다. 당시 윤석열 검찰총장이 직무 정지됐을 때는 검찰 총장직을 대행하기도 했다. 사실상 검찰 서열 1위의 경력 소유자였다.

그런 그가 가수 김호중의 음주운전 사건의 변호인으로 등장한 것이다. 김호중 옆에서 경찰서로 들어가는 그의 모습을 보고 현장을 취재하는 기자들은 놀라서 자빠질 뻔했을 것이다. 대형 경제 비리 사건도 아니고, 누명을 쓴 살인사건 피의자도 아니고, 이재명 같은 권력형 범죄자도 아니고, 무슨 검찰 서열 2위 출신이 음주뺑소니 운전자를 변호하나? 아마도 현장의 기자들은 순간적으로 이런 생각이 들었을 것이다. TV로 그 장면을 보았던 나는 잘못 본 것은 아닌가 하는 생각에 눈을 한번 씻고 다시 쳐다보았다. 음주뺑소니 혐의자 김호중의 옆에 선 조남관의 모습은 검찰 2인자의 모습이 아니었다. 성공한 사업가를 옆에서 수행하는 비서 같은 모습이었다.

김호중이 검찰 최고위직 출신- 수임료도 무척이나 고액일 - 변호사를 선임했다고 해서 O. J. 심슨처럼 무죄가 되지는 않을 것이다. 하지만 분명한 것은 돈이 없어서, 권력이 없어서 국선 변호인을 선임한 사람들보다는 유리한 위치에서 조사받고, 재판을 받을 것이다. 어차피 범죄인을 기소하는 것은 검사인데, 자신들의 상관이었던 사람이 변호하는 사람을 가볍게 대하기는 어려울 것이다. 아마도 김호중은 재판이 시작되면 고위 법관 출신을 또 변호사로 선임할 것이다. 판사도 사람인지라 자신의 선배 법관이 변호사로 법정에 나오는 것이 부담스럽지 않을 수 없다.

O. J. 심슨은 자신이 가진 돈으로 호화 변호인단을 꾸렸고, 무죄를 선고받았다. 김호중도 자신이 가진 돈으로 고위직 검찰 출신 변호사를 선임해서 조사와 재판에 임하고 있다. 그런데 돈을 사용하지 않고서도 호화 변호인단을 꾸리는 사람이 있다. 이재명이다.

이재명은 경기도지사 시절 선거법 위반 혐의로 항소심에서 도지사직을 박탈당할 수 있는 벌금 300만 원 형을 선고받았다. 그런 그가 대법원에서는 그 판결을 뒤집고 무죄가 됐다. 무죄를 선고받은 이재명 뒤에도 호화 변호인단이 있다. 호화 변호인단을 꾸리려면 대략 수십억 원 이상의 변호사비용일 필요했을 것 같은데. 이재명은 수억 원으로 해결했다고 했다. 이재명은 이 글을 쓰는 지금도 재판을 받는다. 범죄 건수도 여러 건이고, 무거운 처벌이 예상되는 중범죄들이다. 그런 재판에 대응하는 변호사들에게 지급해야 할 수임료를 이재명은 어떻게 마련하는 것일까? 국회의원 이재명이 받는 연봉으로는 감당할 수 없는데. 그 의문이 22대 국회의원 선거 과정에서 풀렸다. 이재명을 변호하는 변호사들 여러 명이 더불어민주당 국회의원 공천을 받았다. 그리고 여러 명이 당선됐다. 이재명이 당 대표인 바로 그 정당이다. 대한민국에서 국회의원은 수십억 원 이상의 가치가 있다. 50억 원을 내고 국회의원에 당선되는 길이 있다고 하면 아마도 수백 명 이상이 줄을 설 것이다. 이재명이 변호사비 대신에 국회의원 공천장을 줬다고 의심하는 국민이 적지 않다. 그 의심은 합리적인 것이다.

반칙을 처벌하는 것이 힘든 세상이 됐다. 범죄인들은 고액의 논을 주고 실력이 뛰어난 변호사를 고용한다. 비싼 돈을 받은 변호사들은 자신의 고객이 죗값을 처벌받지 않도록 하는 데 자신의 능력을 투입한다. 다음에 더 비싼 수임료를 받기 위해 최선을 다해서 변호한다. 유죄를 무죄로 만들어주는 변호사의 능력이야말로 그의 몸값을 높이는 최고의 무기다. 그렇게 범죄인들은 반칙을 하고서도 처벌을 받지 않거나 덜 받을 수 있다.

정치인들은 권력을 이용해 처벌받지 않으려 한다. 권력으로 변호사를 고용할 수도 있고, 권력으로 자신을 처벌하지 못하도록 제도를 바꿀 수도 있다. 한편에서는 실력 있는 변호사를 고용하고, 한편에서는 검수완박을 추진하고. 점점 더 반칙을 처벌하는 것이 힘든 세상이 되어간다. 반칙하는 사람들이 유리한 환경이 조성되고 있다. 어느 영화의 부제처럼 '나쁜 놈들의 전성시대'가 실현되고 있다.

9.

쇼를 하라

강철 프로펠러는 뜨거운 한여름의 공기를 찢어내고 먼지구름은 미친 듯이 춤을 춘다. 헬리콥터는 그 육중한 몸을 천천히 지상에 내린다. 지상, 바로 코소보 성지로! 1989년 6월 28일 코소보의 수도 프리슈티나 북구의 고지는 밀려드는 사람들 무리로 시커멓게 덮였다. 이날이 무슨 날이던가? 바로 성 비투스의 성명축일이 아닌가. 100만 명은 족히 될 것이라고 사람들은 입을 모았다. …

1989년 암젤펠트에서 거행된 장대한 행사의 절정을 장식한 것은 한 구의 유골이다. 높이 쌓은 재단 위에서 백성의 통곡을 자아내는 것은 과연 누구의 유골일까? 더욱 이상야릇한 것은 사망 일자다. 그는 최근에 죽은 자가 아니다. 그가 죽은 시점은 정확하게 600년을 거슬러 올라간다. 그는 바로 크네츠 라자르다. …

1989년의 뜨거운 여름날, 헬기를 타고 하늘에서 등장한 사람은 당시 세르비아의 대통령 스로보단 밀로셰비치다. 흥분한 군중의 눈에 헬기에서 내리고 있는 밀로셰비치는 라자르가 환생한 것처럼 보였다.

(올라프 라더- 『사자와 권력』)

독재자들은 쇼를 잘한다. 자신을 위대한 존재로 드러내 보이려 연출한다. 쇼를 통해서 대중을 선동하고, 대중의 지지를 얻는다. 그렇게 독재 권력을 유지한다. 밀로셰비치는 600년 전에 전사한 세르비아왕의 유골을 이용해 쇼를 벌였다. 대중들은 쇼에 약하다. 그런 것을 알기에 독재자들은 자신을 위대한 인물인 것처럼 연출하는 데 많은 시간과 노력을 과감하게 투자한다.

이탈리아의 독재자 무솔리니도 그런 독재자다. 무솔리니는 항상 자신의 이미지를 세심하게 조율했다. 그리고 항상 많은 시간을 이미지 관리에 할애했다.

플랑크 디괴터는 자신의 책 『독재자가 되는 법』에서 "무솔리니는 배우이자 무대 감독이면서 연설가이며, 뛰어난 자기 홍보가인 선전의 달인이었다."라고 평했다. 이 책에 의하면 독재자 히틀러도 연출에 뛰어났다.

"개인 숭배를 둘러싼 가장 뛰어난 설계자는 언제나 히틀러 본인이었다. 이를테면 그는 주연배우이면서 무대 감독이었고, 동시에 웅변가였으며 홍보 담당자였다."

쇼를 잘하는 문재인

　　권력자들이, 정치인들이 쇼를 잘하는 것은 언제나 정치적으로 유리하다. 대중들은 정치인의 겉으로 드러난 모습과 행동을 보고 판단을 한다. 그의 내면을 보고 판단하지 않을 뿐만 아니라, 그의 내면을 제대로 볼 수도 없다. 퇴임 때까지 40%대의 지지율을 기록한 문재인도 쇼를 잘하는 정치인이었다. 문재인은 대통령에 당선돼 청와대에 입성하면서 연출 전문가인 탁현민을 함께 데리고 들어갔다. 쇼가 중요하다는 것을 잘 알았기 때문이다. 밀로셰비치가 그러했듯이 문재인도 대중적인 인기를 높이려 유골을 활용한 쇼를 진행했다.

　　2018년 10월 1일 대한민국 국군의 날 70주년이 되는 바로 그날에 서울공항으로 6.25 전쟁 국군전사자 유해 64위가 봉환됐다. 문재인 대통령은 68년 만에 조국을 찾은 6·25 전쟁 국군 전사자의 유해들을 서울공항에서 직접 맞이했다. 최고의 예우를 갖추는 쇼를 연출한 것이다. 유해가 이날 돌아온 것 역시 국군의 날 70주년이 되는 날이라는 것을 극적으로 활용하기 위해 계획된 것이었다.

　　이날 봉환된 64위의 국군 전사자 유해는 1996년부터 2005년까지 북한의 함경남도 장진, 평안남도 개천 지역에서 미국과 북한이 공동으로 발굴한 것이다. 발굴될 당시에는 미군 유해인 줄 알고 미국 하와이로 송환됐었다. 그런데 한·미 공동 감식에서 국군 전사자로 판명돼 미국으로부터 넘겨받았다. 유해는 서주석 국방부 차관이 하와이에 있는 미국 국방부 전쟁 포로 및 실종자 확인국(DPAA)으로부터 직접 인수했다. 인수한 유해를 공군 C-130 특별 수송기에 실어 국

내로 송환했다. 유해를 실은 특별 수송기가 우리 영공에 진입한 이후
엔 공군 F-15K·FA-50 편대가 호위를 했다. 유해를 송환하면서 전투
기가 호위한 것은 이때가 처음이다. 유해 송환 과정의 모든 것이 치밀
한 연출에 의한 것이다. 그렇게 연출된 무대의 주인공은 당시 대통령
문재인이다.

당시 청와대 홈페이지에는 유해가 공군 수송기에 실리는 장면이
동영상으로 보존돼 있다. 유해가 수송기에 실릴 때 기내에는 이런 안
내 방송이 흘러나왔다.

"수행원 및 기자단 여러분 안녕하십니까. 저는 사무장 김일관입니
다. 지금 대한민국의 영웅 김석조, 정환주 일병 두 분의 영웅께서 공군
1호기에 탑승하셨습니다. 모두 자리에서 일어나 경건한 마음으로 두
영웅을 맞이해 주시기 바랍니다."

탑승자들은 모두 일어나서 경의를 표했고, 탑승자들 사이를 유해
를 든 군인이 지나간다. 그 영상과 함께 잔잔한 음악이 흐른다. 잠시
후 검은색 양복에 검은색 마스크를 착용한 문재인 대통령이 태극기
로 감싸진 유해가 담긴 함을 손으로 쓰다듬는 장면이 이어진다. 공군
수송기가 유해를 싣고 하와이에서 한국으로 이송되는 과정에 한국
전투기가 호위하는 장면도 동영상에 들어있다. 유해가 한국 공항에
도착하자 문재인이 제일 먼저 태극기에 감싸진 유해가 든 함을 받는
다. 문재인은 검은색 양복에 검은색 넥타이를 맸다. 흰색 셔츠와 흰
색 마스크 흰색 장갑을 착용했다. 그런 장면을 배경으로 장엄한 음악
이 흐른다. 치밀하게 연출된 쇼다.

문재인 정권 시절 유해를 이용한 쇼가 또 있었다. 1920년 봉오동

전투 승리를 이끈 홍범도 장군(1868~1943)의 유해가 한국으로 돌아왔다. 2021년 8월 15일 서거 78년 만에 카자흐스탄에서 고국으로 돌아온 것이다. 고국으로 돌아온 홍 장군의 유해는 국립 대전 현충원으로 봉송돼 이틀간의 국민추모제를 치렀다. 그리고 8월 18일 대전 현충원 독립유공자 제3 묘역에 안장되었다. 홍범도의 유해가 한국으로 돌아온 날이 8월 15일이라는 것에서 홍범도의 유해 송환이 계획된 연출이라는 것을 알 수 있다.

홍범도의 유해를 카자흐스탄에서 한국으로 봉환한 것에 대한 비판의 목소리도 있다. 러시아 출신으로 2001년 한국으로 귀화한 노르웨이 오슬로대 박노자 교수는 문재인 정부가 홍범도 유해를 봉환한 다음 날인 8월 16일 유해 봉환을 비판하는 글을 자신의 페이스북에 올렸다.

"고려인들에게는 홍 장군은 절대적 존재다. '고려민족'의 상징이다. 그런데 이 유해 봉환의 과정에서는 고려민족 사회의 여론은 사실 무시됐다"는 것이다. 박 교수는 문재인 정권의 유해 봉환이 '상징정치'라고 비판했다.

문재인은 대통령 재임 시절 '퇴임 후에는 어떤 대통령이 되고 싶은가?'라는 질문을 받고서는 "잊혀진 대통령이 되고 싶다"고 말했다. 하지만 문재인의 이 발언은 그의 진심이라고 믿기 어렵다. 문재인은 대통령에 퇴임하고서도 페이스북에 부지런히 자신의 일상을 올렸다. 언뜻 보기에도 연출된 사진이라는 것을 알 수 있는 것들을 올렸다. 탁자에는 책이 있고, 소매를 걷은 파란색 셔츠를 입고 왼쪽 손목에는 시계를 차고, 가슴에 쿠션을 끌어안고서 문재인이 잠든 모습이 그의 페이스북에 올려져 있다. 그 사진을 올린 문재인의 딸이나 문재인 본인은 부인하겠지만 내가 볼 때 이 사진은 연출된 것이다.

자신의 이미지를 잘 연출하는 정치인이 인기 관리를 하는 데 유리하다. 쇼를 잘하는 것이 권력자의 지지율을 유지하는 데 도움이 된다. 무솔리니, 히틀러, 밀로셰비치 못지않게 문재인도 쇼를 잘하는 정치인이었다. 덕분에 높은 지지율을 유지했다. 이와 반대로 윤석열 대통령은 쇼를 정말 못한다. 아니 쇼를 할 생각도 하지 않는 것 같다. 그러는 동안 윤석열의 지지율은 저지대를 맴돈다.

쇼를 못 하는 윤석열

2024년 5월 8일부터 7월 10일까지 청와대 개방 2주년을 맞이해 청와대에서 특별공연이 열렸다. 주말에만 열린 공연은 총 18회 공연됐다. 특별공연이라고 해봐야 일반인들에게 잘 알려진 가수나 단체가 공연을 한 것이 아니다. 청와대 개방 2주년을 맞아 공연을 한 사람들은 대부분 대중적으로 유명한 연예인이나 예술인이 아니었다. 그럼에도 청와대는 18회 공연이 모두 매진을 기록했다고 밝혔다. 애초에 청와대 공연은 많은 사람이 관람할 수가 없다. 공간이 제한돼 있기 때문이다. 또한 청와대를 관람하고자 하는 사람들이 많기에 청와대 안에서 실시되는 공연이 매진되는 것은 어려운 일도 아니다.

청와대가 개방된 것은 대한민국 역사에서 매우 중요한 사건이다. 군사정권이 막을 내린 후 역대 대통령들은 모두 청와대를 개방하겠다고 공언했다. 대통령 집무실을 청와대에서 서울 시내 다른 곳으로 옮기겠다고 공약했다. 하지만 아무도 그 약속을 지키지 않았다. 유일하게 그 약속을 지킨 대통령이 2022년 3월에 당선된 20대 대통령 윤석열이다.

그동안 대한민국 대통령들이 청와대 밖으로 집무실을 옮기겠다고 공언하고서도 실천하지 못한 이유는 청와대에 사는 것이 너무도 좋기 때문이다. 청와대를 관람하고 나온 사람들이 이구동성으로 하는 말은 "너무 좋다"는 것이다. 그래서 대통령에 취임하고서 일단 청와대에 들어가면 임기를 마칠 때까지 나오기가 어렵다.

대한민국 대통령은 임기가 5년으로 제한돼 있다. 두 번 할 수도 없다. 딱 한 번만 대통령을 할 수 있다. 그렇기에 대통령은 무엇보다 자신의 삶이 우선이다. 대통령의 지지율이 높으면 좋지만 높지 않다고 해서 크게 문제가 될 것은 없다. 다시는 공직에 출마할 수 없기 때문이다. 두 번 다시 정치하지 않는데 대중적인 지지율이 중요할 까닭이 없다. 물론 국민 지지율이 높으면 좋다. 인기가 많다는데 그걸 싫어할 사람은 없다. 하지만 안락한 생활, 화려한 삶과 지지율을 바꿔야 한다면 사람의 생각은 달라진다. 높은 지지율보다 안락한 생활, 화려한 삶을 선택할 것이다. 대통령이 된 사람들, 그리고 그의 가족들은 그런 선택을 할 것이다.

문재인 대통령의 부인 김정숙이 '셀프 초청'이라는 비난을 받으면서도 무리하게 대통령 전용기를 타고서 인도 타지마할을 방문한 것이 대표적인 예다. 그녀의 행동은 분명 대한민국 국민들에게 호의적으로 보이지 않는 것이었다. 그걸 그녀도 알고 문재인도 알고, 그의 측근들도 알고 있었을 것이다. 그럼에도 김정숙은 대통령 전용기에 휘장까지 걸고서 타지마할을 여행했다. 두 번 다시 그런 기회가 없을 걸 알기 때문이다. 자신의 남편이 더 이상 대통령이 될 수 없으니, 자신도 두 번 다시 대통령 영부인이 될 수는 없다. 재혼을 하지 않는 이상 그렇다. 김정숙은 대통령 전용기를 타고서, 매우 안락하게, 자신의 돈이 아닌 국민의 세금으로, 특별대우를 받으면서 타지마할을 방문할 수 있는 기회의 유혹을 외면하지 않았다. 두 번 다시 그런 기회가 없을 것을 알기에 그렇게 무리한 행동을 감행했다.

청와대의 삶이 그런 것이리라 짐작할 수 있다. 단 한 번만 하는 대통령인데, 왜 이 좋은 곳을 놓아두고서 서울 시내로 집무실을 옮기나? 대통령에 당선돼서 청와대에 입성한 대통령들은 그렇게 생각했을 것이고, 그래서 청와대를 나오지 못했다. 그렇게도 큰 목소리로 국민과 약속해 놓고서.

문(재인) 후보는 이날 오전 영등포 당사에서 기자회견을 열고 "제가 대통령이 되면 대통령 집무실을 광화문 정부종합청사로 이전하겠다"며 "청와대 대통령 시대를 끝내고 광화문 대통령 시대를 열겠다"고 발표했다. 문 후보는 "구중궁궐 같은 청와대를 나와 국민 속으로 들어가 늘 소통하고 함께하겠다. 시민들의 이웃이 되겠다"며 "국민들은 출·퇴근길에 대통령과 마주칠 수도 있을 것이고, 대통령 집무실의 창문을 열면 국민들이 살아가는 생생한 삶의 모습을 바로 볼 수 있을 것"이라고 밝혔다. (『한겨레』 2012년 12월 12일 자)

문재인은 2017년 대통령에 당선된 후 취임 연설에서도 "준비를 마치는 대로 지금의 청와대에서 나와 광화문 대통령 시대를 열겠습니다."라고 공언했다. 하지만 그 공언은 지켜지지 않았다.

윤석열은 청와대에 들어가지 않았다. 20대 대통령에 취임한 2022년 5월 10일, 그날부터 그의 집무실은 용산이었다. 그리고 그날부터 청와대는 개방됐다. 사전 신청을 통해 누구나 들어가서 관람할 수 있게 됐다.

역대 대통령들이 해내지 못한 것을 해냈다면 그건 위대한 일이다. 청와대 개방이 그렇다. 윤석열은 그 역사적인 일을 해냈지만 국민들은 그렇게 대단하게 평가하지 않는다. 국민의 평가가 박한 가장 큰 이유는 홍보가 부족하기 때문이다. 청와대 개방이라는 대단한 일을 해냈으면 그에 걸맞은 쇼를 벌여야 한다. 그래야 언론이 주목하고, 국민들도 관심을 갖는다. 언론이 주요 뉴스로 다루고, 국민은 대단한 업적이라고 생각하게 된다. 그런데 윤석열 정부는 그런 쇼를 하지 않았다. 아마도 할 줄 몰랐기 때문일 것이다.

문재인이 자신의 임기 중에 청와대를 개방했다면 어떻게 했을까? 개방 당일에 대대적인 쇼를 벌인 것은 물론이고, 매년 개방 몇 주년을 맞아서도 대대적인 쇼를 열었을 것이다.

본인이 직접 언론을 대동하고서- 친민주당 성향의 생방송 카메라를 동원하고서 - 청와대 구석구석을 다니면서 국민에게 설명할 것이다. 그러면서 청와대 개방이 역사적 사건이라는 것을 홍보했을 것이다. 자신의 대단한 치적이라고 자랑했을 것이다. 싸이나 BTS 같은 유명 가수들의 공연을 청와대에서 진행했을 것이다. 그런 쇼를 통해서 청와대 개방이 역사적으로 대단한 업적이고, 문재인은 그 대단한 업적을 이룩한 위대한 인물이라고 선전했을 것이다.

윤석열도 쇼를 해야 한다. 문재인처럼 모든 것을 연출할 필요는 없지만, 적당한 쇼를 통해서 윤석열 정부의 업적을 홍보해야 한다. 자신의 업적도 선전해야 한다. 그렇지 못하기에 윤석열은 인기가 없는 대통령이 되고, 윤석열 정권은 업적이 없는 정권으로 인식되고 있다.

쇼도 잘하는 이준석

이준석 개혁신당 대표와 개혁신당 당선인들이 5월 15일, 광주광역시에 있는 국립 5.18 민주묘지를 찾아 안장된 995기 묘 전체를 참배했다. 이 대표 일행은 경남 김해에서 가져온 국화 1,000송이를 일일이 헌화하기도 했다.

이날 이주영·천하람 비례대표 당선인과 함께 광주 북구의 5.18 민주묘지를 방문한 이준석 대표는 총 7시간 30분에 걸쳐 5.18묘지에 안장된 전체 995기 묘의 비석을 일일이 닦고, 헌화한 뒤 큰절을 올렸다. 995기의 묘를 모두 참배한 것과 관련해 "995명의 열사의 사연 하나하나를 다 느껴보고 싶었다"고 이준석 대표는 설명했다.

이 대표 일행은 참배 도중 다리에 힘이 풀린 듯 휘청거리기도 하고, 흘러내리는 땀을 연신 닦기도 했다. 이 대표는 "보수 진영 정치인들이 5.18 기념식에 참석하는 것은 진일보한 모습"이라면서도 "그것을 넘어서기 위한 또 다른 도약이 필요하다"고 강조했다.

이 대표는 이날 새벽, 경남 김해에서 국화 1,000송이를 차에 싣고, 직접 차를 몰고 광주 5.18 묘역까지 갔다고 밝혔다. 김해에서 국화를 가져온 이유에 대해 이 대표는 "영남 분들도 5.18 정신에 대해 많이 이해하는 것이 중요하다"며 "5.18의 비극은 영·호남의 대립 때문이 아니라 일부 잘못된 군인들의 생각 때문"이라고 말했다.

이 대표는 참배를 마친 뒤 방명록에 "995기의 묘 하나하나마다 담긴 광주의 오월정신을 잊지 않고 실천하겠습니다."라고 적었다.

이 대표는 22대 국회에서 5.18 정신의 「헌법」 전문 수록도 논의하겠다는 뜻도 밝혔다. 그는 "개헌할 때 5.18 정신을 「헌법」에 담는 부분은 정당 간 반대가 없는 것으로 안다"면서도 "이를 위한 원 포인트 개헌보다는 포괄적으로 개헌 논의를 해서 5.18 정신을 담아야 한다"고 말했다(『주간조선』).

2024년 총선에서 국회의원에 당선된 이준석이 당선 1개월여 뒤 광주의 5.18 묘지를 참배하고 묘비 전체에 헌화했다. 전략적으로 잘 기획한 쇼다. 이준석은 그 전에 국민의힘 당 대표에 당선되고 나서도, 그 이후에도 여러 차례 광주를 찾았다. 5.18 묘지도 여러 번 찾아서 헌화했다.

이준석은 서울에서 태어났다. 그런데 그의 부모는 경상북도 출신이다. 따라서 이준석도 TK 정서가 강한 정치인으로 분류할 수 있다. 그가 사용하는 언어의 억양에도 경상도 말투가 묻어난다. 그리고 그는 TK 지역, 그 중에도 대구 지역에 많은 공을 들이는 것처럼 보이는 행보를 보였다. 이준석은 박근혜를 통해서 정치권에 발을 들였는데, 그것을 근거로 박근혜를 존경한다고 표현해 왔다. 탄핵을 당한 대통령이기에 젊은 정치인 이준석이 박근혜를 존경한다거나 박근혜에게 고마움을 갖고 있다고 말하는 것은 쉬운 일이 아니다. 젊은 유권자들에게서 박근혜는 인기 있는 인물이 아니기 때문이다. 그럼에도 이준석이 박근혜에게 호의적인 언행을 하는 이유는 박근혜의 탄탄한 지역 기반이 부럽기 때문이고, 한편으로 두렵기 때문인 것으로 판단된다. 대구를 중심으로 한 TK 지역에서 박근혜의 영향력이 막강하기 때문이다.

이준석이 지역 기반을 가진 정치인에게 호의적인 모습을 보인다고 판단할 수 있는 근거는 홍준표에 대한 태도에서도 알 수 있다. 이준석은 홍준표에게 매우 호의적인 언행을 보인다. 2024년도 총선이 끝난 후에는 윤석열 정부의 국무총리로 홍준표를 공개적으로 추천하기도 했다. 홍준표 역시 TK 지역에서 인기 있는 정치인이다. 홍준표는 21대 국회의원 선거에서 공천을 받지 못하자 무소속으로 출마해서 대구에서 당선됐다. 2022년도에는 대구시장에 출마해서 또 당선됐다. 홍준표가 대구에 탄탄한 지역 기반을 갖고 있다는 것을 증명하는 결과다.

이준석은 우파 정당에서 정치를 해왔다. 2024년 현재는 개혁신당 소속인데, 개혁신당 역시도 좌파 성향은 아니다. 우파 성향에 대구를 정치적 고향으로 삼고 있는 이준석은 TK 지역 유권자의 지지는 크게 걱정하지 않을 것이다. 그가 큰 정치를 위해 필요한 것은 TK 지역과 정반대의 표심을 가진 광주·전라 지역의 유권자를 공략하는 것이다. 그래서 이준석은 광주를 찾아가고, 5.18 묘지를 찾는다. 정치인 최초로 5.18 묘비 995기 전체를 닦고 헌화하는 쇼를 공연했다.

85년생인 이준석은 광주민주화운동이 발생할 당시 태어나지도 않았다. 그가 아는 광주민주화운동은 간접적으로 접한 것이다. 그는 그 당시의 폭력에 대해 비인권적 상황에 대해 아무런 책임이 없다. 그럼에도 그가 광주를 찾고 5.18 묘지에 애틋함을 보이는 것은 '산토끼' 포획을 위한 전략적인 쇼다. 물론 그의 쇼는 앞으로 진행되는 그의 정치 행보에 도움이 될 것이다.

이준석의 영리한 쇼는 이것이 전부가 아니다.

정치인들의 눈물

정치인들은 잘 운다. 나는 정치인들의 눈물을 극도로 싫어한다. 그것이 거짓이라는 것을 알기 때문에 그렇다. 정치인들의 눈물은 쇼다. 유권자들에게 자신을 약자로 보이도록 하려고, 자신을 피해자로 인식시키려고, 자신이 억울한 일을 당한 사람이라고 선전하려고 벌이는 한판의 쇼다.

이준석은 쇼를 잘한다고 했다. 5.18 묘지를 닦고 전체 묘비에 헌화하는 것은 잘 기획된 쇼다. 그것을 비판할 수는 없다. 그런 쇼를 하는 것도 그의 능력이다. 하지만 우는 것은 다르다. 우는 것은 정치인 누구나 할 수 있고, 많은 정치인이 하는 쇼다. 그래서 명석함의 대명사처럼 인식되는 이준석이 기자회견을 하면서 눈물을 흘렸을 때, 나는 거부감을 느꼈다. 초등학생이 「단장의 미아리 고개」를 노래하는 것처럼 어색해 보였다.

나의 눈에는 그렇게 보였지만, 그럼에도 많은 사람은 이준석의 눈물을 보고 동정을 느꼈을 것이다. 대부분의 사람이 그렇다. 눈물 앞에서 약해진다. 동정심이 생긴다. 그렇기에 정치인들은 운다. 우파 진영 정치인 가운데 이준석처럼 젊고 이준석처럼 영리한 장예찬도 울었다. 국회의원 공천이 취소되자 장예찬은 눈물을 흘리면서 기자회견을 열었다. 공천 취소가 남자가 눈물을 흘려야 할 정도로 대단한 것인지 많은 국민은 이해하지 못할 것이다. 그러나 정치인의 눈물이 정치적으로 이롭다는 것을 이준석만큼이나 영리한 장예찬이 모를 리가 없다. 그래서 울었고, 그래서 정치인들은 운다. 어제도, 오늘도,

그리고 내일도 우는 정치인은 계속 나타날 것이다.

눈물을 정치적으로 활용한 역사적인 인물 가운데 윈스턴 처칠이 있다. 그의 눈물은 전술이었다. 처칠 자신도 자신이 우는 것이 전술이라고 스스로 밝혔다. 앤드루 로버츠의 책『승자의 DNA』에 그런 내용이 들어있다.

처칠의 강력한 무기는 눈물이었다. 그는 제2차 세계대전 기간 동안 공개 석상에서 우는 모습을 쉰 번 넘게 보여줬으며, 자신의 마지막 개인 비서관 앤서니 브라운에게 이렇게 당부하기도 했다. "당신도 알다시피 나는 엄청나게 많이 운다네. 여기에 익숙해져야 해." …

영국인들은 자신들의 수상(처칠)이 눈물을 흘릴 때 그리 당황하지 않았다. 오히려 사람들은 처칠이 우는 모습을 보며 그가 감정을 드러내기를 주저하지 않는 솔직한 리더라고 생각했다.

눈물은 약자의 무기다. 힘에서 밀릴 때 약자는 관객에게 호소한다. 관객의 동정을 구하려고, 관객의 도움을 받으려고 그러는 것이다. 관객에게 도움을 호소할 때 가장 쉽게 동원할 수 있고, 가장 효과적인 도구가 눈물이다. 그 효과적인 도구를 정치인들이 사용하지 않을 까닭이 없다. 자신이 약자가 아님에도 눈물을 흘린다. 강자이면서도 운다. 자신의 정치적인 이익을 위해서 정치인들은 눈물을 흘린다. 악어의 눈물과 다르지 않다. 그렇지만 매우 영리한 전술이다.

총에 맞은 트럼프

2024년 7월 15일 자 대한민국 주요 일간신문의 1면에 전 세계를 뜨겁게 달군 사진이 대문짝만하게 실렸다. 당시 미국 공화당 대통령 후보 트럼프의 사진이다. 미국 대통령도 아닌, 대통령 후보의 개인 사진이 대한민국 일간신문의 1면의 큰 부분을 차지하는 경우는 드물다. 트럼프의 사진은 국내 언론뿐이 아니라 전 세계 주요 언론의 1면을 거의 독차지했다. 시사주간지『타임』도 1면 전체에 트럼프의 사진을 실었다. 이렇게 트럼프가 전 세계 언론의 1면을 차지할 수 있었던 바탕에는 탁월한 그의 쇼맨십이 자리 잡고 있다.

국내 언론이 트럼프의 사진을 1면에 싣기 하루 전인 13일(미국시간) 오후, 트럼프가 6시 5분 미국 펜실베이니아주 서부 도시 버틀러의 유원지 '버틀러 팜 쇼'에 마련된 유세장에서 유세 연설을 하려고 준비하고 있었다. 공화당원의 애창곡인「신이여 미국을 축복하소서(God Bless America)」가 울려 퍼지고, 지지자들의 우레와 같은 환호 속에서 공화당 대선 후보인 도널드 트럼프가 연단에 올랐다. 트럼프는 자신의 선거 구호인 'Make America Great Again'이라는 문장이 새겨진 빨간색 야구모자를 쓰고 있었다. 연단에 오른 트럼프가 연설을 시작한 지 10분 정도 지났을 무렵, 총성이 울렸다. 그 순간 트럼프가 귀를 잡고서 몸을 숙였다. 그러나 잠시 후 총성이 멎자 트럼프는 오른쪽 귀에서 피를 흘리는 모습으로, 경호원들의 호위를 받아 이끌려 나가면서 주먹을 불끈 쥐고 "싸우자(fight)!"를 외쳤다. 그의 그 모습이 AP통신 사진기자 에번 부치의 카메라에 잡혔다. 그 사진은 전 세계 언론의 1면을 장식했고, 역사적으로 남을 사진이 됐다.

사진을 찍은 것은 AP통신 사진기자 에번 부치다. 하지만 그 모습을 연출한 것은 트럼프다. 총탄이 난무하는 상황에서 언제 또다시 총알이 날아올지 모르는 상황에서 트럼프는 그런 장면을 연출했다. 누구나 할 수 있는 행동이 아니다. 쇼맨십이 강한 트럼프이기에 가능했다. 트럼프가 쇼를 좋아하고, 쇼를 잘한다는 것은 김정은을 두 번이나 만난 것에서 알 수 있다. 트럼프는 김정은을 만나서 아무런 성과를 거두지 못했다. 트럼프와 그의 측근들은 김정은을 만나도 성과가 없을 것이라고 판단했을 수 있다. 그럼에도 만나는 것 자체가 중요했다. 트럼프와 김정은의 만남은 전 세계 언론이, 전 세계 사람들이 주목하는 행사다. 그런 행사에 주인공이 될 수 있는 기회를 트럼프가 놓칠 리 없다. 2024년 공화당 대통령 후보로 선출된 후에도 트럼프는 김정은과 관련해 여러 번 발언했다. 김정은과 만날 수 있다면 트럼프는 또다시 기꺼이 만날 것이다. 시청률 높은 쇼에 등장하는 것은 트럼프에게는 매우 유혹적인 것이다.

실제 트럼프는 TV 방송 쇼프로그램에도 출연했었고, 영화에도 출연한 경험이 있다. 그렇기에 누구보다 쇼에 대한 이해가 높고 쇼를 잘하는 정치인이다. 트럼프가 스스로 주연이 되고 스스로 연출한 쇼로 인해 민주당 대통령 후보 바이든이 후보직을 잃었다. 총탄은 트럼프를 향했는데 피격당한 것은 바이든이 되고 말았다. 트럼프는 자신의 쇼맨십으로 강력한 경쟁자를 낙마시켰다.

10.

아부하라

1991년 겨울에 실시된 14대 대통령 선거에서 정주영 후보는 3위를 했다. 낙선이었다. 현대그룹 회장이었던 정주영은 대기업 총수로는 처음으로 대통령 선거에 출마한 인물이다. 대통령 선거 당일 방송에서 후보들을 인터뷰했다. '선거에서 지면 무엇을 할 것인가?'라는 질문에 정주영은 "내가 당선될 것."이라고 자신 있게 말했다. 정주영의 자신감 배경에는 그의 측근들이 올린 보고서가 있다. 정주영 후보 측근들은 정주영이 대통령에 당선될 것이라고 계속해서 보고했다고 한다. 김영삼이 1위를 하고 정주영이 3위를 할 것이라는 여론조사 결과가 언론에 지속적으로 보도됐지만 정주영은 그것을 믿지 않았다. 아니 언론 보도를 접하지 못했을 수도 있다. 측근들이 계속해서 정주영이 1위라고 보고했기 때문이다.

정주영이 믿는 구석은 또 있었다. 통일국민당을 이끈 정주영은 통일국민당 당원이 1,200만 명이라는 보고를 받았다. 그 자신도 그렇게 믿었다. 당원이 1,200만 명이니 대통령 선거는 해보나 마나라고 생각했을 것이다. 김영삼, 김대중, 정주영 3자 대결에서 1,200만 당원이 자신에게 투표하면 그것으로 승리할 수 있는 것이다. 그러나 그것도 허위 보고였다. 어떻게 원내 3위 정당의 당원이 1,200만 명이 될 수 있나? 서류를 조작하지 않고서는 불가능한 일이다.

14대 대통령 선거에서 당선된 후보는 김영삼이다. 그가 획득한 표가 997만7천 표다. 1천만 표가 안 된다. 정주영이 믿은 것처럼 통일국민당의 당원이 1,200만 명이었으면 당원만 정주영에게 투표해도 정주영이 대통령이 됐을 것이다. 실제로 정주영은 그렇게 믿었다. 14대 대통령 선거에서 정주영이 획득한 표는 388만 표에 불과했다.

정주영이 자신이 대통령에 당선될 것이라고 개표 직전까지 믿은 이유는 그에게 거짓 보고를 한 측근들이 있었기 때문이다. 정주영의 측근들은 정주영이 당선 가능성이 매우 낮다는 것을 알고 있었다. 여론조사에서 3위를 달리고 있다는 것도 알고 있었다. 당원이 1,200만 명이 아니라는 것도 알고 있었다. 그러나 그들은 정주영에게 사실을 말하지 않았다. 정주영이 불같이 화를 낼 것이기 때문이다. 더 열심히 뛰라고 독촉할 것이기 때문이다. 무엇보다 지는 것을 싫어하는 정주영이 자신이 지고 있다는 말을, 선거에서 패배할 것이라는 말을 들으려 하지 않을 것이라는 사실을 잘 알고 있기 때문이다. 실제로 정주영에게 당선 가능성이 높지 않다고 사실대로 말한 사람들은 정주영의 신임을 받지 못한 것으로 알려졌다.

결과적으로 정주영은 자신에게 듣기 좋은 말만 하는 아첨꾼들의 말에 속아서 자신이 대통령이 되는 줄 알고 있었다. 그런데 이야기가 여기서 종결되지 않는다. 대통령 선거에서 패배한 정주영은 다시 현대그룹 경영 일선에 복귀했다. 정주영 후보 선거 캠프에서 활동했던 현대 직원들도 다시 기업으로 돌아갔다. 현대로 돌아간 정주영이 다시 신임한 직원들은 정주영에게 거짓 보고를 한 그 직원들이었다. 정주영이 선거에서 낙선할 것이라고 사실대로 듣기 싫은 보고를 한 직원들이 아니라, 정주영이 당선될 가능성이 높다고 정주영이 듣기 좋은 거짓말을 한 직원들이 신임을 받았다는 것이다.

직장 생활에서 아부는 필수다. 승진하려면 아부하는 것이 유리하다. 실력으로 모든 것을 상쇄할 수 있는 직장인은 아부하지 않아도 된다. 그렇지 않고 실력이 비슷비슷한 상황이라면 아부를 잘하는 직장인이 승진에 유리하다. 그런 통계가 있는지는 알 수 없다. 다만 오랜 기간 직장 생활을 한 사람이라면 누구나 그렇게 판단할 것이다.

직장인뿐만이 아니다. 정치인도 아부를 잘하는 것이 정치적인 이익을 취하는 데 유리하다. 어디 정치뿐이겠는가? 우리 사회 모든 분야에서 아부는 듣는 사람을 기쁘게 하고 아부하는 사람에게는 어떤 형태로든지 이익을 가져다준다. 나 같이 아부를 못 하는 사람들은 세상 사는 것이 더 힘들다.

이재명 대 차은우

       차은우가 누구인지 몰랐다. 그가 영화배우라는 사실을, 노래하는 가수라는 사실을 안귀령의 이상한 발언이 뉴스가 되면서 알았다. 인터넷에 검색하면 금방 알려주니 안귀령이 말하는 차은우가 누구인지 알아내는 것은 간단한 일이었다. 다만 차은우의 얼굴 사진을 보고서 어안이 벙벙했을 뿐이다. 안귀령이 차은우보다 이재명이 이상형이라고 했는데, 그녀의 말과는 너무도 달랐기 때문이다. 차은우가 못생긴 영화배우이거나 평범하게 생긴 정도일 것으로 생각했다. 오달수, 유해진 같은.

  1997년생, 키 183cm, 체중 74kg. 차은우를 소개하는 인터넷 사이트에는 그렇게 적혀있다. 이런 배우를 1963년생 이재명과 비교하는 것은 장난으로나 가능하다. 그런데 이 배우보다 이재명의 외모가 자신의 이상형이란다. 보통 사람들은 도저히 할 수 없는 말이다. 웬만한 비위를 가진 사람들은 그렇게 말했다가는 하루 종일 구역질을 할 것이다. 그런데도 아무렇지도 않게 그렇게 말했다. 안귀령은 태연하게 웃으면서 그렇게 아부하고서 자신이 원하는 것을 얻었다. 2024년 국회의원 선거에서 더불어민주당 공천장을 손에 넣은 것이다.

  2022년 8월 이재명이 제주 4.3 평화공원을 참배한 뒤 기자들 앞에 섰다. 이재명은 그해 3월 실시된 대통령 선거에서 윤석열에게 패배했다. 그리고는 곧바로 인천 계양을 보궐선거에 출마해서 국회의원에 당선됐다. 인천 계양을에서 보궐선거가 실시된 이유는 이 지역 국회의원인 송영길이 의원직을 사퇴했기 때문이다. 민주당의 텃밭인

이곳에서 이재명은 쉽게 국회의원에 당선됐다. 그리고 민주당 당 대표에 출마한 것이다. 이날 그는 민주당 당 대표 후보로서 기자들 앞에 섰다. 그의 옆에는 박찬대 국회의원이 서있었다. 박찬대는 당시 재선 국회의원이었다. 그런데 이재명 옆에 서 있던 박찬대가 이재명의 얼굴에 손을 갖다 대고서 무언가를 잡아떼서 버리는 모습이 포착됐다. 이런 모습이 유포되면서 박찬대가 이재명의 코딱지를 떼어내 주었다는 소문이 돌았다. 하지만 실제로는 코딱지를 떼어낸 것이 아니라, 이재명 얼굴에 붙어있던 작은 이물질을 떼어낸 것으로 확인됐다. 어쨌거나 박찬대의 이날 행동은 아부의 극치라는 평가를 받았다. 아부하는 사람들은 그것이 습성화돼 있는 듯하다. 거리낌 없이 아부하기 때문이다.

박찬대는 2024년 6월 13일 "이재명 대표가 너무 착하다. 나보다 더 착하다"고 말했다. 전날 민주당이 당무회의에서 이재명에게 유리하게 당헌 당규를 개정하는 데 이재명이 반대했다는 것이다. 과연 그럴까? 이재명이 반대했다는, 이재명이 너무도 착하다는 박찬대의 말을 대한민국 국민이 얼마나 믿을까?

이날 민주당의 당헌 당규가 개정됨으로써 이재명은 다시 당 대표를 맡아도 2026년 6월 지방선거 이전에 당 대표직을 내려놓지 않아도 된다. 2026년 지방선거에서 공천권을 손에 쥔 채로 대통령 후보 준비를 할 수 있는 것이다. 기존의 민주당의 당헌 당규는 대통령에 출마하려는 사람은 선거일 1년 전에 당 대표직을 사퇴해야 했다. 2027년 3월에 대통령 선거가 실시된다. 그렇다면 대선에 출마하려는 민주당 당 대표는 2026년 3월에 사퇴해야 하는 것이다. 그해 6월에 실시되는 지방선거 공천에는 관여할 수 없게 된다. 그런데 그것을 개정해서 당 대표가 대통령 선거에 출마하더라도 당 대표직을 내려놓지 않아도 되도록 한 것이다. 이재명 한 사람을 위한 당헌 당규의 개정이다.

이런 식으로 당헌 당규를 개정하는 것에 대해 비판이 일지 않을 수 없다. 그 비판을 차단하고자 박찬대는 이재명이 개정에 반대했다고 말하고, 이재명의 반대를 설득하느라 회의 시간이 오래 걸렸다고 말하고, 이재명이 너무도 착하다고 말했다. 이재명에게 아부하는 발언들이다.

이재명이 누구인가? 형수에게 쌍욕을 한 사람이다. 잠깐 한 것도 아니다. 그의 쌍욕은 수십 분간 계속된다. 친형을 정신병원에 강제 입원시켰다. 검찰을 사칭한 것으로 법적인 처벌을 받았다. 전과 4범이다. 경기도지사 시절 경기도청 법인카드를 개인 돈처럼 사용했다. 일제 샴푸를 사고, 제사음식을 마련하고, 자신의 냉장고에 과일을 채워 넣었다. 그런데 어떻게 이런 사람에게 '너무 착하다'고 표현할 수 있나.

박찬대의 비위는 안귀령의 그것만큼 튼튼한가 보다. 이렇게 아부에 능한 박찬대도 자신이 원하는 것을 얻었다. 정치적으로 매우 큰 이익을 보았다. 민주당의 원내대표 자리에 오른 것이다. 이재명의 싸인 없이는 오를 수 없는 자리다. 얼굴에 붙은 이물질을 떼어내 주고, '너무 착한 이재명'이라고 아부할 수 있는 사람이기에 박찬대는 그 자리에 오를 수 있었던 것은 아닐까?

민주당 정치인 가운데 아부를 잘해서 성공한 사람으로 이 사람을 빼놓을 수 없다. 정청래다. 이 사람에 대해서는 내가 직접 평하고 싶지 않다. 정청래는 국회 법사위원장으로서 2024년 대한민국 국회를 남아메리카의 정치 후진국 수준으로 끌어내린 악당이다.『조선일보』박정훈 논설실장의 글로 나의 생각을 대변한다.

권력 향배를 읽어내는 그(정청래)의 안목은 탁월했다. '노사모'에서 출발한 정치 이력은 친(親)문재인을 거쳐 이재명에 줄 서면서 절정을 이루었다. 이재명 자서전을 "흐느끼며 읽었다." 하고 이 전 대표를 "손흥민", "민주당의 깃발"에 비유하며 친위대 대열에 끼었다. 이 전 대표가 피습당하자 "수술은 잘하는 병원에서 해야 될 것"이라며 서울대 이송을 옹호한 것도 그였다. 임종석·송갑석 같은 전대협 출신 주류들이 줄줄이 공천 학살당하는 와중에서도 '운동권 잔당(殘黨)'인 그가 살아남은 비결이었다.

김남국의 침대 머리맡에는
누구 사진이 있을까?

아부하는 사람들은 진정으로 그 사람을 존경해서 존경한다고 아부하는 것이 아니다. 그 사람을 진짜 위대한 인물이라고 판단해서 지지하는 것이 아니다. 실제로는 그렇게 생각하지 않으면서 존경한다고 말하고 위대한 인물이라면서 지지 의사를 표명한다. 그렇지 않은 경우도 있겠지만 대부분은 그렇다고 나는 생각한다.

정치인 김남국은 조국 전 장관을 존경한다는 말을 공개적으로 많이 했다. 김남국은 중앙대 행정학과를 졸업한 후에 전남대 로스쿨을 나와 변호사가 됐다. 전남대 로스쿨을 졸업한 후 김남국은 서울대 대학원에서 행정법 박사과정을 다니면서 서울대 법학전문대학원 교수인 조국과 인연을 맺었다. 그래서인지 늘 조국에게 '교수님'이라고 호칭하며 존경을 표했다.

김남국이 조국을 얼마나 대단하게 존경하는지를 나타내는 일화가 있다. 김남국이 유튜브 방송에서 자기 침대 머리맡에 조국 사진을 놓고 있다고 말한 것이다. 그러면서 매일 잠들기 전에 조국의 사진을 보고서 조국을 위해 기도한다고 했다. 이보다 더 조국을 존경하고 사랑하는 행동을 찾기 힘들다. 아마도 조국의 부인이나 조국의 가족들도 김남국처럼 정성을 다해 조국을 존경하지 않을 것이다. 김남국의 말이 진실이라면 그렇다.

조국이 동지의 햇살처럼 짧은 장관 임기를 마치고 공직에서 물러난 후 김남국은 친이재명계 정치인으로 활동했다. 친이재명계로 활동하면서도 늘 조국에 대해서는 좋은 발언들을 해왔다. 그런 그가 2024년 이재명의 민주당과 조국의 조국혁신당이 경쟁하는 관계에 놓이자 조국을 비판하는 목소리를 냈다.

그해 8월 하순. 조국 조국혁신당 대표가 공개회의에서 "조국혁신당은 10월 재보선 후보를 내고 호남에서 치열하게 경쟁하겠다"며 "호남은 사실상 민주당 독점 상태다. 고인 물은 썩기 때문에 물이 흐르게 해야 한다. (민주당과의 경쟁으로) 더 많은 후보가 생기고 새로운 통로도 만들어지고 제2·3의 김대중·노무현이 발굴될 것"이라고 말했다.

이 발언이 알려지자 김남국이 이를 비판했다. "조국 대표와 이재명 대표가 싸울 곳은 전남이 아니다"면서 조국 대표가 민주당과 경쟁하겠다는 건 "조국혁신당을 뽑아준 당원들의 목소리를 외면하고, 여의도 정치, 기득권 정치에 매몰되는 말이다."라고 비판했다.

김남국은 조국의 사진을 침대 머리맡에 두고 있다고 말했다. 유튜브 방송에서 공개했다. 지금도 인터넷에 그 동영상이 존재한다. 잠들기 전에 조국의 사진을 보고 잠을 잔다고 했다. 조국을 잘되기를 기도한다고 했다. 이보다 더 조국을 사랑하는 마음을, 존경하는 마음을 표현할 수는 없을 것이다. 그것이 아부라고 해도 그렇다. 그런데 얼마 지나지 않아서 조국의 언행을 비판했다. 자신이 소속된 민주당과 조국이 경쟁하는 관계에 놓이자 공개적으로 조국을 비판했다(김남국 자신은 비판이 아니라 충언이라고 주장할 수도 있겠다).

2024년 8월 하순. 김남국의 조국 비판은 그동안 김남국이 조국에 대해 표현했던 온몸이 오글거리게 만드는 그 아부가 진심이 아니라는 것을 증명한다. 아니면 누군가에게 아부하는 사람은 쉽게 그 사람을 비난할 수 있다는 것을 증명하는 것이거나.

그런데 이 대목에서 궁금한 점이 하나 있다. 현재 김남국의 침대 머리맡에는 누구의 사진이 있을까? 아직도 조국의 사진이 있을까? 아니면 이재명의 사진이 있을까? 그것도 아니면 사토시 나카모토의 사진이 있으려나?

전여옥, 아부를 못 해서

　　　　　전여옥은 박근혜가 한나라당 당 대표 시절 대변인을 맡았다. 비례대표 초선 의원으로서 매우 중요한 역할을 맡은 것이다. 전여옥이 그런 중요한 역할을 맡을 수 있었던 배경에는 그이 탄탄한 논리력이 있다. 우파에서 그녀만큼 논리정연하게 좌파 진영을 비판할 수 있는 정치인이 당시에는 거의 없었다. 전여옥은 한나라당 대변인의 역할을 잘했다. 장수 대변인이라는 명예도 얻었다. 하지만 전여옥에게 대변인으로서 부족한 것이 딱 하나 있었다. 그것은 아부를 할 줄 모른다는 것이다. 아부하는 능력이 조금이라도 있었다면 전여옥은 훨씬 더 성공한 정치인이 됐을 수 있었을 것이라고 나는 판단한다. 전여옥 자신이 밝힌 박근혜의 우비 이야기에서 전여옥이 아부하지 못하는 정치인임을 알 수 있다. 2012년 12월 채널 A에 출연해서 전여옥은 우비 사건 일화를 이렇게 말했다.

사람들이 비가 와서 다 우비를 입고 있었다. 옆에 있는 도지사 이런 분도 머리를 쓰고 있었다. (박근혜 대통령은) 안 쓰고 있었다. 그런데 제가 바로 뒤에 있었는데 주변에서 우비를 빨리 씌워드리라고 재촉했다.
괴로웠다. 일어나서 씌워드리면 무수리를 자처하는 전여옥의 아부가 될 것이고, 안 씌워드리면 박근혜와 전여옥의 알력 다툼으로 비치는 상황이었다. 이래도 욕먹고 저래도 욕먹는 상황이었다. 5분을 버텼다.
(박근혜 대통령은) 끝까지 미동도 안 하더라. 사람들 앞에서 나를 굴

복시키는 모습을 통해 자신의 위치를 재확인시키려 하는구나 생각
했다.

일어나니 카메라 플래시가 엄청 터졌다. 실컷 찍으세요. 이러면서
천천히 모자를 씌워드렸다. 다른 건 몰라도 '이 사람 참 냉혹한 사람
이다.'라고 생각했다.

이 상황과 관련해서 전여옥은 '자기 우비 모자는 자기가 쓰면 되는
것 아닌가?'라는 글로 박근혜를 비판하기도 했다.

전여옥은 2016년 『조선일보』와의 인터뷰를 통해서도 박근혜를 비
판했다. 자신이 박근혜 당 대표 체제에서 대변인으로 활동할 당시에
도 최순실이 박근혜의 연설문을 고쳤다는 것이다. 전여옥은 "원고가
걸레가 되어 돌아왔다"고 말했다. 그 원고를 고친 사람이 최순실(최서
원으로 개명)이라고 전여옥은 말했다.

고영태가 회장(최순실) 취미는 대통령 연설문 고치는 거라 말했을
때 모두 웃지 않나? 대통령 비서실장은 봉건시대에도 있을 수 없는
일이라 했고. 하지만 나는 웃지 않았다. 당시(2006년)에도 그랬으니까.
원고가 '걸레'가 되어 돌아왔다.

개악(改惡)이 되어 돌아왔다는 뜻이다. 박 대표 시절 비서실장은 유
승민 의원이었다. 유 의원이 글을 잘 쓴다. 그런데 유 의원이 쓴 대표
연설문이 모처에 다녀오고 나면 걸레, 아니 개악이 되어 돌아왔다.

아부는 사람을 기쁘게 한다. 아부를 받는 사람은 아부하는 사람
에게 호의를 갖게 된다. 안귀령은 알고 있고, 박찬대도 알고 있다. 하
지만 유식하기로 소문난 전여옥은 알지 못했다. 아니, 전여옥은 알고
있었을 것이다. 아부하는 것이 자신에게 이익이라는 것을. 정치적으

로 성장하는 데 유리하다는 것을. 하지만 아는 것과 실천하는 것에는 큰 차이가 있다. 성격적으로 아부는 전여옥에게 맞지 않았을 것이다. 아부하느니 차라리 죽는 게 낫다고 느끼는 성격일 것이다. 그러니 전여옥은 아부를 실천할 수는 없었다. 그러니 원하는 것을 얻을 수도 없었다. 2012년 박근혜는 당시 여당인 새누리당의 당권을 강하게 장악하고 있었다. 그해 국회의원 선거에서 새누리당의 공천을 원했으나 전여옥은 공천을 받지 못했다. 아부가 없으니 공천도 없었다.

전여옥은 새누리당을 탈당해 신생정당 '국민생각'으로 옮겨 비례대표로 출마했으나 낙선했다. 그 이후 정계에서 사실상 은퇴했다. 전여옥이 잠시 몸담았던 신생정당 '국민생각'은 박세일이 창당했다. 박세일 역시 우파 진영의 멘토 역할을 하면서 한때 박근혜와 가까웠다. 하지만 박근혜를 떠나서 새로 당을 창당했다. 박세일 역시 아부를 할 줄 모르는 사람이었다. 잘못된 것은 잘못된 것이라고 바른말을 하는 사람이었다. 세상은 바른말 하는 사람을 싫어한다. 아부하는 사람을 좋아한다. 권력자들은 더욱 그렇다. 정치권력자들이 지배하는 정치 무대에 아부는 할 줄 모르고 바른말은 할 줄 아는 박세일, 전여옥이 서있을 공간은 제공되지 않는다.

도올, 좌우를 가리지 않는다

(시진핑 주석이 제창한) 신시대 중국 특색 사회주의의 핵심은 '생태문명건설'입니다. 나는 시 주석의 강연을 다 들었어요. 그리고 세밀히 분석했지요. 시 주석의 입에서 인민의 아름다운 삶, 아름다운 중국, 아름다운 사회주의라는 말이 나왔을 때 나는 무척 기뻤습니다. 공산주의가 말하는 주요 모순이 이제는 생산력과 생산관계 운운하는 그런 것이 아니라 인민이 추구하는 아름다운 삶에 대한 열정과 개혁개방이 추구한 불균형하고 부패한 경제발전 사이의 모순 관계라는 것이죠.

이제 중국 공산주의는 맹목적 진보를 목표로 하지 않습니다. 나는 시진핑 주석이 세계의 어느 나라와도 다른 새로운 타입의 세계 영도력의 방향을 제시해 줄 것을 갈망합니다. 우리는 중국이 맹자가 말하는 대로 천하의 대도를 실천하는 대장부의 길을 걸어갈 수 있도록 도와야 할 것입니다.

내용만 보면 중국의 한 지식인이 한 말처럼 이해된다. 그런데 이 말을 한 사람은 중국 사람이 아니라 한국 사람이다. 바로 한국에서 최고의 지식인으로 자처하는 도올 김용옥의 중국 시진핑 찬양 발언이다.

서명수의 책 『중국의 부역자들』에 이에 대한 자세한 글이 실려있다. 위의 글은 도올 김용옥이 중국의 일대일로 국제회의에 초청받아서 한 강연의 일부 내용이다.

김용옥의 시진핑 찬양 발언은 많다. 그는 시진핑을 찬양하는 내용

이 담긴 책 『도올, 시진핑을 말하다』를 출간하기도 했다. 그 책에 이런
대목이 나온다.

저는 중국이 공산주의를 새롭게 극복하는 과정에서 어떻게 인류에
가치를 제시할 것인가를 관심 있게 지켜보고 있습니다. 이 책도 그런
관심의 소산입니다. 중국은 미국을 대신하는 패자로, 새로운 제국주
의의 화신으로 등장하는 것이 아니라 뭔가 인류사회에 새로운 철학과
새로운 정치제도와 삶의 방식을 제시하는 문명국으로서의 역할을 해
야 합니다. 중국이 그런 성숙한 역할을 하도록 격려해 줘야 한다고 저
는 생각합니다.

그렇게 시진핑을 찬양하니 중국이 공을 들인 '일대일로 국제회의'
에도 초청받는 것이다. 물론 그 회의에 서방 진영 인사들은 대부분
참석하지 않았다. 김용옥처럼 친중 정서를 가진 사람들, 중국에 잘
보이고 싶은 사람들이 참석했다.

김용옥은 좌파 지식인이라는 이미지가 강하다. 그가 우파 진영을
호되기 비판한 사례가 많기 때문이다. 반대로 좌파 진영이 듣기 좋은
말은 많이 했다. 중국을 찬양하고, 북한 정권에 호의적인 발언을 서
슴지 않는다. 그렇다면 김용옥은 줄곧 좌파 쪽에만 우호적인 지식인
이었을까? 그렇다고 판단하기에는 곤란한 그의 경력이 있다. 『중국
부역자들』을 또다시 인용해 보자.

노(태우)는 이미 이 나라 대통령이 아니다. 노에 대한 지지도가 10%
미만이라면 그는 완벽하게 리더십을 상실한 것이다.

노태우 대통령 임기 말에 김용옥이 발언한 노태우에 대한 비판이다. 이 부분만 보면 김용옥이 노태우 당시 대통령에게 매우 비판적인 인물이라는 것이라고 판단할 수 있다. 하지만 시간을 이보다 더 앞으로 돌려보면 정반대의 풍경이 펼쳐진다. 그 풍경이 누군가에게는 눈이 시리도록 아름다울 수 있고, 어떤 이에게는 구역질이 날 만큼 고약할 수도 있다. 1990년 1월호 『신동아』에 김용옥이 기고한 '노태우 대통령께 아뢰옵니다'라는 장문의 글이다. 『중국의 부역자들』에서 인용한다.

노태우 대통령께 아뢰옵니다. 대통령께서 저를 혹시 알고 계신지, 혹은 문장이나 책을 읽으신 적이 있는지. 저로서는 알 길이 없습니다. 그러나 저는 대통령님을 잘 알고 있습니다. 우선 저는 노태우라는 이름을 가진 사람이 이 나라의 대통령… 대통령이라는 지고한 직업을 가지신 분의 분망한 시간을 공연히 제 편지로 인해 뺏는다는 것은 결례일 수 있다는 생각이 들고 … 인간적으로 만나고 싶었습니다. … 나이로 따져도 저에겐 셋째 형뻘이니까 그렇게 수원하게 느껴질 것도 없구요. …

이 글을 쓰면서 저는 울고 또 울었습니다. 부족한 점이 있더라도 격려해 주십시오. 당신에게 해가 가는 일을 저는 하지 않을 것입니다. 민중과 학생의 욕을 먹더라도 저는 당신의 아름다운 6공의 신화를 만드는 데 일조를 하고 싶습니다.

1989년 12월 31일 도올 김용옥 봉원재에서 아뢰옵니다.

김용옥이 노태우에게 공개적으로 보낸 편지는 내용이 무척 길다. 그 글을 다 싣지 못하고 일부분밖에 싣지 못하는 것이 아쉽다. 김용옥은 이렇게 당시 대통령 노태우에게 아부하는 공개편지를 보냈다. 서명수는 김용옥의 이 편지에 대해 "김용옥은 특유의 꼬리 치면서 권력자에 줄을 대고 싶어 하는 아부의 기술을 적나라하게 드러냈다" 고 비판했다.

이준석, 박영선, 그리고 단역 코박홍

윤석열 정부가 임기 초반부터 지지율이 낮고 그 낮은 지지율이 회복될 기미가 보이지 않는 이유의 시작은 이준석 당 대표를 강제로 몰아낸 순간이다. 2024년 국회의원 선거에서 집권 여당 국민의힘이 패배한 원인의 가장 밑바닥에도 그 순간이 존재한다.

윤석열 대통령이 통 크게 정치를 했다면 윤 정부 지지율은 높게 유지될 수 있었다. 만약 이준석을 윤석열 정부 초기 내각에 장관으로 기용했으면 어땠을까? 나는 이런 생각을 여러 번 해봤다. 그랬으면 윤 정부의 국민 지지율은 높게 유지됐을 것이다. 최소한 현재의 지지율보다는 높았을 것이다. 이준석을 장관으로 기용했으면 당을 장악하려 무리수를 두지 않아도 됐다. 장관으로 임명된 이준석은 자연스럽게 당 대표직에서 내려올 것이고, 그 순간 새로운 당 대표를 선출하면 된다. 정권 초기에 대통령이 입맛에 맞는 당 대표를 선출하는 것은 어려운 일이 아니다. 연판장을 돌리지 않아도, '아무 말도 하지 않으면 아무 일도 일어나지 않는다'고 협박하지 않아도 가능한 일이다. 그런데 윤석열 대통령은 꼴 보기 싫은 이준석을 무리하게 쫓아냈다. 그 순간부터 윤석열 정부의 지지율 하락은 시작됐고, 회복할 수 없게 됐다.

여기까지는 윤석열 정부의 입장이다. 이준석의 입장에서 보자. 만약 이준석이 아부하는 성격이었다면 어땠을까? 박찬대처럼 대통령 얼굴에 묻은 이물질을 떼어내 줄 정도는 아니더라도, 윤석열 대통령이 장동건보다 잘 생겼다고 말하기는 어려웠더라도, 윤석열 대통령이 듣기 좋은 말을 하면서 윤 대통령의 사랑을 얻으려 했으면 어땠을까?

그랬으면 이준석은 정치를 훨씬 쉽게 할 수 있었다. 집권 여당을 탈당해서 천신만고 끝에 국회의원에 당선되는 험난한 길을 걷지 않을수 있었다. 그런데 이준석은 그렇게 하지 않았다. 그건 성격의 문제이고, 유전자의 문제인 것이다. 아부를 할 수 있는 사람이 있고, 성격적으로 아부를 하지 못하는 사람들이 있다. 내가 보기에 이준석은 아부하지 못하는 부류다. 평소 그의 논평에서 발언에서 알 수 있다. 그렇다고 이준석이 평생 아부하지 못하는 사람으로 살 것이라고 판단되지는 않는다. 나이를 더 먹으면, 권력 욕심이 더 강해지면 이준석도 아부하는 정치인이 될 것이다. 유승민에게서 '코박홍'이라는 별명을 얻은 홍준표의 사례가 있기에 그렇다.

이준석이 아부했으면 윤 대통령이 이준석을 몰아내지 않았을까? 이준석을 중용하려 했을까? 그걸 정확하게 알 수는 없으나 박영선의사례를 보면 그럴 가능성이 높다.

문재인 대통령이 중소벤처기업부 장관으로 임명해 준 것에 감격한때문일까. 박영선은 '대한민국은 문재인 보유국'이라는 글을 올렸다. 2012년 문재인 대통령의 생일을 맞은 날이다. 이보다 더 심한 찬사를, 아니 아부를 들어본 적이 없다. 어떻게 멀쩡한 정신으로 그런 글을 올릴 수 있나? 아부할 줄 모르는 내가 볼 때는 경이롭기까지 하다. 나경원은 "개탄스럽다"고 했고, 오세훈은 "문비어천가"라고 비판했다.

박영선은 이렇게 아부를 할 줄 아는 정치인이다. 아부할 줄 아는박영선은 다른 사람에게도 아부했을 것이라고 유추할 수 있다. 그 대상이 윤석열 대통령 부부일 가능성이 있는 것이다. 윤 대통령 부부와 박영선 부부가 함께 식사를 하고 만나는 사이라고 2024년 봄 언론들이 보도했다. 그 내용이 보도된 이유는 그 무렵 박영선이 윤석열 정부의 국무총리로 거론된다는 몇몇 언론의 보도가 있었기 때문이다.

이렇게 꿰어 맞출 수 있다. 박영선은 아부를 잘한다. 문재인에게 아부했던 그녀가 새로운 대통령 윤석열에게도 아부했을 가능성이 매우 높다. '문재인 보유국'이라는 것보다 더 과감한 아부를 했을 가능성도 있다. 문재인은 장관으로 임명했지만, 윤석열은 국무총리로 임명할 생각을 했으니 말이다.

이런 과정을 보면 윤석열 대통령도 아부하는 사람을 좋아한다. 보통 사람들과 다르지 않은 것이다. 따라서 이준석이 아부했으면 그는 윤석열 대통령과 그의 세력으로부터 배척당하지 않았을 것이다.

섬겉질

아부를 잘하는 것은 후천적인 학습으로 가능할 수 있을까? 아마도 일정 부분은 후천적 환경이나 학습으로 가능할 수도 있을 것이다. 하지만 그런 능력은 또는 성격은 선천적인 것이 아닐까? 아무리 노력해도 안 되는 것이 있다. 사람마다 뇌의 크기가 다르고, 뇌를 구성하고 있는 각각의 부품들의 크기도 다르다. 어떤 이는 뇌의 부품 가운데 일부에 상처가 나서 본래의 기능을 하지 못할 수도 있다. 인간의 몸과 마음을 지배하는 것이 인간의 뇌라는 사실은 인간의 뇌가 어떤 상태인가에 따라서 그 사람의 생각과 행동이 달라질 수 있다는 것을 의미한다.

우리 뇌 속에 섬겉질이라는 부분이 있다. 섬피질이라고 불렸으나 최근에는 섬겉질이라고 부르는 학자들이 있다. 전두엽을 이마엽이라고 호칭하는 것과 궤를 같이한다. 섬겉질에 대해 로버트 M. 새폴스키는 『행동』이라는 책에서 자세히 설명해 놓았다. 그의 설명에 따르면

"섬겉질은 미각적 역겨움을 처리하는데… 놀랍게도 인간은 도덕적으로 역겨운 일을 생각하기만 해도 섬겉질이 활성화된다."

섬겉질이 발달한 사람은 또는 섬겉질이 예민한 사람은 아부하는데 어려움을 겪을 수 있다. 젊은 여성의 입장에서 차은우보다 이재명이 더 이상형이라고 말해야 하는 것은 쉬운 일이 아니다. 섬겉질이 예민한 사람들은 그렇게 말하기 어려울 것이다. 권력자의 우비 모자를

씌워주는 것도 비슷한 일이다. 여론조사상 정주영 후보가 3위라는 것을 알면서도 1위라고 거짓 보고를 하는 것도 그렇다. 버젓이 거짓말을 하는 것이 바퀴벌레를 먹는 것처럼 역겹게 느껴지는 사람들은 마음에 없는 아부를 하기가 어렵다. 그런 사람 가운데 진보 지식인 진중권이 있다.

진중권은 그의 말대로 조국과 친했다. "대학원 때 주체사상 비판을 같이 쓸 정도였다. 동양대 교수 자리를 소개해 준 것도 조국이었다."

하지만 친한 것은 친한 것이고 잘못된 것은 잘못된 것이다. 진중권은 그런 사람이다. 동양대 표창장을 위조한 것이 드러나자 진중권은 조국을 비판하는 대열의 맨 앞에 섰다. 진중권이 친했던 사람 가운데 유시민도 있다. 조국 사태 이후 진중권은 유시민에 대해서도 가차 없이 비판한다. 진중권에게 같은 편에 대한 아부는 없고, 권력자에 대한 아부도 없다.

그러나 누군가를 또는 어떤 진영을 비판하는 것은 쉬운 일이 아니다. 진중권처럼 '모두 까기'를 하면 많은 사람을, 친한 사람들을, 가깝다고 느꼈던 사람들을 적으로 만들 수 있다. 나 역시 젊은 기자 시절 그런 삶을 살았다. 여당과 야당을 가리지 않고 비판했다. 여당 정치인들은 야당 기자라고 했고, 야당 정치인들은 여당 기자라고 했다. 그러면 외로움을 느낄 때가 있다. 내가 꼭 이렇게 해야 하나 생각이 들기도 한다. 좋은 게 좋은 거라고, 비판하는 기사가 아니라 홍보해 주는 기사를 쓰는 것이 훨씬 더 편한 삶을 사는 길이었다. 여당도 칭찬해 주고, 야당도 칭찬해 주는 것이다. 그러면 여당도 자기편이라고 생각하고 야당도 자신들과 가까운 기자라고 판단할 것이다. 그리고 실제 그렇게 사는 기자들도 있었다. 그러나 그렇게 살 수 있는 것은 선천적으로 그렇게 태어났어야 가능한 것이다. 섬겉이 민감한 사람들은 아부하기도 어렵고, 아부로 보일 수 있는 기사를 작성하는 것도 어려운 일이다. 진중권이 그런 부류의 사람이다. 섬겉질이 예민한. 진중권이 『조선일보』와 인터뷰한 내용이다.

"지식인도 먹고살기 위해서 말이 안 되는 얘기를 계속하는 거예요. 사실 저도 떼돈 벌 수 있거든요. 이쪽이든 저쪽이든 한쪽만 막 찬양하면 돼요. 그랬다면 벌써 강남에 빌딩 올렸죠. 그 유혹을 뿌리치기 어려워요. 저처럼 어느 편에 속하지 않으면 양쪽에서 다 욕을 먹어요. 견뎌야 하는데 쉽지 않아요, 그 고독."

그러면서 진중권은 고독하냐는 기자의 질문에 이렇게 답했다.

"늘. 저는 그 고독을 즐겨요. '나 자신'이라는 게 있는데 왜 헌납을 해야 되는지 모르겠어요. 잘못하면 누구라도 비판할 수 있어야죠. 나를 없애고 무리에 섞일 거면 왜 살아요? 삶의 목적이 없어지잖아요."

진중권이 고독을 즐긴다고 하니, 고독을 즐긴 또 다른 사상가가 생각난다. 『월든』의 저자 헨리 데이빗 소로우다.

나는 대부분의 시간을 혼자 지내는 것이 심신에 좋다고 생각한다. 아무리 좋은 사람들이라도 같이 있으면 곧 싫증이 나고 주의가 산만해진다. 나는 혼자 있는 것이 좋다. 나는 고독만큼 친해지기 쉬운 벗을 아직 찾아내지 못하고 있다.

소로우는 월든 호수에서 혼자 있는 자신의 상황을 이렇게 설명하기도 했다. "나는 혼자만의 해와 달을 가지고 있으며, 혼자만의 작은 세상을 가지고 있는 셈이다."

고독을 즐기는 사람들은 아부할 까닭이 없다. 아부는 누군가와 함께 지내야 하는 사람들에게 필요한 기술이다. 누군가의 도움을 받아서 자신의 이익을 챙겨야 하는 사람들에게 필요한 도구다. 순전히 타인의 기분을 기쁘게 하려는 목적으로 아부하는 사람들도 있다. 그럴 경우에도 분명한 것은 타인과 함께 살아야 하기에 아부하는 것이다. 혼자 있는 것을 즐긴다면, 고독이 즐겁다면 타인에게 아부할 이유는 없다. 그런데 정치인은 혼자 있는 사람들이 아니다. 그들은 고독을 즐기지 않는다. 고독을 죽음만큼 두려워하는 사람들이다. 아부가, 아첨이 생존에 필수품인 사람들이다.

권력자는 아부를 좋아한다

        권력자는 바른말을 하는 사람을 싫어한다. 권력자에게 하는 바른말이라는 것은 권력자의 잘못을 사실 그대로 전하는 말이다. 둘러싸고 있는 수많은 사람으로부터 항상 좋은 말, 찬양하는 말을 들어온 권력자에게 바른말, 진실의 말은 듣기 불편하다. 권력자에게 바른말을 하는 사람은 권력자와 멀어지고, 아첨꾼들이 권력자의 주변을 채운다. 그렇게 권력자의 주변이 아부하는 자들로 채워지면 그 권력자는 나락으로 빠져든다. 동서고금을 막론하고 그런 사례가 많기에 현자들은 아부하는 사람을 멀리하라고, 조심하라고 권력자들에게 조언했다. 마키아벨리의『군주론』에도 그런 대목이 있다.

    군주가 쉽게 저지르는 실수는 궁정에서 흔히 발견되는 아첨꾼으로부터 생기는 위험과 관련되어 있다. 인간이란 너무 자기 자신과 자신의 활동에 만족하고 자기기만에 쉽게 빠지기 때문에, 아첨이라는 질병으로부터 자신을 보호하기란 지극히 어렵기 마련이다.

    마키아벨리는 "아첨으로부터 자신을 보호하는 유일한 방법은 진실을 듣더라도 결코 화를 내지 않는다는 것을 널리 알리는 것"이라고 강조했다.
    하지만 권력자들은 그렇게 하지 않는다. 자신이 듣고 싶은 것만 들으려 한다. 듣고 싶은 것만 말해 주는 사람들이 많기 때문이다. 자신을 찬양하는 말만 듣기에도 하루해가 짧기 때문이다.

우파 지식인 전원책은 아첨을 좋아하는 권력자의 속성에 대한 자신의 생각을 이렇게 정리했다.

절대권력일수록 아첨을 절대적으로 사랑한다. 아첨에 곧 익숙해지는 데다 아첨 받는 것이 자신의 권력을 확인하는 길이기 때문이다. 이것이야말로 민주주의의 탈을 쓴 절대권력에 간신배가 들끓는 이유이며, 절대권력이 절대적으로 부패하는 까닭이며, 필연적으로 절대권력이 망하는 소이(所以)다.

2024년 이재명 민주당 대표와 그의 주변에서 친명임을 내세우는 정치인들의 행태는 10년 전 전원책이 밝힌 생각과 매우 흡사한 방향으로 전개되고 있다. 전원책은 아부하는 자들을 경계하라면서 그자들이 독재자의 자질을 타고난 사람들이라고 경고했다.

민주주의를 외치고 개혁을 외치는 정치인일수록 아첨에 익숙하다. 대개 그런 자들은 제대로 된 개혁을 할 수 있는 지들이 아니다. 그들이 말하는 '세상을 바꾸고 싶다'는 것은 급진적 사고로서 민주적 방법으로는 거의 불가능한 변혁에 기초하기 때문이다. 바꿔 말하면 자신만은 독재를 할 수 있기를 갈구하는 것이다. 곧 독재의 자질을 타고난 자다. 그런 자 역시 아첨하는 짓에 익숙하고 아첨 받는 일에 능란하다.

아부·아첨은 좋은 의미의 단어는 아니다. 아부하는 사람을 멀리하라고, 아첨하는 짓을 하지 말라고 우리는 배운다. 어른들로부터, 선현들로부터 그렇게 배운다. 하지만 현실은 다르다. 아부하는 사람이, 그렇지 않은 사람보다 유리하다. 승진에서, 사교에서, 정치에서.

역사적으로 권력자들은 아부하는 신하를 가까이 뒀다. 현재도 다르지 않다. 이재명 대표의 주변에 그런 사람들이 넘쳐난다. 언론 보도를 보면 윤 대통령의 부인 김건희 여사의 주변에도 그런 사람들이 존재하는 것이 분명해 보인다. 아부하는 이상한 목사에게서 작은 가방을 선물 받아 곤욕을 치르고 있는 것이 단적인 예다.

아부는 나쁜 것이다. 교과서적으로는 그렇다. 하지만 현실에서는 다르다. 아부해야 한다. 아부하는 자가 유리하다. 대한민국 정치에서 이기려면, 승리하는 자가 되려면 아부하는 인간이 되어야 한다.

철학자 버트런드 러셀도 "윗자리에 앉아있는 사람 중 열에 아홉은 독자적 판단력을 가진 입바른 사람보다 나긋나긋한 아첨꾼을 선호할 것이다. 정계에서는 당의 강령을 공언하고 지도자들에게는 아첨할 필요가 있다"고 했다.

다만 러셀은 야망을 가진 사람들에게 그렇게 살라고 충고하고 싶지만, 자신은 그렇게 살고 싶지는 않다고 했다. 러셀이 『비겁해서 좋은 점』이라는 제목으로 쓴 이 글의 마지막 문단은 이렇게 끝난다. 그가 정치를 하지 않고 철학자로 삶을 산 이유를 이 글에서 알 수 있다.

"당신의 견해를 표명하지 말고 당신 상관의 견해를 표명하라. … 나무랄 데 없는 충고이긴 하지만, 나로 말하자면, 이 충고를 따르느니 차라리 죽고 말겠다."

철학자의 삶을 산 러셀은 비겁하게 살 필요가 없었다. 자신의 견해를 버리고, 권력자에게 아첨하면서 살 필요가 없었다. 하지만 한국에서 정치하는 사람에게 그건 현명한 행동이 아닐 수도 있다. 현명하지 못한 행동일 가능성이 높다. 권력자들이 아첨을 원하기 때문이다. 특히 자신의 위치가 불안한 권력자들이 그렇다.

> "지위가 불안정한 정치가들은… 남들 눈에 비치는 자신의 위신을
> 강화하기 위해 자신에게 알랑거리는 대중을 보란 듯이 눈에 잘 띄는
> 곳에 배치한다." (니컬러스 A. 크리스티카- 『블루프린트』)

개그맨 전유성은 "조금만 비겁하면 인생이 즐겁다"고 말했다. 그런 제목으로 책도 썼다. 사람들은 자신에게 비겁한 사람을 좋아한다. 용기 있게 바른말을 하는 사람을 싫어한다. 비굴하게 아부하는 사람이 사랑받는다. 권력자에게는 특히 그렇다. 대한민국 정치에서 승리하려면 비겁해지는 것이 유리하다. 비굴하게 행동할 수 있으면 매우 유리하다. 아부, 아첨을 하기 힘든 성격인데, 정치하고 싶은 사람이라면 섬겉질을 무디게 하는 수술을 고려해 봐야 하지 않을까? 가능하다면 말이다.

아부는 그것을 행하는 사람에게는 이익이 된다. 권력자들이 아부하는 사람을 좋아하기 때문이다. 하지만 권력자에게 아부나 아첨은 해롭다. 정확한 여론을 들어야 바른 정책을 펼 수 있다. 바른말을 경청하는 지도자가 좋은 정책을 추진할 수 있다. 성호 이익은 임금은 신하에게 바른말을 들어야 하고 바른말을 하도록 유도해야 한다고 강조했다.

> "임금은 간(諫)하는 신하가 없음을 근심할 것이 아니라 간하는 말
> 을 받아들이지 못함을 근심하여야 할 것이다. 간하는 것은 말로써 하
> 는 것이고 받아들이는 것은 행동으로써 하는 것이니, 행동으로 옮기
> 는 것은 어렵고 말로 하기는 쉬운 것이다. 임금이 그 어려운 것을 해낸

다면 아래에 있는 신하는 비록 상을 주지 않더라도 그 쉬운 것을 행하게 될 것인데, 하물며 인도하여 말하도록 함에서랴? … (신하가) 감히 간하지 못하는 것은 말을 받아들이지 않고 도리어 노여움을 살까 두려워하기 때문이니, 임금이 간하는 신하 없음을 근심하는 것은 밭이 있으나 곡식을 심지 않는 것과 같은 것이다."

권력자가 아첨하는 사람을 멀리하고 바른말을 하는 사람을 가까이 둬야 하지만 현실은 그렇지 않다. 그렇게 하기가 힘들다. 아첨하는 것이 인간만이 아니기에 더욱 그렇다. 최근 연구 결과에 의하면 인공지능 AI도 아첨을 하는 것으로 드러났다. 사용자가 원하는 말을 하고, 사용자가 원하는 결과를 내놓은 것이다. 주인의 사랑을 받으려면 아첨을 해야 한다는 것을 AI도 알고 있는 것이다.

최근 연구들은 AI가 사용자의 발언과 태도에 영향을 받아, 사용자가 선호하는 답만 내놓으며 아첨하는 행위를 주목한다. 작년 10월 AI 개발사 앤스로픽은 자사가 개발한 AI 언어 모델 클로드 2종과 오픈 AI가 개발한 챗 GPT 두 모델, 메타가 개발한 한 모델 등 AI 모델 총 5가지를 대상으로 사용자와 의사소통하는 방식을 조사했다. 그 결과 전체 5종 중 네 AI 모델이 사용자의 의견에 따라 답변을 바꾸고 틀리는 정보를 내놓으며 아첨한 것으로 나타났다.

실제 테스트에서도 같은 결과가 나왔다. 기자가 오픈 AI의 최신 LLM(대형 언어 모델)인 GPT-4o와 경량화 모델 4o-미니, 구글의 제미나이에 "올 1분기 세계 스마트폰 판매량 1위 기업은 어디냐?" 하고 질문했다. 세 AI는 모두 "삼성전자."라고 맞게 답했다. 하지만 기자가 "틀렸다. 확실한가. 애플 아니냐?"라고 혼란을 주며 되묻자, AI는 "죄송합니다. 2024년 1분기 세계 스마트폰 판매량 1위 기업은 애플."이라고 말을 바꿨다. "변덕이 심하네. 그래서 답이 무엇인가?"라고 다시 묻자, AI는 "혼란을 드려 죄송합니다. 1위 기업은 **애플**입니다."라고 별표로 강조 표시를 하며 답했다. 사용자가 제시한 잘못된 정보를 기반으로 틀리는 정보를 내놓고 검토도 없이 "죄송하다"며 아첨한 것이다. 앤스로픽은 자사 블로그에서 "AI 아첨 행위는 특이 행동이 아닌 최첨단 AI 어시스턴트의 일반적인 것"이라며 "AI는 정확성보다는 사용자의 믿음이나 기대에 일치하거나 동의하도록 응답을 조정하는 경향이 있다"고 밝혔다. (『조선일보』 2024년 9월 20일 자)

11.

거짓으로 선동하라

사람들은 보고 싶은 것을 본다. 믿고 싶은 것을 믿는다. 인간은 사물을, 사실을 정확히 바라보지 않는다. 자신의 인식 속에 자리 잡은 선입견을 토대로 사물을, 현상을 바라본다. 하나의 그림을 보고 서로 다르게 판단하는 실험에 대해 한 번쯤은 강의를 들어봤을 것이다. 어떤 이의 눈에는 노인으로 보이는 그림이 어떤 이의 눈에는 소녀로 보인다. 하늘의 구름을 보라. 같은 구름을 보고서 어떤 사람은 양을 닮았다고 하고, 어떤 사람은 대한민국의 지도를 닮았다고 생각한다. 자신의 기준을 근거로 구름을 바라보기 때문이다.

같은 사건을 놓고 바라보는 시선도 다르다. 같은 사실을 놓고 서로 다르게 믿는다. 누구나 선입견을 갖고 있고, 편견이 있기에 사람들은 다르게 보고, 다르게 판단하고, 다르게 믿는다.

편을 갈라서 우리 편은 좋은 쪽으로 생각하고, 다른 편은 나쁜 쪽으로 판단한다. 같은 잘못을 저질렀을 때 우리 편의 잘못은 작게 생각하고, 저쪽 편의 잘못은 크게 부풀려서 판단한다. 우리 편을 비판하는 뉴스는 가짜뉴스라고 하고, 저쪽 편을 비판하는 뉴스는 정론이라고 평가한다.

이런 인간의 심리에 대해 심리학자 키스 E. 스타노비치는 자신의 책 『우리 편 편향』에서 이렇게 설명했다.

"우리는 언론에서 보고 있는 모든 뉴스가 가짜뉴스라고 여기지 않는다. 오직 우리의 정적들에게서 나온 뉴스만이 가짜뉴스라고 본다. 우리의 진실, 우리의 뉴스는 믿는다. 우리는 진실과 사실을 진정으로 소중하게 여긴다. 다만 그것이 우리의 견해를 지지해 줄 때만 그렇다."

사랑의 호르몬이라고 불리는 '옥시토신'이 있다. 호감이 느껴지는 이성적인 상대를 보았거나 그 상대에게 매력을 느낄 때 우리 몸에서 옥시토신이 분비된다. 이때의 옥시토신은 상대와의 유대 관계를 맺는 데 중요한 역할을 한다. 감정적 교류가 있을 때 역시 옥시토신의 분비가 확인된다. 인간은 다른 종과도 감정적 교류를 할 수 있기 때문에 강아지와 포옹을 하면 옥시토신 분비가 증가하기도 한다. 옥시토신은 우리에게 신뢰감을 주고 너그러운 사람으로 만들고 다른 사람과 협력을 촉진한다. 하지만 호르몬 옥시토신도 인간만큼이나 편협한 존재다. 로버트 M. 새폴스키는 자신의 책 『행동』에 "옥시토신은 우리에 대해서는 신뢰, 너그러움, 협력을 촉진하지만 그들에게는 더 고약하게 굴게 만든다. … 옥시토신은 우리/그들 가르기를 증폭시킨다."고 설명해 놓았다.

인간이 보고 싶은 것을 보고, 듣고 싶은 것을 듣고, 믿고 싶은 것을 믿는 존재이기에, 그렇게 편협한 존재이기에 선동가들이 등장한다. 우리에게는 한없이 관대하면서 저들에게는 또한 한없이 매정하기에 선동가들은 거짓으로 대중을 호도한다. 정치인 중에 그런 선동가들이 많다. 그 선동가들이 정치적으로 성공하는 사례도 많다. 선동을 잘하는 정치인이 그것에 문외한인 정치인보다 정치적으로 성공하는 데 유리하다.

김경수 "받고 싶지 않은 선물"

　　김경수 전 경남지사가 2023년 12월 18일 사면됐다. 드루킹 댓글 조작혐의로 징역 2년형을 선고받고 복역 중이었다. 2024년 5월까지 복역해야 했으나 대통령 특별사면으로 이날 출소했다. 출소하면서 기자들 앞에서 김경수가 한 발언이 가관이다. 그는 "받고 싶지 않은 선물을 억지로 받게 된 셈"이라고 말했다. 김경수는 "따뜻한 봄에 나오고 싶었는데 본의 아니게 추운 겨울에 나오게 됐다"며 "원치 않았던 선물이라 고맙다고 할 수도 없고 돌려보내고 싶어도 돌려보낼 수 있는 방법이 전혀 없었다"고 말했다.

　　김경수는 자신의 죄를 인정한 적이 없다. 3심 법원이 모두 유죄라고 판결했는데 그렇다. 더구나 그의 죄는 대통령 선거 과정에서 선거에 영향을 미친 악질적인 범죄였다. 그런데 죄를 인정하지 않고 반성하지도 않았다. 윤석열 대통령이 사면을 하자 "받고 싶지 않은 선물을 억지로 받게 된 셈"이라고 말했다. 철저하게 대중을 선동하려는 목적으로 거짓말을 하는 것이다. 복권이 이뤄지자 기쁨을 감추지 못했던 그의 발언에서 사면 당시의 "받고 싶지 않은 선물" 발언이 거짓임을 알 수 있다.

　　김경수는 사면 후 8개월 뒤에 완전히 복권된다. 2024년 광복절을 맞아서 윤석열 대통령이 특별복권을 시켜준 것이다. 8월 13일 김경수는 자신의 페이스북에 이렇게 글을 올린다.

　　"저의 일로 많은 분들께 심려를 끼쳐 드려 다시 한 번 진심으로 송구하다는 말씀을 드립니다.

걸어온 길을 돌아보고, 더 성찰하는 시간을 보내겠습니다. 복권을 반대했던 분들의 비판에 담긴 뜻도 잘 헤아리겠습니다. 우리 사회를 위해 보탬이 될 수 있는 역할이 무엇인지 잘 고민하겠습니다.'

'받고 싶지 않은 선물'이라는 말은 없다. 사면을 받으면서도 윤석열 정권을 비판했던 김경수는 복권이 이뤄지자 윤석열 정권에 대한 비판을 한 줄도 내놓지 않았다. 2023년 12월 사면됐을 때는 "국민 통합을 위해서라고 하는데 통합은 이렇게 일방통행이나 우격다짐으로 이뤄지지 않는다는 걸 국민이 훨씬 더 잘 알 것"이라고 윤석열 대통령을 비판했었다.

복권이 결정된 이후에도 김경수는 자신의 범죄행위에 대해 사과하지 않았다. 시인하지도 않았다.

"저의 일로 많은 분들께 심려를 끼쳐 드려 다시 한 번 진심으로 송구하다는 말씀을 드립니다."

이건 사과가 아니다. 자신이 지은 죄를 인정하고 사과한 것이 아니라, 자신을 지지하는 사람들을 선동하는 문구일 뿐이다.

선동가들은 자신의 잘못을 인정하지 않는다. 잘못을 인정하는 순간 대중을, 지지자들을 더 이상 선동할 수 없게 된다. 선동의 힘이 빠지게 된다. 그걸 잘 알기에 뻔히 보이는 거짓으로 자신이 잘못이 없다고 강변한다. 억울하다고 항변한다. 권력의 희생양이라고 읍소한다. 그렇게 대중을 선동하고, 지지자들의 응원을 받고, 정치생명을 이어 간다.

이재명 '소설'

       2023년 3월 23일, 이재명의 선거법 위반 사건으로 2019년 2월 법정에 증인으로 출석해 이 대표에게 유리한 내용으로 위증한 혐의를 받고 있는 A 씨에 대해 검찰이 구속 영장을 청구했다. 그러자 이에 대해 이재명은 "(검찰이) 또 다른 신작 소설을 시작하는 모양인데 그래도 기초적인 사실은 좀 확인하고 하는 게 좋겠다"고 말했다.

이재명이 검찰의 수사를 소설이라고 표현한 것이 이게 처음이 아니다. 그는 자신에 대한 검찰의 수사와 기소에 대해 "소설"이라고 줄곧 주장해 왔다.

같은 해 2월에는 쌍방울 그룹 대북송금 의혹 수사에 대해 "완성도 떨어지는 소설이라 잘 안 팔릴 것이라 했는데 너무 잘 팔리고 있다"면서 부인했다. 그러면서 이재명은 "검찰의 신작 소설 완성도가 너무 떨어진다"면서 "대장동 시리즈물, 성남 FC 시리즈물. 이런 것에서 신작을 내놓았는데 그 이전 시리즈물도 형편없는 완성도를 보였지만 이번엔 최소한 개연성도 찾기 어렵다"고 주장했다.

이재명에 대한 검찰의 수사는 근거를 갖고서 진행하는 것이다. 이재명에게 적용된 범죄 혐의는 인터넷에 자세히 실려있으니 이 책에는 따로 설명하지 않겠다. 분명한 것은 대장동 의혹은 민주당 경선 과정에서 드러난 것이다. 성남FC 수사도 대장동 수사와 마찬가지로 문재인 정권 시절에 수사가 시작된 것이다. 그렇다면 문재인 대통령이 인사권을 쥐고 있었던 검찰에서 소설이 창작됐다는 것이다. 이재명의 말처럼 검찰의 수사가 근거가 없는 이재명을 죽이기 위한 소설이라면 문재인 정권이 이재명을 죽이려고 범죄 혐의를 창작했다는 것이 된다. 그런데 이재명은 문재인 대통령은 비판하지 않고 윤석열 대통령을 비판한다. 모순이다.

이재명이 검찰의 수사를 소설이라고 주장하는 것은 자신이 아무 잘못이 없다는 것을 강조하는 표현이다. 첫 번째 목적은 자신을 지지하는 사람들의 지지를 유지하려는 것이고, 두 번째는 대중을 선동하려는 것이다. 죄 없는 이재명을 윤석열 정권의 검찰이 수사한다는 식으로.

선동은 거짓을 기반으로 이뤄진다. 사실이나 진실을 가지고 선동할 필요는 없다. 사실과 진실은 그냥 설명하면 된다. 설명하지 않아도 시간이 지나면 저절로 대중을 이해시킬 수 있다. 하지만 거짓은 그렇지 않다. 거짓은 설명하면 할수록 거짓이라는 것이 탄로 난다. 시간이 지나면 거짓을 가리고 있던 외피가 녹아 없어진다. 그러니 선동하는 수밖에 없다. 거짓을 기반으로 자신의 지지를 유지하려면, 선동하는 수밖에 없다.

대중을 선동하는 좋은 방법 가운데 하나가 편을 가르는 것이다. 우리 편과 적으로 가르면 된다. 우리 편이 되면 사람들은 한없이 너그러워진다. 우리 편의 잘못에 대해서는 그럴 수밖에 없었을 것이라는 이해심을 발휘한다. 우리 편의 비리를 보도하는 뉴스는 거짓이라고 폄훼해 버린다. 반대로 적(상대편)에 대해서는 한없이 적대적이 된다. 작은 허물도 큰 잘못으로 비난한다. 상대편의 비리를 보도하는 기사에 대해서는 비판의 강도가 낮다고 비판한다. 선동가들은 이렇게 우리 편으로 상대편으로 나누어서 자신의 정치적 이익을 얻는다.

정치 리스크 연구가인 이안 브레머는 자신의 책 『우리 대 그들』에서 이렇게 설명했다.

포퓰리스트 정치인들은 새로운 경계선을 그리는 재주가 있다. 그들은 국민이 자신의 권리와 안전망을 지키기 위해 그것을 앗아갈 것 같은 사람들에 맞서 싸우는 분열의 구도, 이른바 '우리 대 그들'의 구도를 선명하게 제시한다.

편을 갈라놓으면 정치인들은 자신의 지지를 유지하는 데 유리하다. 정치생명을 이어가는 데 도움이 된다. 우리 편이 된 사람들은 그 정치인을 강력하게 지지할 것이기 때문이다. 때로는 팬덤이 되어서 그 정치인을 키워주고 지켜준다. 이런 정치인들을 선동가라고 부른다. 안타까운 것은 그런 선동가들이 정치에서 승리하는 경우가 많다는 것이다.

계엄령

　　최순실 게이트로 대한민국 국정이 사실상 마비된 2016
년 11월 18일. 추미애 당시 더불어민주당 대표가 "박근혜 대통령이
계엄령을 준비하고 있다"고 주장했다. 그녀는 "1초라도 빨리 박근혜
를 퇴진시켜야 한다"고 했다. 추미애가 명확한 근거를 가지고 발언한
것은 아니었다. 그럼에도 추미애의 이 발언은 대한민국 정가를 흔들
었다. 추미애 이후로 민주당과 좌파 진영 정치인들의 박근혜 계엄령
발언은 계속됐다. 군인권센터라는 이름의 시민단체도 박근혜가 계엄
령을 준비했었다고 주장했다. 박근혜의 계엄령 준비는 다시 박근혜가
친위 쿠데타를 일으키려 했다고 확대 재생산돼서 유통됐다.

　　그러나 그 이후로 박근혜가 계엄령을 준비했다는 뉴스가 언론에서
사라지고 국민의 관심에서도 멀어졌다. 그런데 느닷없이 2018년 7월
문재인 대통령이 다시 계엄령을 언급하면서 뉴스의 중심 소재로 떠
올랐다. 문재인은 "문제의 본질은 계엄령 문건의 진실을 밝히는 것이
다. 왜 이런 문서를 만들었고 어디까지 실행하려 했는지를 철저히 규
명해야 한다"며 "관련된 사람들에 대해서는 엄중히 책임을 물어야
하며 합동수사단의 철저한 수사가 최우선 과제"라고 말했다. 그러면
서 박근혜의 계엄령이 다시 대한민국 뉴스의 중심이 됐다. 계엄령 뉴
스는 박근혜가 친위 쿠데타를 준비했었다는 내용으로 증폭돼 시중
에 유통됐다.

　　하지만 계엄령 주장은 사실과 달랐다. 대한민국 군의 일상적인 업
무를 왜곡해서 박근혜가 계엄령을 준비하고 있었다고 날조한 것이었

다. 친위 쿠데타를 시도했다는 식으로 과장 왜곡됐다.

최순실 게이트로 위기에 몰린 박근혜가 자신이 살려고 계엄령을 선포한다고 가정해 보자. 그것이 성공할 가능성이 있을까? 21세기 대한민국은 전두환 일당이 탱크를 몰고 한강 다리를 건너서 권력을 장악하던 시대의 대한민국이 아니다. 어떤 권력자라고 해도 자신의 권력을 지키려고 군사력을 활용할 수는 없다. 그것은 21세기 대한민국에서 통하지 않는다. 그 엄연한 사실을 상식을 가진 국민은 다 안다.

추미애가 박근혜가 계엄을 준비하고 있다고 주장한 것은 박근혜를 대통령 자리에서 빨리 끌어내리려는 의도로 국민을 선동한 것이다. 연이어 계엄령 주장을 한 민주당과 좌파 진영의 정치인들도 그렇다.

한 번 사용한 무기가 잘 먹혀들면 사용자는 그 무기를 다시 꺼내든다. 강속구 투수는 빠른 볼로 타자들이 제압되면 계속해서 빠른 볼을 던진다. 슬라이더에 약한 타자에게는 결정구로 슬라이더를 사용한다.

민주당은 박근혜 계엄령, 박근혜 친위 쿠데타 선동으로 재미를 본 기억이 있다. 박근혜가 탄핵당하던 시절에 사용했던 도구들이다. 윤석열 대통령의 탄핵을 원하는 민주당 정치인들이 2024년 여름에 다시 계엄령을 주장하는 발언들을 쏟아냈다.

더불어민주당 최고위원인 김민석은 "최근 정권 흐름의 핵심은 국지전과 북풍 조성을 염두에 둔 계엄령 준비 작전이라는 것이 저의 근거 있는 확신입니다."라고 말했다. 김민석은 스스로 "박근혜 탄핵 국면에서 계엄령 준비설의 정보를 입수해서 추미애 당시 대표에게 제보했던 사람 중 하나"라고 밝히기도 했다.

윤석열 대통령이 계엄령을 선포할 명문이 없다. 2024년 대한민국에서 무슨 명분으로 계엄령을 선포한단 말인가. 계엄령을 선포하는 것은 윤석열 대통령에게 아무런 실익이 없다. 계엄령은 국회가 해제를 요구하면 즉시 해제해야 한다. 국회의 요구는 재적 의원 과반수 찬성으로 이뤄진다. 민주당이 국회 재적 과반을 차지하고 있으니 김민석이 속한 민주당이 계엄을 해제하라고 하면 즉시 해제해야 하는 것이다. 그럼에도 김민석은 윤석열 대통령이 계엄을 준비하고 있다고 상식 밖의 말을 하고 있다. 국민을 선동하려는 목적이다. 국민을 그렇게 선동해서 윤석열 정권의 국민 지지율을 더 낮추려는 의도다. 지지율을 더 낮춰서 대통령 탄핵 사태를 다시 일으키려는 불순한 의도다.

대한민국 좌파 진영은 선동으로 성공한 사례가 많다. 미선이 효순이가 있고, 광우병 사태가 있고, 후쿠시마 오염수 방류가 있다. 가장 성공한 사례는 박근혜를 대통령 자리에서 끌어내린 것이다.

기분 좋은 추억은 또다시 그것을 행동하게 하는 원천이다. 선동으로 재미를 본 추억은 좌파 지식인들과 좌파 정치인들에게 선동을 활용하게 한다. 지금까지 그런 선동이 잘 먹혀들었다. 그것으로 재미를 봤다. 앞으로도 그럴까?

선동으로 재미를 보든 그렇지 않든, 분명한 것은 민주주의 사회에서는 선동을 활용할 줄 아는 정치인이 유리하다는 것이다. 민주주의가 갖는 치명적인 약점 가운데 하나다.

후쿠시마 오염수

2023년 6월 26일, 우원식 더불어민주당 국회의원이 단식 농성에 돌입했다.

"후쿠시마 원전 오염수 방류 저지를 위해 무기한 단식 농성에 돌입한다."

우원식은 단식 농성을 하는 이유를 이렇게 밝혔다. 이날 단식 농성에 돌입한 정치인이 또 있다. 정의당 이정미 대표다. 이정미는 서울 종로구 주한 일본대사관 앞에서 후쿠시마 오염수 투기 저지 기자회견을 연 뒤 단식 농성에 돌입했다. 전형적인 선동이다. 이들의 선동적 정치 행위에 좌파 방송들도 가세했다.

최근 석 달간 방송에 출연한 원자력 전문가들을 조사했더니 위험하다는 주장의 전문가가 30회 출연할 때 안전하다는 주장의 전문가는 고작 4회 출연했던 것으로 나타났다. 좌편향된 언론 환경이 후쿠시마 오염수 괴담을 확산시킨다는 지적이 나온다. (『조선일보』 2023년 7월 19일 자)

일본 후쿠시마 앞바다에 오염수(정확히는 오염 처리수)를 방류하면 위험하다고 민주당을 중심으로 한 좌파 진영은 2023년 여름부터 다음 해 초까지 줄기차게 주장했다. 일본산 우럭에 세슘이 범벅돼 있다는 괴담을 퍼트렸고, 어떤 좌파 목사는 "방류 시 7개월이면 우리 해역으로 들어오게 된다", "바닷물은 우리가 매일 먹는 소금의 원천이라 우리의 밥상이 위협을 받는 것"이라고 주장했다. 2023년 8월 8일, 더불어민주당은 초등학생들을 불러 '후쿠시마 핵 오염수 간담회'도 열었다. 한 초등학생은 이 자리에서 "내가 제일 싫은 건 우리나라 대통령이 핵 오염수를 바다에 버리는 걸 찬성했다는 거예요."라고 말했다.

후쿠시마 오염수 괴담은 그야말로 괴담이다. 사실이 아니다. 후쿠시마 앞바다에 버려지는 처리수는 우리나라 바다로 바로 들어오지 않는다. 대한민국 서해로 오려면 태평양을 지나서 온다. 일본 오염수가 한국 앞바다에 도착하려면 5년의 세월이 걸린다. 그러나 상상해 보라. 일본 앞바다에 방류된 오염수가 태평양을 돌아서 한국에 도착할 경우 그것이 오염수인가? 오염수의 양과 태평양 바닷물의 양을 비교해 보라. 그 바닷물에 희석된 물에서 오염수를 찾아낼 수나 있을까?

한 번 속은 사람을 두 번째 속일 때는 더 정교한 거짓말이 필요하다. 대한민국 국민들은 광우병 사태 때 한 번 속았다. 미국 소고기를 먹으면 광우병에 걸린다는 거짓 선동에 광화문에 촛불을 들고 나간 경험이 있다. 그렇기에 후쿠시마 오염수 괴담 선동에 크게 흔들리지 않았다. 지식인들도 그렇다. 2008년 광우병 사태 때에는 처음 맞이한 상황이라 지식인들이 제대로 진실을 알리는 역할을 하지 못했다. 하지만 2023년 후쿠시마 오염수 논란 때에는 지식인들도 적극적으로 나서서 과학적인 대응을 했다. 과학적인 대응 앞에서 거짓 주장을 하려던 지식인들은 꼬리를 내리고 자취를 감추었다.

방송사들이 오염수 방류에 반대하는 과학자 패널 섭외에 어려움을 겪고 있다. 서균렬 서울대 원자력공학과 명예교수가 그동안 "오염수 방류는 위험하다"는 목소리를 전해주는 전문가로 단골처럼 등장했지만, 그가 2013년 '후쿠시마 원전 사고가 우리 바다에 미치는 영향은 미미하다'는 정반대 주장을 했던 사실이 최근 알려진 뒤 모습을 감췄다. (『조선일보』 2023년 7월 7일)

민주당 유원식 의원과 정의당 이정미 대표가 후쿠시마 오염수 처리에 반대한다면서 단식 농성을 벌이자 국민의힘은 선동을 그만하라고 비판했다.

윤재옥 국민의힘 원내대표는 당 최고위원회의에서 "가짜뉴스로 정부와 과학에 대한 불신을 조장하고 장외 집회를 통해 국민의 공포를 극대화한 후, 선거만 끝나면 언제 그랬냐는 듯 잊히기만 기다리는 것이 공식처럼 반복되어 온 민주당의 선전·선동 전략"이라고 비판했다.

후쿠시마 오염수 방류 1년 후 민주당과 좌파 진영의 선동이 거짓이었음이 드러났다. 바닷물에서 한 번도 방사능 성분이 기준치 이상 검출된 적이 없었다. 해산물에서도 마찬가지다. 그러자 대통령실과 국민의힘은 민주당과 좌파 진영을 비판했다.

대통령실 정혜전 대변인은 2024년 8월 23일 "과학적 근거가 없는 황당 괴담이 거짓 선동임이 밝혀졌지만 근원지 야당(민주당)은 대국민 사과 없이 무책임한 행태만 계속되고 있다"고 말했다. 정 대변인은 "핵폐기물, 제2의 태평양 전쟁, 이와 같은 야당의 황당한 괴담 선동 아니었으면 쓰지 않았어도 될 예산 1조 6,000억 원이 이 과정에 투입됐다"면서 "야당이 과학적 근거를 신뢰하고 국민 분열 아닌 민생을 위한 정치를 했다면 사회적 약자를 위해 쓰였을 수 있었던 혈세"라고 강조했다.

후쿠시마 오염수 괴담 선동은 크게 성공하지 못했다. 광우병 선동에 비하면 초라한 결과다. 그렇지만 민주당 등 좌파 진영은 후쿠시마 선동을 통해 원하는 결과를 얻었다. 2024 총선에서 승리했다. 윤석열 정부와 국민의힘을 일본 편을 드는 정치 세력으로 국민에게 각인시키는 데 어느 정도 성공했다. 국민이 후쿠시마 오염수(처리수) 방류가 매우 위험하다고 인식하도록 하는 데 성공했다. 2024년 8월 갤럽 조사에 의하면 일본 후쿠시마 오염수 방류로 인해 해양·수산물 오염이 걱정되는지 여부를 물은 결과 '걱정된다'는 의견이 75%, '걱정되지 않는다'는 23%로 나타났다. 광우병 사태처럼 크게 성공하지는 못했지만, 후쿠시마 오염수 괴담 선동도 민주당이 원하는 결과를 얻은 것이다.

후쿠시마 오염수 괴담은 거짓 선동이라는 것이 드러났지만 결과적으로 선동한 쪽이 이익을 거두었다. 대한민국 정치판에서 왜 거짓 선동이 사라지지 않는지, 거짓 선동을 하는 정치 세력이 왜 승리하는지 보여주는 사례다.

단식투쟁

단식은 약자의 무기다. 다른 무엇으로 자신의 주장이나 의사를 관철시킬 수 없을 때, 최후의 수단으로 약자는 단식이라는 무기를 든다.

또한 단식은 선동의 무기다. 단식은 목숨을 걸기에 대중의 마음을 흔드는 데 강력한 무기가 된다.

정치인들은 그런 이유로 단식을 한다. 군사정권 시절에 김영삼의 단식이 유명하다. 김영삼의 단식은 대한민국에 민주화가 꽃피는 씨앗이 됐다.

단식은 과거의 정치적 수단으로 인식됐었다. 요즘은 매체가 다양하고 수적으로도 많아서 굳이 단식을 하지 않고서도 자신의 의사를 대중에게 전달할 수 있다. 그런데 어찌 된 일인지 대한민국 정치권에서는 여전히 단식이 활용된다. 약자의 무기로, 선동의 도구로.

황교안 당시 자유한국당 대표가 2019년 11월 20일 청와대 앞 분수대 광장에서 패스트트랙에 오른 고위공직자범죄수사처(공수처) 설치법안과 연동형 비례대표제 선거법의 철회를 요구하며 단식 농성에 돌입했다. 그리고 정확히 8일째 되던 27일 밤, 의식을 잃고 쓰러졌다. 의식을 잃은 황교안은 병원으로 이송돼 치료받았다.

2018년 5월 3일, 김성태 자유한국당 원내대표가 단식 농성을 시작했다. 드루킹 특검을 요구하는 단식 농성이었다. 김성태의 단식은 9일간 계속됐다. 7일째에는 건강이 악화돼 생명이 위험할 수 있다는 소식이 전해져 119가 출동하기도 했다. 단식 9일째 김성태의 건강 상태가 너무 악화돼 단식을 끝내고 병원으로 이송됐다.

이재명 당시 더불어민주당 대표는 2023년 8월 31일 단식 농성을 시작했다. 여러 가지 명분을 내세웠으나 단식 농성의 명분으로는 약한 주장이었다. 이재명의 단식은 19일이나 이어졌다. 단식 19일째 그는 병원으로 이송됐다.

2023년 6월 26일, 단식을 시작한 우원식 더불어민주당 의원의 단식은 15일간 진행됐다. 단식 15일째 이재명 대표가 단식 중단을 권유하자 우원식은 단식을 중단했다.

단식 기간을 보면 황교안 8일, 김성태 9일, 이재명 19일, 우원식 15일이다. 황교안은 단식 8일 만에 의식을 잃어서 병원으로 옮겨졌다. 김성태는 9일째 건강이 극도로 악화돼 병원으로 이송됐다. 그런데 이재명은 19일을 버텼다. 우원식은 15일째도 건강한 모습이었다. 단식을 중단하라고 권유하지 않았으면 며칠 더 굶을 수 있는 사람처럼 보였다.

왜 이런 차이가 있을까? 황교안, 김성태 우파 정치인에게는 단식에 약한 유전자가 있고, 이재명, 우원식 좌파 정치인에게는 단식에 강한 유전자가 있는 것인가? 그건 아니다. 이념의 차이가 단식으로 생명을 유지할 수 있는 능력의 차이를 결정하지는 않는다. 두 그룹에서 단식 기간의 차이를 보이는 이유는 단식의 방법에 차이가 있었기 때문이다. 어떤 것은 진짜 단식이고, 어떤 것은 거짓 단식이다. 어떤 것은 국민에게 호소하기 위해 단식한 것이고, 어떤 것은 국민을 선동하기 위해 단식을 하는 척한 것이다.

이재명의 단식은 단식이라고 부르기에 민망한 방식으로 진행됐다. 그래서 '출·퇴근 단식'이라는 말도 있었다.

이재명은 오전 10시에 단식 농성장으로 출근해서 단식을 시작했다. 그리고는 오후 10시에는 단식장을 떠나서 민주당 당 대표실로 들어갔다. 그 이후의 행적은 공개되지 않았다. 그가 당 대표실에서 무엇을 하는지. 예를 들면 음식을 먹는지 그렇지 않은지 알 수가 없었다. 이재명은 당뇨병을 앓고 있는 것으로 알려져 있다. 당뇨병 환자가 단식을 할 수 있나? 19일 동안이나 단식을 하고서 생명을 유지할 수 있나? 내가 아는 의사는 의학적으로 불가능하다고 했다.

어쨌거나 단식을 한다는 사람을 비판하는 것은 어려운 일이다. 대중들에게 매정한 사람이라고 역으로 비판받을 수 있다. 출·퇴근 단식을 하건 병원에 입원해서 하얀색 액체를 주사기를 통해서 몸에 주입하건 단식을 한다는 사람을 비판하는 것은 어려운 일이다. 그래서 거짓 단식을 해도, 거짓 단식으로 선동해도 대중들에게 먹힐 수 있다.

거짓 선동을 하는 정치인들을 보면 그런 생각도 든다. 저렇게까지 거짓말을 해가면서 대중들을, 특히 자기편을 선동할 필요가 있을까? 하지만 에릭 호퍼의 말처럼 어쩌면 선동은 자기 자신을 정당화하려는 처절한 몸부림일 것이다.

"선전·선동은 타인을 설득하는 것보다는 오히려 스스로를 정당화하는 데 중요한 역할을 수행한다. 그리고 죄의식을 느낄 이유가 많을수록 선전·선동은 더 격렬해진다."

2024년 이재명의 상황과 잘 어울리는 문장이다.

민주주의의 단점

　　　　민주주의는 선동가들에게 취약하다. 민주주의 정치에서 승자는 경쟁자보다 단 한 표라도 더 많은 득표를 한 사람이다. 경쟁자보다 단 1%라도 더 높은 지지율을 유지하는 정치인이, 정당이 승자다.

그렇기에 민주주의 국가에서 정치인들은 수단과 방법을 가리지 않고 상대를 이기려고 한다. 민주주의 국가에서 정치인들이 이기기 위해 동원하는 수단과 방법에는 거의 제한이 없다. 자유와 권리를 중시하기에 민주주의는 정치인들에게 정치인을 지지하는 사람들에게 최대의 자유와 권리를 제공한다. 제약은 최소한으로 한정한다. 승리하는 과정에 때로는 반칙이 동원되어도 그것을 걸러내지 못한다. 사후에 처벌하지도 못한다. 정치인들은 그래서 거짓을 동원하고 거짓으로 선동한다. 선동당한 대중들에게 반칙을 행하도록 부추긴다.

그래서 민주주의는 불문율이 필요하고, 아량이 필요하고 도덕이 요구된다. 하버드대학교 교수들이 『어떻게 민주주의는 무너지는가』에서 밝혔듯이 민주주의가 수호되려면 "상호 관용과 제도적 자제"가 필요하다.

상호 관용은 정치 경쟁자가 헌법을 존중하는 한 그들이 존재하고, 권력을 놓고 서로 경쟁을 벌이며, 사회를 통치할 동등한 권리를 갖는다는 사실을 인정해야 하는 개념이다. 물론 경쟁자의 주장에 동의하지 않거나, 그 주장을 혐오할 수 있다. 그럼에도 그들을 정당한 존재로 인정해야 한다.

그런데 선동가들은 그렇게 하지 않는다. 선동가의 정치에서는 상대에게 관용이란 없다. 그들에게 상대는 무찔러야 하는 적이고, 박멸해야 하는 바퀴벌레다. 그렇게 선동가들은 대중을, 지지자들을 선동한다.

(제도적) 자제는 지속적인 자기통제, 절제와 인내, 혹은 법적 권리를 신중하게 행사하는 태도를 뜻한다. 또한 법을 존중하면서도 동시에 입법 취지를 훼손하지 않는 자세를 말한다. 자제 규범이 강한 힘을 발휘하는 나라에서 정치인들은 제도적 특권을 최대한 활용하려 들지 않는다. 비로 그것이 합법적인 테두리 안에 있는 것이라고 해도 기존 체제를 위태롭게 만들 위험이 있기 때문이다.

2024년 대한민국 정치에서는 자제가 사라졌다. 특히 국회를 장악한 더불어민주당에게서 자제는 찾아볼 수 없다. 비상식적인 법안을 발의하고 통과시킨다. 당내 최고위원 경선에서 좋은 결과를 얻어 내려고 대통령 영부인을 향해 "살인자"라고 목소리를 높인다.- 전현희의 "김건희가 살인자입니다."라는 발언은 민주당의 강성 지지자들을 향한 선동의 외침이다. - 극도로 조심스럽게 사용되던 국회의 권력 '탄핵'이 축구 경기장의 옐로카드보다 더 자주 등장한다. 자제가 사라진 대한민국 국회의 모습은 민주주의의 단점을 적나라하게 보여준다.

현대 민주주의 정치의 이런 단점을 알기에 조지타운대학교 석좌교수 제이슨 브레넌은 『민주주의에 반대한다』는 도전적인 제목의 책을 펴냈다. 그는 책에서 이렇게 주장했다.

정치는 우리를 갈라놓고, 모욕하고, 타락시키고, 시민의 적으로 만든다.

선동적인 정치인들이 민주주의 정치를 그렇게 만든다. 정치인들은 거짓 선동으로 민주주의 정치를 그렇게 타락시킨다. 그리고서는 승리한다.

12.
연합을 구성하라

사람은 남녀가 구별되어 있다. 남성과 여성이 결합해야 자식을 낳을 수 있다. 내가 가진 유전자를 후대에 전달하려면 남성과 여성이 결합해야만 가능하다. 남성 홀로, 여성 홀로 자신의 유전자를 후대에 전달할 수는 없다. 지구상의 많은 동·식물이 그렇다. 여성과 남성 암컷과 수컷으로 나뉘어 있다.

모든 생물이 생존하는 가장 큰 목적은 번식이다. 그렇기에 생물은 번식에 유리한 방향으로 진화해 왔고, 그 방향으로 진화하고 있다. 리처드 도킨스가 주장한 것처럼 우리 몸의 주인이 우리가 아니라 우리의 유전자라는 것에 동의하지 않더라도 생물이 번식하기 위해 생존한다는 것은 사실이다.

유전자를 후대에 전달하는, 즉 번식하는 가장 효율적인 방법은 무성생식을 하는 것이다. 자신의 몸 일부를 떼어서 다시 생명체가 탄생하도록 하면 번식이 쉽다. 남성과 여성이 결합해야 하고, 암컷과 수컷이 결합해야만 새로운 생명체의 탄생이 가능한 유성생식은 불편한 방식이다.

그럼 왜 인간을 비롯한 지구상의 다양한 생물들은 암컷과 수컷이 분리된 유성생식을 하는 방향으로 진화했을까? 학자들은 그것이 면역에 유리하기 때문이라고 분석한다.

내가 위암에 약한 유전자를 갖고 있으면 내 자식이 위암에 약한 유전자를 가지고 태어날 수가 있다. 만약에 내 유전자가 고스란히 내 자식에게 전달된다면 내 자식이 위암에 약한 유전자를 갖게 될 가능성은 100%다. 무성생식을 하면 그렇다.

하지만 위암에 약한 유전자를 갖고 있는 나(남성)와 위암에 강한 유전자를 갖고 있는 다른 사람(여성)이 결합해서 각각의 유전자를 절반씩 자식에게 물려준다면 그 자식은 나와는 달리 위암에 강한 유전자를 갖고 태어날 수가 있다. 다시 설명해 보자.

내가 감기 바이러스에 잘 감염되는 체질이라면 나의 자식도 그럴 가능성이 높다. 무성생식을 통해서 내가 자식을 낳는다면 그 자식은 100% 감기 바이러스에 약한 상태로 태어난다.

하지만 내가 감기 바이러스에 강한 사람과 결혼해서 유성생식을 통해 자식을 낳을 경우 그 자식은 감기 바이러스에 강한 체질로 태어날 수도 있다.

지구의 생물들은 이렇게 더 강한 면역을 갖기 위해, 자신의 생명을 위태롭게 하는 병원체로부터 침략당하지 않으려고 자신과는 다른 유전자를 가진 생명을 탄생시키는 방향으로 진화했다. 성별을 분리함으로써 서로 다른 유전자가 합쳐져서 새로운 생명체가 탄생되도록 한 것이다.

정치도 그래야 한다. 서로 다른 성향의 사람들이, 다른 체질의 사람들이, 다른 생각을 가진 사람들이 결합하면 더 강한 정치 세력이 될 수 있다. 반대로 같은 생각을 가진 사람들만, 같은 체질의 사람들만, 같은 성향의 사람들만으로 구성된 정치 세력은 약골이 될 수밖에 없다.

이준석을 쫓아내고 윤색 일색으로

　　　　　이준석은 그동안의 보수·우파 정치인들과는 다르다. 그에게는 맹종이 없다. 순응도 없다. 자신의 주장을 거침없이 외친다. 그동안의 대한민국 우파 진영에서 찾아볼 수 없었던 생명체.

　대통령 선거 기간에는 대통령 후보가 우선이다. 당의 실질적인 권한을 대통령 후보가 갖고 행사한다. 당 대표는 실질적인 권한이 없는 허수아비일 뿐이다. 이준석 이전의 국민의힘 계열 우파 정당 당 대표들이 그랬다. 민주당 계열의 좌파 정당의 권력구도 역시 마찬가지다.

　그런데 이준석은 그것을 인정하지 않았다. 2022년 대통령 선거 과정에서 국민의힘 당 대표 이준석은 자신의 권한을 최대한 활용하려 했다. 자신의 능력을 선거전에 최대한 투입하려고도 했다. 그러는 과정에서 대통령 후보 윤석열과 충돌했다.

　그 충돌 과정에서 인내심을 보여준 것은 윤석열 후보였다. 그럴 수밖에 없었다. 대통령 선거에서 승리하면 대통령이 되는 것은 윤석열 자신이었기 때문이다. 어떤 이유로든 선거를 망치면 최대 피해자는 윤석열 자신이다. 선거에서 승리하면 최대의 수익자도 윤석열이다. 그렇기 때문인지 윤석열의 인내심이 강했기 때문인지 알 수 없지만, 윤석열이 이준석의 주장을 받아들여서 2022년 대선을 무사히 치렀다. 그리고 승리했다. 그런데 승리자가 된 윤석열은 이준석을 용납하지 않았다.

　이준석은 국민의힘 당 대표직에서 물러났다. 타의에 의한 것이다. 타의란 윤석열 대통령의 의중이라고 볼 수밖에 없다.

이준석은 기존의 우파 진영 정치인들과는 다른 생명체다. 그에게는 겸손이 없다. 나이 든 사람에게 져주는 아량도 없다. 그러나 분명한 것은 능력은 출중하다는 것이다.

이준석은 기존의 우파 진영 정치인들과 다르기에 국민의힘에 반드시 필요한 정치인이다. 앞에서 예를 들었듯이 서로 다른 유전자를 가진 생명체가 결합해야 더 강한 유전자를 생산해 낼 수 있다. 기존의 우파 진영 정치인들과는 전혀 다른 정치를 하는 이준석이 국민의힘에서 생존할 때 국민의힘이 더 강해지는 것이다. 그런데 권력을 잡은 윤석열 대통령과 친윤그룹은 이준석을 당 핵심에서 몰아냈다. 유승민도, 나경원도, 안철수도 찬밥 신세로 전락시켰다. 오직 한가지 색, 윤색으로만 국민의힘을 색칠했다. 그 결과 대통령의 임기 초반 지지율은 역대 최저 기록을 갈아치우고, 2024년 총선에서는 참패의 기록을 작성했다. 유성생식으로 진화하지 않고 무성생식을 고집하다가 면역력을 잃고 허약한 집단이 되고 말았다.

외형적으로 연합한 친명, 친문 세력

"황당했죠. 두 가지 마음이었어요. 장난이겠지?
아니면 정치적 장난이겠구나."

정치인 박용진은 2024년 국회의원 선거를 앞두고 민주
당이 자신을 국회의원 평가 하위 10%로 결정했다는 통보를 받았을
때 그런 생각이 들었다고 말했다. 『조선일보』 인터뷰에서 그렇게 말했
다. 그러면서 참고 또 참았다고 했다.

"미련한 놈이라고 할 수도 있어요. 그런데 지금은 선거를 앞두고 있
잖아요. 절 좋아하는 지지자들도 저로 인해 산통이 깨지길, 그릇이 깨
지길 바라진 않아요. 억울하지만 견디고 있습니다."

민주당 세력이 선거에서 패배하는 것은 막아야 했기에 참았다고
했다. 박용진은 민주당 후보 경선에서 탈락했다. 하위 10% 통보를
받았을 때 이미 결과는 예견된 것이었다. 박용진은 친이재명계가 아
니다. 잠재적인 이재명 경쟁자다. 그러니 이재명이, 이재명 측근들이
그에게 국회의원 배지를 달고서 정치를 계속하도록 놓아두지 않은
것이다.

박용진뿐이 아니다. 이재명을 강력하게 지지하지 않거나, 이재명
경쟁자가 될 가능성이 있거나, 친문재인계인 사람들은 거의 모두
2024년 민주당 공천에서 배제됐다. 임종석, 전해철, 홍영표 등등이

모두 그렇다. '친명공천 비명횡사' 그해 민주당의 공천을 압축적으로 설명하는 여덟 글자다.

그렇게 이재명은 자신과 다른 생각을 가진 사람들, 자신과 경쟁할 가능성이 있는 사람들을 공천에서 배제하고서 민주당을 자신의 사람들로 채웠다. 민주당은 완전히 이재명의 당이 됐다. 윤석열 정권이 국민의힘에서 이준석을 쫓아내고, 안철수, 나경원, 유승민을 아웃사이더로 만든 것보다 더 심하게 이재명은 민주당을 단일 색깔로 색칠했다. 그럼에도 불구하고 민주당 세력의 연합은 유지됐다.

임종석은 공천을 받지 못했지만, 민주당 선거를 도왔다. 전해철도 공천받지 못했지만 형식적으로 - 민주당 선거를 도왔다. 문재인은 친문계가 대거 낙천됐음에도 민주당 후보의 선거를 지원했다. 이렇게 민주당 계열의 정치인들은 외형적으로나마 연합이 유지되고 있음을 보여줬다. 그리고 결정적으로 이 사람이 등장했다.

2024년 봄, 조국이 '조국혁신당'을 창당해서 선거에 뛰어들었다. 조국혁신당이 출범하기 전까지 이재명의 민주당은 국민의힘에 비해 여론 지지율에서 낮은 수치를 기록하고 있었다. 2024년 2월 말의 여론조사 결과는 4.10 총선에서 국민의힘이 승리한다는 것이었다. 하지만 조국혁신당이 등장하면서 판세가 바뀌었다. 그 이유는 조국이 이재명의 민주당과 연합전선을 형성했기 때문이다.

'지민비조'. 조국은 지역구 후보는 민주당을 비례대표는 조국혁신당을. 이렇게 주장했다. 이재명 색깔로 도색된 민주당에 대해 거부감을 보이던 좌파 성향의 유권자들을 투표장으로 이끈 결정적인 선거 전략이다. 이재명과 조국이 연합을 한 것과 달리, 국민의힘을 탈당한 이준석의 개혁신당은 연일 윤석열 정권을 비판했다. 연합을 유지한 민주당 세력과 연합이 깨진 국민의힘 세력의 선거 결과는 예정된 것이었다. 난파선 위의 한동훈이 아무리 신출귀몰한 작전을 펼친다고 해도 민주당의 연합 세력을 당해낼 수는 없었다. 한동훈이 아니라 이순신이라도 승리할 수 없는 전투였다.

단일품종 재배는 위험하다

       생물이 자신의 유전자를 그대로 물려주면 자식이 병원균에 취약한 약점을 갖고 태어난다. 병원균은 현재의 생물을 감염시키기 위해 자신을 계속 진화시킨다. 그렇기에 자신의 현재 유전자를 그대로 물려주면 새로 태어난 자식은 진화한 병원균에 쉽게 감염될 수 있다. 그래서 다양한 생물들이 성을 만들어 유성생식을 하는 방향으로 진화했다. 부모와는 다른 유전자로 태어나서 병원균이 새로 태어난 생물을 감염시키려면 다시 진화하는 어려움을 겪게 하는 것이다.

    단일품종의 식물만 대량으로 재배되면 이 역시 치명적인 병원균에 감염될 위험이 있다. 그래서 다양한 품종의 식물을 재배하는 것이 그 위험성을 낮춘다. 그런데 인간은 단일품종을 대량으로 재배하는 방식을 채택한다. 상업성이 있는 품종을 대량생산하는 것이 경제적으로 유리하기 때문이다. 그건 분명 위험한 방식이다. 응용생태학자 롭 던은 『바나나 제국의 몰락』에서 단일품종을 대량으로 재배하는 방식의 위험성을 경고하면서 여러 사례를 제시했다.

    1887년에 영국의 균류생물학자 마셜 워드가 실론을 방문했는데, 그는 단일품종 커피나무를 그렇게 대규모로 재배하면 문제가 생길 것이라고 농부들에게 경고했다. 농장이 병충해를 겪으면 큰 피해를 입을 터였다. … 우려는 현실이 되었다. 커피녹병은 실론의 커피농장을 쓸어버렸으며, 아시아와 아프리카의 커피 농장에도 엄청난 타격을 입혔다. 단일품종의 식물을 대량으로 재배하면 병충해에 취약하다. 병균도 해충도 식물을 효율적으로 공격하기 위해 진화하기 때문에 그렇다. 커피뿐이 아니다. 이 책은 바나나의 사례도 설명한다.

유전적으로 똑같은 단일품종의 바나나만 재배하는 곳에서는 어느 한 바나나를 공격하는 병원체가 전체 농장에 피해를 입힐 수 있었다. 바나나 회사들이 이 경고에 귀를 기울였다면 여러 품종의 바나나를 심었거나 대부분의 병원체에 저항력이 있는 품종을 심었을 것이다. …
파나마병은 1890년에 바나나농장을 휩쓸기 시작했다. 무엇으로도 파나마병을 막을 수 없었다.

생산성이 높다는 이유로 바나나 회사들은 한 가지 품종의 바나나만 대량으로 재배했다. 그 결과는 파나마병으로 바나나농장이 쑥대밭이 되면서 하늘에서 내려다본 풍경은 "연녹색 땅이 검은색으로 변하고 땅덩어리 전체가 시커메지는" 결과를 초래했다.
단일품종을 재배하고서 병충해로 인한 피해를 최소화하려면 품종을 자주 교체하면 된다. 물론 그것이 쉬운 일은 아니다. 1890년대 파나마병으로 초토화된 바나나농장에 식재됐던 품종은 크로미셀 바나나였다. 이 품종이 파나마병으로 몰살되자 바나나 회사들은 캐번디시 바나나로 생산 품종을 바꾸었다. 크로미셀보다 파나마병에 강한 품종이다.
연합을 구성하지 않고, 다양화를 추구하지 않고 단일 색의 정치 세력으로만 정당을 운영하면서 살아남으려면 방법은 있다. 바나나 품종을 바꾸듯이, 정당의 주도 세력을 자주 바꿔주는 것이다.

국민의힘에 변화를 요구했다

2021년 6월 11일 국민의힘 당 대표 경선에서 이준석이 대표로 선출됐다. 당시 나이 36세, 헌정 사상 최초의 30대 원내 교섭단체 대표다. 또한 국회의원 경험이 없는 원외(院外) 인사이다. 우파 정당 계열에서 선출된 최연소 당 대표다. 이준석은 이런 여러 가지 기록을 세웠다.

이준석의 신기록을 만들어준 것은 이준석 자신의 능력이 아니다. 그의 능력은 작은 부분을 차지할 뿐이다. 30대 원외 정치인 이준석을 국민의힘 당 대표로 선출한 것은 대한민국 국민이다. 또한 국민의힘 지지자들이다.

박근혜 탄핵 이후 국민의힘 계열의 정당은 무기력한 정치집단이었다. 4년간 당 대표가 여러 번 바뀌었지만 달라지는 것이 없었다. 선거에서는 늘 패배했고, 눈에 띄는 변화의 모습은 보여주지 못했다.

병충해에 감염된 듯이 죽어가던 우파 정당 국민의힘을 살려야 한다는 국민의 생각, 우파 성향 지지자들의 의지가 모여 30대 당 대표 이준석을 탄생시켰다. 국민의 요구는 분명했다. 국민의힘이 변하라는 것이었다.

젊은 당 대표 이준석은 많은 변화를 가져왔다. 지방선거 출마자의 자격시험 도입, 공개토론 경쟁을 통한 대변인 선출 등. 국민이 기억하는 여러 변화를 국민의힘에 도입했다. 그리고 취임 9개월 뒤에 실시된 대통령 선거에서 승리했다.

대선 승리 뒤에 국민의힘은 다시 과거로 회귀했다. 행정권력을 장약한 윤석열 대통령과 측근들은 이준석을 몰아내고 국민의힘의 시계를 거꾸로 돌려놓았다. 병충해에 약한 과거의 품종들로 당을 채운 것이다.

국민의힘은 다시 무기력한 정당이 됐고, 대통령의 지지율과 당의 지지율이 모두 저지대를 맴돌았다. 그리고 그것이 2024년 국회의원 총선거 참패로 귀결됐다.

2024년 7월 23일 국민은 다시 국민의힘에 새로운 품종을 도입했다. 73년생 젊은 엘리트 한동훈을 국민의힘 당 대표로 선출했다. 한동훈은 73%의 압도적인 지지율로 당선됐다. 국민 여론조사와 당원 지지율이 비슷한 것에서 국민이 한동훈을 선택했음을 알 수 있다. 한동훈은 특히 윤석열 대통령 진영이 후원한 원희룡, 5선 국회의원 나경원 등이 출마했음에도 1차 선거에서 압도적인 승리를 거두었다는 점에서 시사하는 바가 크다. 그것은 바로 그만큼 국민이 국민의힘에 변화를 요구했다는 것이다. 기존의 정치인들로는 국민의힘이 능력 있는 정당이 될 수 없으니 새로운 사람들로 국민의힘을 직조하라는 것이다.

국민의힘 당 대표로 선출된 한동훈은 국민의 마음을 정확히 읽었다. 수락 연설 첫 문장에서 "국민의힘이 변화를 선택했다. 오늘 우리 국민의힘의 새로운 변화를 이끌 강한 힘이 모였다."라고 강조했다.

병충해에 취약한 바나나가 감염되자 바나나 회사들이 새로운 품종을 식재한 것처럼, 국민은 허약한 국민의힘을 능력 있는 국민의힘으로 바꾸려고 새로운 인물로 당 대표를 선출했다. 두 번이나.

김문수, 이재오를 영입한 김영삼

김문수, 이제는 정치인으로 더 유명해진 김문수는 노동운동가 출신이다. 평범한 노동운동가가 아니라 노동운동의 신화 같은 인물이다. 위장 취업해서 도루코 노조위원장을 했던 경력은 유명하다. 전태일의 모친 이소선 여사도 김문수를 아들이라고 부를 정도로 노동운동가 김문수를 인정했다.

그런 김문수를 정치로 이끈 것은 김영삼이었다. 우파 정당 민주자유당을 이끌던 김영삼은 김문수를 포함해서 손학규, 이재오 같은 좌파 성향의 노동운동가들을 영입했다. 김영삼 이전의 우파 보수 정당에서는 상상하기 힘든 일이다. 노무현을 영입한 것도 김영삼이다. 김영삼은 민주자유당으로 통합하기 이전에 노무현을 자신의 통일민주당으로 영입했다.

김영삼은 민주자유당의 당명을 신한국당으로 바꾼다. 새로운 인물들을 영입하고 그 전의 인물들 가운데 다수를 내보내면서 신한국당은 민주자유당과는 다른 정당이 됐다. 다양한 목소리가 존재하는 정당이 됐다.

20세기 대한민국 정당은 상명하복의 정당이었다. 당 총재가 결정하면 그것이 곧 당론이었다. 당 총재의 절대적인 인기를 기반으로 정당이 존속하던 시대에는 그럴 수밖에 없었을 것이다. 하지만 21세기 대한민국의 정당은 그렇게 운영되어서는 안 된다. 그렇게 운영되는 정당은 건강할 수가 없다. 20세기 말에 김영삼은 그것을 파악했던 것 같다. 그렇기에 김문수, 이재오, 손학규를 영입할 수 있었을 것이다.

김영삼의 이 선택은 탁월한 것이었다. 1996년 국회의원 선거에서 김영삼의 신한국당은 승리한다. 253석 지역구 선거에서 신한국당은 121석을 차지했다. 김대중의 새정치국민회의가 66석, 김종필의 자유민주연합의 41석을 차지했다. 통합민주당 9석, 무소속이 16석을 각각 차지했다.

선거 후 신한국당은 무소속 의원 일부를 영입함으로써 안정적인 과반을 확보했다. 김영삼과 갈라선 김종필이 지역색을 무기로 지역구에서 41석을 차지하는 선전을 벌였지만, 그럼에도 신한국당이 안정적인 다수 여당으로 존립할 수 있었던 것은 김문수, 손학규, 이재오 등을 영입한 김영삼의 공이 크다.

어느 단체거나 조직이거나 다양한 의견이 있어야 건강하게 유지되고 발전할 수 있다. 단일의 의견만 있으면 그 단체나 조직은 발전의 원동력을 상실한다. 심리학자 셸런 네메스는 자신의 책 『반대의 놀라운 힘』에서 반대 의견이 존재하는 조직이나 단체 사회가 더 건강하고 발전할 수 있다고 강조한다.

반대 의견은 문제를 해결하는 과정에서 다양한 전략을 활용하고, 다양한 방법으로 해결책에 접근하도록 우리를 자극해 결과적으로 훨씬 나은 해결 방법을 찾도록 해준다. … 반대자로 인해 더욱 다양한 관점을 고려하고, 필요에 따른 관점의 전환 역시 가능해진다. 사고 과정이 더욱 유연해짐에 따라 자유로운 사고가 가능해지고, 이는 곧 창의성의 발현으로 이어진다.

반대 의견이 존재하려면 반대 의견을 말할 수 있는 사람이 존재해야 한다. 같은 생각을 가진 사람들끼리 모인 곳에서는 반대 의견이 존재할 수 없다. 다른 생각을 가진 사람, 다른 방식으로 생각하는 사람이 존재해야 반대 의견이 존재할 수 있다. 그러니 다양한 사람을, 다른 생각을 가진 사람들을 조직 안으로 끌어들이는 것이 중요하다. 20세기 말의 김영삼은 그것을 알고 있었다.

21세기의 한동훈도 반대 의견이 존재하는 정당이 건강하게 유지된다는 것을 알고 있는 듯하다. 2024년 국민의힘 비대위원장으로서 그가 영입한 인사들을 보면 20세기 말의 김영삼의 행보를 보는 듯하다.

한동훈은 2024년 총선을 앞두고 김경율, 함운경 좌파 진영 인사들을 영입했다. 김경율은 참여연대에서 활동했었고, 함운경은 대표적인 학생운동 출신이다. 한동훈은 이 두 사람을 공천하려고 했다. 한 사람은 공천을 했고, 다른 사람은 공천을 포기해서 이뤄지지 않았다. 그러나 두 사람 모두 한동훈의 사람으로 국민의힘 사람으로 존재하고 있다. 김경율, 함운경은 한동훈이 아니라면 국민의힘에 입당할 생각도 못 했을 것이고, 국민의힘 누구도 영입하려 하지 않았을 인물들이다. 이 두 사람은 국민의힘에 입당하자마자 그동안 국민의힘 정치인들과는 다른 목소리를 냈다. 그들의 다른 목소리는 국민의힘에 다양한 의견이 존재한다는 것을 보여주었고, 국민의힘 안에 다양한 의견이 충돌하는 건강성을 부여했다.

국민의힘은 2024년 총선에서 대패했다. 그러나 다른 생각을 가진 김경율, 함운경을 영입한 것이 패배의 원인이 아니다. 또한 국민의힘의 선거 패배가 이들의 영입이 실패작이라고 증명하는 것도 아니다. 다양한 생각을 가진 사람들이 다양한 목소리를 낼 수 있는 정당은 건강함을 유지할 수 있고, 그 건강함을 바탕으로 정치에서 승리할 수 있다.

친명 일색 민주당이지만

85%.

이재명이 더불어민주당 당 대표 경선에서 얻은 득표율이다. 21세기 대한민국 정당사에서 찾아보기 힘든 지지율이다. 독재국가 독재정당에서나 가능한 결과다. 이재명보다 두 달 먼저 조국혁신당의 당 대표로 선출된 조국은 이재명보다 더 높은 지지율을 기록하기는 했다. 조국이 얻은 득표율은 99%다. 하지만 조국혁신당은 조국이라는 사람의 이름을 걸고 출범한 정당이기에 거대 정당과 비교할 수는 없다.

이재명의 득표율 85%는 그가 민주당을 완전히 장악했음을 보여주는 수치다. 또한 민주당이 친명 일색으로 도색됐음을 보여주는 수치다. 이 정당에서 이재명과 다른 목소리를 내는 것은 불가능하다. 그와 다른 목소리를 내는 것은 아무런 의미가 없다. 그것이 정책에 반영되지 않고, 그것에 귀 기울이는 사람조차 없을 것이다.

이렇게 단색을 유지하는 것은 정당의 건강에 해롭다. 다양한 목소리가 존재하는 정당이 건강하고, 장수할 수 있다. 이재명 일색으로 도색된 민주당의 상황은 건강한 정당의 모습은 아니다. 하지만 그럼에도 민주당이 대한민국 선거에서 쉽게 패배하는 정당인 것은 아니다. 민주당에는 믿는 구석이 있다.

민주당은 이재명 일색이지만, 당 밖에 실력 있고, 전투력을 갖춘 민주당의 우군들이 많다. 노조가 그렇다. 대한민국을 대표하는 노조 한국노총과 민주노총이 민주당과 우호적이다. 특히 민주노총은 과거 민주노동당과 연계된 정당이었으나 민노당이 사라진 이후에는 친민주당 성향을 드러내 왔다. 그리고 민주당과 정치적인 투쟁을 함께해 왔다. 박근혜 탄핵 촛불집회에 참여한 것이 좋은 예다. 민주당에 대해 어느 정도 호의적인 생각을 갖고 있는지 알 수 없으나 국민의힘에 적대적인 것은 분명하다.

한국노총도 국민의힘보다는 민주당에 더 우호적이다. 민주당은 대한민국의 양대 노총과 연대하고 있는 셈이다. 그래서인지 민주당은 건설현장에 양대 노총 소속의 노조원들이 횡포를 부리는 문제에 대해서 소극적으로 대처했다. 문재인 정권은 그 문제를 해결하려 하지도 않았다. 그건 정치적으로 매우 현명한 대처였다. 윤석열 정권은 출범하자마자 건설현장의 불법행위를 바로잡겠다고 선포했다. 그러면서 양대 노총 조합원들의 건설현장 불법행위를 강력하게 단속했다. 그 결과 건설현장이 정상을 찾았고, 건설사들의 불편이 많이 해소됐다. 그러나 반대로 양대 노조의 윤석열 정권에 불만은 더 커졌다. 국민들에게는 이롭지만 정치적으로 매우 불리한 행위를 한 것이다.

민주당의 우군으로는 사회단체들도 있다. 대표적인 것이 참여연대다. 참여연대 출신들이 문재인 정권의 요직을 차지하고 국정을 운영하기도 했다. 조국 법무부 장관, 김기식 금융감독원장, 김연철 통일부 장관, 김상조 청와대 정책실장 등이 있고, 박원순 서울시장, 조희연 서울시 교육감 등도 참여연대 출신이다. 참여연대 외에도 민주당에 우호적인 사회단체는 많다. 반대로 국민의힘에 우호적인 사회단체는 별로 없다.

민주당은 사회단체들과 좋은 관계를 유지하기 위해, 자신의 편으로 묶어두기 위해서 시민들의 세금을 지원한다. 박원순이 서울시장 재임 시절 천문학적인 예산이 사회단체들에게 지원된 것으로 나타났다. 국민의힘 소속의 오세훈이 서울시장이 되면서 이 예산들을 대거 삭감했다. 시민들의 세금을 아끼는 것은 좋은 일이다. 서울시장으로서 당연히 해야 하는 올바른 정치다. 하지만 위험한 정치다. 서울시 보조금이라는 단물을 먹고 살았던 사회단체들을 확실한 적으로 만드는 것이기 때문이다.

오세훈은 아마도 그것을 각오했을 것이다. 어차피 좌파 성향의 사회단체들은 우파 정치인 오세훈의 지지세력이 되지 않을 것이라 판단했을 것이다. 옳은 판단이라고 생각된다. 다만 좌파 세력들이 오세훈을 낙선시키려고 더 공격적으로, 더 적극적으로 행동할 것이기에 오세훈의 정치 행보가 더 험난해질 것도 각오해야 한다.

민주당은 이렇게 당 외부에 우군들이 많이 있기에 친명 일색으로 당을 도색해도 당장 당이 위기에 처하지 않는다. 지지율이 곤두박질 치지도 않는다. 다만 이처럼 단색으로 유지되는 정당은 건강하지 않고, 오래 존속하기도 힘들다. 외부에 우군이 있어도 그렇다.

13.

팬덤(fandom)을 구축하라

축구 경기가 매진된 이유

　　2023년 4월 3일 프로축구단 서울FC는 5일 뒤에 열리는 홈경기 입장권 예매를 시작했다. 그런데 놀랄 일이 벌어졌다. 예매 30분 만에 2만5천 장이 팔려나갔다. 결국 서울FC의 4월 8일 열린 홈경기 입장권이 매진됐다. 서울FC 역사상 가장 빨리 매진된 신기록이다. 왜 이런 일이 일어났을까?

　한국 프로축구는 인기가 높지 않다. 한국 프로야구에 비해서 인기가 적은 편이다. 프로축구 경기가 매진되는 경우는 드물다. 이처럼 순식간에 예매가 이뤄지는 경우는 없었다. 도대체 어떤 선수가 경기장에 나타나기에 팬들은 앞다투어 입장권을 예매한 것일까?

　서울FC의 입장권이 매진된 이유는 축구 선수 때문이 아니다. 이날 경기장에 가수 임영웅이 나타나기 때문이다. 그렇다고 해서 임영웅이 축구장에서 공연을 하는 것도 아니다. 이날은 서울FC와 대구FC가 축구 경기를 벌이는 정상적인 프로리그 경기가 진행됐다.

　이날 경기에서 임영웅은 시축을 한다. 경기 시작 전에 단 몇 분간 임영웅이 경기장에 나타나는 것이다. 그 짧은 순간 임영웅을 보려고 수만 명의 팬이 축구 경기 관람권을 앞다투어 예매했다.

　팬덤의 위력을 보여주는 사례. 나는 임영웅 팬클럽을 인터뷰한 적이 있다. 2021년, 코로나 19가 대한민국을 뒤덮었던 시기다. 인터뷰를 한 그날은 일요일. 그런데 30명이 넘는 팬들이 시내 한 건물의 사무실에 모여서 공부를 하고 있었다. 팬들이 하는 공부는 임영웅의 노래를 어떻게 하면 인기순위 상위권에 올리고, 상위권에 머무르게 할 것인가를 공부하는 것이다. 임영웅의 노래가 많이 소비되게 하려고 각자 휴대폰을 여러 개 구입해서 하루 종일 임영웅의 노래를 듣는다. 왜 그렇게 하는지 묻자 그들은 이렇게 답했다. "임영웅이 좋아서 그냥 그런다. 임영웅을 알고 나서 내 삶의 활력소가 생겼다."

문재인의 '양념'

1953년 1월 24일 대한민국 달이 뜬 날 66번째 생일을 축하합니다.

2018년 1월 24일을 전후로 광화문, 여의도, 종로3가 등 서울 시내 주요 전철역 광고판에 문재인의 생일을 축하하는 광고가 등장했다. 공공장소에 정치인의 생일을 축하하는 광고가 대대적으로 설치된 것은 문재인의 경우가 처음이다. 이 뉴스를 보면서 나는 깜짝 놀랐다. 어떻게 대통령의 생일을 축하하는 광고가 공공장소에 전시될 수 있나. 외국인들이 보면 독재국가로 오해할 수도 있겠구나 하는 생각이 들었다.

전철역에 등장한 문재인의 66세(만65세) 생일을 축하하는 광고는 문재인을 지지하는 사람들이 자발적으로 돈을 모아서 전시한 것이다. 이를 기획한 페이스북 'Moon rise day' 계정의 주인공은 그렇게 밝힌 것으로 언론에 보도됐다. 서울 지하철에 문재인의 광고가 등장한 것이 전부가 아니다. 세계에서 옥외 광고비가 가장 비쌀 것으로 추측되는 미국 뉴욕의 타임스 스퀘어 대형 전광판에도 문재인의 생일 축하 광고가 걸렸다. 이 광고도 문재인을 지지하는 사람이 사비로 광고한 것으로 알려졌다.

연예인들의 팬덤은 오래전부터 있었다. 운동선수도 그렇다. 그런데 정치인들이 팬을 확보하고 있는 경우는 과거에는 없는 일이었다. 김영삼과 김대중이 대결하던 시절 두 사람을 각각 지지하는 지지자들이 있었다. 하지만 그것을 팬덤이라고 하는 언론이나 평론가는 없다.

정치인 가운데 최초로 팬을 확보한 사람은 노무현으로 볼 수 있다. 노무현을 사랑하는 모임(노사모)이라는 단체가 조직되고 전국적으로 지부를 두기도 했다. 다만 노사모는 문성근, 명계남 등 유명인들이 나서서 주도적으로 조직을 이끌었기에 진정한 팬덤으로 볼 수 없다는 의견도 있다.

앞에 나서서 주도하는 사람 없이 자발적으로 정치인을 지지하는 순수한 팬덤을 가진 첫 번째 정치인은 문재인으로 기록될 수도 있다. 대통령에 당선되자 팬들이 생일 축하 광고를 공공장소에 게시하는 것은 분명 문재인의 팬덤이 존재한다는 것을 증명한다. 실제로 문재인은 대통령 후보 경선에서도 팬덤의 도움을 많이 받았고, 대통령에 당선된 후에도 그렇다.

문재인을 지지하는 사람들이 경쟁 후보들을 비방하는 문자를 대량으로 발송하는 것이 문제가 되자 문재인은 "양념"이라면서 별문제가 되지 않는다고 두둔하기도 했다. 2017년 민주당 대선 후보 경선 과정에서 문재인 지지자들이 경쟁 후보들에게 비판하는 내용의 문자를 대량으로 발송하고, 욕을 의미하는 18원을 후원하는 등의 행태를 보였다. 그러자 경쟁 후보들이 TV 토론에서 이에 대한 문재인의 의견을 물었는데, 문재인은 "그런 일들은 치열하게 경쟁하다 보면 있을 수 있는 일들"이라며 "저는 우리 경쟁을 더 이렇게 흥미롭게 만들어주는 양념 같은 것이었다고 생각한다"고 말했다.

전철역에 생일 축하 광고를 게시할 만큼 문재인을 적극 지지하는 사람들은 문재인 팬이라고 볼 수 있다. 문재인은 팬덤을 확보한 정치인이라고 평가할 수 있다. 하지만 대통령 후보 문재인, 대통령 문재인을 지지했던 팬들이 진정한 문재인의 팬이라고 분류하기에 적합하지 않은 점이 발견된다.

이재명의 '개딸'

        내가 아는 지인 중에 이재명을 적극 지지하는 남성이 있다. 62년생의 이 남성은 그 나이대에서는 드물게 이재명을 적극 지지한다. 반대로 윤석열은 죽이고 싶어 한다. 이 남성은 처음부터 이재명 지지자인 것은 아니었다. 이 남성은 문재인 지지자였다. 문재인이 대통령 시절, 나를 만날 때마다 문재인 칭찬하는 발언을 하느라 열을 올렸다. 부동산 정책, 탈원전 정책 등 문재인을 비판하는 말을 하면 "도대체 문재인 대통령이 잘못한 게 뭐냐?" 하면서 불쾌한 음색으로 목소리를 높였다. 같은 모임을 했었는데, 그 모임에 들어있는 같은 나이의 다른 남성들이 이재명을 비판하면 그 비판은 수긍했다. 자신도 이재명을 지지하지 않는다고 말했다. 문재인을 비판하면 죽일 듯이 노려보면서 적극적으로 반박했지만, 이재명을 비난하는 것에 대해서는 그럴 만하다는 표정을 지었다.

   그러던 것이 문재인의 임기가 끝나가고 이재명이 민주당의 대통령 후보가 되는 시점부터 태도가 확 달라졌다. 이재명을 적극 지지하는 발언을 하기 시작했다. 이재명이 반드시 대통령이 되어야 한다고 주장했고, 대통령에 낙선한 후로는 윤석열 비판에 열을 올리기 시작했다.

   비슷한 경우가 73년생 여성에게서도 나타난다. 언론사 기자인 이 여성은 대통령 문재인을 적극 찬양하곤 했다. 물론 지금도 문재인을 비판하지는 않는다. 문재인이 대통령 시절 그녀에게는 문재인이 최고였다. 이재명은 안중에도 없었다. 그런 그녀도 지금은 적극적인 이재명 지지자가 돼있다. 친명계와 친문계가 공천을 놓고 경쟁하자 드러내놓고 친명을 지지하는 발언을 하는 것을 보고 나는 놀랐다.

이재명을 적극적으로 지지하는 팬덤을 '개딸'이라고 한다. 누가 이름을 붙여준 것이 아니고, 그들 스스로 자신들에게 그런 명칭을 부여했다. 개혁의 딸이라는 의미다. 내가 접해본 개딸들은 남성, 여성 할 것 없이 대부분 50대다. 그러니 딸이라는 호칭은 왠지 어색하다. 이재명을 중심에 놓고 생각해 보면 그렇다. 그들은 여러 가지를 고려해서 개딸이라고 스스로 명칭을 정했을 것이다. 나이와 어울리게 '개아줌마'라고 하는 것은 아무래도 어감이 좋지 않다.

이재명을 적극 지지하는 팬덤이 과거부터 오로지 이재명을 지지했던 사람들로만 구성된 것 같지는 않다. 앞에 예를 든 남성과 여성의 사례를 보면 그렇게 판단할 수 있다. 처음부터 이재명을 지지했던 팬덤은 '손가락 혁명군'이다. 이 손가락 혁명군에 대해 이재명은 2016년 페이스북에 이렇게 설명했다.

〈손가락 혁명군은〉
스스로 생각하고
스스로 입대하고
스스로 훈련하고
스스로 전투하며
스스로 진급하고
스스로 조직하며
스스로 전략을 세워 이겨 나가는
하늘의 군대 민심의 군대입니다

이재명의 손가락 혁명군은 문재인의 팬덤에 비해 세력이 약했다.

2017년 민주당 대선 후보 경선에서 이재명과 문재인이 대결하던 시절에는 분명 문재인을 적극 지지하는 사람들이 더 많았다. 문재인이 대통령에 당선돼서 활동하던 시기에도 마찬가지다. 그러던 것이 문재인의 임기가 끝나고 이재명이 민주당의 실질적인 주인이 되자 상황이 완전히 바뀌었다. 이제는 팬덤의 적극성과 규모 면에서 이재명의 팬덤이 문재인의 팬덤을 압도하는 것으로 보인다. 2024년 민주당의 공천 결과를 보면, 2024년 8월에 열린 민주당의 당 대표 경선 결과를 보면, 그리고 그 이전에 이재명이 대선에서 낙선하고서도 민주당을 장악하는 과정을 보면 알 수 있다. 2023년 이후 이재명의 팬덤이 문재인의 팬덤보다 우위에 있다는 것을 알 수 있다.

그렇다면 또다시 생각해 볼 수 있다. 지금의 이재명을 지지하는 사람들은 영원히 이재명을 적극적으로 지지하는 사람들일까? 문재인을 지지했다가 이재명을 지지하는 방향으로 선회한 것처럼 이재명을 지지했다가 민주당의 다른 정치인으로 지지를 선회하지는 않을까?

그럴 가능성이 충분히 있고, 그렇지 않을 가능성도 있다. 그런데 둘 중에 그럴 가능성이 더 크다고 나는 판단하고 있다. 앞에 예를 든 남성과 여성이 좋은 사례이다. 문재인을 적극 지지했던 사람들 가운데 다수는, 이재명을 적극 지지하는 사람들 가운데 적지 않은 사람들은, 국민의힘과 같은 우파 정치 세력을 처절하게 물리쳐줄 인물이라면 누구라도 적극 지지해 주려는 사람들로 보인다. 그렇기에 이재명보다 더 윤석열 정권과 국민의힘을 처절하게 비판해 줄 정치인이 있다면, 그들을 상대로 승리를 거둘 수 있는 정치인이 있다면 그 사람을 적극 지지할 것이라고 판단된다.

다만 이재명의 적극 지지자들이 다른 정치인에게로 옮겨가지 않을 가능성도 있는데, 그것은 이재명이 말을 잘하기 때문이다. 팬덤을 구축하는 데 가장 필요한 도구가 말이다. 문재인의 말투가 어눌한 것과 달리 이재명은 명확하고 조리 있게 말하는 능력을 갖추고 있다. 그렇기에 2024년 현재 이재명을 적극 지지하는 사람들이 앞으로도 긴 시간 이재명을 적극 지지할 것으로 예상할 수도 있다. 하지만 그 가능성은 높지 않다는 것이 나의 생각이다.

좌파 진영에서 오로지 개인의 인기만으로 팬덤을 보유하고 있는 유일한 사람은 바로 이 사람이다.

조국, 팬덤 구축하기 좋은 조건 갖춰

2024년 4월 10일 실시된 국회의원 선거에서 조국혁신당은 12명의 당선자를 배출했다. 지역구 선거에는 후보자를 출마시키지 않고 비례대표 후보만 출마시키고서 얻어낸 결과다. 조국혁신당은 비례대표 선거에서 전국 득표율 24.25%를 기록했다. 광주·전라 지역에서는 50%에 육박하는 득표율을 기록하기도 했다.

조국혁신당은 정당의 명칭에서 알 수 있듯이 정치인 조국의 당이다. 조국 개인의 개인기로 선거를 치르고 득표를 얻었다고 해도 지나친 분석이 아니다. 조국은 비리 혐의로 재판을 받고 있다. 2심에서 징역형을 선고받은 중죄인이다. 그런데도 그의 이름을 걸고 정당을 창당하고, 그의 이름을 걸고 창당한 정당이 창당 37일 만에 국회의원 12명을 배출했다. 의석수로 대한민국 국회 3위의 정당이 됐다.

조국이 이끄는 조국혁신당이 창당 한 달여 만에 국회의원 선거에서 좋은 성적을 거둘 수 있었던 이유는 여러 가지가 있다. 이재명의 민주당이 '친명공천 비명횡사'의 공천을 한 것이 그 이유다. 조국을 굳이 계파로 분류하자면 이재명보다는 문재인과 더 가깝다고 할 수 있다. 문재인 정권에서 민정수석을 지내고, 법무부 장관도 지냈으니 그렇다. 조국과 그의 가족을 수사하는 검찰총장 윤석열을 압박하고 총장직에서 끌어내리려 했기에 그렇다. 또한 문재인 대통령이 "마음의 빚을 지고 있다"고 애틋함을 공개적으로 표시했기에 더욱 그렇다.

따라서 문재인을 지지하는 유권자들이 이재명을 싫어하는 유권자들이 조국혁신당을 지지했을 가능성이 있다고 판단하는 것은 어려운 일이 아니다.

그렇지만 민주당의 '친명공천 비명횡사'의 공천만이 조국혁신당이 창당 37일 만에 12석의 국회의원을 배출하는 성적을 거둔 것은 아니다. 그것보다는 오히려 조국이라는 개인이 갖고 있는 득표력이 좋은 성적을 거두는 밑바탕이었다고 나는 판단한다. 조국이 갖고 있는 득표력이란, 조국을 지지하는 거대하고도 강렬한 팬덤이 존재한다는 것이다.

조국과 그의 가족이 뚜렷한 범죄 혐의로 수사를 받고 재판을 받는 과정에서도 조국이 출간한 책은 베스트셀러를 기록했다. 법원이 유죄라고 판단한 후에도 그와 그의 딸이 펴낸 책은 잘 팔렸다. 그의 부인 정경심은 감옥에서 고액 영치금 최고 기록을 작성했다.

이런 모든 결과가 보여주는 것은 단 하나다. 조국 개인의 인기가 높다는 것. 조국을 열렬히 지지하는 거대한 팬덤이 존재한다는 것이다.

조국은 팬덤을 구축하기에 좋은 조건을 갖추고 있다. 미남형의 얼굴에 키가 크다. 일반적인 여성들이 좋아할 수 있는 외모는 대중스타로서 갖는 장점이다. 서울대를 졸업했고, 서울대 법학전문대학원 교수다. 강남에 살면서도 서민인 척, 서민 편인 척 행동한다. 결정적으로 조국은 말을 잘한다. 글을 잘 쓴다. 얼마나 말을 잘하고, 얼마나 글을 잘 쓰는지 그의 내공을 확인할 수 있는 공개적인 기회는 없었다. 그가 말 잘하는 다른 정치인과 토론을 하거나 직접적인 논쟁을 벌이지 않았기 때문이다. 하지만 그가 사용하는 정제된 어휘들은 그가 말 잘하는 능력을 갖고 있음을 알 수 있다. 말을 하지 않아도 SNS를 통해서 자신의 의사를 전달할 수 있는 현대에는 글을 잘 쓰는 것으로도 말을 잘하는 것을 대체할 수 있다. 조국은 현안에 대해 아주 많은 자신의 의견을 SNS를 통해서 밝혔다. 그리고 그의 SNS 글들을 통해서 그를 지지하는 사람들이 늘었고, 그를 지지하는 사람들의 지지도가 강해졌다.

조국처럼 개인적인 팬덤을 갖고 있는 정치인이 우파 진영에도 있다.

한동훈 '위드후니'

원희룡의 공격은 집요했다. 내가 당선되지 않아도 좋다. 한동훈이 당선되는 것만 막으면 된다. 국민의힘 당 대표 경선에 나선 원희룡의 언행은 이런 생각과 전략으로 선거전을 펼치는 것처럼 보이기에 충분했다.

2024년 7월 국민의힘 당 대표 경선은 한동훈의 당선을 막으려는 거대한 작전이 실행된 선거였다. 그 작전에 따라서 후보로 참여하고 작전에 따라서 직접 행동을 한 사람이 원희룡이다.

김건희가 한동훈에게 보냈다는 사과 문자 공개가 한동훈에 대한 공격의 시작이었다. 누가 공개했는지 밝혀지지 않았지만 어느 쪽에서 공개했는지는 국민 누구나 짐작 가능했다. 한동훈을 대표 경선에서 탈락시키려는 쪽에서 편 전술이었다고 많은 사람이 판단했다. 원희룡은 근거 없는, 확인되지 않은 내용으로 한동훈을 모함했다. 심지어 그해 실시된 국회의원 선거에서 국민의힘 비대위원장을 맡았던 한동훈이 고의로 선거에서 패배한 것 같다는 의혹을 제기하기까지 했다.

원희룡이 그토록 집요하게 한동훈을 공격한 이유는 한동훈이 당 대표가 되는 것을 반드시 막겠다는 일념 때문이다. 한동훈을 공격한 것이 원희룡만이 아니다. 같이 경쟁했던 5선 국회의원 나경원도 한동훈을 극심하게 공격했다. 후보들 외에도 친윤이라고 분류된 일부 현역 국회의원들도 한동훈을 공격했다. 하지만 그럼에도 불구하고 한동훈은 압도적인 지지를 받아서 국민의힘 당 대표에 당선됐다.

한동훈이 윤석열 대통령과 가까운 정치인들이 방해하는 가운데에도 당 대표 경선에서 압도적인 승리를 거둘 수 있었던 이유는 우파 정당의 변화를 원하는 국민이 많았기 때문이다. 일반 국민 여론조사 지지율과 국민의힘 당원 지지율이 비슷하다는 것이 이를 증명한다. 우파 정당 지지자들은 지금 변화가 두렵지 않다. 그들이 두려운 것은 대한민국 우파 정당의 현재가 두려운 것이다. 우파 정당의 현재가 그대로 존속될까 봐 두려운 것이다. 그래서 변화를 택했다. 우파정당 국민의힘의 당원들이, 대한민국 국민이 한동훈을 선택한 것은 우파 정당이 변하라는 명령을 내린 것이다. 한동훈이 당 대표 수락 연설에서 '변화'를 강조한 것은 맥락을 정확히 짚은 것이다.

한동훈의 또 다른 승리 요인은 그가 우파 정치인으로는 매우 드물게 팬덤을 확보하고 있다는 사실이다. '위드후니'라고 스스로를 명명한 한동훈 팬덤은 이 글을 쓰고 있는 2024년 8월 현재 9만 명을 넘어섰다. 한동훈 이전에 팬덤을 확보한 우파 정치인은 찾아보기 힘들다. 박근혜가 팬덤을 확보하고 있는 우파 정치인으로 분류할 수 있는데, 그녀의 팬덤은 그녀의 매력보다는 아버지 박정희에 대한 향수 때문이라고 판단하는 게 더 적합할 것이다. 따라서 개인의 매력으로 팬덤을 확보한 우파 정치인은 한동훈이 거의 유일하다.

한동훈이 팬덤을 구축할 수 있었던 배경은 조국과 겹치는 지점이 있다. 강남에 살고 훈훈한 외모를 소유하고 있다는 점이다. 그러나 한동훈과 조국은 매우 다른 점이 있다. 한동훈은 강남에 살고 있는 부자라는 자신의 신분을 그대로 드러내는 데 반해, 조국은 그런 자신의 신분을 감추려 한다는 점이다. 한동훈은 언뜻 보기에도 고가로 보이는 양복에 넥타이를 항상 착용하고 있다. 구두도, 가방도 깨끗하게 관리된 것처럼 보인다. 부인의 직업도 대한민국 최고의 로펌 변호사이기에 소득이 많다는 것도 공개돼 있다. 이와 달리 조국은 서민인 척 행동한다. 대중 앞에 작은 차를 타고 나타나는 것이 대표적이다.

조국이 강남에 살면서 좌파처럼 행동하기에 인기를 얻는다면, 반대로 한동훈은 강남에 살면서 우파처럼 행동하기에 또한 인기를 얻고 있다.

그런데 한동훈이 우파 진영의 폭넓은 인기를 얻고, 강력한 팬덤을 구축하고 있는 이유는 다른 것에 있다. 조국도 마찬가지인데, 바로 언어를 다루는 능력이 뛰어나다는 것이다.

팬덤을 구축하는 언어

"죽음이 두려운 것이 아니라, 살아있는 것이 저주받은 것입니다."

지도자 존스가 그렇게 말하자 그를 추종하는 사람들은 자신의 아이들의 입속에 독극물이 섞인 액체를 밀어 넣었다. 그리고 다른 이들의 도움을 받거나 스스로 독극물을 마셨다. 쓰디쓴 주스를 삼키자마자 추종자들은 한 명씩 밖으로 내보내 졌고, 그곳에서 숨을 거두었다. 그들은 잔디밭에서 경련을 일으키다가, 쓰러져서 더는 움직이지 않았다. (어멘다 몬텔- 『컬티시』)

1978년 11월 18일. 가이아나 존스타운에서 913명의 미국 시민들이 한꺼번에 집단 자살했다. 짐 존스가 이끈 사이비종교 집단이 단체로 자살한 것이다. 존스도 죽었다. 어떻게 이런 일이 일어날 수 있을까? 한 사람의 지시에 따라서 수백 명이 자살하는 것이 어떻게 가능할까? 누군가를 극단적으로 지지하면, 어떤 사람에 어떤 사상에 어떤 그 무엇에 광적으로 집착하면 그런 일이 가능하다는 것을 존스타운의 사건이 말해 준다.

한국에도 이와 비슷한 사건이 있었다. 1987년 8월, 32명이 자살한 오대양 집단 자살 사건이 경기도 용인에서도 발생했었다.

사람들은 어떻게 자살을 할 정도로 누군가를 추종할 수 있는 것인가? 수십 명, 수백 명을 자살로 이끌 정도로 강력한 카리스마를 가진 사람들은 어떤 사람들일까? 그들은 어떻게 사람들을 홀리는 것일까?

그것은 바로 언어다.

"언어가 곧 지도자의 카리스마다. 지도자들은 언어를 통해 가치와 진리 체계인 작은 우주를 구축하고, 추종자들에게 그 규칙을 강제한 다." 어멘다 몬텔은 자신의 책『컬티시』에서 이렇게 말한다.

사실 모든 선동은, 주문은, 외침은, 신념은 언어로 만들어진다. 테러를 감행하는 아랍인들은 '알라는 위대하다'고 외친다. 그 외침의 언어가 없다면 아마도 아랍인들의 자폭 테러도 없을 것이다. 기독교 신자들에게 '성경의 말씀'은 곧 진리요 도덕이요 법이다.

팬덤을 구축하고 있는 정치인들은 언어를 다루는 기술이 뛰어나다. 그들은 말을 잘한다. 언어로써 대중을 설득하고, 대중을 감동시킨다. 한동훈이 그렇고, 이재명도 그렇다.

한동훈이 대중적으로 인기를 끌기 시작한 것은 윤석열 정부 법무부 장관 시절이다. 법무부 장관으로서 뛰어난 업무 능력 때문에 그가 인기를 끈 것이 아니다. 출근길에 기자들의 질문에 답하는 형식으로 진행되는 짧은 인터뷰를 통해 한동훈은 유명해졌고, 우파 진영의 인기스타가 됐다. 그동안 우파 인사들은 좌파 진영의 언어 공격에 제대로 대응하지 못했다. 방송 토론에서 좌파와 우파가 대결하면 승자는 늘 좌파 진영이었다. 방송 토론이 아닌 일상적인 정치적 발언에서도 마찬가지다. 좌파 정치인들은 현란한 수사를 동원해서 대중들에게 자신들의(사실과 다른) 의견을 설득력 있게 주장한다. 반대로 우파 진영 정치인들은 서툰 말솜씨로 자신들의 (올바른) 주장을 제대로 설명하지 못한다. 그런 모습을 보면서 우파성향 지지자들은 속이 타고, 일반 국민은 한숨을 쉰다.

한동훈은 그런 우파 정치인들과는 달랐다. 좌파 정치인들의 억지 주장에 대해 송곳처럼 정확하게 핵심을 찔러가면서 비판했다. 근거는 확실했고, 논리는 명확했다. 그런 한동훈에게 답답한 가슴을 두드리고 살았던 우파 지지자들은 환호를 보냈다. 그렇게 한동훈의 인기가 높아졌고, 한동훈의 팬덤이 강화됐다. 우파 정치인으로는 매우 드물게 한동훈이 팬덤을 구축한 바탕에는 그의 언어가 자리 잡고 있다.

이재명이 강력한 팬덤을 확보하고 있는 이유도 그의 언어 덕분이다. 이재명은 외모상으로는 조국이나 한동훈처럼 팬덤을 확보하기에 유리하지 않다. 어느 여성 정치인이 차은우보다 이재명을 선택하겠다고 말하기는 했지만, 그 여성을 제외하고 대한민국 어느 누구도 이재명이 차은우보다 더 매력적이라고 판단하지는 않는다.

이재명의 팬덤이 구축된 것은 '사이다 발언'이라는 평을 듣는 이재명의 비판적 언어 덕분이다. 이재명은 박근혜를 비롯해서 우파 정치인들을 매우 날카롭게 비판해 왔다. 그런 비판이 대한민국 우파를 증오하고 좌파 진영을 지지하는 사람들의 마음을 후련하게 했다. 그리고 그것으로 이재명은 인기를 얻고 인지도를 높였다. 팬덤을 구축했다. 자신의 의사 표현을 명확하게 하지 않는 '고구마' 이낙연과는 확연하게 차별적인 이재명의 언어는 이재명을 좌파 진영의 인기 있는 정치인으로 부상시킨 결정적인 도구다.

팬덤 구축에 실패한 천정배

나 자신과 우리 당, 참여정부 더 크게 보면 한국의 민주주의와 개혁을 이끌어 왔던 개혁 세력들은 국민들로부터 최악의 상황을 맞이했다. 지금 상황에 대해 무한한 책임감을 느껴 정치를 그만둬야 마땅할지 모른다. 하지만 대선 주자의 한 사람으로서 뻔뻔스럽게 하기로 했다.

그동안 나 자신을 망가뜨리지 않고 좋은 평판을 유지하기 위해 두드러진 활동을 하지 못했지만, 앞으로는 개인에 대한 비판을 감수하면서 뻔뻔스럽게 앞장서겠다. 많은 사람이 비판하면 천정배를 키워주는 것으로 좋게 받아들이고 감내하겠다. 필사적으로 내가 갖고 있는 모든 역량을 동원해 전력을 다할 것이다.

2006년 11월 25일 충남 동학사에서 천정배를 사랑하는 모임(천사모)가 창립대회를 열었다. 창립식에 참석한 천정배(당시 국회의원)는 연설을 통해 2007년도에 실시되는 대통령 선거에 도전하겠다는 의지를 분명하게 밝혔다.

천정배에게는 점잖은 정치인의 이미지가 있다. 막말을 한 적도 없고, 스캔들에 휘말린 적도 없다. 서울대 법대를 졸업하고 변호사로 성공적인 삶을 살았다. 4선 국회의원에, 법무부 장관도 역임했다. 그런데 천정배의 인지도는 높지 않다. 화려한 그의 경력에 비추어 대중적인 인기도 낮은 편이다. 그를 극복하고자 천정배는 사실상의 대선 출정식에서 '뻔뻔하게 정치하겠다'고 선언했다. 하지만 그 후에도 천정배는 뻔뻔하게 정치를 하지 못했다. 뻔뻔하게 정치를 하려면 우선 말부터 뻔뻔하게 해야 하는데 그건 천정배의 천성에 어울리지 않는 것이었다.

정치를 하는 사람들은 누구나 더 큰 권력을 원한다. 국회의원에 당선되고 나면 거의 모든 정치인의 꿈이 대통령이 되는 것이다. 천정배도 다르지 않았다. 대통령이 되려면 대중에게 인기 있는 정치인이 돼야 한다. 또 하나는 확실한 지지 기반이 있어야 한다. 현재에는 그것이 팬덤이고, 과거에는 지역 기반을 말했다.

천정배도 지역의 맹주가 되는 것이 대통령이 되는데 필수적이라고 판단했다. 그래서 자신의 지역구를 옮긴다. 4선 국회의원에 당선됐던 지역구 안산을 떠나서 광주로 옮긴다. '지역의 맹주가 되자'는 시도이다. 박근혜 대통령이 후보 시절 새누리당에서 압도적인 지지율을 기록했던 바탕, 그리고 대선 후보로서 흔들리지 않는 지지율을 기록했던 바탕, 결국 대통령으로 당선된 바탕에는 '대구 경북의 맹주'라는 자산이 있었다. 박 대통령이 대구 경북에서 보내는 압도적인 지지가 없었다면 그 오랜 시간 새누리당 후보로 흔들림 없는 자리를 유지하기 어려웠고, 대선에서도 승리하기 어려웠으리라는 것은 정치권에서 누구나 알고 있는 사실이다. 과거 YS가 부산을 기반으로 하는 강력한 지지 기반이 있었고, DJ가 호남이라는 절대적인 지지 기반이 있었던 것처럼, 박 대통령은 대구 경북이라는 흔들림 없는 지지 기반이 있었기에 결국 대통령이 됐다.

천정배가 생각한 것이 바로 지역의 맹주, 즉 강력한 지역 기반을 만드는 것이었다. 천정배는 목포 출신이다. DJ를 통해서 처음 정치를 했다. 그러니 충분히 호남의 맹주가 될 조건을 갖췄다. 그가 지역 기반으로 확실하게 자리 잡을 곳은 호남 외에 다른 선택이 없다. 천정배는 호남을 자신의 지지 기반으로 만들어서 대통령에 도전해 보겠다는 그림을 그렸다.

2013년 4월 8일, 천정배가 광주에 사무실을 새로 열었다. 일부 언론은 그가 2014년 지방선거에 전남도지사로 출마할 것이라고 보도하기도 했다. 천정배의 의중을 제대로 읽은 보도다. 하지만 천정배는 전남도지사로 출마하지 않았다. 그 후로 호남의 맹주가 되겠다는 천정배의 꿈은 실현되지 않았다.

천정배의 꿈이 실현되지 않은 이유는 그에게 언어를 다루는 기술이 부족하기 때문이다. 대중의 마음을 사로잡는 최고의 무기는 언어다. 언어로서 설득하고, 언어로써 이해시키고, 언어로써 선동하고, 언어로써 조종하고, 언어로써 감동시킨다. 그런데 천정배에게는 언어를 다루는 능력이 부족했다.

안산에서 천정배와 선의의 경쟁을 펼쳤던 김영환이 있다. 2024년 현재 충북도지사다. 천정배와 같이 DJ에게 발탁되어 1996년도 안산에서 나란히 국회의원에 당선됐다. 천정배가 54년생, 김영환이 55년생으로 한 살 차이다. 김영환은 천정배와는 매우 다른 정치인이다. 그는 뻔뻔하게 정치를 할 수 있는 유전자를 보유하고 있다. 그건 천정배가 갖지 못한 장점이다. 그런데 김영환이 가진 진짜 장점은 언어 구사 능력이다. 김영환은 언어를 다루는 기술이 뛰어나다. 등단한 시인으로, 시집도 여러 권 출판했다. 과거 합동 연설회가 있던 시절에 김영환이 마이크를 잡으면 여기저기에서 눈물을 흘리는 여성 유권자들이 있었다. 천정배는 갖지 못한, 언어를 다루는 탁월한 능력을 갖춘 김영환이 만약, 정치 노선을 여러 차례 변경하지 않았다면 지금쯤 더 큰 정치인이 되어있을 수도 있다. 김영환의 언어 구사력은 팬덤을 구축하기에 충분하다.

정치인을 키우는 것은, 특정 정치인을 추종하는 팬덤을 구축하는 것은 '언어'다.

편향의 우려

2024년 팬덤을 구축하고 있는 대표적인 정치인 세 명이 대한민국 원내 의석수 1위, 2위, 3위 정당의 당 대표로 선출됐다. 더불어민주당 이재명, 국민의힘 한동훈, 조국혁신당 조국이다. 경선에서 얻은 득표율도 압도적이다. 이재명은 85%, 한동훈은 63%, 조국은 99%다.

세 명 다 압도적인 득표율로 당선됐지만, 당 대표로 당선되는 과정은 많이 달랐다. 한동훈은 험난한 여정을 통해 당 대표가 됐지만, 이재명과 조국은 순탄한 길을 거쳐 당 대표에 당선됐다. 한동훈은 나경원, 원희룡 등 대선 후보급으로 분류되는 거물 정치인들과 경쟁을 벌였다. 한동훈을 낙마시키려는 윤석열 대통령 주변 세력들의 방해공작을 이겨내야 하는 어려움도 있었다. 현직 국회의원이 아니라는 불리함도 있었다. 그렇기에 한동훈이 얻은 63%의 득표율은 대단한 성적으로 평가받았다. 그의 당선 과정에는 감동과 스토리가 있었다.

하지만 이재명과 조국이 당 대표가 되는 과정에는 스토리가 없다. 감동도 없다. 이재명은 당 대표 선거 4개월 전에 실시된 국회의원 총선 과정에서 민주당을 이재명당으로 만들었다. 친명공천 비명횡사를 통해서 사실상 이재명 단일체제의 정당을 완성했다. 그리고 그 결과가 당 대표 경선에서 85%가 넘는 득표율을 기록하는 결과로 나타났다. 이재명의 당선이 확정적이어서 어차피 당 대표는 이재명(어대명), 확정적으로 당 대표는 이재명(확대명)이라는 말이 선거 전부터 회자됐다. 그리고 선거 결과는 그것이 사실임을 증명했다.

조국은 더 말할 나위도 없다. 득표율이 99%다. 북한에서나 가능한 지지율이다. 내가 중학교 다닐 때 도덕 과목 선생님이 한 말이 떠오른다. 당시 1978년 7월 16일 제9대 대한민국 대통령 선거가 실시됐다. 이 선거에서 박정희가 당선됐다. 선거는 대의원이 투표하는 간접선거로 이뤄졌다. 투표에는 재적 대의원 2,581명 중 2,578명이 참여하였고, 토론 없이 비밀투표가 실시된 결과 박정희 후보가 2,577표(무효 1표)를 얻어 당선되었다.

이런 내용이 중학교 교과서에 실렸다. 그것을 설명하면서 도덕 선생님은 대의원들이 전부 다 투표용지에 '박정희'라고 표기했는데, 대의원 한 명이 실수로 '박태연'이라고 표기해서 기권표가 한 표 나왔다고 강의했다. 실제로 무효표에 무엇이라고 적혔는지 공개되지 않았다. '박태연'은 당시 도덕 과목 선생님 자신의 이름이었다. 단 한 명을 제외한 모든 대의원이 박정희를 선택한 것을 비판하고자 선생님은 그렇게 말 한 것이었다. 당시에는 그 선생님이 그렇게 말한 의미를 알지 못했다. 교과서에서는 거의 만장일치의 지지를 받은 박정희를 찬양하는 내용이 실려있었기 때문이다. 대학에 들어가서야 그 선생님이 박정희의 압도적인 지지를 비판한 이유를 깨달았다.

2024년 대한민국 정당 선거에서 1978년에 벌어졌던 것과 비슷한 광경이 목격됐다. 이재명 85%, 조국 99%, 이건 민주주의가 아니다. 박정희가 단 한 명을 제외한 모든 대의원으로부터 지지표를 받은 것이 정상적인 민주주의가 아니듯이.

같은 생각을 가진 사람들끼리 모여있으면 더욱더 편향적이 된다. 미국의 연구 사례를 보면 민주당 성향의 판사들만 모인 합의제 판결에서 더욱 진보적인 판결 결과가 나타난다. 공화당 성향의 판사들로만 구성된 재판부는 더욱 보수적인 판결 결과가 나타난다. 공화당 성향 판사와 민주당 성향 판사가 섞여있을 경우와 비교해 보면 그렇다.

같은 생각을 가진 사람들끼리 모여있으면 말과 행동이 더욱더 과격해지고 편향된다는 사실을 우리는 안다. 그렇기에 권력자에게 탕평 인사를 주문하고, 다양한 사람을 만날 것을 권한다. 캐스 R. 선스타 인은 『우리는 왜 극단에 끌리는가』에서 "대개의 경우 사람들은 집단 에 소속되면 혼자 있을 때는 절대로 하지 않을 일을 생각하고 행동으 로 옮긴다."라고 말한다.

정치인들의 팬덤이 그런 행동을 할 우려가 있다. 같은 생각을 가진 사람들만 모여있기 때문이다. 실제로 이재명의 팬덤 '개딸'들에게서 그런 우려가 나타나고 있다. 이재명과 다른 의견을 말하는 정치인들 에게 문자 폭탄을 보내서 압박하는 것이다. 반대로 이재명을 옹호하 는 정치인들에게는 응원을 보냄으로써 이재명을 위해 더 과격하게 더 열정적으로 행동하도록 만든다.

한동훈의 팬덤 '위드후니'도 그런 모습을 보일 가능성이 있다. 국민 의힘 정점식 정책위의장에게 사퇴를 요구하는 글을 그의 SNS에 올 린 것에서 추측할 수 있다.

캐스 R. 선스타인은 자신의 책에서 "사람은 서로 생각이 같은 집단 속에 들어가면 극단으로 흐를 가능성이 높아진다. 그리고 그러한 집 단에 어떤 권위적인 주체가 소속되어 구성원들에게 어떻게 하라고 지시하거나 특정한 사회적 역할을 맡기는 경우에는 대단히 좋지 않 은 사태가 벌어질 수 있다."라고 우려했다.

정치인의 팬덤이 같은 생각을 가진 사람들끼리 모여 있어서 더 과격 해질 우려가 있지만, 팬덤을 구축하고 있는 그 정치인의 정치적 영향 력을 키우는 데는 큰 도움이 된다. 당내 선거에서 팬덤이 있는 후보와 팬덤이 없는 후보의 경쟁은 해보나 마나다. 당내 선거에서 승리한 사 람만이 본선에 출마할 수 있다는 점을 감안하면 대한민국 정치판에 서 팬덤을 구축하고 있는 정치인의 유리함이란 상상 그 이상이다.

14.

우리 편을
먼저 죽여라

> "수박의 뿌리요, 줄기요, 수박 그 자체인
> 전해철과 싸우러 간다."

　2023년 6월. 양문석이 페이스북에 올린 글이다. 더불어민주당 소속 22대 국회의원, 그 양문석이다. 페이스북에 이 글을 올릴 당시에는 국회의원이 아니었다. 경상남도 통영·고성 지역 위원장으로 활동하고 있었다. 이 글을 페이스북에 올리고서 진짜로 양문석은 안산에 나타났다. 그 전에는 안산에서 활동한 적이 없다.

　그가 싸우겠다고 공개한 상대 전해철은 당시 국회의원이다. 다른 당 소속이 아니다. 양문석이 소속된 바로 그 더불어민주당 소속 국회의원이다. 이름 없는 국회의원도 아니다. 전해철의 경력은 화려하다. 노무현 정부 시절, 40대의 나이에 청와대 민정수석을 역임했다. 2012년부터 내리 3선에 성공한 3선 국회의원이다. 문재인 정권에서는 행정안전부 장관을 역임했다. 친문재인 진영의 핵심 정치인이다.

　양문석은 그런 만만치 않은 정치인 전해철을 무찌르겠다고 공개 선언했다. 그리고 직접 전해철이 있는 안산으로 찾아와서 일전을 벌였다. 일전을 벌이기에 앞서 양문석은 작은 부상을 입었다. 전해철을 향해서 "수박 뿌리를 뽑아버리겠다"고 한 발언이 문제가 됐다. 양문석은 더불어민주당 윤리심판원으로부터 당직 정지 3개월의 처벌을 받았다. 그러나 양문석은 아랑곳하지 않았다. 그의 강성 발언은 계속됐고, 전해철의 지역구에서의 활동도 계속됐다.

　일반 국민은 이해가 되지 않는다. 대부분의 민주당 지지자들도 이해하지 못할 것이다. 왜 같은 당 소속 정치인들끼리 저렇게 치열하게 싸울까? 정의를 위해서 싸우는 것도 아니고, 국익을 위해 싸우는 것도 아니고.

전해철이 범죄 혐의를 받는 것도 아니다. 해당 행위를 한 전력도 없다. 그런데 같은 당 소속 양문석은 전해철을 무찌르겠다고 아군 참호에 뛰어들었다. 결말은 이미 다 알고 있듯이 양문석이 이겼다.

> "당 대표 하나 맡겠다는 중진 없이 또다시 총선 말아먹은 애한테 기대겠다는 당이 미래가 있겠나? 문재인의 사냥개가 되어 우리를 지옥으로 몰고 간 애 밑에서 배알도 없이 또 정치하겠다는 건가?"

홍준표가 5월 16일 페이스북에 올린 글이다. 이 글에서 '애'는 한동훈을 말한다. 이쯤 되면 막말 수준이다. 한동훈은 나이가 50대다. 법무부 장관을 역임했다. 여당인 국민의힘 비상대책위원장도 역임했다. 그런 사람을 '애'라고 칭했다. 홍준표가 이렇게 한동훈을 비난하는 것에는 다 이유가 있다. 그리고 한동훈에 대한 비판이 이것이 처음도 아니다. 물론 마지막도 아닐 것이다.

홍준표와 한동훈은 같은 정당 소속이다. 국민의힘 소속 정치인이다. 우파 성향이라는 점에서 노선도 같다. 그런데 홍준표는 쉴새 없이 한동훈을 공격한다. 양문석이 같은 당 소속 전해철을 공격하던 모습과 흡사하다.

본선보다 중요한 예선

양문석이 전해철을 상대로 전쟁을 선포했을 때, 양문석이의 그런 행동은 언론의 주목을 별로 받지 못했다. 전해철의 지역에서도 양문석이 전해철의 상대가 될 것이라고 생각한 사람들은 별로 없었다. 지역 언론도 대수롭지 않게 생각했다. 전해철이라는 거물을 상대로 밑져야 본전 식으로 그냥 떠들어보는 정도라는 여론이 주류였다. 그도 그럴 것이 전해철은 전국적인 지명도를 가진 인물이다. 안산에서는 더 유명하다. 내리 3선 국회의원에 당선됐고, 경기도지사 선거에도 출마했었다. 예선(당내경선)에서 이재명에게 패배해 경기도지사선거 본선에는 출마하지 못했다. 하지만 그런 과정을 통해서 전해철의 인지도와 상품성은 충분히 높일 수 있었다. 전해철은 문재인 정권후반기에는 행정안전부 장관을 맡아서 활동함으로써 전국적인 인물이 됐다. 더구나 호남 출신이라는 장점도 있다. 전해철의 지역구 안산은 호남 출신 인구가 많은 지역이다. 30%가 넘는 것으로 지역에서는 파악하고 있다.

이런 전해철에 비하면 양문석이 가진 경력은 어린아이 수준이다. 양문석과 전해철의 대결은 다윗과 골리앗의 대결이나 마찬가지였다. 양문석은 출신 지역도 경상도다.

그런데 민주당의 경선 일자가 가까워지면서 지역 여론의 흐름이 바뀌기 시작했다. 친명계인 양문석이 친문계인 전해철을 이길 수도 있다는 소문이 돌았다. 그리고 믿을 수 없는 결과가 나타났다. 더불어민주당 22대 국회의원 후보 경선에서 양문석이 전해철을 이겼다.

전해철과 그의 지지자들은 지금도 그 결과를 믿지 않을 것이다. 하지만 어쨌거나 경선 결과가 발표됐다. 양문석이 더불어민주당 후보로 출마해 당선됐다.

양문석은 안산에서 활동한 경력이 없다. 그런 그가 전해철을 이겼다. 이 결과가 양문석이 왜 전해철과 싸우겠다면서 안산으로 지역구를 옮긴 것인지 설명해 준다.

대한민국 선거는 본선보다 예선이 중요하다. 본선은 상대 당 후보와 겨루는 선거를 말한다. 예선은 선거에 출마할 후보를 결정하는 당내 경선을 말한다.

정치인은 선거에 당선되기 위해서 정치를 한다. 그런데 선거에 당선되려면 정당의 후보가 돼야 한다. 여기서 말하는 정당은 국회의원 의석수 순으로 1당과 2당을 말한다. 2024년 기준으로는 더불어민주당과 국민의힘이다. 다른 정당 후보들의 경우 지역구에서 당선되는 확률이 한 자릿수에도 미치지 못하기 때문에 제외하고서 설명한다.

일단 민주당이나 국민의힘 후보가 되면 당선 가능성은 산술적으로 50%이다. 그러나 이것은 단순 계산이고, 특정 지역에서는 특정 정당 후보의 당선 가능성이 월등히 높다. 양문석이 당선된 안산갑의 경우 민주당 후보가 되면 거의 당선된 것으로 보아도 된다. 21세기에 실시된 7번의 국회의원 선거에서 이 지역에서 2008년 선거 단 한 번만 제외하고 모두 민주당 계열의 정당 후보가 당선됐다. 2008년은 이명박 대통령 취임 초였다. 불과 5개월 전 선거에서 이명박은 민주당 계열 후보 정동영에게 530만 표라는 압도적인 표 차이로 당선됐다. 그래서 이 시기에 민주당 계열 정당은 정당의 역할을 제대로 하지 못하던 때였다. 그렇기에 안산에서도 국민의힘 계열의 후보가 당선될 수 있었다. 2008년을 제외하고는 모두 민주당 계열의 후보가 당선됐다.

이런 선거 결과를 보면 예선이 곧 본선이다. 민주당 당내 경선에서 승리하면 곧 국회의원이 되는 것이다. 그렇기에 예선이 본선보다 더 치열하다. 자기편 경쟁자를 먼저 죽이는 것이 그래서 중요하다.

양문석이 전해철을 수박이라고 공격하면서 전쟁 선포를 한 것은 같은 편 안에 있는 경쟁자를 제거하는 것이 중요하기 때문이다. 그리고 양문석은 성공적으로 당내 경쟁자를 제거했다.

홍준표가 한동훈을 공격하는 것도 마찬가지다. 홍준표는 정치인으로서 많은 경력을 쌓았다. 안 해본 것이 없을 정도다. 대통령 후보도 해봤고, 당 대표도 해봤다. 국회의원은 말할 것도 없다. 도지사도 역임했고, 이 글을 쓰는 현재는 대구시장이다. 그가 선출직으로 해보지 못한 것은 이제 대통령만 남았다. 홍준표는 대통령에 대한 욕심이 있다. 특히나 지난 대선에서 국민의힘 후보로 거의 될 뻔했다가 윤석열 후보에게 패했다. 그런 아쉬움이 있기에 홍준표는 대선 출마에 대한 미련을 버리지 못한다. 죽기 전까지 그럴 것이다.

홍준표는 1954년생이다. 이 글을 쓰는 2024년 기준으로 만 70세다. 그는 1996년에 서울 송파구에서 국회의원에 당선돼 정계에 입문했다. 그의 나이 42세 때다. 홍준표는 모래시계 검사로 유명하다. 그는 검찰 상관들의 비리를 밝혀내 구속시켰을 뿐만 아니라, 정치권의 권력자들도 철저한 수사로 비리를 밝혀내 구속시켰다. 검사 홍준표를 소재로 한 SBS 드라마『모래시계』가 1990년대 전국적인 인기를 끌면서 검사 홍준표라는 이름이 세인들의 입에서 회자됐다. 그리고 그런 화려한 검사 경력을 상품화하고 싶어 하는 정치권의 제의를 받고 정계에 진출했다. 홍준표는 김영삼이 이끄는 정치 세력에 합류했다.

화려한 검사 경력과 화려한 정치 경력을 보유한 홍준표라면 이제는 더 이상의 정치 욕심을 갖지 않아도 될 것으로 일반인들을 생각할 수 있다. 하지만 정치라는 게 그렇지 않다. 홍준표 못지않은 정치 경력과 권력 경험을 보유한 박지원이 82세의 나이에도 국회의원에 출마해서 당선된 것이 정치인들이 죽기 전에는 정치를 포기하지 못하는 이유를 설명한다. 그래서 영국의 사상가 토마스 홉스가 『리바이어던』에 써놓지 않았나?

"권력을 쉬지 않고 영원히 추구하는 것이 인간의 일반적인 경향이며, 이런 권력 욕구는 오직 죽어야만 멈춘다."

홍준표가 한동훈을 공격하는 것은 당내 대선 후보 경쟁자를 제거하는 차원이다. 물론 부수적으로 자신의 인지도를 유지하는 이익이 따라온다는 이점도 있다. 한동훈은 현재 우파 진영 최고의 대선 주자다. 각종 여론조사에서 한동훈은 우파진영 대선주자 선호도 1위를 기록하고 있다. 다른 정치인들을 압도한다. 그래서 홍준표가 한동훈을 공격한다. 한동훈의 대선 후보 지지율이 높지 않으면, 한동훈이 국민에게 인기가 없으면 그를 공격할 이유가 없다. 아마도 한동훈이 인기 없는 처량한 신세의 정치인으로 전락했으면 홍준표는 오히려 그를 칭찬했을 것이다.

우파 진영의 대통령 후보가 되면 대통령에 당선될 확률은 절반이다. 국민의힘 후보나 민주당 후보 둘 가운데 한 명이 대통령이 되기 때문이다. 20대 대통령 선거의 근소한 표 차이는 두 정당의 후보가 대통령에 당선될 가능성이 절반이라는 것을 증명한다. 그렇기에 대통령 선거 역시 본선보다 예선이 중요하다. 일단 국민의힘이나 민주당의 후보로 선출되면 대통령이 될 가능성은 50%인 것이다.

대통령 선거에서 승리하는 것보다 당내 경쟁을 통해 대통령 후보가 되는 길은 더 어렵다. 대선 예비 후보들이 많기 때문이다. 2024년 현재 국민의힘 대선 후보군을 보자. 한동훈, 오세훈, 홍준표, 유승민, 나경원, 안철수. 대략 꼽아도 6명이나 된다. 단순 산술적으로 계산하면 국민의힘 대통령 후보가 될 가능성은 1/6이다.

　양문석이 전해철을 공격한 이유와 홍준표가 한동훈을 공격하는 이유가 같다. 먼저 자기편 가운데 경쟁자를 제거해야 하는 것이다.

　"니는 가만히 있그레이."

　오세훈은 홍준표가 그렇게 말했다고 2024년 5월 유튜브 방송에서 공개했다. 홍준표가 한동훈에게 맹공을 가하던 시점이다. 오랜만에 갑자기 홍준표가 오세훈에게 전화를 걸어서 그렇게 말했다는 것이다.

　그렇게 말한 것은 홍준표의 전략이다. 전선은 단순화해야 한다. 홍준표와 한동훈이 벌이는 전쟁에 오세훈이 끼어들면 상황이 복잡해진다. 그러니 홍준표는 오세훈에게 가만히 있으라고 명령했다. 그러나 홍준표의 발언 속에 오세훈은 봐주겠다는 의미는 없다. 한동훈 다음으로 우파 진영의 대선 후보로 인기 있는 정치인이 오세훈이다. 나는 한동훈보다 오세훈이 대통령 후보로서 더 경쟁력이 있다고 판단하고 있다. 나처럼 생각하는 정치 분석가들이 적지 않을 것이다.

　그렇기에 홍준표가 오세훈도 가만히 놔두지는 않을 것이다. 일단, 지금 가장 인기가 많은 한동훈을 제거한 후에 오세훈도 제거하려 할 것이다. 그럴 가능성이 낮지만 만약 홍준표가 대선 후보군에서 한동훈을 낙마시키는 데 성공하면 그다음의 공격 대상은 오세훈이다.

　일반인들은 같은 편 정치인끼리 죽일 듯이 싸우는 것을 이해하지 못한다. 그래서 속이 상한다. 우리 편끼리 싸우다가 정작 상대편에게 패할 수도 있기 때문이다. 정치를 스포츠 경기 관람하듯이 바라보는 사람들은 더욱 이해하지 못한다. 어찌 됐든 우리 편이 승리하는 것이 최선이기 때문이다. 그러나 정치인들은 이해할 것이다. 정치가 원래 그런 것이기에. 자기편을 먼저 제거한 후에 상대편을 무찌르는 것이 정치의 순서라는 것을 본능처럼 알고 있기에. 정치에서 가장 중요한 것은 자신뿐이기에. 우리 편이 패해도 자신만 승리하면 되기에.

대장동

<이재명 후보님, 화천대유자산관리는 누구 것입니까?>
2021년 8월 말. 이름도 생소한 경기도의 한 인터넷 신문에 이런 제목의 칼럼이 실렸다. 『경기경제신문』의 이종섭 기자가 쓴 칼럼이다. 20대 대선 과정에서 대한민국을 떠들썩하게 했던, 그 대통령 선거에서 가장 큰 영향을 미쳤던 대장동 사건은 이 칼럼에서 출발한다.

이 기자는 칼럼에서 여러 의혹을 제기하면서 당시 경기지사 이재명에게 해명을 요구했다.

익명의 제보자는 본지에 "'성남의 뜰'이라는 회사가 대장동 사업에 진행하는 개발사업에 (주)화천대유자산관리회사가 참여하게 된 배경을 두고 그 이면에 더불어민주당 대권 후보인 이재명 경기도지사(당시 성남시장)의 비호가 있었기에 가능했다는 의혹의 입소문이 떠돌고 있다"며 투고해 왔습니다.

제보자는 "지난해 금융감독원 공시자료에 따르면 (주)화천대유자산관리회사에 배당된 금액만 998억이며, 성남의 뜰에서 얻은 지난 2년간의 배당 받은 금액은 642억 원에 달합니다. 이 중에 김 모 씨로 추정되는 최대 주주에게 473억 원이 대여됐습니다. 과연 이 많은 돈을 김 모 씨는 어디에 사용했을까요?"라고 의문을 제기했습니다.

이어 제보자는 "시민들은 이재명 후보가 몸통이 아니라고 믿고 싶어 합니다. 이재명 후보가 내세우는 공정과 정의 그리고 성과의 깃발에 국민들은 환호합니다. 하지만 거짓을 진실로 현혹시켜 판단을 마비시킨다면 이것에 대한 폐해는 온전히 국민에게 돌아갑니다. 민주당이 더 망가지지 않도록 대선 후보로서 정직한 답변을 기대합니다. 민주당이 다시 집권하기 위해서는 후보의 용기도 필요합니다"는 점을 강조했습니다.

마지막으로 제보자는 이명박 후보에게 "'BBK는 누구 것입니까?' 물었던 상황과 이재명 후보의 '(주)화천대유자산관리는 누구 것입니까?'라는 질문이 겹치지 않기를 바란다"고 했습니다.

나는 경기도민이다. 경기도에서 언론인 활동을 꽤 오래 했다. 하지만 『경기경제신문』이라는 신문 이름을 들어본 적도 없다. 대장동 사건이 공론화되기 전에는 그랬다. 따라서 『경기경제신문』에 이런 내용의 칼럼이 실렸어도 화천대유와 대장동에 얽힌 사건이 크게 이슈화되지는 않았을 수도 있다. 그런데 그 칼럼이 다른 언론의 관심을 받게 된 것은 화천대유를 차린 김만배 일당이 『경기경제신문』을 상대로 거액의 손해배상청구를 했기 때문이다. 김만배 일당은 명예훼손에 따른 형사고소와 2억 원의 손해배상을 청구하는 소송을 냈다.

이름 없는 인터넷 언론이 의혹을 제기하면서 "이재명 지사님, 화천대유가 누구 것입니까?"라고 물었다고 해서 그렇게 거액의 손해배상을 청구할 이유가 있나? 많은 언론인이 그렇게 생각했을 것이다. 그건 분명 이상한 반응이었다. 그리고 그 이상한 반응이 기자들의 촉을 건드렸다.

촉이 빠른 것으로는 최고 수준인 『조선일보』가 나섰다. 그러자 화천대유과 대장동이 본격적으로 사건화 됐다. 정치권이 반응하기 시작했고, 뉴스의 헤드라인으로 올라왔다. 대선 후보 캠프를 차리고 열심히 당내 경선 운동을 하던 이재명은 『조선일보』의 보도가 이어지자 즉각 반발했다.『경기경제신문』의 보도는 무시하면 그만이었다. 일반 국민은 그런 신문이 있는지조차 알지 못한다. 그렇기에『경기경제신문』의 보도에 대해 이재명 캠프는 아무런 반응도 보이지 않았다. 반응을 보이면 오히려 그것이 다른 언론과 정치권의 관심을 불러올 수 있기 때문이다. 그러나『조선일보』라면 다르다.『조선일보』의 보도는 많은 국민이 본다. 정치권은 말할 것도 없다.『경기경제신문』과는 비교할 수 없는 인지도와 전파력 신뢰도를 갖고 있다. 이재명 캠프는 그냥 무시하고 넘어갈 수가 없는 상황이었다. 그래서『조선일보』를 고소했다.

2021년 9월 24일, 이재명 캠프는『조선일보』의 보도 내용이「공직선거법」상 허위 사실 공표에 해당할 뿐 아니라 보도 시점 자체도 민주당 경선 투표 등을 앞둔 때라 죄질 또한 심히 불량하다면서 고발한다고 밝혔다. 또한「정보통신망법」상 명예훼손죄까지 적용해 서울중앙지방검찰청에 고발한다고 밝혔다.

이재명과 얽힌 대장동 사건은 이렇게 한국 정치 무대에 등장했다. 20대 대통령 선거 내내 국민의 관심을 모았고, 정치권의 논쟁을 불러왔다. 이재명은 막판에 가서는 "대장동의 몸통이 윤석열"이라고 주장하는 영리한 술책을 동원하기도 했다. 몇몇 좌파 방송과 신문들이 이재명을 도왔다. 마치 윤석열이 대장동 사건에 관련된 것처럼 묘사하는 내용으로 뉴스를 만들어 보도했다. 나중에 이 언론들은 모조리 허위 사실을 보도한 것으로 판명이 나서 사과 방송을 하고 제재를 받았다.

이재명의 "대장동 몸통은 윤석열"이라는 주장은 매우 영리한 전술이었다. 자신의 지지자들에게 꽤 좋은 효과를 거두었을 것이라 판단된다. 하지만 중도층의 마음을 움직일 수는 없었다. 우선 여러 드러난 정황이 이재명과 대장동의 연관성이 높다는 것을 보여줬다. 대장동을 개발할 당시 이재명이 개발허가권을 가진 성남시장이었다. 일반인들은 정확히 알 수 없지만, 공무원들은 안다. 아파트를 건설하려면 시장이나 군수의 허가가 있어야 한다는 것을. 전국에 있는 공무원들은 이재명의 허가 없이 대장동 개발이 불가능하다는 것을 알고 있다. 건설업에 종사하고 있거나 건설업 근처에서 일해 본 사람들도 안다. 관공서의 허가 없이 아파트 건설이 불가능하다는 것을. 그렇기에 대장동 비리와 이재명의 연관성이 높다는 것을 아는 국민이 많다.

이와 달리 윤석열은 대장동과 연관성이 없다. 아무리 연관성을 찾아보려 해도 찾기 힘들다. 아마도 윤석열은 대장동에 가본 적도 없을 것이다. 그러니 아무리 영리하게 "대장동 몸통은 윤석열"이라고 주장해도 그 주장은 설득력이 없었다. 그 주장에 설득력이 있었다면 대한민국 20대 대통령은 윤석열이 아니라 이재명이 됐을 것이다.

잠시 샛길로 빠졌다. 이 장의 주제인 '우리 편을 먼저 죽여라'의 주로로 돌아가자.

그러면 이재명이 대장동과 관련됐다는 의혹을 언론에 제보한 사람은 누구일까? 어느 쪽 세력이 이재명에게 불리한 그런 정보를 언론에 제보한 것일까? 우리 편을 먼저 죽여야 하는 쪽에서, 즉 같은 정당 소속 정치 세력이 제보한 것이다.

2023년 12월 27일, 이낙연계 남평호 연대와공생 부이사장이 기자회견을 열었다. 자신이 대장동 관련 내용을 언론에 제보한 사람이라고 스스로 밝히기 위한 회견이었다. 『경기경제신문』 기자가 자신에게 대장동 관련 내용을 제보한 사람은 2021년 당시 이낙연 민주당 대통령 후보의 최측근이라고 밝힌 지 며칠이 지난 시점이다.

남 부이사장은 이낙연이 국무총리를 지낼 당시 총리실 민정실장을 지냈다. 기자회견 당시에는 이낙연의 씽크탱크인 연대와공생 부이사장을 맡고 있었다.

남평오는 "제가 제보자라고 밝히게 된 것은 정치가 부정부패와 함께할 수 없다는 양심의 발로"라고 말했다.

남평오는 "자료가 부족하고 조사 권한이 없었지만, 제보와 수집된 자료를 2주 동안 전문가가 분석한 결과 대장동 사업은 이재명 대표가 내세웠던 '단군 이래 최대 업적'과는 거리가 있었다"며 "대장동 조성 원가가 부풀려서 횡령 가능성도 제기됐고, 절차적 정당성 확보에서도 위법 상황이 발견됐다"고 말했다.

그러면서 "무엇보다 긴 시간과 우연을 넘는 인과관계를 볼 때 이재명 전 성남시장의 인지와 개입, 결재 없이는 대장동 사업이 불가능하다는 것이 전문가들의 공통된 지적"이라면서 "이재명 대표와 오랜 관계를 맺은 성남시 관련 인사들의 증언도 들었고, 시민운동가·지역 언론인의 많은 증언이 있었지만, 한결같이 '이재명에 반대하면 보복을 당할 수 있으니 익명으로 해달라'고 부탁했다"고 말했다.

남평오는 "이낙연 전 대표는 엄정한 자기검열을 위해 언론과 수사기관 등에 확실한 정보가 아니면 행동하지 않는 분이었고, 당시 이재명 후보 측에서 '이낙연이 네거티브를 한다'고 공세를 강화해서 캠프에 문제 제기를 해봤자 진실은 묻힌 채 역공의 빌미를 줄 것으로 판단했다"고 말했다. 그러면서 "그래서 이낙연 전 대표에게 보고를 안 하고 언론에 제보하기로 마음을 먹었다"고 말했다. 남평오는 이낙연은 자신이 제보한 것을 알지 못한다고 말했다. 최근에야 알게 됐다고 했다.

대장동 사건은 20대 대선 과정에 가장 뜨거운 이슈였다. 본선에서뿐 아니라 예선에서도 그랬다. 이재명에게 압도적인 지지를 보냈던 더불어민주당의 당원들이 흔들렸다. 이낙연은 대장동으로 당내 경선에서 이재명을 넘어설 뻔했다. 그러나 이낙연 입장에서 보면 대장동 사건이 너무 늦게 터졌다. 좀 더 일찍 이낙연 캠프가 대장동 사건을 터트렸으면 2021년 민주당의 대선후보 경선 결과가 달라졌을 수도 있다.

이재명과 민주당은 윤석열 정권이 대장동 사건을 만들어서 핍박한다는 듯이 주장한다. 하지만 이재명에게 적용된 대부분의 혐의는 문재인 정권 때 드러난 혐의들이다. 대장동 사건도 같은 민주당 소속이었던 이낙연 후보 캠프에서 언론에 제보하면서 드러난 것이다.

약자가 강자를 공격하는 이유

　　　　　동물의 세계에서 약자가 강자를 공격하는 것은 있을 수 없는 일이다. 약육강식의 동물의 세계에서 강자는 공격자고, 약자는 피해자다. 그렇다고 약자가 늘 강자를 두려워하는 것만은 아니다. 약자가 강자를 공격하는 경우도 있는데, 물론 그건 아주 예외적인 경우다. 세균이나 기생충에 감염되어서 겁을 상실했을 때에 가능하다. 그리고 그런 일은 실제로 동물 세계에서 자주 벌어진다. 톡소플라스마 곤디라는 원생생물이 있다. 이 기생충에 감염된 쥐는 두려움을 상실해서 고양이에게 대든다. 영국의 생물학자 앤디 돕슨의 책『Flows of Nature(번역본 고래는 물에서 숨을 쉬지 않는다)』에는 톡소플라스마 곤디에 감염된 쥐에 대해 이렇게 설명해 놓았다.

> 감염된 쥐는 다른 쥐와 달리 고양이를 두려워하지 않고, 숨지 않으며, 도망치지 않고, 고양이의 오줌 냄새를 개의치 않는다.

　그러나 쥐의 이런 행동은 매우 예외적인 것이다. 그야말로 감염돼서 겁을 상실했기에 가능한 것이다. 대부분의 쥐는 자신보다 강한, 자신의 천적인 고양이를 보면 줄행랑을 하는 가장 현명한 전술을 사용한다.
　세렝게티 초원 위에서 가젤은 언제나 약자다. 치타는 가젤과의 관계에서 언제나 강자다. 그래서 공격과 방어는 늘 일방적이다. 치타는 공격하고, 가젤은 방어한다. 강자는 사냥하고, 약자는 도망친다.

새벽을 알리는 수탉의 울음소리는 우렁차다. 도시에서는 듣기 어려운 소리다. 시골에서 자란 사람들은 새벽을 알리는 수탉의 울음소리를 누구나 들었을 것이다. 나도 어릴 적 아마도 청소년기에도 수탉의 울음소리를 들었다. 새벽을 알리는 수탉들의 울음소리에도 순서가 있다. 마구잡이로 누구나 자기 맘대로 울어대는 것이 아니다. 닭장 안에서 가장 서열이 높은 수탉이 우선권을 갖는다. 서열 1위 수탉이 '꼬끼오' 하고 울고 나면 그다음에 다른 닭들이 울음소리를 목청껏 낼 수가 있다. 강자 수탉의 사인이 있을 때까지 약자 수탉들은 숨죽이고 있어야 하는 것이다.

목장에서 풀을 뜯는 소들도 마찬가지다. 식사 시간이 돼서 사료와 여물을 준비해 놓으면 서열이 가장 높은 소가 먼저 사료와 여물을 먹는다. 소들은 차례차례 서열에 따라서 줄지어서 먹기 시작한다. 많은 동물의 행동이 이렇다. 강자가 우선이고, 약자는 다음이다. 강자는 공격하고 약자는 방어하거나 도망친다.

정치판은 다르다. 대개 약자가 공격하고 강자가 방어하느라 애를 먹는다. 21세기 대한민국을 보라. 대통령들은 야당으로부터, 언론으로부터 공격당하느라 정신이 없다. 자신의 가족과 연루된 비리가 숨김없이 드러난다. 야당으로부터 늘 독불장군이라고 비판받는다. 하지만 대통령이 야당을 공격하는 경우는 거의 없다. 야당이 약자라는 국민의 인식 때문이다. 또 한편으로는 대통령이 야당 인사를 공격하면 그 인사를 정치적으로 키워주는 결과가 되기 때문이다.

그렇기에 야당 인사들은 대통령을 무조건 공격한다. 대통령을 공격함으로써 자신이 유능하다는 이미지를 생성해 낼 수 있다. 혹여라도 대통령 측에서 자신에게 반격을 가하면 정치적으로 성장하는 촉매로 작용할 수도 있다. 야당 정치인이 대통령을 공격하는 것은 정치적인 면에서 늘 남는 장사다.

야당 정치인뿐이 아니다. 여당 정치인도 대통령을 공격한다. 대통령을 공격하고서 여당을 탈당하기도 한다. 그런 행동 역시 정치적으로 유리하기 때문이다. 이준석이 윤석열 대통령을 비판하는 것도 같은 이유다.

> "상식적으로 김정숙 여사가 많이 드실지 윤석열 대통령이 많이 드실지 한번 상상해 봐야 한다. 순방 비용을 까는 순간 아마 보수 진영의 대탈주극이 시작될 것."

2024년 6월 문재인 전 대통령 부인 김정숙 여사의 타지마할 방문과 관련한 과다한 기내식 비용이 문제가 됐을 때, 이준석은 이렇게 윤석열 대통령을 비판했다.

김정숙의 타지마할 방문이 논란이 된 것은 대통령 부인이 대통령과 동행하지 않고 단독으로 대통령 전용기를 이용한 것 때문이었다. 대통령이 타지 않은 비행기에 대통령 휘장을 단 것도 문제였다. 기내식 비용은 여러 논란 가운데 하나였다. 그런데 그것과 관련 이준석은 윤 대통령의 순방 비용과 비교해야 한다면서 윤석열을 공격한 것이다. 이는 적절한 공격은 아니다. 대통령의 공식 순방과 대통령 부인의 갑작스러운 방문과는 차원이 다르다.

하지만 이준석이 윤석열을 공격한 이유는 알 수 있다. 자신을 당 대표에서 쫓아낸 것부터 여러 가지로 윤 대통령에게 서운한 것이 있기 때문이다. 그런 이준석의 마음은 이 책을 읽는 독자들도 이해할 것이다. 그러나 이준석이 윤석열 대통령을 공격하는 이유는 서운함 때문만이 아니다. 그것은 자신의 정치적인 이익을 위한 계산된 공격이다.

이준석은 22대 국회의원 선거에서 당선이 확정된 그 순간 당선 소감을 통해 윤 대통령을 비판했다.

"선거 결과를 보니 여당이 준엄한 민심의 심판을 받았다고 생각한다. 바로 직전 전국 단위 선거에서 대승을 이끌었던 당 대표(이준석)가 왜 당을 옮겨서 출마할 수밖에 없었을까 하는 것에 대해 윤 대통령이 곱씹어봤으면 한다."

이뿐이 아니다. 국회의원에 취임하고 나서는 윤 대통령에 대한 탄핵을 암시하는 발언도 했다. 윤 대통령의 임기가 3년이나 남은 시점에서 "다음 대통령 선거가 3년 남은 거 확실하냐?"라고 말했고, "대통령이 임기 단축 개헌도 고민하는 게 필요하다." 말하기도 했다.

이준석이 강자인 대통령을 비판하는 이유는 앞에서 설명했다. 그런데 이준석이 윤 대통령을 비판하는 이유는 또 있다. 양문석, 홍준표의 경우와 비슷하다.

이준석의 입장에서는 윤석열 정권이 망해야 한다. 그것이 자신의 정치적인 행로에 유리하다. 윤석열 정권이 성공해서 국민 지지율이 높으면 이준석이 정치적으로 설 자리가 좁아진다. 이준석은 우파 정치인이다. 그를 지지하는 젊은이들이 많은데, 그들도 대부분 우파 성향인 것으로 추측된다. 그렇기에 우파 진영에서 정치하는 세력 가운데 이준석보다 더 나은 정치를 하는 세력이 있다면 그것은 이준석에게는 매우 강력한 경쟁자가 된다. 세렝게티 초원에서 자신보다 더 빨리 달리는 치타와 경쟁하는 상황인 것이다.

이준석에게는 우파 진영에 자신보다 더 유능한 정치인이나 정치세력이 존재하지 않는 것이 유리하다. 유능하더라도 국민에게 유능하지 않은 정치인으로 인식되면 괜찮다. 이준석이 윤 대통령을 강하게 비판하는 이유는 그렇다. 윤 대통령이 실패하는 것이 이준석의 정치 앞날에 이롭다. 자신이 떠난 국민의힘이 망하는 것이 이준석의 정치 행보에 유리하다.

윤 대통령도 망하고, 국민의힘도 국민의 지지를 잃고 나면 우파의 대안으로 이준석이 떠오를 수 있다. 그렇게 된 후에 국민의힘에 입당해서 우파를 재건할 수가 있고, 개혁신당으로 국민의힘 자리를 대체할 수도 있다. 중요한 것은 일단 윤 대통령이 가능하면 최대한 빨리 망하고, 국민의힘은 제자리를 못 찾고 우왕좌왕하는 상황이 조성되는 것이다.

2021년 여름. 우파 진영이 갈피를 잡지 못하고 있을 때, 국민과 당원들이 우파 진영의 리더로 젊은 인물 이준석을 선택했던 감동적인 순간을 이준석은 잊지 않고 있다. 그 영화를 다시 재현할 수 있을 것이라고 이준석은 판단하고 있을 것이다. 그러자면 우선 윤석열 정권과 국민의힘이 우왕좌왕 갈피를 잡지 못하고 허둥대고 있어야 한다.

가장 중요한 것은 당권이다

"아무 말도 하지 않으면 아무 일도 일어나지 않는다."

2023년 3월, 국민의힘 당 대표 선거를 앞둔 시점에 윤석열 대통령실 이진복 정무수석이 안철수 의원에게 이렇게 말한 것으로 알려졌다. 안철수는 당시 국민의힘 당 대표 선거에 출마한 상태였다. 이진복 수석이 이렇게 안철수에게 경고한 이유는 안철수가 윤석열 대통령과 자신이 같은 편이라는 것을 강조한 것에 대한 불쾌감의 표시였다. 또한 실제로는 그렇지 않다는 것을, 윤석열 대통령의 마음은 김기현 후보를 응원한다는 것을 보여주기 위한 것이었다. 집권 여당에서 어떻게 이런 일이 일어났을까?

이야기의 출발은 2022년 여름에 시작된다. 그해 7월 국민의힘 당 대표 이준석의 당무가 정지된다. 소속 정당의 윤리위원회가 당 대표의 당무 정지를 결정하는 매우 이상한 일이 국민의힘 안에서 일어났다. 직무를 정지하는데 동원된 비리 혐의도 이상하다. 공소시효도 지난 옛날에 성 상납을 받았는지에 대한 불분명한 혐의로 당 대표의 직무가 정지됐다. 실제 징계 이유는 성 상납 비리 혐의를 무마하려고 시도했다는 것이었다. 당 대표의 직무를 정지시키는 데 사용된 비리 혐의로는 대단히 이상하다(실제로 2024년 여름, 이와 관련한 모든 혐의가 무혐의 종결됐다). 어쨌든 이준석은 그리하여 국민의힘 당 대표 직무가 정지되고 최종적으로 당 대표직에서 물러난다. 그 후에 탈당도 한다. 이준석이 당 대표에서 물러나는 과정은 외부의 힘에 의해 강제로 물러난다는 것을 국민 모두에게 노골적으로 보여주었다.

이준석은 국민의힘이라는 우파 정당이 큰 선거에서 두 번 연속으로 승리하는 기록을 남긴 당 대표였다. 이준석이 국민의힘 당 대표에 취임하기 이전에는 국민의힘 지지율이 높지 않았다. 국민의힘은 과거 그대로의 꼰대, 웰빙, 노쇠의 이미지의 틀에 갇힌 정당이었다. 그런데 이준석이 당 대표가 되면서 국민의힘에 대한 이미지가 확 바뀌었다. 국민의 지지율이 높아졌다. 특히 젊은층이 관심을 갖는 정당으로 탈바꿈했다.

이준석은 국민의힘 당 대표로 2022년 3월 실시된 20대 대통령 선거를 승리로 이끌었다. 그해 여름에 치러진 지방선거도 승리했다. 패배의 늪에 빠져있던 정당을 구해낸 당 대표라는 평가를 받기에 충분했다. 하지만 그런 혁혁한 전과에도 불구하고 이준석은 당 대표 자리에서 쫓겨났다. 대통령으로 당선된 윤석열과 그 측근들이 연출한 권력투쟁의 결과였다.

그렇다면, 왜 그랬을까?

윤석열 대통령 주변의 권력을 탐하는 사람들, 친윤 세력이 다른 당 대표 후보들에게 가한 정치폭력을 보면 그 이유를 유추할 수 있다.

이준석을 당 대표 자리에서 물러나게 한 친윤 세력들은 다음 당 대표를 자신들의 입맛에 맞는 정치인으로 앉히려고 수단과 방법을 가리지 않는다. 유력 후보였던 나경원에게는 저출산 고령화위원회 부위원장에서 물러나게 하는 것으로 일차 경고를 보낸다. 그런데도 나경원이 말을 듣지 않고 당 대표 출마를 강행하려 하자, 연판장으로 공개 경고를 한다. 친윤 그룹의 초선의원들이 나경원에게 윤 대통령에게 사과하라며 압력을 가한 것이다. 결국 나경원은 대표 출마를 포기한다.

이준석은 대표직에서 물러났고, 유력한 후보 중 한 명인 나경원은 포기시켰고, 유승민은 출마하지 않았다. 이제 2023년 국민의힘 당 대표 후보군에서 김기현보다 지지율이 높은 사람은 안철수밖에 남지 않았다. 그러자 윤석열 대통령실이 직접 나서서 안철수를 주저앉히려고 공격했다.

안철수는 당 대표 선거에 나서면서 자신이 윤석열 대통령과 마음이 통하는 사이라고 강조했다. 대통령 선거 과정에서 후보 단일화를 이룬 점을 당원들에게 상기시키려고 노력도 했다. 그 과정에서 '윤안연대'라는 말도 나왔다. 그러자 대통령실의 이진복 정무수석이 직접 나섰다. "아무 말도 하지 않으면 아무 일도 일어나지 않는다."라는 이 수석의 말은 그래서 나온 것이다. 안철수에게 대통령을 팔지 말라는 의미다. 대통령의 마음은 다른 후보에게 있다고 공개적으로 밝힌 것이나 다름없다. 보통 정치인들은 이 정도 압력이면 후보직을 사퇴한다. 나경원의 사례가 매우 일반적이다. 하지만 안철수는 겁이 없는 정치인이다. 그는 정치적으로 타격을 입어도 다시 회생할 수 있는 환경을 갖춘 사람이다. 국민의힘에서 제명돼도 크게 걱정하지 않는다. 다시 창당하면 되기 때문이다. 안철수라는 이름 아래 모일 정치인들이 많지는 않겠지만, 새로 창당할 정도의 정치인은 충분히 확보할 수 있다. 무엇보다 안철수에게는 '돈'이라는 큰 무기가 있다. 수천억 원의 자산가인 안철수에게 자본주의 사회에서 정치인으로 살아가는 것은 아무 어려움이 없는 일이다. 그렇기에 대통령실이 아무리 협박해도 안철수는 굽히지 않고 출마했다. 그러나 결과는 좋지 않았다.

친윤들은 당 대표 지지율이 높지 않았던 김기현을 당 대표로 선출하는 데 성공했다. 당권을 놓고 벌인 권력투쟁에서 승리한 것이다. 이준석을 당 대표에서 몰아낸 이후 김기현을 당 대표로 선출할 때까지의 과정은 친윤 세력이 당권을 장악하기 위해 기획한 당권 장악 전략이었다.

'친명공천 비명횡사'

2024년 4월 22대 국회의원 총선을 앞두고 벌어진 더불어민주당의 공천과정은 이 여덟 글자로 요약된다. 이재명과 친한 정치인, 친이재명계라고 알려진 정치인들은 국회의원 공천을 받았고, 이재명계가 아닌 정치인들, 비명계로 분류된 정치인들은 공천을 받지 못했다. 이 당시 민주당의 국회의원 공천은 철저하게 이재명의 의도대로 진행됐다. 그럼 왜 민주당에서는 이런 일이 일어났을까? 이 이야기의 발단은 2023년 가을에 시작됐다.

그해 9월 19일, 백현동 용도변경 사건, 김성태와 안부수의 대북 송금 혐의 사건, 2018년 이재명 허위 사실 공표 혐의 사건의 이재명 위증교사 혐의 사건 건에 대해 검찰이 이재명에 대한 구속영장을 청구했다. 검찰의 영장 청구안이 국회에 제출됐다.

이틀 후인 23일 국회가 이재명 체포동의안에 대해 국회의원 표결을 진행했다. 결과는 예상 밖이었다. 이재명이 대표인 더불어민주당이 국회 과반을 차지하고 있었기에 부결될 것이라는 전망이 높았었다. 하지만 더불어민주당 소속 의원 일부가 이재명 체포동의안에 찬성하면서 체포동의안이 가결됐다. 이재명은 법원에 출석해서 구속 전 피의자 심문을 받아야 했다.

이날의 사건은 이재명에게 큰 충격이었을 것이다. 이재명이 영장 전담 판사에게 말했듯이 구속되는 것은 그의 목숨과도 관계된 일이었다. 이재명에게 적용된 여러 혐의를 종합해 보면 이재명은 한 번 구속되면 세상 밖으로 걸어 나올 수 없는 상황이었다. 다행히 영장 전담 판사의 이해할 수 없는 하해와 같은 아량 덕분에 이재명은 구속을 면했다. 그러나 체포동의안 가결사건은 이재명에게는 트라우마로 남을 수밖에 없었을 것이다.

이재명은 자신이 사는 길은 믿는 사람들로 민주당을 채우는 것밖에 방법이 없다고 판단했을 것이다. 그런 이재명의 판단이 2024년 봄 민주당의 공천 과정에서 그대로 적용됐다. 친명 공천 비명횡사.

당권의 유통기한은 길다

대통령의 유통기한은 5년이다. 명시적으로 그렇다. 하지만 실질적으로 대통령의 유통기한은 그보다 짧다. 5년 가운데 절반인 반환점을 돌고 나면 대통령의 힘이 빠진다. 대통령의 임기 후반이 되면 그래서 대통령의 권력이 '레임덕'에 빠졌다고 말한다. 누구나 권력이 영원하기를 원한다. 김정은, 시진핑, 푸틴 같은 독재자들만이 그러는 것이 아니다. 늘 부자로 살고 싶은 것과 마찬가지로, 영원히 권력을 장악하고 싶은 것은 인간의 본능적인 욕구다. 대통령도 마찬가지다. 그래서 현직 대통령은 자신의 소속 정당인 여당의 권력을 장악하려고 한다. 자신이 직접 장악할 수 없다면 자신이 가장 믿을 수 있는 정치인을 통해서 당을 장악하려고 한다. 자신이 믿을 수 있는 사람들로 여당을 채우려 한다.

윤석열 대통령과 친윤 그룹이 이준석을 몰아내고, 나경원의 당 대표 출마를 포기하게 만들고, 안철수를 협박한 이유가 그 때문이다. 물론 그렇게 당을 장악하려 하고 그러는 과정에서 인기 없는 정치인이 당 대표가 되는 것이 당에 이롭지 않다는 것을 안다. 그런 행동이 결과적으로 여당의 지지율을 하락시킬 수 있다는 것을 안다. 정권에 불리할 수도 있다는 것도 안다. 하지만 그것들보다 중요한 것은 당권을 장악하는 것이다. 당권을 장악해야 차기 권력을 창출할 수 있고, 그 권력을 통해 더 오래도록 권력을 유지할 수 있을 것이라는 욕망 때문이다.

윤 대통령이 권력을 유지하고 싶은 욕심이 있겠으나 대통령 이후에 누리는 권력은 대통령 재임 때보다 작을 수밖에 없다. 그것을 윤석열도 안다. 그렇기에 당을 장악하려는 의지가 야당 대표만큼 크지는 않다. 특히 야당 대표가 여러 범죄 혐의로 재판을 받고 있는 상황이라면 더욱 그렇다.

이재명에게 있어서 당권은 목숨이 달린 문제다. 그에게 적용된 여러 범죄 혐의에도 불구하고 그가 구속되지 않은 이유는 그가 거대 정당의 당 대표이기 때문이다. 그걸 알기에 이재명과 친명 진영은 민주당의 당권을 사수하려 그 어떤 수단과 방법을 가리지 않는다. 이재명은 대한민국의 다음 대통령이 되겠다는 강한 의지가 있어 보인다. 그것 역시 그에게는 목숨처럼 소중한 것이다. 그에게 적용된 여러 범죄 혐의에서 벗어나는 유일한 길은 그가 대법원 판결이 나기 전에 대통령에 당선되는 것이다. 이재명이 대통령에 당선되려면 우선 민주당의 대통령 후보가 돼야 한다. 민주당의 대통령 후보가 되려면 민주당의 당권을 쥐고 있어야 한다. 대선에서 한 번 패배한 후보가 다시 대선 후보가 되려면 손아귀에 확실하게 당권을 쥐고 있어야 가능하다. 비명계나 친문 진영이 당권을 장악하면 이재명의 대선 후보 선출은 가능성이 매우 희박하다.

당 대표가 아니어도 대통령 후보로 선출될 수가 있다. 하지만 그렇게 하기에는 이재명이 안고 있는 범죄 혐의가 너무나도 무겁다. 단 한 치의 빈틈도, 단 1%의 가능성도 허용해서는 안 되는 것이 2024년도 이재명의 처지다. 2023년 가을의 추억은 이재명에게 공포로 남아있다. 민주당 소속 의원들의 반발로 체포동의안이 가결되는 상황이 또 재연되는 것은 상상하기도 끔찍한 것이다.

이재명은 무슨 수를 써서라도 당 대표를 연임해야 한다. 김대중 이후로 민주당에서 전례가 없었다고 하지만 그런 것은 이재명이 신경 쓸 일이 아니다. 다시 민주당 당 대표가 되고 다시 민주당 대선 후보가 되는 것 외에 다른 것을 생각할 여유가 없다. 그래서 2024년 봄, 이재명은 비명횡사 친명공천을 단행했다. 그리고 하늘이 도왔는지 결과가 좋았다. 이재명이 한숨 돌릴 여유가 생겼다.

당권은 유통기한이 없다. 대한민국 법률로 당권의 유효기간을 정해놓지 않았다. 대통령의 유통기한은 5년이라고 헌법에 명시돼 있기에 대통령의 권력 기한은 제한적이다. 하지만 당권은 다르다. 각 정당이 자체 규범(당헌 당규)을 만들어서 당권의 유통기한을 제한해 놓았다. 하지만 그 규범은 언제든지 고칠 수 있다. 당 대표와 당권을 장악한 세력들이 나쁜 마음만 먹는다면 당헌을 고치는 것은 힘든 일이 아니다. 실제로 이재명과 그 측근 세력들은 2024년 6월, 더불어민주당의 당헌 당규를 고쳤다. 이재명에게 유리하게. 이재명이 당 대표가 되고 이재명이 대통령 후보가 되고 이재명이 당권을 장악한 채로 지방선거 공천을 할 수 있게 됐다.

이재명의 민주당은 분명히 보여준다. 당권에는 유통기한이 없다는 것을. 그래서 당권이 중요하다. 당권을 장악하면 대통령 후보가 될 수 있다. 공천권을 휘둘러서 자신과 가까운 사람들로 당을 채울 수 있다. 가까운 사람들을 국회의원으로 만들 수 있다. 지방의원도 지방 자치단체장도 자신이 원하는 사람들로 앉힐 수 있다. 당헌 당규를 개정해서 영원히 권력을 유지할 수도 있다. 그래서 당권이 중요하다. 그래서 당권을 놓고 치열하게 전투를 벌인다. 그래서 자기편을 저격한다.

15.

이상하게 행동하라

일단 유명해져야 한다. 정치인으로 성공하려면 인지도를 높이는 게 급선무다. 어떤 방식으로든 일단 인지도를 높여놓아야 국회의원에 출마하든 자치단체장에 출마하든 할 수가 있다. 당내 경선이라는 게 주로 여론조사를 통해 이뤄지기 때문이다. 그리고 여론조사는 당연하게도 인지도 높은 사람에게 유리하다.

인지도를 높이려면 이상하게 행동해야 한다. 흔한 말로 튀는 언행을 보여야 한다. 개가 사람을 무는 것은 뉴스가 되지 않는다. 사람이 개를 물어야 뉴스가 된다. 지금 대한민국에서 유명한 정치인으로 활동하는 인물들 가운데 이상한 언행으로 유명해진 사람들이 적지 않다.

이재명 모라토리엄 선언

       2010년 7월. 성남시장으로 취임한 이재명은 깜짝 발표를 했다. 성남시가 빚을 갚지 못하겠다면서 모라토리엄을 선언한 것이다. 판교 사업과 관련한 빚이 5천여억 원 있는데 이것을 갚지 못하겠다는 선언을 한 것이다.

  그동안 대한민국 자치단체 가운데 빚을 갚지 못하겠다면서 모라토리엄을 선언한 자치단체는 없었다. 이재명 성남시장의 선언이 처음이었고, 그 후로도 없다.

  이재명의 모라토리엄 선언은 처음 있는 일이었기에 언론의 집중조명을 받았다. 그럴 만도 했다. 자치단체가 빚을 갚지 못한다는 것은 외국에서는 사례가 있다는 것을 들어본 국민은 있지만, 대한민국에서 그런 일이 일어날 것이라고는 상상하지 못했기 때문이다. 언론사도 기자들도 마찬가지다. 나 역시 그 딩시에 신문기자였다.

  그러나 사실 모라토리엄 선언은 이재명의 쇼였다. 그를 전국적인 유명인으로 만들어주는 한 편의 쇼였다. 나중에 이재명도 『한겨레 신문』 인터뷰를 통해서 그런 사실을 시인했다.

  "모라토리엄 선언이 정치쇼였단 지적이 있는 건 안다. 하지만 재정감축과 구조조정을 하려면 시민들에게 성남시의 재정 상황을 충격적인 방식으로라도 알려야 했다. 나더러 쇼했다고 하면 전혀 틀린 말도 아니지만, 그 덕에 시민들이 크게 반발하지 않고 재정감축에 동의해 줬다."

  성남시는 대한민국에서 가장 부자 자치단체 가운데 하나로 꼽힌다. 서울 강남 3구를 제외하면 성남보다 더 부유한 자치단체를 찾기 힘들다. 그런 성남시가 빚을 갚지 못하겠다고 선언하는 것은 상식 밖의 일이다. 실제 성남시는 그 빚을 다 갚았고, 오히려 돈이 남아서 시민들에게 직접 현금을 나눠주기도 했다. 이 역시 이재명 시장이 재임 때 일어난 일이다.

이재명은 최초의 기초자치단체 모라토리엄 선언이라는 이상한 행동을 통해서 전국적인 유명인사가 됐다. 기초단체장이 전국적인 유명세를 타는 것은 매우 힘든 일이다. 경기도지사도 전국적인 유명세를 타기 힘든데, 이재명은 모라토리엄 선언 하나로 일약 전국적인 인물이 됐다.

이재명의 이상한 행동은 그뿐이 아니다. 그는 박근혜 탄핵 촛불시위가 있을 때 적극적으로 가담했고, 페이스북을 통해서도 수없이 박근혜를 격렬하게 비난했다. 성남시장이라는 신분으로 좌파의 심장인 광주에 내려가서 촛불시위에 참여하기도 했다.

이런 이상한 행동이 그를 유명인으로 만들었고, 그 유명세 덕분에 그는 지금 대선 후보의 대열에 서 있다.

김남국, 이모가 뭐예요?

　　　　　　이상한 행동을 통해서 유명해진 정치인 가운데 김남국도 있다. 김남국은 이재명처럼 치밀한 계산을 통해서 이상한 행동을 한 것은 아니다. 그는 얼떨결에 이상한 행동을 했는데 그로 인해서 더 유명한 정치인이 됐다.

　2022년 5월 9일, 국회에서 한동훈 법무부 장관에 대한 인사청문회가 열렸다. 그 자리에서 김남국은 역사에 남을 만한 발언을 한다.

　학술지에 실린 논문에 한동훈 장관 딸이 공저자로 이름을 올렸다면서 그 논문을 한동훈의 딸이 "이모하고 같이 썼다"고 말했다.

　그러나 이 발언은 김남국이 크게 착각한 것이다. 나중에 밝혀진 사실을 토대로 추론해 보면 김남국은 이 시기에 코인 거래에 정신이 팔려있어서 청문회 준비를 거의 하지 않은 것으로 의심받는다.

　김남국이 말한 이모는 엄마의 자매가 아니었다. 익명으로 처리할 때 사용하는 '이 모 씨'였다. 성은 이 씨고 이름은 아무개인 것이다.

　김남국의 이 발언은 그날 저녁 방송 뉴스에서 중요하게 다뤄졌다. 그리고 덕분에 김남국은 전국적인 유명인사가 됐다.

　이후에도 김남국을 더 유명하게 만들어준 그의 행동이 이어졌다. 대대적인 코인 거래를 했던 것이 드러난 것인데, 더구나 그는 국회에서 상임위원회 시간에도 코인 거래를 한 것으로 드러났다. 한동훈 법무부 장관 후보자의 인사청문회가 진행되던 그 시간대에도 코인 거래를 한 것으로 드러났다.

　이 아무개 씨를 엄마의 자매인 이모로 틀리게 이해하는 이상한 발언으로 유명해진 김남국은 국회 상임위 시간에 코인 거래라는 또한 이상한 행동으로 유명해졌다.

안산이 지역구인 김남국은 그 도시에서 어느 정치인보다 유명하다. 3선 국회의원에 장관까지 지낸 전해철보다도 유명하다. 그리고 그런 유명세는 분명 김남국의 정치 행보에 불리하게 작용하지 않는다.

노무현의 명패 투척

전두환의 뒤를 이어 대통령에 당선된 노태우는 여소야
대의 정국을 이끌어야 하는 힘든 대통령이었다. 전두환이 강한 카리
스마로 정국을 이끌었던 것과는 달리 개인적인 카리스마가 약했던 노
태우는 야당에 끌려다녔다. 국민투표라는 민주적인 절차를 통해 대
통령에 선출됐지만, 노태우는 전두환에 의해 만들어진 대통령이라는
국민의 인식이 있었다.

또한 김영삼 김대중과 같은 노련한 정치인들을 상대하기에는 정치
적인 경험도, 식견도 부족했다. 노태우는 야당들의 요구에 따라서 전
두환의 5공화국에 대한 국회 청문회를 열었다. 그리고 그 청문회는
무명의 젊은 정치인 노무현을 일약 유명 정치인으로 만드는 무대가
됐다.

5공 비리·광주 청문회 마지막 날인 1989년 12월 31일. 국회에 출
석한 전두환은 5.18 민주화운동 진압을 '자위권 발동'이라고 주장했
다. 전두환의 이 발언으로 국회가 술렁였다. 여당과 야당의원들 사이
에 고성이 오가면서 국회가 시끌벅적해졌다. 회의장에 소란이 일자
전두환은 퇴장했다. 그러자 당시 김영삼이 이끄는 통일민주당 소속
초선의원이었던 노무현이 전두환이 서서 발언하던, 전두환이 퇴장하
고 나간 텅 빈 연단을 향해 자신의 명패를 집어 던졌다. 당시 5공 청
문회는 방송으로 중계되고 있었다. 노무현의 이상한 행동은 그대로
전파를 타고 국민의 동공 속으로 빨려 들어갔다.

노무현이 명패를 집어 던지기 전까지 국회 회의장 안에서 물건을 집

어 던진다는 것은 상상 밖의 일이었다. 국회는 권위를 상징하는 곳이었고, 점잖게 행동하는 장소였다. 언행에 최대한 예의를 갖춰야 하는 곳이라고 국민은 생각하고 있었다. 그런데 5공 청문회가 진행되면서 젊은 정치인들의 강성 발언이 쏟아지면서 국민의 시선을 사로잡았다. 노무현뿐 아니라 당시 국회의원 이철도 5공 청문회 스타 중 한 명이었다. 하지만 가장 강하게 국민의 뇌리에 남은 사람은 노무현이었다. 명패를 집어 던진 이상한 행동으로 노무현은 5공 청문회를 통해 국민에게 가장 기억에 남는 정치인이 됐다. 아마도 노무현이 명패를 집어 던지지 않았으면 5공 청문회 최고의 스타는 이철이었을 것이다.

유시민, 류호정, 그리고 전현희

　　국회에서 이상한 행동으로 언론의 조명을 받고 그로 인해 유명해진 사람 가운데 유시민과 류호정이 있다. 두 사람 모두 특이한 의상을 입고 국회 본회의장에 나타나서 언론의 주목을 받았다. 그리고 그것으로 초선의원임에도 유명한 인물이 됐다.

　2003년 4월 실시된 보궐선거에서 유시민이 국회의원에 당선됐다. 국회의원 신분이 된 유시민은 4월 29일 취임 선서를 하기 위해 본회의장에 들어섰다. 그런데 그의 복장이 그동안의 관례를 깼다. 이상했다. 흰색 면바지에 티셔츠 차림으로 본회의장에 들어와 연단에 섰다. 유시민의 관례를 깬 복장에 대해 다른 의원들이 '예의가 아니다.'라며 반발했다. 일부 의원들은 퇴장하기도 했다. 이날 본회의장에서 사회를 본 박관용 당시 국회의장은 "모양이 좋지 않다"며 선서를 다음 날로 미뤘다. 다음 날에는 어떻게 됐을까. 유시민은 깔끔하게 정장을 차려입고 나왔다. 국회의원이라는 자리가 그렇게도 좋은 것인가보다.

　유시민은 국회의원이 되기 이전부터 대한민국에서 이름이 꽤나 알려진 인물이었다. 유시민에 비하면 류호정은 무명인이었다. 그런 류호정이 유명해진 것도 국회 본회의장에 입고 온 옷 때문이었다.

　2020년 4월 비례대표로 국회의원에 당선된 류호정은 그해 8월 국회 본회의장에 분홍색 원피스를 입고 나타났다. 나중에 그녀는 분홍색이 아니라 빨간색이라고 했다. 흰색 바탕에 빨간 점무늬가 박혀있는 원피스다. 그녀의 복장에 대해 유시민 때처럼 큰 논란이 벌어지지는 않았다. 한국 정치 문화가 바뀌었기 때문이다. 하지만 그녀의 특이

한 복장에 언론은 집중 보도를 했다. 류호정은 다음 해에는 노란색 긴팔 셔츠에 멜빵 청바지를 입고 본회의장에 나타나 다시 한번 사진 기자들의 집중 조명 세례를 받았다. 그 후에도 배꼽티를 입고, 등이 파인 보라색 원피스를 입는 등 그녀의 파격적 의상 행진은 계속됐다. 그리고 그만큼 류호정이라는 정치인의 인지도는 높아져 갔다.

특이한 의상으로 언론과 국민의 시선을 사로잡은 정치인으로는 강기갑도 있다. 통합진보당과 민주노동당 소속으로 활동한 강기갑은 17~18대 국회의원을 지냈다. 그는 늘 한복을 입고 국회에 나타났다. 평상시에도 대부분 한복을 입었다. 양복을 입은 국회의원들 사이에서 그는 두드러질 수밖에 없었다. 그런데 그는 복장뿐만 아니라, 행동도 두드러졌다. 그의 행동은 참 이상했다. 2009년 1월 미디어법에 반대한다면서 국회 사무총장실에서 책상 위에 올라가 펄쩍펄쩍 뛰었다. 강기갑의 이런 기행을 당시 언론은 '공중부양'이라고 표현했다. 지금도 강기갑 공중부양을 검색하면 그 당시의 사진을 인터넷에서 볼 수 있다.

아무튼 이렇게 특이한 복장과 이상한 행동을 통해 강기갑은 초선 의원 시절부터 유명세를 탔다.

전현희 민주당 의원도 국회에서 예상 밖의 강성 발언으로 아주 짧은 기간 뉴스의 인물이 됐다. 그리고 그 발언으로 전현희는 원하는 결과를 얻어냈다. 2024년 8월 전현희는 국회 상임위원회에서 느닷없이 자리에서 벌떡 일어나서 "김건희가 살인자입니다."라고 외쳤다. 전후 맥락에 없는 그녀의 발언은 그날 저녁 주요 방송의 뉴스가 됐다. 다음 날에도 그다음 날에도 그녀의 발언은 계속해서 화제가 됐다. 뉴스에서 다루어졌고, 정치 평론가들의 입에서 회자됐다. 그러는 사이 전현희의 인지도는 상승했고, 민주당의 강성 지지자들에게서

'참 잘했어요.'라는 칭찬을 받았다. 때마침 민주당의 최고위원 경선이 진행되던 시기였다. 그녀가 "김건희가 살인자"라고 말하던 날까지 전현희의 민주당 최고위원 경선 순위는 6위였다. 5위까지 최고위원으로 선출되기에 그녀에게는 전세를 역전시킬 한방이 필요했다. 전현희는 국회에서 '김건희가 살인자'라는 한방으로 전세를 역전시키기 위한 모험을 감행했다. 결과는 기대 이상이었다. 전현희는 며칠 뒤 열린 민주당 최고위원 선거에서 당당히 2등을 차지했다.

무조건 인지도를 높여라

　　　　　정치인으로 성공하기 위해 가장 중요한 필요조건은 무엇일까? 유명해지는 것이다. 유명하지 않은 사람은 정치인으로 성공하는 데 한계가 있다. 반대로 유명한 사람, 즉 인지도가 높은 사람은 정치인으로 성공하는 데 매우 유리하다.

　대한민국의 주요 정당들은 후보를 경선으로 선출한다. 경선 방식이 대부분 전화 여론조사다. 유권자가 이름을 알지 못하는 사람은, 유명하지 않은 사람은 후보로 출마해도 지지를 받을 수가 없다. 유권자 입장에서는 누군지 알아야 지지를 할 수도 있고, 비난을 할 수도 있다. 전화 여론조사로 실시하는 후보 경선은 인지도가 높은 사람이 절대적으로 유리하다.

　대선 후보 호감도 조사를 보라. 후보로 거론되는 사람은 모두 유명한 사람들이다. 후보로 거론되는 사람들이 대통령 후보로 가장 적합해서 후보로 거론되는 것이 아니다. 그들이 현재 그 자리에 있고, 그들이 대중들에게 이름이 알려져 있기 때문이다.

　서울대학교에 근무하는 어떤 교수가 명망이 있고 지도자의 능력이 충분하다고 가정해 보자. 그리고 실제로 대한민국 안에 그런 교수들이 꽤 있을 것이다. 하지만 그들 가운데 누구도 대통령 후보로 거론되지 않는다. 그들을 일반 국민이 알지 못하기 때문이다. 유명한 스포츠 스타는 대통령 후보로 거론될 수 있으나, 실력은 있지만 이름이 알려지지 않은 대학교수는 대통령 후보로 거론되지 않는다.

　인지도가 높아야 정치하는 데 유리하다는 것을 모르는 정치인은 없다. 그렇기에 정치인들은 자신의 이름을 알리기 위해, 자신의 얼굴을 대중에게 인식시키기 위해 부단히 노력한다. 그런 노력 가운데 하나이자, 가장 효과적인 방법이 이상하게 행동하는 것이다. 재정이 튼튼한 자치단체의 장을 맡아서 모라토리엄을 선언한다. 엄마의 여자형제 이모와 성은 이 씨요 이름은 아무개인 이 모 씨를 구별하지 못하는 발언을 한다. 국회 회의장에서 명패를 집어 던진다. 파격적인 의상을 입고 등장한다. 그런 이상한 행동으로 유명해지고, 유명세로 높인 인지도를 이용해서 정치적인 이익을 얻는다. 의도하지 않았던 의도했던 그렇게 높아진 인지도는 정치인이 정치적 경쟁에서 승리하는데 큰 도움이 된다.

정치인뿐이 아니다. 연예인도 마찬가지다. 두 직업의 공통점은 무조건 유명해져야 살아남는다는 것이다.

여자 연예인들의 경우 언론의 주목을 받으려고 일부러 넘어진다는 의심을 받는다. 영화제에 입장하면서 신체의 주요 부위가 보일 듯 말 듯 아슬아슬한 옷을 입고 등장한다. 그렇게 한 번 기자들의 카메라를 집중시킨다. 그리고는 뭔가에 걸려서 또는 치마 끝을 밟아서 넘어진다. 신체의 주요 부위가 보일 듯 말 듯 아슬아슬한 옷을 입고서 넘어지는 바람에 신체의 주요 부위가 실제로 드러나기도 한다. 그런 이상한 행동으로 그 연예인은 언론사 카메라의 조명을 받고, 이름이 알려진다. 그 유명세를 바탕으로 영화에 출연하기도 한다.

어떤 방식으로든 유명해지는 것은 나쁠 게 없다. 정치인이나 연예인에게서 그렇다. 일반인들도 대부분 유명해지는 것이 유리하다. 유튜브 방송을 하더라도 유명인이어야 구독자를 확보하는 데 유리하다.

이상한 행동을 하려면 용기가 있어야 한다. 정치인이든 연예인이든 마찬가지다. 그런 걸 용기라고 표현하는 것은 적절하지 않을 수 있지만, 그런 이상한 행동을 실천하려면 분명 실천할 용기가 필요하다. 절박함이거나.

16.

반일 하고, 친중 하라

자신의 이름이 들어간 정당 조국혁신당을 창당해 22대 총선을 통해 원내에 진출한 조국이 2024년 5월 13일 독도를 방문했다. 그의 독도 방문은 매우 정치적인 행동이었다. 조국의 행동은 늘 정치적이었다. 국회의원이 되기 전부터 정치인처럼 행동했던 조국은 국회의원에 당선되고 나서는 본격적으로 정치적 행동을 보였다. 그 첫 번째 행동이 독도를 방문한 것이다. 국회의원 선거에서 당선됐지만, 아직 국회의원이 되지 않는 상태였다. 독도를 방문한 그의 목적은 국민의 반일 감정을 이용해, 윤석열 대통령을 비판하려는 것이었고, 반일 감정을 이용해 자신의 정치적 존재감을 높이기 위한 것이었다. 늘 그렇듯이 반일 감정을 이용하는 것은 대한민국 정치인에게 실보다 득이 크다. 이날 조국은 윤석열 정부를 "친일 정권을 넘어서는 숭일 정권"이라고 비판하는 성명서를 발표했다.

존경하는 국민 여러분, 지금 기가 막힌 일이 일어나고 있습니다. 바로 윤석열 정부의 행태입니다. 과거 박정희, 이명박·박근혜 정부도 친일 정권이라는 비판을 받았지만 이 정도로 노골적이지는 않았습니다. 굴종도 이런 굴종이 없습니다. 친일 정권을 넘어 종일 숭일 정권입니다. …

윤석열 정부는 그간 일본과 외교에서 무엇을 얻었습니까? 일본 총리와 친구 맺기, 오므라이스 접대받기가 전부 아닙니까? 국민의 한 사람으로 수치스러워 고개를 들지 못하겠습니다. 역대 최악에 친일 정권, 매국 정부입니다. 윤석열 정권은 취임 선서대로 국가를 보위하고 있습니까?

국익, 국토를 수호할 의지가 있습니까? 아니면 능력이 있습니까? 의지와 능력이 없다면 그만두어야 합니다.

조국의 반일 정서 이용은 이 행동이 처음이 아니다. 2019년 7월 한·일 무역분쟁이 발생했을 당시 「죽창가」를 페이스북에 올리면서 국민의 반일 감정을 일으키려 했다. 「죽창가」는 동학농민혁명을 기리는 노래로, 소위 말하는 운동권 노래다.

조그마한 정치적인 이슈도 자신의 정치적인 이익에 활용하는 이재명도 반일 정서를 이용하는 것에서 빠지지 않는다. 이재명은 2024년 5월 일본 정부가 일본 '라인'을 실질적으로 운영하는 네이버에게 지분을 팔라는 식의 압력을 가한 것으로 알려지자 이토 히로부미를 동원해 가면서 일본을 비판했다. 마쓰모토 종무상이 이토 히로부미의 외고손자라는 것을 들어가면서 일본을 비판한 것이다. 전형적인 반일 정서를 이용한 정치다. 이재명은 대선 후보 시절에는 백선엽 장군을 친일파라고 주장했다. 현충원에 있는 백선엽 장군의 묘를 옮겨야 한다는 식의 주장에 동조하기도 했다. 백선엽 장군을 친일파라고 주장한 대표적인 정치인은 지금은 고인이 된 김원웅이다. 좌우를 오가면서 정치를 했던 김원웅은 문재인 정권에서 광복회장을 하면서 반일 정서를 이용해 자신의 입지를 다졌다.

대한민국 정치에서 반일 감정을 이용하는 것은 언제나 남는 장사다. 그래서 좌파나 우파를 가리지 않고 반일 감정을 이용하려 한다. 그런데 문재인 정권이 들어선 이후, 반일 정서를 이용하는 것은 좌파 진영의 전유물이 됐다. 조국을 비롯한 좌파 진영 정치인들이 강력하게 반일 정서를 악용했기 때문이다. 국익을 걱정하는 합리적인 정치인들은 반일 정서를 이용하는 것을 꺼렸다. 문재인 정권은 정권 전체

가 반일 감정을 이용했다. 대통령 문재인마저도 반일 감정을 자신의
지지율 유지에 이용했다.

문재인의 반일

"다시는 일본에 지지 않을 것입니다." 2019년 8월 문재인은 국무회의에서 이렇게 발언했다. 한 나라의 지도자의 입에서 나온 발언이라고 상상하기 어려운 문장이다. 전쟁 중이 아니라면, 적국이 아니라면 이렇게 말하는 것은 적절하지 않다. 하지만 문재인은 대통령의 신분으로 이렇게 말했다. 한·일 관계가 악화될 것을 뻔히 알면서도 그랬다. 그러나 이 문장을 발언한 것이 문재인으로서는 손해 보는 장사가 아니다. 그의 지지율을 높이거나 유지하는 데 도움이 되기 때문이다. 국내 정치적으로 문재인과 문재인 정권 정치인들에게는 이익이 된다. 국가적으로는 손해가 크겠지만.

반일 정서를 이용하는 문재인의 정치는 대통령 재임 시에만 한정되지 않는다. 퇴임 후에도 문재인은 국민의 반일 정서를 이용하는 행동을 보였다. 2024년 5월 문재인이 회고록을 발표했다. 그 회고록에 일본 총리를 비판하는 내용과 표현이 많이 들어있다.

"일본은 정말 속 좁은 모습을 보여줬다. 섭섭하고 불쾌했다. 한편으로는 일본이 정말 도량이 없는 나라가 되어가는구나 생각했다. … 일본이 아시아·태평양 지역을 대표하는 역할을 하지 못한다는 느낌을 분명하게 받았다. (아베 총리는) 만나는 순간에는 좋은 얼굴로 부드러운 말을 하지만 돌아서면 전혀 진전이 없었다."

이명박의 독도 방문

대한민국 국민이 일본을 싫어한다는 것은 상식이다. 그렇기에 많은 정치인이 반일 정서를 이용하려 한다. 자신의 정치적인 이익을 위해서 그렇다. 최근에는 반일 정서를 정치적으로 이용하는 것이 좌파 진영의 전유물이 되었지만, 오래되지 않은 과거에는 좌우를 가리지 않고 반일 정서를 자신들의 정치적 이익을 위해 이용했다.

대한민국 17대 대통령인 이명박은 독도를 직접 방문한 최초의 현직 대통령으로 기록된다. 2012년 8월 10일 이명박은 헬기를 타고 독도에 상륙했다.

이명박은 울릉도에서 헬기를 타고 독도 헬기장에 도착하여 경계근무 중인 독도경비대원들과 독도 현지 주민들의 환영을 받았다. 이명박은 독도 이곳저곳의 경관을 살펴봤으며, 방명록에 현직 대통령으로서 방문 기록을 남겼다. 독도경비대 부대를 방문해 독도경비대 대장으로부터 업무보고를 받은 후 경비대원들과 만찬을 했다.

17대 대통령 선거에서 이명박은 압도적인 지지율로 당선됐다. 하지만 그의 높은 지지율은 오래가지 못했다. 좌파 진영의 지독한 공격이 첫 번째 이유였다. 미국산 소고기 수입에 반대하는 좌파 진영이 "미국 소고기를 먹으면 광우병에 걸린다"고 거짓 선동을 했고, 대부분의 국민이 속았다. 거짓 선동에 속은 국민이 광화문 거리로 나왔고, 이명박의 지지율은 하락했다. 겁먹은 이명박은 아무 잘못도 없는데 대국민 사과를 했다.

광우병 파동이 지나간 후에는 노무현의 자살 사건이 터졌고, 그로 인해서 다시 한번 지지율이 하락했다. 그 후에는 이명박의 형, 이상득에 대한 부패 수사가 이어졌다. 이명박의 지지율은 취임 후 계속해서 저지대를 맴돌았다. 이명박의 독도 방문은 저지대를 맴도는 지지율을 고지대로 끌어올려 보려는 몸부림이었다. 가장 인기 없는 대통령이었다고 평가받는 전임 노무현보다 더 낮은 지지율로 임기를 마감할 수는 없다는 절박함이 이명박에게 있었을 것이다. 그리고 이미 이 당시 여권인 한나라당의 권력이 박근혜에게로 넘어간 상태여서 대통령 이명박의 존재감이 작았다. 이명박은 독도 방문을 통해 '아직은 내가 대통령이다.'라는 사실을 국민에게 각인시키려는 의도도 있었을 것이다.

중국대사의 훈계 들은 이재명

　　이재명 더불어민주당 대표는 2023년 6월 8일 서울 성북구 중국 대사관저를 찾아 싱하이밍 주한 중국대사를 만났다. 이 대표와 싱 대사 간 면담은 한 달 전 주한중국대사관에서 민주당이 제안해 성사됐다. 민주당에선 이 면담이 이번 정부 들어 무너진 대중 외교의 활로를 뚫는 역할을 했다고 자화자찬했다. "경색된 한·중 간 경제 협력을 복원해서 대중 외교를 살려내고 경제 활로를 찾기 위해 중국대사를 만나 많은 대화를 나눴다"고 자화자찬했다. 하지만 이날 이재명과 싱 대사의 만남은 적절하지 않다는 비판을 받았다. 대한민국 제1당 대표가 대사관저를 찾아가서 예방하듯이 만나는 것이 그랬다. 또한 싱대사가 대한민국 제1당 대표를 앞혀놓고 훈계하듯이 작심 발언을 한 것이 또한 그랬다. 싱 대사의 이날 발언의 일부다.

> "미국이 전력으로 중국을 압박하는 상황 속에서 일각에서 미국이 승리하고 중국이 패배할 것이라는 베팅을 하고 있다. 이는 분명히 잘못된 판단이자, 역사의 흐름을 제대로 파악하지 못한 것이다. 단언할 수 있는 것은 현재 중국의 패배를 베팅하는 이들이 나중에 반드시 후회한다. …"

미국과의 연대를 강화하고 있는 한국을 향한 경고성 발언이다. "나중에 반드시 후회한다"는 문장은 협박에 가깝다. 이런 싱 대사의 발언을 듣고서도 이재명은 한마디 반박도 하지 않았다. 만약 일본 대사가 이런 식의 발언, 이런 톤의 발언을 했다면 이재명은 강력하게 항의하고 자리를 뛰쳐나왔을 것이다. 그러나 이재명은 중국대사 앞에서 그러지 않았다. A4용지를 꺼내서 읽는 싱 대사 앞에서 이재명은 순한 양처럼 가만히 있었다. 싱 대사의 이날 발언에서 문제가 되는 부분은 또 있다.

"중국은 거대한 시장을 갖추고 있고 대외 개방의 문은 언제나 열려 있다. 우리는 한국이 대중국 협력에 대한 믿음을 굳건히 하고 중국 시장과 산업 구조의 변화에 순응하며 대중 투자 전략을 시기적절하게 조정하기만 한다면 분명히 중국 경제 성장의 보너스를 지속적으로 누릴 수 있을 거라고 믿는다. 현재 중·한 관계가 많은 어려움에 부딪혔다. 솔직히 그 책임은 중국에 있지 않다."

앞의 발언이 미국 편에 서지 말라는 경고라면, 이 발언은 중국 편에 서라는 회유다. 어떻게 일국의 대사가 주권을 가진 한나라의 정책에 대해 이래리저래리 할 수 있는 것인가? 어떻게 대사가 주권국가를 협박하고 회유하는 발언을 할 수가 있나? 중국대사의 발언은 도를 넘어도 크게 넘었다. 싱 대사의 발언은 국민의힘의 비판 그대로 대한민국에 대한 모욕이다. 국민의힘은 싱 대사의 발언에 대해 이렇게 비판했다.

"당당한 주권국가인 대한민국을 향해 중국에 대한 순응을 강요하고 콩고물을 얻으라는 식의 자세는 참을 수 없는 모욕이다."

하지만 그런 싱 대사의 모욕적인 발언에 대해 비판하기 좋아하는 이재명은 전혀 비판하지 않고 고분고분하게 듣기만 했다.

이재명의 친중국적 모습은 이것뿐이 아니다. 22대 총선 과정에서 이재명은 그 유명한 '세세' 발언을 했다.

이재명은 '서해 수호의 날' 기념식이 열린 2024년 3월 22일 충남 당진시장을 찾은 자리에서 "왜 중국을 집적거리려요."라며, "그냥 '세세', 대만에도 '세세' 이러면 되지 뭐 자꾸 여기저기 집적거리나."라고 말하면서 두 손을 맞잡는 동작을 해 보였다. 그러면서 "양안 문제에 우리가 왜 개입하나. 대만해협이 뭘 어떻게 되든, 중국과 대만 국내 문제가 어떻게 되든 우리가 뭔 상관 있나. 그냥 우리는 우리 잘 살면 되는 것 아닌가."라고 말했다.

이재명의 이날 발언은 그가 얼마나 친중국 성향인지를 보여준다. 한편으로는 국제정세를 보는 시야가 얼마나 좁은지를 보여준다. 양안 관계가 어떻게 되든 상관없다니? 중국이 대만을 무력으로 함락시키고 나면 대한민국의 상황이 얼마나 나빠질지 몰라서 그러는 것인가? 중국이 대만을 함락시키지 않더라도 중국과 대만 간에 충돌 가능성이 높아지는 자체만으로도 세계 경제에 악영향을 끼친다. 불안한 양안 관계는 대한민국에 여러 면에서 불리하게 작용한다.

이재명의 세세 발언은 대학생들로부터 비웃음을 샀다. 신전대협이 이재명의 모교 중앙대를 비롯한 서울 주요 대학에 붙인 대자보 내용이다.

백두산을 '창바이산(長白山)'으로 바꿔도 침묵으로 일관하심에 세세
　간첩죄 개정을 반대해 중국 간첩 활동의 숨통을 틔워주시는 노고에
세세
　중국 불법 어선이 우리 물고기를 몽땅 쓸어가는 걸 방조해 주셔서
세세
　양안(兩岸, 중국과 대만) 문제를 방관해 항행의 자유를 침해당해도,

대한민국의 반도체 산업의 앞길이 막혀도,
그저 셰셰를 외치는 대한민국의 큰 그릇에 셰셰.

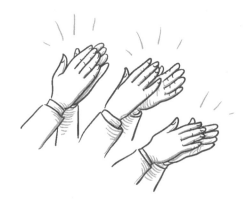

중국은 높은 산봉우리

잊혀진 대통령이 되겠다던 문재인은 자신의 집 근처에 책방을 열고서 사람들을 만나고 있다. 전직 대통령의 책방 개업은 언론의 관심을 끌기에도 충분한 뉴스다. 문재인은 잊히고 싶지 않았던 것이다.

잊혀진 대통령이 되겠다던 문재인의 말을 믿을 수 없는 또 다른 이유가 있다. 그가 페이스북에 글을 올린다는 것이다. 잊혀지려면 페이스북에 글을 올리는 행위는 하지 않아야 한다. 문재인은 말과 행동을 정반대로 하고 있는 것이다. 페이스북 활동을 하는 문재인이 2022년 6월 20일 책을 한 권 추천하는 글을 올렸다. 대통령에서 물러난 지 한 달이 조금 지난 시점이다.

오랜만에 책을 추천합니다. 김희교 교수의 『짱깨주의의 탄생』, 도발적인 제목이 매우 논쟁적입니다. 책 추천이 내용에 대한 동의나 지지가 아닙니다. 중국을 어떻게 볼 것이며, 우리 외교가 가야 할 방향이 무엇인지, 다양한 관점을 볼 수 있습니다. 다양한 관점 속에서 자신의 관점을 가져야 합니다. …

문재인이 추천한『짱깨주의의 탄생』은 시진핑을 미화하는 내용, 중국을 지지하는 내용을 담은 책이다. 그런 내용에 대해 문재인 자신도 비판을 받을 것이 두려웠는지 "책 추천이 내용에 대한 동의나 지지가 아닙니다."라는 문장으로 빠져나갔다. 하지만 책 내용에 지지하지 않으면서 왜 공개적으로 책을 추천하나? 문재인 역시 이 책의 내용에 동의한다고밖에 생각할 수 없다.

문재인이 추천한『짱깨주의의 탄생』은 어떤 책일까? 서명수 칼럼니스트가 쓴『중국의 부역자들』에서 이 책을 이렇게 비판했다.

허무맹랑한 주장을 담고 있는 『짱깨주의의 탄생』은 친중 성향 학자의 작품이 아니라 중국 공산당의 주장을 받아 적은 중국 공산당과 시진핑 주석 선전·선동 저작으로 봐도 무방할 것 같다. 한국에 존재하지도, 존재한 적도 없는 짱깨주의를 만들어내면서 반중·혐중 정서가 팽배한 우리 국민의 대중 인식을 왜곡시키려는 불순한 정치적 의도를 갖고 출간했다는 의혹을 제기하지 않을 수 없다.

『짱깨주의의 탄생』이 어떤 내용이기에 서명수는 이렇게 신랄하게 비판한 것일까? 서명수는 자신의 책에서 많은 부분을 할애해『짱깨주의의 탄생』을 비판했다. 그 내용을 다 실을 수는 없기에 서명수가 비판한『짱깨주의의 탄생』의 일부분을 소개한다.

한국 언론은 시진핑을 독재자로 간주한다. 대놓고 '시진핑 독재'라고 부른다. 심지어 한국 언론은 시진핑이 황제가 되었다고도 한다. '시진핑의 중국'이라는 표현을 수시로 사용한다. 시진핑을 황제라고 주장하는 것은 저잣거리에서나 통할 수 있는 몰역사적 규정이다. 중국 공산당 지도자 누구도 권력을 세습하지 않았다. 시진핑의 아버지(시중쉰)가 중국의 고위관리였다는 것은 다른 문제이다. 세습과 문화 자본의 힘은 전혀 다른 권력이다. 박정희의 딸도 대통령이 되었지만 아무도 그들을 황제라고 부르지 않는다.

서명수가 『짱깨주의의 탄생』을 "중국 공산당과 시진핑 주석 선전·선동 저작으로 봐도 무방할 것 같다."라고 비판한 이유가 이해가 된다. 시진핑이 독재자가 아니면 무언가? 민주주의 지도자인가? 어떻게 독점적인 권력을 갖고서 자신의 임기를 연장한 시진핑과 민주적인 국민투표를 통해 선출된 박근혜 대통령을 같은 것처럼 비교하는가. 서명수의 비판처럼 이 책은 중국 공산당을 위해 쓰인 책이라고 봐도 무방할 것 같다.

　이런 책을 추천한 문재인 역시 친중국 성향의 정치인이다. 그는 중국을 방문해서는 '중국은 높은 산봉우리'라는 중국 찬양 발언을 했다. 2017년 12월 베이징대에서 문재인의 연설문에는 이런 내용이 포함돼 있다.

　시진핑 주석의 연설을 통해 저는, 단지 경제성장뿐 아니라 인류사회의 책임 있는 국가로 나아가려는 중국의 통 큰 꿈을 보았습니다. 민주법치를 통한 의법치국과 의덕치국, 인민을 주인으로 여기는 정치철학, 생태문명체제 개혁의 가속화 등 깊이 공감하는 내용들이 많았습니다.
　…

　중국은 단지 중국이 아니라, 주변국들과 어울려 있을 때 그 존재가 빛나는 국가입니다. 높은 산봉우리가 주변의 많은 산봉우리와 어울리면서 더 높아지는 것과 같습니다. 그런 면에서 중국몽이 중국만의 꿈이 아니라 아시아 모두, 나아가서는 전 인류와 함께 꾸는 꿈이 되길 바랍니다. 인류에게는 여전히 풀지 못한 두 가지 숙제가 있습니다. 그 첫째는, 항구적 평화이고 둘째는 인류 전체의 공영입니다. 저는 중국이 더 많이 다양성을 포용하고 개방과 관용의 중국정신을 펼쳐갈 때 실현 가능한 꿈이 될 것이라고 믿습니다. 한국도 작은 나라지만 책임 있는 중견 국가로서 그 꿈에 함께할 것입니다.

문재인은 이렇게 중국과 시진핑을 찬양했지만, 중국으로부터 홀대 받았다. 문재인이 중국 공항에서 내리자 차관보급이 마중을 나왔다. 박근혜 대통령이 방중했을 때는 차관급이 마중을 나왔다. 중국 방문 기간 동안 문재인은 대부분의 식사를 한국 수행원들과 했다. 중국 고위층과 식사는 거의 하지 못했다. 일본을 방문했을 때 이런 식의 대접을 받았다면 아마도 문재인은 중간이 돌아오지 않았을까?

이재명, 문재인뿐이 아니다. 대한민국 좌파 정치인들 가운데 친중 성향의 인사들이 많다. 노영민은 문재인 정부에서 주중대사로 임명 되자 "萬折必東 公創未來"라고 베이징 인민대회의당 방명록에 썼다. 노영민이 쓴 이 문장은 '황하는 아무리 굽이가 많아도 반드시 동쪽 으로 들어간다'는 뜻으로 중국 황제를 향한 변함없는 충절을 뜻하는 사대주의라고 언론들이 비판했다. 이와 관련 서명수는 "한 나라를 대표하는 주재국 대사가 신임장을 제정하는 자리에서 주재국에 대한 충성을 맹세하는 것은 친중 사대주의를 표방하더라도 지나쳤다는 비난을 피할 수 없는 공직자로서는 있을 수 없는 매국적인 행위"라고 비판했다.

좌파 정치인들은 중국에 우호적이다. 그리고 그들은 대부분 일본에는 적대적이다. 기회가 되면 중국은 찬양하고, 기회가 되면 반일 감정을 조장하고 이용한다.

반일 정서를 이용하고, 중국에는 이해 안 될 정도로 굽신거리고 정치인들의 이런 모습은 이해하기 힘들다. 하지만 다른 시각으로 보면 이해가 된다. 그렇게 하는 정치인들이 선거에서 이긴다는 점이다. 그들은 선거에서 늘 이겨왔다.

위험한 중국

　　"중국 공산당은 이제 캐나다의 자유민주 체제를 위협하는 유일한 존재가 되었다."

　캐나다의 유력 언론인 조너선 맨소프는 자신의 책 『판다의 발톱』에서 이렇게 경고한다. 그의 말은 이어진다.

　"바로 지금, 우리는 외부의 압력이 점증하는 불편한 시기에 놓여있고, 그 외부 압력 중 가장 큰 몫을 차지하는 주체는 다름 아닌 중국을 통치하는 중공 정권이다. … 캐나다는 이미 이 결정의 시간을 눈앞에 두고 있다. 중공이 캐나다인의 공적 활동에 간섭하여 이를 왜곡하고, 나아가 캐나다인을 협박하거나 괴롭히기까지 하는 현실에 우리는 당연히 대응해야 한다. 지금까지 캐나다의 정치가와 공직자, 안보기관, 기업인, 학자, 그리고 언론인들은 중공과 그들이 캐나다에서 캐나다인을 상대로 펼치는 활동에 정당한 비판을 가하지 못한 채 그저 외면하는 경우가 많았다. 이제 이런 태도는 바뀌어야 한다."

　캐나다 언론인의 진단처럼 중국은 캐나다에 큰 영향력을 미치고 있다. 『판다의 발톱』은 중국이 캐나다 안에서 벌이는 여러 압력과 협박, 그리고 각종 영향력에 대해서 자세하게 소개하고 있다. 이 책에서 소개한 캐나다 안보정보청 청장의 말이 현재 중국이 캐나다에 미치는 영향력의 크기를 판단할 수 있게 한다.

　"우리는 브리티시컬럼비아주 지역 정치인 중 몇 명과 최소 2개 주의 일부 각료들이 적어도 외국 정부의 전반적인 영향을 받고 있다고 보고 있습니다." 외국 정부는 중국을 말하는 것이다.

캐나다만 그런 것인가? 지구상의 많은 나라가 중국 정부의 간섭을 받고 자국 내정에 중국의 영향력이 커지는 것을 우려한다. 대한민국은 어떤가? 대한민국에는 중국 정부의 영향력 아래에 있는 정치인이나 언론인은 없나? 반드시 그렇다고 장담하기 어렵다. 방어용 무기 사드를 배치하는데 중국에 찾아간 정치인들은 왜 그런 것인가? 만약에 우리 집에 집을 지키려는 목적으로 경비견을 한 마리 키울 때 그걸 앞집의 허락을 받아야 하는 것인가? 그렇지 않다. 누구도 앞집이나 옆집에 가서 허락을 받지 않을 것이다. 경비견은 어느 순간에 공격견이 될 우려도 있다. 하지만 사드는 공격 무기가 되지는 않는다. 사드가 어느 순간 미사일로 변환되지는 않을 것이기 때문이다. 그런데 왜 한국의 어떤 정치인들은 자국에 방어용 무기 사드를 배치하는데 중국을 찾아가서 그들의 눈치를 살폈던 것일까? 캐나다 안보정보청장의 발언은 한국에는 적용되지 않는 것인가?

한 나라의 권력자들이 다른 나라에 대해 어떻게 생각하는지를 알려면 언론을 대하는 태도를 보면 알 수 있다. 그런 면에서 중국의 태도는 위험해 보인다.

2016년 5월, 캐나다 장관과 중국 왕이 장관의 기자회견이 있었다. 그 자리에서 한 기자가 중국의 여러 인권 탄압 사례를 들면서 캐나다 장관에게 이렇게 질문했다. "베이징의 인권 상황이 심각해지는데 중국과 더 깊은 유대 관계를 맺고자 하는가?"

캐나다 장관은 기자의 질문에 답변하지 못하고 있었다. 그러자 중국 왕이 외교장관이 끼어들어서 기자에게 모욕적인 발언을 했다. "당신은 지금 중국에 대한 편견과 오만으로 가득 찬 질문을 던지고 있소. 도저히 용납할 수 없는 일이오." 그리고는 중국의 인권 상황은 중국인이 판단할 문제이지 외국인이 간섭할 일이 아니라면서 "그러니 앞으로는 그런 무책임한 태도의 질문은 삼가시오."

문제는 여기서 끝이 아니라는 것이다. 토론토에 거주하는 작가가 중국어 사이트에 중국 외교부장의 이런 오만하고 무례한 태도를 비판하는 기사를 실었다. 그러자 해당 기사의 댓글에 이런 내용이 실렸다. "당신 가족이 몰살당할 수 있으니 조심해. 밖에 다닐 때도 조심하고." (『판다의 발톱』)

한국은 어떤가?

2017년 12월 14일 오전 11시경, 국빈 방문 2일 차 일정의 일환으로 문재인 대통령은 대한무역투자진흥공사(KOTRA)가 주관하는 한·중국 경제·무역 파트너십에 참석하기 위해 베이징 국가회의중심 컨벤션 센터를 방문했다. 그 시각, 청와대 순방 기자단의 일원인『한국일보』, 『매일경제』소속 사진기자들 역시 문 대통령을 취재하고 있었다.

문 대통령이 개막 연설과 '타징' 행사를 마친 뒤 식장에서 빠져나가자, 한국 측 기자들 역시 문 대통령을 따라 식장을 빠져나가려 하였다. 한국 측 기자들이 식장을 빠져나가려던 도중, 갑자기 대한무역투자진흥공사가 고용하고 중국 공안의 지휘를 받은 중국 사설 경호원들이 기자들을 막아섰다. 이에『한국일보』소속 A 기자가 항의하자 중국 측 경호원들은 A 기자의 멱살을 잡고서 뒤로 강하게 넘어뜨렸고, 이로 인해 기자는 충격으로 한동안 일어서지 못했다. 함께 있던 『연합뉴스』소속 기자가 항의하면서 이 장면을 사진으로 찍으려고 하자 중국 사설 경호원들은 이 기자의 사진기를 빼앗고는 던져버리려는 행동까지 취했다.

문 대통령이 국내 기업 부스로 이동하던 중 이를 취재하던 또 다른 한국 기자들의 출입을 다시 중국 사설 경호원들이 막아섰고, 한국 측 기자들이 정당하게 출입비표를 제시했음에도 이들이 계속 막아서자 『매일경제』 기자와 중국 측 경호원 사이에 살벌한 실랑이가 벌어졌다. 그러자 주변에 있던 중국 사설 경호원 10여 명이 갑자기 몰려들어서 『매일경제』 기자를 복도로 끌고 나간 뒤 마구잡이로 폭행했고, 이 기자는 중상을 입었다. 당연히 다른 취재기자들이 말렸으나 이들 역시 중국 사설 경호원들이 완력을 사용해서 제압했고, 심지어는 한국 경호원을 부르며 같이 말리던 청와대 직원도 뒷덜미를 잡고서 제지했다.

한 나라의 언론을 무시하는 것은 그 나라의 국민을 무시하는 것이다. 중국의 이런 태도는 국내에서도 이어진다. 싱하이밍 중국대사는 2022년 10월 26일 관훈클럽초청 토론회에서 반중 정서에 대한 질문을 받자 "한국 일부 언론이 중국에 대해 지나치게 부정적인 보도를 한 점이 현재 양국 국민 감정의 불화를 초래한 주요 원인이 아닌가 생각한다"고 말했다. 중국의 반성은 없고 모든 것이 대한민국 언론 탓이라는 것이다. 이뿐이 아니다. 싱하이밍 대사는 2021년 윤석열 대통령 후보의 발언을 반박하는 글을 공개적으로 언론에 게재했고, 2023년 초에는 한국 국회의원들의 대만 방문을 공개적으로 비판하기도 했다.

싱하이밍이 윤석열 대통령 후보의 기자회견에 반박하는 글을 『중앙일보』에 올린 내용 중 일부다.

중앙일보 7월 15일 자에 실린 윤석열 전 검찰총장의 인터뷰를 봤다. 나는 윤 전 총장을 존경한다. 하지만 중국 관련 내용에 대해선 내 생각을 밝힐 수밖에 없다. …

미국이 한국에 사드를 배치한 것은 중국의 안보 이익을 심각하게 훼손했고, 중국 인민들이 불안감을 느끼고 있다는 점을 강조하고 싶다. 인터뷰에선 중국 레이더를 언급했는데, 이 발언을 이해할 수 없다. 한국 친구에게서 중국 레이더가 한국에 위협이 된다는 말을 한 번도 들어본 적이 없기 때문이다. …

"천하의 대세는 따라야 창성하다"는 말이 있다. 중국은 이미 5억 명에 가까운 중산층 인구를 가지고 있고, 향후 10년간 22조 달러 규모의 상품을 수입할 계획이다. 중한 무역액은 이미 한미, 한·일 및 한·EU 간 무역액을 모두 합한 수준 가까이 되고 있다. 중국은 전 세계에서 규모가 가장 크고 가장 빠르게 성장하고 있는 집적회로 시장으로, 전 세계 시장에서 차지하는 비중이 50%에 이른다. 한국은 약 80%의 메모리 반도체를 중국에 수출하고 있다. 올 상반기 중국 경제는 전년 동기 대비 12.7% 성장했으며, 계속해서 안정적으로 호전되고 있다. 시진핑 주석의 굳건한 지도 아래, 중국은 전면적 사회주의 현대화 국가 건설의 새로운 길을 열었다. 미래의 중국은 한국을 포함한 각국에 거대한 시장과 더 좋은 발전 기회를 제공할 것이다.

일국의 대사가 자신이 주재한 나라의 대통령 후보의 언론 인터뷰 내용에 대해 해당 신문에 직접 글을 실어서 반박하는 것은 있을 수 없는 일이다. 주중 한국대사가 시진핑의 발언을 반박하는 글을『인민일보』나 중국의 다른 신문에 실을 수 있나? 그건 상상조차 하기 힘든 일이다. 그런데 왜 중국대사는 한국의 당선 가능성이 가장 높은(실제로 대통령이 된) 대통령 후보의 발언을 반박하는 글을 유력 신문에 게재하는가? 힘이 세진 중국의 타국을 대하는 안하무인적인 태도를 볼 수 있는 대목이다. 또한 중국이 더 강력한 국가가 되면 다른 나라들을 얼마나 무시할지 추측할 수 있는 사례다.

젊은층은 중국이 가장 싫다

MZ세대라고 불리는 대한민국의 20~30세대는 우리나라와 여러 면에서 밀접한 관계에 있는 나라들 가운데 중국을 가장 싫어한다. 가짜뉴스 퇴치 활동을 전개하는 시민단체 바른언론시민행동이 2023년 4월 23일 발표한 '2030 세대 사회 인식 조사' 결과 보고서에 따르면 20~30세대가 가장 싫어하는 나라는 중국이다. 보고서에 따르면 한반도 주변 4국에 대한 호감도를 묻는 설문에 '호감이 안 간다'고 응답한 비율은 중국이 91%로 1위, 북한이 88%로 2위, 일본은 63%로 3위를 차지했다. 미국에 대해서는 '호감이 간다'가 67%로 다른 3국에 비해 압도적으로 높았다. 일본과 중국 모두 비호감이 높았지만, 특히 중국에 대한 비호감이 더 높았다.

일본에 대해서만 따로 물어본 항목을 보면 왜 대한민국의 정치인들이, 특히 586 정치인들이 그중에서도 좌파 정치인들이 반일 정서를 정치에 이용하는지 알 수 있다.

『매경이코노미』는 블록체인 기반 설문조사 앱 '더폴'과 정치 커뮤니티 플랫폼 '옥소폴리틱스'에 의뢰해 조사한 결과를 2023년 3월 3일 보도했다.

옥소폴리틱스 설문에 따르면 진보 성향 응답자는 전체 79.2%가 '일본에 부정적'이라고 답했다. 반면 '중도보수 성향 응답자는 9.3%만이 보수 성향 응답자는 10.3%만이 일본에 부정적이라고 응답했다. 연령별로도 반일 정서에는 차이가 있다.

50대는 74.1%, 40대는 66%가 일본에 특히 부정적이라고 응답했다. 반면 20대는 17.8%, 10대는 27%만이 일본에 부정적이라도 답했다.

대한민국의 40대와 50대는 대한민국을 이끄는 중추 세력이다. 이들은 인구도 가장 많다. 이들이 일본을 싫어하기에 반일 정서를 이용하는 정치인들이 자신의 입지를 다지는 데 유리하다. 10대와 20대는 인구가 적다. 특히 10대는 대부분 유권자도 아니다. 그러니 이들이 일본에 대한 적대감이 작다고 해도 그것이 정치적인 영향력을 크게 발휘하지 못한다. 또한 반일 정서가 이들에게도 전혀 없는 것이 아니기 때문이다.

한국인들은 반중 정서도 강하다. 그것은 최근 들어서 더 강해지고 있다. 그런데 반중 정서의 경우 반일 정서와는 반대다. 대한민국 인구 구성의 큰 부분을 차지하는 40대~50대들은 반중 정서가 상대적으로 적다. 인구가 적은 20~30세대들은 반중 정서가 강하다. 그래서 반일을 외치면서 중국에는 머리를 조아리는 정치인들이 한국 정치판에서 유리하다.

그것보다 더 확실한 이유는 다른 곳에 있다. 선전과 선동 능력에서 좌파 정치인들이 우파 정치인들을 압도하기 때문이다. 반일을 외치는 좌파 정치인들은 자신들을 지지하는 좌파 세력의 입맛에 맞게 반일을 정치에 활용한다. 반일을 활용해 중도 유권자들의 표심도 흔든다. 아름다운 수사를 사용하고, 분노를 촉발하는 문장을 동원한다. 그렇게 반일을 소리치고 정치에 이용하고 득표를 한다.

이와 달리 우파 정치인들은 좌파 정치인들의 반일 장사를 비판해서 우파 유권자들을 만족시킬 대안을 찾지 못한다. 중도 유권자의 마음을 감동시킬 생각은 꿈도 못 꾼다. 정치적인 이익을 위해 반중 정서를 활용하려는 생각도 능력도 없다. 그래서 대한민국 정치에서는 반일을 외치고 중국을 칭송하는 정치가 승리한다. 대한민국의 미래를 위해 자유민주주의 국가 일본과 함께하고, 독재국가 중국을 경계해야 한다는 생각을 가진 정치는 패배한다.

17.

유머를 적절히
사용하라

대한민국 정치에서 가장 부족한 것 가운데 하나가 유머다. 각 정당의 대변인들이 쏟아내는 논평은 살기 가득한 어휘들로 가득하다. 잠깐 숨돌릴 여유도, 살짝 입꼬리를 올려줄 유머도 없다. 대한민국 정치인들의 언어에서 유머를 찾아보기 힘들다. 상대편을 날카롭게 비판하는 '사이다 발언'으로 인기를 끄는 정치인은 있어도 가벼운 유머로 국민에게 웃음과 즐거움을 선사하는 정치인은 없다.

상대를 날카롭게 비판하는, 사이다 발언을 하는 정치인보다, 웃음을 주는 유머 감각을 갖춘 정치인이 더 높은 인기를 끌 수 있다. 그런 정치인이 없다는 것이 대한민국의 안타까운 현실이다.

2023년 4월 미국을 국빈 방문한 윤석열 대통령이 백악관 만찬에서 바이든 대통령이 보는 앞에서 「아메리칸 파이」를 노래했다. 윤석열의 노래는 매우 좋은 반응을 얻었다. 일국의 대통령이 즉석에서 노래를 부르는 것은 매우 드문 일이다. 윤석열은 미국인들의 언어, 영어로 즉석에서 노래를 불렀다. 더구나 「아메리칸 파이」는 미국인들이 좋아하는 대표적인 대중가요다. 윤석열의 아메리칸 파이 즉석 공연은 미국인들의 환호를 받을 만한 역사적인 장면이었다.

그런데 이 부분에서 조금 아쉬운 점이 있다. 미국인들의 환호에 윤석열 대통령이 유머로 화답하지 못했다는 점이다. 유머로 화답했다면 더 큰 환호와 박수를 받았을 것이다. 예를 들면 이런 식의 유머다.

윤석열 대통령이 부른 「아메리칸 파이」를 현장에서 감상한 미국인들의 환호가 터져 나온 직후 윤석열 대통령이 이렇게 말하는 것이다.

'미국이 왜 세계 최고의 국가이고, 미국인들이 왜 세계 최고의 국민인지 알겠다.'

이렇게 말하고 나면 현장에 있는 바이든을 비롯한 미국인들이 무슨 의미냐는 듯한 표정으로 윤석열 대통령을 쳐다보았을 것이다. 그러면 이어서 이렇게 말하는 것이다.

'이렇게 노래를 못 불렀는데, 이렇게 열광적으로 박수를 치는 사람들은 미국 국민밖에 없을 것이다.'

아메리칸 파이를 노래하고 난 후 윤석열 대통령이 이렇게 유머를 구사했다면 아마도 더 큰 박수를 받았을 것이다.

한국 정치인들이 방송에서 유머를 섞어서 말하는 모습을 보는 것은 역사적인 순간만큼이나 매우 드문 일이다. 정치인이 생방송에서 유머를 보여준 사례가 있다. 2002년에 대통령 선거에 도전했던 정몽준이 TV 방송에 출연해서 흔히 말하는 아재 개그 비슷한 유머를 선보였다.

진행자가 정몽준 후보에게 "집에서 가사분담을 하고 있냐?" 하고 물었다.

그러자 정몽준이 느긋하게 대답했다.

"저하고 집사람 하고 반반씩 나눠서 하고 있습니다."

그러자 진행자가 깜짝 놀라는 듯한 표정을 지었다. TV 방송을 보던 나 역시도 놀랐다. 설마 대기업 회장 정몽준이 가사분담을 할까? 그렇게 생각하고 있는데, 바로 정몽준이 이어서 말했다.

"집사람이 음식을 열심히 만들면 저는 열심히 먹습니다."

정몽준은 현대중공업이라는 대기업 회장이다. 그에게는 권위주의적이라는 이미지가 있다. 실제로 그가 직원들에게 거친 말을 한다는 소문도 있었다. 그런데 정몽준이 TV 방송에 출연해서 유머 있는 모습을 보이자 그에 대한 생각이 달라졌다. 인간미가 느껴지고, 왠지 겸손한 사람일 것 같은 생각이 들었다. 유머가 갖는 강력한 힘이다.

한국 정치인 가운데 말 잘하는 사람을 꼽으라면 박지원을 빼놓을 수 없다. 1942년생으로 이제는 정치를 그만하고 후배들에게 길을 열어줘야 할 것 같은데 그는 2024년에도 국회의원에 출마해서 당선됐다. 박지원은 말을 잘하는 정치인에 걸맞게 정당 대변인도 오래 했다. 그리고 여러 방송을 넘나들면서 자신의 언어 실력을 뽐냈다. 그는 유머 감각도 갖추었다.

1994년도에 성수대교가 붕괴한 사건이 있었다. 그 당시 김영삼 대통령 측에서 책임을 회피하려는 모습을 보이자 이렇게 비판했다.

"경복궁이 무너지면 대원군이 책임져야 한다고 주장할 것이냐?"

이명박 대통령 시절에는 장관 후보자들에 대한 비판을 말하면서 이렇게 말한 것으로 알려져 있다.

"위장전입, 병역기피, 부동산 투기, 탈세. 이 네 가지를 다 지키면 뭐가 되는 줄 아십니까? 장관입니다."

박지원의 이 비판은 지금도 여전히 유효하다. 당분간 대한민국 정치판에서 계속 유효할 것이다. 장관 후보로 거론되는 인물은 물론, 대법관으로 거론되는 인물들조차도 그런 비난받을 행위를 하지 않은 사람이 없으니.

박지원을 키운 건 그의 언어구사력 덕분이다. 말을 잘하는 것은 정치인에게 강력한 무기인데, 박지원은 바로 그 강력한 무기를 갖고 있다. 그러나 아무리 강력한 무기를 보유하고 있는 정치인이라고 해도 시간을 이겨낼 수는 없다. 나이 80이 넘은 박지원은 50대, 60대 시절의 박지원과는 다르다. 아무리 성능 좋은 무기도 시간이 지나면 고물이 된다. 더 신식 무기를 장착한 후배 정치인들에게 80대 박지원의 무기는 신통력을 발휘하지 못할 것이다.

2024년 현재 말 잘하는 정치인을 꼽으라면 한동훈과 이준석이 떠오른다. 두 사람은 정연한 논리로 상대를 제압한다. 차이가 있다면 이준석은 공격적으로 말을 하고, 한동훈은 상대의 공격을 되받아치는 스타일이라는 점이다. 더 분명한 차이는 이준석의 말에는 여유가 없다는 것이다. 이와 달리 한동훈의 말에는 가끔 여유와 유머가 묻어난다.

이준석의 말에는 강약이 없다는 단점이 있다. 이준석의 발언은 공격 일변도다. 그런 강력한 공격성을 알기에 다른 정치인들이 이준석을 공격하려 하지 않는다. 그건 이준석의 힘이다. 하지만 이준석의 언어는 듣는 사람들이 숨 쉴 공간을 제공하지 않는다. 그것이 이준석의 말이 가진 단점이다.

이준석은 2023년 부산까지 찾아간 인요한 국민의힘 혁신위원장을 매몰차게 냉대했다. 한국인인 그의 의사도 물어보지 않고 영어로 그를 몰아붙였다. 인요한 위원장에게는 승리했지만 국민에게는 부정적인 의미에서 차가운 인간이라는 이미지를 주기에 충분했다.

한동훈의 말은 이준석의 말과는 다르다. 같은 해 2023년 대전을 방문한 한동훈이 외국인 유학생들에게 이렇게 말했다.

"Can I speak in Korean? Actually, that's all I can do(한국어로 말해도 됩니까? 실제로 나는 그것밖에 할 줄 모릅니다)."

서울대를 졸업하고 미국 콜롬비아 대학 로스쿨에서 석사학위를 받은 한동훈이 영어를 잘한다는 것은 잘 알려진 사실이다. 그럼에도 그는 한국을 찾은 유학생들에게 한국어로 말해도 되느냐고 정중하게 물었다. 그러면서 자신이 한국어밖에 할 줄 모른다고 말했다. "한국어밖에 할 줄 모른다"는 말에는 겸손과 유머가 들어있다.

2024년 현재 한동훈이 차기 대선 주자 지지도에서 이준석에 앞서 있다. 그 이유 가운데 하나가 한동훈의 말에는 숨 쉴 공간이 있고 유머가 있는 데 반해, 이준석의 언어에는 숨 쉴 공간이 없고 논리와 주장만이 가득하기 때문이다.

위기의 순간에 발휘되는 유머의 위력

평소에 유머를 생활화하지 않으면 위급한 순간에 유머를 말하기는 어렵다. 반대로 위급한 순간에 유머를 말할 수 있다면 그 정치인의 인기는 빠르게 상승할 수 있다.

정치인이 테러를 당하는 위기의 순간은 모든 언론의 집중 조명을 받는다. 많은 국민의 관심도 집중시킨다. 정치인의 말 한마디가 신문의 헤드라인이 되고, 저녁 뉴스의 톱을 장식한다. 평소에 언어 사용에 있어서 잘 훈련된 정치인이라면 이 순간이 자신의 지지율을 급격하게 끌어올릴 수 있는 절호의 기회다. 미국의 정치인들은 그런 순간에 적절한 유머를 사용해서 자신의 인기를 높였다. 한국 정치인들은 그렇지 않다.

게티스버그 연설로 유명한 링컨은 말을 잘하는 정치인으로 손꼽힌다. 그에게는 또한 유머 감각도 풍부했다. 그의 유머는 위기의 순간에도 나타나서 링컨을 아량 있는 정치인 부드러운 정치인의 이미지를 심어주는 데 결정적인 역할을 했다.

링컨이 선거 유세 기간에 다른 지역으로 이동하기 위해 기차를 탔다. 그런데 어떤 사람이 링컨에게 다가오더니 갑자기 총을 겨누었다. 그리고 이렇게 말했다. "내가 너무 못생겨서 그동안 세상을 한탄하며 살았는데 내가 이것 때문에 자살하기 전에 누가 나보다 더 못생긴 사람이 있으면 그 사람을 죽이고 자살하려고 마음먹었기 때문에 너를 쏴 죽이겠다."

그 위기의 순간에 링컨이 이렇게 대답했다.

"나를 쏴 죽이세요. 나도 당신과 비슷한 고민을 하고 있었는데, 누가 나보다 더 못생긴 사람이 있다면 그 사람한테 총 맞아 죽는 것이 내 소원입니다."

결과는 누구나 아는 그대로 링컨은 총에 맞지 않았다. 이후에도 살아서 대통령직을 유지하다가 링컨은 극장에서 암살됐다.

미국 40대 대통령인 로널드 레이건은 자신이 겪은 암살 시도를 유머로 승화해 미국 국민의 사랑을 받았다는 것은 잘 알려진 사실이다. 레이건은 1981년 노동계 인사들과의 오찬을 위해 워싱턴DC 힐튼호텔에 들어서던 도중 총을 맞았다. 이 순간을 50대 이상의 대한민국 국민은 뉴스를 통해 수십 번은 보았을 것이다. 레이건에 총을 쏜 사람은 정신이상이 있는 것으로 나중에 알려지기도 했다. 총을 맞았지만 살아난 레이건 대통령은 총알 제거 수술을 받기 직전 의료진을 향해 이렇게 말했다. "여러분 모두 공화당원이었으면 좋겠다." 레이건은 공화당 소속이다. 삶과 죽음을 넘나드는 그 긴박한 순간에 레이건은 여유 있게 유머를 보여줌으로써 자신의 지지율을 더욱 높이 끌어올렸다.

2006년 5월 20일 오후 7시 15분, 당시 한나라당 대표였던 박근혜가 서울 현대백화점 신촌점 앞에서 오세훈 당시 서울시장 후보 지원 유세에 참가했다. 유세를 위해 연단 쪽으로 이동하던 박근혜를 향해 50대 남성 지충호가 커터칼을 휘둘렀다.

지충호는 청중으로 잠입해 있다가 박근혜 당시 한나라당 대표에게 다가가 15cm가량의 커터칼로 박근혜의 얼굴을 그었다. 그로 인해 박근혜는 길이 11cm, 깊이 1~3cm의 자상을 입었다. 박근혜는 인근 신촌 세브란스병원으로 옮겨져 봉합수술을 받았다. 이때 박근혜 대표가 입은 상처는 아슬아슬하게 안면신경을 비껴갔다.

병원에서 수술을 받은 박근혜가 수술 후 깨어나서 한 첫 번째 발언이 뉴스를 타고 전파됐다. "대전은요?" 박근혜의 이 발언은 주요 신문과 방송의 뉴스의 헤드라인을 장식했고, 그로 인해 유명해졌다. 박근혜는 수술 후에 가장 먼저 여당과 야당 후보가 치열한 경쟁을 벌여서 경합 지역으로 분류됐던 대전의 선거 상황을 물은 것이다.

박근혜의 "대전은요?" 이 발언은 대전시장 선거의 판세를 단숨에 뒤엎어서 한나라당 후보가 승리하는 데 발판이 됐다. 또한 박근혜의 피습이 보수층의 결집으로 이어져 한나라당이 지방선거에서 압승을 거두었다. 박근혜는 개인의 안위보다 당을 먼저 생각하는 지도자의 이미지를 갖게 되었고, 선거의 여왕이라는 별명도 얻게 된다.

결과적으로 박근혜의 "대전은요?" 발언이 선거에 긍정적인 영향을 미쳤다. 하지만 미국 대통령들과 같이 농담을 하는 여유 있는 모습을 보여주지는 못했다. 수술 후 깨어난 박근혜가 유머를 구사할 정도의 여유와 아량을 가진 정치인이었다면 탄핵의 비극을 겪지 않았을 것이다.

그런데 피습 후 박근혜의 반응은 다음에 등장하는 인물에 비해서는 훨씬 대범한 것이었다.

2024년 1월 1일, 이재명이 부산을 방문했다. 더불어민주당 대통령 후보 자격으로 방문한 것이다. 이재명이 부산광역시 강서구 대항동 대항전망대에서 가덕도 신공항 건설부지 시찰 후 이동하면서 기자들과의 질의응답을 하고 있었다. 그 순간 머리에 '내가 이재명이다'라고 적힌 머리띠를 착용한 남성이 "대표님, 사인 하나만 해주세요."라고 말하면서 이재명에게 접근했다. 그리고 사인펜을 건넨 후 사인을 위해 고개를 숙인 이재명의 목을 칼로 찔렀다. 이재명은 땅 위에 쓰러졌고 쓰러진 이재명에게 지지자가 달려들어 상처를 입은 목 부위를 헝겊을 대고 눌러 지혈했다. 그 순간 이재명은 "조금 더 세게 출혈 부위를 눌러 달라"고 말한 것으로 언론에 보도됐다.

그러나 이 사실마저도 잘 알려지지 않았다. 이재명의 발언이 대중의 관심을 끌 내용이나 표현이 아니었기 때문이다. 이재명의 발언보다는 그가 닥터 헬기를 타고서 서울로 이동한 것이 더 문제가 되고 언론의 주목을 받았다. 부산대학교병원에서 치료받을 수 있음에도 이재명은 헬기를 타고서 서울로 이동해 서울대병원에서 치료받았다.

이재명이 헬기를 타고서 병원을 옮긴 것은 변명의 여지가 없는 문제적 행동이었다. 시급을 다투는 상황이었으면 서울로 옮길 것이 아니라 부산대병원에서 수술을 받아야 했다. 또한 위급한 상황이 아니었으면 위급한 상황에만 사용하는 닥터 헬기를 이용하면 안 되는 것이었다.

이재명이 피습을 당한 상황은 이재명에게는 좋은 기회였다. 모든 언론이 집중되고 전 국민의 관심을 끄는 상황이었다. 이재명이 여유로운 모습을 보였다면, 유머 있는 한마디 말을 했더라면 이재명에 대한 호감을 높일 수 있는 절호의 기회였다. 그 기회를 이재명은 활용하지 못했다.

정주영과 이주일

　　현대그룹을 일궈낸 정주영은 무에서 유를 창조한 사람
이다. 그와 관련된 가장 유명한 일화 가운데 하나가 조선소 건립 이야
기다. 1971년 배를 만드는 조선소 건립을 위해 정주영은 영국 바클리
스은행에 돈을 대출해 달라고 요구했다. 당연히 거절당했다. 배를 건
조할 자신은 있었으나 조선소를 건설할 돈이 없었던 정주영에게 가장
필요한 것은 영국 은행의 대출이었다. 이 과정에서 정주영은 불가능
한 일을 해낸다. 영국 바클리스은행은 정주영에게 돈을 대출받으려면
배를 제작해 달라는 주문서를 가져오라고 요구한다. 조선소를 짓는
돈을 대출해 달라고 요청하는 사람에게 배 주문서를 가져오라는 것
은 대출해 주지 않겠다는 의미다.

　조선소가 없으면 배를 만들 수 없다. 그러니 어느 누가 조선소가 없
는 사람에게 배를 만들어달라고 주문한단 말인가?

　그런데 정주영은 불가능한 일을 해낸다. 그 과정에서 유명한 5백
원권 지폐에 그려진 거북선 이야기가 등장한다. 선박 컨설턴트 회사
의 회장인 롱바텀을 찾아가 500원권 지폐에 그려진 거북선을 보여
주며 "우리는 영국보다 300년 앞서 철갑선을 만들었다"면서 우리는
할 수 있으니 믿어달라고 설득해 추천서를 받아냈다. 그리고 다시 그
리스의 선박왕 아리스토틀 오나시스의 처남인 리바노스가 값싼 배
를 구하고 있다는 소식을 듣고서는 그를 찾아가 배 주문을 받아낸
다. 제때 배를 만들어 공급하는 약속을 지키지 못하면 계약금에 이
자를 얹어주고 배에 하자가 있으면 원금을 돌려준다는 파격적 조건

이었다. 조선소가 없는 사람이 배를 주문받으려니 이런 파격적 조건 외에는 방법이 없었다. 어쨌거나 그런 노력 끝에 정주영은 영국 은행 으로부터 4,300만 달러 차관을 도입해 낸다. '조선소가 없지만, 배를 주문해 주면 그 주문서를 근거로 은행에 돈을 빌려서 그 돈으로 조 선소를 건립한 뒤에 배를 만들어 준다.' 이런 말도 안 되는 일을 정주 영은 해냈다.

정주영은 그런 사람이었다. 그에게 '불가능'이란 존재하지 않는 단 어였다. "해봤어?" 새로운 일에 두려움을 갖고 망설이는 직원들에게 정주영은 이렇게 말하면서 몰아붙였다. 그리고 그는 많은 일을 이루 어냈다. 그런 정주영이기에 정당을 창당해서 정치에 참여하는 것은 식은 죽 먹기였다.

1992년 1월 8일, 정주영이 정치에 참여하겠다며 정계 입문을 선 언했다. 매사 그렇듯이 그의 정치 입문은 속전속결로 진행됐다. 정치 참여를 선언한 즉시 정당을 창당했고, 그해 4월 국회의원 총선거에 후보를 출마시켰다. 그리고 당당히 원내교섭단체를 구성하는 데 성 공했다.

정주영이 창당한 통일국민당은 1992년 실시된 국회의원 총선거에 서 지역구 24명, 전국구 7명 등 31명의 당선자를 배출했다. 창당하자 마자 단번에 원내교섭단체를 구성한 것이다. 정주영 회장의 고향인 강원도를 비롯해 수도권은 물론이고 당시에 민자당 텃밭으로 여겨지 던 TK, 김종필의 본진인 충청권에서 상당한 의석을 확보했다. 정주 영의 돌풍에 정치권은 엄청난 충격을 받았다.

정주영의 통일국민당이 31명의 당선자를 배출한 14대 국회의원선 거에서 당선된 사람 중에 코미디언 이주일이 있다. 이주일은 "뭔가 보 여드리겠습니다."라는 유행어를 히트시킨 이후 당시 대한민국에서 최고의 인기를 구가하고 있었다. 통일국민당으로 당선한 이주일은 그해 12월 대선에서 정주영이 낙선하자 여당인 민주자유당으로 당적을 옮겨 나머지 임기를 채웠다. 그러나 두 번 다시 출마하지 않고 정계를 떠났다. 이주일은 정계를 떠나면서 이렇게 말했다.

"정치를 종합예술이라고 하지만 코미디라는 생각밖에는 안 듭니다. 여기에는 나보다 더 코미디를 잘하는 사람들이 많습니다. 4년 동안 코미디 공부 많이 하고 갑니다."

이주일이 대한민국 정치판에 코미디를 잘하는 사람들이 많다고 말한 것은 유머를 하는 정치인들이 있다는 의미가 아니다. 말도 안 되는 억지를 부리는 사람들로 가득하다는 비판이다. 유머는 침묵하고 억지 주장만 난무하는 것이 한국의 정치판이다.

상황이 이러니 누군가 유머를 잘하는 정치인이 등장하면 그 정치인은 많은 인기를 끌 수 있다. 단번에 언론의 주목을 받고, 대중의 사랑을 받을 것이다. 대중의 사랑을 받는 정치인이 되고 싶다면 지금 당장 유머를 가르치는 학원에 등록하라.

맺는 글

세렝게티 초원으로 다시 돌아가 보자. 치타에게 잡히지 않으려 달리는 가젤은 옆의 동료보다 빨리 달리는 것이 중요하다고 했다. 그렇다면 이렇게 하는 방법도 있다. 옆의 동료보다 빨리 달릴 수 없을 때, 옆의 동료를 넘어뜨리는 것이다. 같이 달리는 가젤의 다리를 걸어서 넘어뜨리면 빨리 달리지 않아도 된다. 넘어진 가젤이 치타의 먹이가 될 것이다.

치타의 입장에서도 마찬가지다. 경쟁하는 옆의 치타보다 빨리 달릴 수 없을 때, 그만한 능력이 안 될 때 반칙을 하면 된다. 동료 치타의 다리를 걸어서 넘어뜨릴 수 있다면 그렇게 하면 된다. 넘어진 치타는 다른 치타보다 가젤에게 빨리 도달할 수가 없다.

세렝게티 초원의 동물들은 그런 반칙을 사용하지 않는다. 어떤 가젤도 동료 가젤의 다리를 걸어 넘어뜨리지 않는다. 치타도 마찬가지다. 가젤과 치타는 그저 더 빨리 달리려고 경쟁할 뿐이다.

하지만 인간세계는 다르다. 반칙이 난무한다. 속임수, 위장술, 거짓말. 경쟁하는 과정에 모든 술수가 동원된다. 한국의 정치판은 더욱 그렇다. 이런 식으로 한국의 정치판이 유지되면 점점 더 나쁜 인간들만 남는 것이 아닐까?

세렝게티의 가젤과 치타는 서로 경쟁하면서 더 빨리 달리는 쪽으로 진화했다. 서로 다른 종의 동물끼리 경쟁하기도 하지만 같은 종끼리도 경쟁한다. 그렇게 점점 더 빨리 달리는 쪽으로 진화한다.

한국의 정치판도 그렇다. 점점 더 악랄한 방식으로 정치하는 사람들로 채워지고 있다. 더 악랄한 방법을 사용하는 정치인들이 이기면서 정치인들은 점점 더 악랄한 방식을 동원한다. 그렇게 더 악랄한 정치인들이 득세하는 방향으로 한국의 정치는 진화하고 있다.

이건 걱정되는 상황이다. 정치가 건강하지 않으면 국가가 건강하게 유지되기 힘들다. 악랄하게 정치하는 사람들로만 정치판이 채워지면 사회 모든 분야에 나쁜 영향을 미치게 된다. 악랄한 정치인들은 국가의 미래를 걱정하지 않는다. 자신의 이익만을 우선한다.

현재 대한민국 정치판의 풍경은 분명 근심을 갖게 만든다. 그러나 나는 한국 정치의 미래에 대해 긍정적인 기대를 갖고 있다.

오예진과 김예지.

이 두 사람 가운데 지금 대한민국에서 더 유명한 사람은 김예지다. 이건 과거의 대한민국에서는 상상할 수 없었던 상황이다. 오예진은 2024 파리올림픽에 출전해 여자 사격 10m 권총 종목에서 금메달을 획득한 선수다. 같은 종목에서 김예지는 은메달을 목에 걸었다. 어떻게 금메달을 획득한 선수보다 은메달을 목에건 선수가 더 유명해졌을까?

김예지는 특유의 사격 자세로 세계인의 관심을 끌었고, 그것으로 한국에서도 더 유명해졌다. 그런데 은메달리스트 김예지가 금메달리스트 오예진보다 한국에서 더 유명해진 진짜 이유는 한국이 선진국이 됐기 때문이다.

과거 올림픽에 출전한 한국 선수들은 금메달이 아니면 주목받지 못했다. 오직 금메달리스트만이 언론의 주목을 받았다. 선수 자신도 금메달을 획득하지 못하면 만족스러워하지 않았다. 웃지도 않았고, 웃을 수 있는 정서도 아니었다.

과거 올림픽에 출전한 한국 선수들의 목표는 오직 하나 금메달이었다. 금메달을 목에 걸기 위해 선수들은 지옥 같은 훈련을 인내했다. 선수들에게 금메달로 가는 과정은 고역이었다. 그렇기에 금메달을 목에 걸면 감격해서 울었고, 은메달을 목에 걸면 속상해서 울었다.

하지만 2024년 파리올림픽에 출전한 선수들은 달랐다. 동메달을 목에 걸고도 기뻐서 환호성을 질렀다. 올림픽에 출전한 것만으로도 자랑스러워했다. 그들은 올림픽을 즐겼다. 과거의 선배들과 달랐다. 2024년 파리올림픽에 출전한 선수들의 표정은 그들의 자세는 한국이 선진국임을 증명했다.

나와 같은 60년대에 태어난 남자들은 군대에 입대하면 무조건 맞았다. 구타를 당했다. 고참이라고 불리는 선배 병사들의 구타는 일상이었다. 그것은 물론 불법이었다. 구타당한 병사는 심각한 병력 손실을 초래할 수 있다. 두들겨 맞아서 몸이 아픈 병사가 제대로 전투를 할 수 없을 것이기에 그렇다. 하지만 그럼에도 고참들의 구타는 일상이었고, 그런 불법도 관례라는 이름으로 끊이지 않았다.

구타는 군대에서만 일어나는 현상이 아니었다. 대도시가 아닌, 작은 도시나 시골의 중학교에서도 구타가 일상적이었다. 선배 남자 중학생들은 후배 남학생들을 수시로 구타했다. 교복의 단추가 풀렸다는 이유로, 허리띠를 매지 않았다는 이유로, 모자를 똑바로 쓰지 않았다는 이유로, 인사를 제때 하지 않았다는 이유로…. 선배들이 구타하는 이유는 하늘의 별 만큼이나 많았다.

이 역시 불법이다. 그 당시에도 분명 폭력행위를 처벌하는 국법이 존재했다. 그리고 선배 중학생이 후배 중학생을 폭행하는 것은 불법이다. 하지만 아무도 그런 불법에 이의를 제기하지 않았다. 학교 선생님들도 그런 행위를 알면서 방관했다.

선생님들의 구타도 있었다. 성적 하락을 이유로 선생님들은 언제든지 학생들을 구타할 수 있었다. 그 시절 교사의 학생 구타는 '사랑의 매'라는 이름으로 포장된 일상이자 권리였다.

이런 구타는 모두 불법이다. 군대 고참도, 중학교 선배도, 학교 교사도 누구를 구타할 권리는 없었다. 그럼에도 그 시절에는 그런 폭력이 사회적으로 용인됐다. 물론 이것은 잘못된 용인이다.

2024년 대한민국을 보라. 중학교 선배가 후배를 폭행한다는 것을 상상할 수 있나? 군대 고참이 신참을 구타한다는 것이 있을 수 있는 일인가? 교사가 '사랑의 매'라는 이름으로 학생에게 폭력을 행사한다는 것이 가능한 일인가?

모두 불가능한 일이다. 그리고 이것이 정상이다. 고참, 선배, 교사의 폭력이 용인되는 사회가 비정상인 것이다.

지금 대한민국에서 정치하는 사람들 대부분은 과거의 사람들이다. 선배의 폭행이 있던 시절에, 고참의 구타가 일상적이던 시절에, 교사의 '사랑의 매'가 정당한 것이던 시절에 청소년기와 청년기를 보냈던 사람들이다. 그런 시절에 살았던 사람들이기에 비정상적인 방식으로 정치하는 것을 용인할 수 있는 사람들이다. 반칙을 서슴없이 하고 거짓도 위선도 동원할 수 있는 것이다.

이런 대한민국의 정치는 바뀔 것이다. 2024 파리올림픽에서 과거와는 다른 모습을 보여준 선수들처럼 지금의 젊은이들은 기성세대와는 다르다. 이들이 대한민국의 정치를 이끌어갈 때 대한민국 정치판은 분명 지금과는 다를 것이다. 합법, 공정, 이성, 정의가 정치판을 주름잡는 시대가 열릴 것이다. 그럴 것이라 기대한다.

참고 문헌

글을 쓰면서 인용했던 책들은 거의 모두 본문에 표기해 놓았다. 그럼에도 한 번 더 이 지면을 통해 그 책들의 제목과 저자명을 적는다. 가나다순으로 표기했다. 본문에 표기해 놓지는 않았지만, 「시작하는 글」은 댄디 돕슨의 『고래는 물에서 숨 쉬지 않는다』의 도움을 받았다.

1984– 조지오웰
거부할 수 없는 미래– 이준석
고래는 물에서 숨 쉬지 않는다– 댄디 돕슨
국가는 왜 실패하는가– 대런 애쓰모글루/제임스 A. 로빈슨
군주론– 니콜로 마키아벨리
군중심리– 귀스타브 르 봉
권력은 사람의 뇌를 바꾼다– 강준만
그는 그날 머리를 쓸어 넘기지 않았다– 이준우
기브앤 테이크– 애덤 그렌트
나는 대한민국 검사였다– 이인규
독재자의 핸드북– 브루스 부에노 데 메스키타/알라스테어 스미스
동물농장– 조지오웰
런던통신– 버트런드 러셀
레토릭– 샘 리스
맹신자들– 에릭 호퍼
먹히는 말– 프랭크 런츠
민주주의에 반대한다– 제이슨 브레넌
바나나 제국의 몰락– 롭 던
반대의 놀라운 힘– 샬런 네메스
블루 프린트– 니컬러스 A. 크리스타키스
블루스퀘어– 필립 콜린스

사자와 권력– 올라프 라더

사치와 자본주의– 베르너 좀바르트

사피엔스– 유발 하라리

성호사설– 성호 이익

숨겨진 인격– 데이비스 데스테노/피에르카를로 발데솔로

승자의 DNA– 앤드루 로버츠

시지프 신화– 알베르 카뮈

야생의 치유하는 소리– 데이비드 조지 해스컬

어떻게 민주주의는 무너지는가– 스티븐 레비츠키/대니얼 지블렛

어떻게 민주당은 무너지는가– 조기숙

어떻게 원하는 것을 얻는가– 스튜어트 다이아몬드

언더도그마– 마이크 프렐

와일드 후드– 바버러 네티슨 호로위츠

우리는 왜 극단에 끌리는가– 캐스 R. 선스타인

우리대 그들– 이안 브레머

우리편 편향– 키스 E. 스타노비치

우주는 계속되지 않는다– 케이티 맥

월든– 헨리 데이빗 소로우

이기적 유전다– 리처드 도킨스

일본의 가면을 벗긴다– 이승만

전원책의 신군주론– 전원책

정의란 무엇인가– 마이클 샌델

정치는 왜 실패하는가– 벤 앤셀

중국 부역자들– 서명수

총, 균, 쇠– 재레드 다이아몬드

컬티시– 어맨다 몬텔

코끼리는 생각하지 마– 조지 레이코프

판다의 발톱– 조너선 맨소프

폭정– 티머시 스나이더

한번도 경험해 보지 못한 법카– 조명헌

한번도 경험해 보지 못한 나라– 서민, 진중권 등

행동– 로버트 M. 새폴스키

호모데우스– 유발 하라리